BE YOUR OWN BOSS

SHIV NATH SHAW

Invincible Publishers

भारत में वर्ष 2019 को सबसे पहली बार प्रकाशित

ISBN: 978-81-943134-7-2

इनविन्सेबल पब्लिशर्स

201A, SAS Tower, Sector 38, Gurgaon-122003

ये जीवन एक संघर्ष है और इस संघर्ष में मैं आपके साथ हूँ

ये पुस्तक एक रथ है, सारे अस्त्रों - शस्त्रों से सुसज्जित।

जितने की संकल्प शक्ति, सफल होने की तीव्र इच्छा और

अपने अंदर

मौजूद क्षमताओं के उच्चतम स्तर तक पहुंचने की तीव्र

अभिलाषा,

ये ऐसी चाबियाँ है जो व्यक्तिगत उत्कृष्टता के बंद दरवाजे

खोल देती है

जिन लोगों के कुछ सपने हैं और उन सपनों के पीछे

कम से कम एक भी मजबूत कारण है और

वो चाहते हैं उन सपनों को हकीकत में बदलना,

मैं ये पुस्तक उनको समर्पित करता हूँ

प्रस्तावना

मेरे प्रिय दोस्तों,

सबसे पहले मैं आपका शुक्रिया अदा करना चाहूंगा, इस पुस्तक को पढ़ने के लिए और अगर यह पुस्तक आपको किसी ने भेंट स्वरुप दिया है तो सबसे पहले आप उनका शुक्रिया अदा जरूर करें क्योंकि वो व्यक्ति दिल से चाहते हैं कि आप अपने सपनों को पूरा कर सकें।

सफलता क्या है? सफलता की परिभाषा को अलग - अलग लोगों ने बहुत ही अच्छी तरह से व्याख्या किया है। लेकिन मेरे हिसाब से सफलता एक कर्मफल की तरह है। जब कभी आप किसी भी चीज को पाने का प्रयास तहे-दिल से करते हैं और जब वो चीज आपको मिल जाती है तो वही सफलता कहलाता है।

लेकिन जब मैं यह पुस्तक किसी खास उद्देश्य के लिए लिख रहा हूँ तो मैं आपको यही कहूंगा कि आपके लिए सफलता का अर्थ है - आर्थिक रूप से आजाद होना और अपनी ज़िन्दगी को अपने हिसाब से जीना न कि दूसरों के इशारों पर।

अक्सर यह देखा गया है कि कुछ लोग नेटवर्क मार्केटिंग में सफल होने के बाद नेटवर्क मार्केटिंग के ऊपर किताब लिखते हैं लेकिन शायद आपने कभी नहीं सुना होगा कि मात्र एक साल के अपने नेटवर्क मार्केटिंग के करियर के दौरान किसी ने कुछ लिखा हो। इस अवधि के दौरान अक्सर लोग अपनी सफलता पाने के लिए तत्पर रहते हैं और एक अच्छी सफलता पाने के बाद वे लोग इस दुनिया को कुछ सीख दे पाते हैं लेकिन आपको जानकर हैरानी होगी कि मात्र अपने एक साल के करियर में मैं यह पुस्तक लिख रहा हूँ।

असल में यह पुस्तक लिखने का मेरा एक खास मकसद है, मैं इस पुस्तक के माध्यम से वो सारी जानकारी आप लोगों तक पहुँचाना चाहता हूँ जो मैंने मात्र एक साल में प्राप्त किया है। आपसे अनुरोध है कि आप इस पुस्तक को एक बार नहीं बल्कि बार-बार पढ़े ताकि ये पुस्तक आपके अंदर समाहित हो जाये।

मैं यह पुस्तक क्यों लिख रहा हूँ? इसकी वजह आपलोगों को बताना चाहता हूँ। जब मैं पहली बार नेटवर्क मार्केटिंग बिज़नेस में ज्वाइन किया, मेरा अपलाइन मुझसे 200 किमी की दूरी (यानि मेरा घर सलप, हवड़ा में है और मेरा अपलाइन आसनसोल) में रहता है, इसी वजह से मुझे काम को समझने में और उसे करने में दिक्कत महसूस हो रहा था। मैं हर महीने (कभी - कभी महीने में दो बार) आसनसोल जाने लगा और जब भी मैं जाता था,ढेर-सारे रुपये भी खर्च हो जाते थे, खैर ये सब मैं एक निवेश समझता था। मैं आसनसोल जब भी जाता था तो ये सोच कर जाता था कि कुछ सीखने को मिलेगा लेकिन हर बार खाली हाथ लौट आता था, यानि काम करने का सही तरीका, कौशल कुछ भी नहीं सीख पा रहा था। असल में मैं जिस कंपनी में जुड़ा था वहां कोई ट्रेनिंग सिस्टम ही नहीं था। वहां सिर्फ ये सिखाया जाता था कि तुम दो लोगों को ले आओ और वे लोग दो-दो लोगों को लेकर आएंगे और इस तरह मेरा एक नेटवर्क तैयार हो जायेगा और हम लाखों कमायेंगे और मैं बहुत ज्यादा उत्साहित होकर लोगों से मिलने लगा। लेकिन हुआ क्या - वही जो बिना सीखे कोई काम करने से होता है। मैं अपने अपलाइन से फ़ोन पर भी संपर्क बनाये रखता था लेकिन बाद में पता चला कि मेरा जो अपलाइन था वो दस-दस पेड़ों पर उछल चुका था और कुछ दिन बाद उस कंपनी में कुछ परेशानियाँ आने लगी और कंपनी का सिस्टम ख़राब होने लगा। मैने देखा इस कंपनी में काम करना संभव नहीं है और मेरा अपनलाइन फिर से उछल गया एक दूसरी कंपनी में, अब मैं क्या करता (वही जो बंदरों की संगति में रहने से होता है) मैं भी उछल गया उस कंपनी में (यानि अभी मैं जिस कंपनी में हूँ), लेकिन वहां से एक सबक सीखा कि इस तरह से उछल-कूद करने से नहीं होगा बल्कि काम को किस तरह

से किया जाय ये सीखने का समय है, मैं इस कंपनी में जम गया (मेरा अपलाइन अभी भी उछल-कूद ही कर रहा है)।

दोस्तों, आप सोच रहे होंगे कि मैं ये सब बातें आपको क्यों बता रहा हूँ, क्योंकि मैं जनता हूँ इस तरह से उछल-कूद करने वाले और भी हैं इस जहान में और आपको सावधान कर रहा हूँ कि इस तरह की उछल - कूद कभी न करें।

मुझे कुछ भी समझ नहीं आ रहा था कि काम को कैसे सीखा जाय। एक दिन मैं घर पर ही बैठे - बैठे कुछ वीडियो यूट्यूब में देख रहा था तभी मुझे पता चला कि मार्केट में कुछ ऐसी पुस्तकें उपलब्ध हैं जिसके माध्यम से मैं इस बिज़नेस को अच्छी तरह समझ सकता हूँ, फिर क्या था मैंने नेटवर्क मार्केटिंग से जुड़ी कुछ पुस्तकें खरीद कर उसे पढ़ना शुरू कर दिया। उन पुस्तकों में कुछ विदेशी लेखकों की किताबें थी और कुछ भारत के सफल लोगों की किताबें थी। इन पुस्तकों को पढ़ने के बाद मुझे पता चला कि इस बिज़नेस को करने का सही तरीका क्या है।

जब मैं इन किताबों को पढ़ रहा था तो मैंने देखा किताबें वाकई में लाजबाब थी और हर वो छोटी-छोटी गलतियां जो हमलोग अपने नेटवर्क मार्केटिंग बिज़नेस में करते हैं, उनका बखूबी वर्णन किया हुआ है लेकिन मैंने सोचा कि knowledge को बढ़ाने के लिए ये किताबें बहुत ही अच्छी है। लेकिन क्या हर कोई 20-20 किताबें खरीद कर पढ़ पाएंगे और कुछ भाषा की समस्या थी, खासकर बंगाली भाषा में। मेरे बहुत से downlines हैं जो अक्सर कहते रहते हैं कि सर बंगाली भाषा में कोई बढ़िया किताब नहीं है जो step-by-step बताया गया हो, तब मैंने सोचा, मैं जो भी knowledge इकट्ठा कर पाया हूँ अभी तक नेटवर्क मार्केटिंग के विषय में विभिन्न किताबों के माध्यम से, क्यों न इन सभी किताबों को निचोड़ कर एक ऐसी किताब की संरचना करूँ जो सारी अस्त्र-शस्त्र से सुसज्जित हो। यानी ये जीवन एक संघर्ष है और मैं इस संघर्ष में हर उस व्यक्ति के साथ हूँ और उन्हें ये रथ रूपी पुस्तक

जिसमे वो सारी चीजें उपलब्ध है जो आपके जीवन रूपी संघर्ष के दौरान आपके काम आएगी।

इस पुस्तक को लिखने का मेरा एक और खास उदेश्य है। वो ये है कि किसी ने कहा है कि अगर खुद गलती करके सीखोगे तो सारी उम्र बीत जाएगी अपने गलतियों को सुधारते-सुधारते। इसलिए ये भी जरुरी है कि आप दूसरों की गलतियों से भी सीखें। इस बात का प्रभाव मेरे मन में हुआ और मैंने सोचा क्यों न मैं आपको वो सारी गलतियों के विषय में बताऊँ जो मैंने और अन्य लोगों ने किया है ताकि वो गलती आप न करें क्योकि अगर आप भी गलतियाँ करके सीखेंगे तो आपकी भी उम्र बीत जाएगी। तो इन गलतियों को न करने के कारण आप वैसे भी उन 20% लोगों में चले आते हैं जो सफलता के शिखर के नजदीक हैं और आपको सही तरीका बताकर मैं आपको 1% में लेकर चला जाऊंगा जहाँ शिखर आपका इंतजार कर रहा है। सफलता आपका इंतजार कर रही है, आपके सपने आपका इंतजार कर रहे है, आपकी ज़िन्दगी इंतजार कर रही है।

इस पुस्तक के माध्यम से आप सिर्फ एक सफल नेटवर्कर ही नहीं बल्कि आप एक ऐसे व्यक्तित्व के धनि इंसान बन जायेंगे जिसके संपर्क में आकर अन्य लोग भी सफलता की ओर अग्रसर होंगे।

इस पुस्तक को मैंने इस तरह तैयार किया है, चाहे आप किसी भी डायरेक्ट सेल्लिंग कंपनी से जुड़े हों, आपका कोई भी प्रोडक्ट हो और कोई भी इनकम प्लान के साथ काम करेंगे, इस पुस्तक में लिखी गई सारी जानकारी आपको सीढ़ी दर सीढ़ी चढ़ने में मदद करेगी।

इस पुस्तक की खासियत यह है कि आपको सिर्फ एक पुस्तक के माध्यम से लगभग सारी जानकारी मिलेगी और इस पुस्तक को आप एक गाइड की तरह इस्तेमाल कर पायेंगे।

मैं ईश्वर से आपके लिए सफल जीवन की कामना करता हूँ और यह विश्वास दिलाता हूँ कि आप एक अद्‌भुत सफलता को प्राप्त करेंगे और आपके जीवन में हर वो चीज हासिल कर पाएंगे जिसके माध्यम से आप और आपका परिवार एक सुखमय जीवन जी पाएंगे।

मैं यह दृढ़ता के साथ विश्वास करता हूँ कि आप अपने टीम को एक सुपर लीडर की तरह लीड कर पाएंगे और अपने जैसे और भी अनेक लीडर बना पाएंगे जो आपके पुरे टीम को सफलता के उच्चतम शिखर तक पहुंचाएंगे।

मैं आशा करता हूँ, इस पुस्तक को अच्छी तरह पढ़ने के बाद और मेरे कथन अनुसार चलने के बाद आपको कुछ और पढ़ने की आवश्यकता नहीं होगी।

मैं इस व्यवसाय में क्यों और कैसे आया

मैं इस व्यवसाय में क्यों और कैसे आया यह जानना आपके लिए बहुत ही जरुरी है क्योंकिमेरी और साधारण लोगों की सोच अलग नहीं है।

मैं एक मध्यम वर्गीय परिवार से ताल्लुक रखता हूँ। हमलोग तीन भाई और एक बड़ी बहन हैं। मैं इन सबसे छोटा हूँ, मेरे बड़े भाइयां और बड़ी बहन ज़्यादा पढ़े-लिखे नहीं हैं क्योंकिपिताजी एक छोटे - मोटे व्यापारी होने के नाते ज्यादा खर्च वहन नहीं कर सकते थे। मेरी माँ और पिताजी एकदम ही पढ़े-लिखे नहीं थे, जैसे-तैसे पिताजी ने अपना एक छोटा सा कारोबार (लोहे के पाइप का) किये थे। जैसे-तैसे मेरी दीदी की शादी के बाद पिताजी एक जमीन ख़रीदे और घर बनने के बाद (May 1993) हमलोग सलप चले आए।

क्लास बारह पास करने के बाद मैं कॉलेज में भर्ती हुआ। मेरा पसंदीदा विषय था- अकाउंट। लेकिन अपनी कुछ गलतियों के कारण मैं कॉलेज की पढ़ाई पूरी नहीं कर पाया और एक नौकरी की तलाश करने लगा। मेरा शरीर बचपन में दुर्बल था इसलिए मेरे पिताजी ने भी मुझे नौकरी करने की सलाह दी।

मैं हमेशा पिताजी को कड़ी मेहनत करते देखता था इसलिए मैं ज्यादा मेहनत के काम से दूर भागता था। बचपन से ही मैं अच्छे कपड़े पहनने का शौकीन था और मैं अक्सर देखता था, जो लोग ऑफिस में काम करते थे अच्छे कपड़े पहनते थे, उस समय मैं ये नहीं समझता था की नौकरी करने से बेहतर है अपना कोई व्यवसाय करना।

हालांकि मैं स्नातक नहीं था तो मुझे लगा मुझे अच्छी नौकरी नहीं मिलेगी और उस समय में कंप्यूटर सीखे हुए लोगों की ऑफिसों में ज्यादा जरुरत थी। फिर क्या था, मेरे पिताजी ने रूपए खर्च किये और मैंने एक साल का कंप्यूटर कोर्स किया और

उसके बाद एक नौकरी मिल गई। वेतन काम था लेकिन उस समय मैं कुवांरा था तो टेंशन नहीं था।

जो भी कमाता था उसे अच्छे कपड़े, जूते और दोस्तों के साथ मौज-मस्ती में उड़ा देता था। मेरे पिताजी अक्सर मुझे कहा करते थे कि बेटा पैसे को इस तरह खर्च मत करो, इसे इस्तमाल करना सीखो। फिर मैं कहता था बाबा अब टेंशन नहीं है अब तो नौकरी मिल गई।

बचपन से मेरा एक सपना था, एक बड़ा सा घर, गाड़ी, नौकर-चाकर, लेकिन नौकरी करके ये सब हासिल करना संभव नहीं था। इसकी जानकरी नहीं थी और नौकरी के चक्कर में मैं वो सब भूल गया। सपने चले गए भाजी बेचने, पिताजी घर बना ही दिए थे, नौकरी पक्की थी और क्या चाहिए।

अप्रैल 2000, मेरे दोनों बड़े भाईयों के कुंवारे रहने के वावजूद मैंने अपनी पसंद से शादी कर ली, पिताजी भड़क गए। खैर कुछ दिनों में फिर शांत भी हो गए।

हर रोज सुबह आठ बजे सोकर उठता था। बीबी चाय बनाकर देती थी और मैं रोज की तरह तैयार होकर नौकरी पर चला जाता था। शाम को लौटे, तो चाय-नाश्ता, टीवी देखना, भोजन करना और सो जाना, बस यही रोज का कार्यक्रम था।

इसी दौरान मेरे एक दोस्त ने मुझे अपने घर बुलाया और कुछ प्रोडक्ट दिखाये और कहा हम दो, हमारे दो-दो, फिर उसके दो-दो, मकान, गाड़ी और हम कड़ोड़पति। मुझे कुछ समझ नहीं आया, मैंने सोचा पागल है क्या ऐसा कहीं होता है, दिमाग में ही नहीं गया, और क्या सोचता मैं। मैं उससे मिलना - जुलना छोड़ दिया, मैंने उससे कहा ये टोपी पहनाने वाला काम मुझसे नहीं होगा, मैं मेहनत करके रूपए कमाऊंगा, टोपी पहनाके नहीं, मेरा नौकरी ही ठीक है।

जो इंसान खुद समझने की कोशिश नहीं करता उसे समय समझा देता है और जब समय समझाता है, बहुत तकलीफ होती है।

शादी करने के बाद जिम्मेदारी भी बढ़ गई लेकिन मैं अपनी सोच को बदल नहीं पाया।

जिम्मेदारी बढ़ने के कारण मैं अपने बॉस से सैलरी बढ़ाने की बात की। लेकिन तू-तू - मैं-मैं हो गया और मैने गुस्से में आकर जून 2000 की सैलरी लेकर नौकरी छोड़ दिया, सोचा बहुत नौकरी मिल जाएगी, लेकिन हुआ कुछ नहीं। इस तरह चार महीने बीत गये और एक दिन अचानक से (28/09/2000) रात को नौ बजे एक सज्जन ने खबर दी कि मेरे पिताजी का एक्सीडेंट हो गया है, वो हॉस्पिटल में हैं। मैं भागा - भागा गया लेकिन उसी दिन रात को पिताजी इस दुनिया से चल बसे।

मेरे सर पर पहाड़ टूट पड़ा, इधर पत्नी गर्भ से थी, नौकरी छोड़ चुकाचुका था और इधर पिताजी का देहांत। चारों और से मुसीबतों ने मुझे घेर लिया था। इस समय मेरे बड़े भाइयों ने मेरा साथ दिया और कहा जब तक दूसरी नौकरी नहीं मिल जाती तब तक वे लोग खाने-पीने का खर्च चला लेंगे। लेकिन मैं कब तक बैठकर मुफ्त की रोटी तोड़ता रहता। लेकिन मरता क्या नहीं करता, मैंने मेडिक्लेम इन्शुरन्स पॉलिसी बेचना शुरू किया। लेकिन उससे भी कुछ हासिल नहीं हुआ। इस बीच एक व्यक्ति ने मेरे काम का फायदा उठाने की कोशिश भी की। इसी तरह मैं और मेरी पत्नी मोहताजी की ज़िन्दगी जी रहे थे।

मैंने बहुत कोशिश की लेकिन कुछ नहीं हो पा रहा था। इसी तरह समय बीतता गया और एक दिन 29/03/2001 मेरे घर एक नन्ही परी का जन्म हुआ, यानि हमारी पहली संतान। मैं और मेरी पत्नी बहुत खुश हुए, मेरा पूरा परिवार बहुत खुश हुआ लेकिन मैं इतना मजबूर को चुकाचुका था कि अपनी पत्नी और बच्ची को अच्छा खान-पान भी नहीं दे पा रहा था।

जब किसी की ज़िन्दगी में समस्या आती है तब वह अपने दोस्तों के शरण होता है, मैंने भी वही किया, मैं जिन दोस्तों के पीछे पैसे और समय लुटाता था वो लोग मुकर गए, सिर्फ 600 रुपय मांगे थे ताकि कुछ दिन के खाने-पिने का इंतजाम कर सकूँ

लेकिन मेरे किसी दोस्त ने मेरी मदद नहीं की। लेकिन मेरा एक दोस्त था जिसका नाम और कर्ज मैं कभी नहीं भूल पाउँगा और अगर मौका मिला तो उसके लिए जरूर कुछ करना चाहूँगा, उसका नाम है मनोज शाव, उसने 600 रूपए मुझे दिए और कहा **"जबतक तेरा नौकरी था तुमने हमलोगों के पीछे बहुत खर्च किये, कभी किसी के सामने हाथ नहीं फैलाया और तेरा ये हाल है कि आज तू 600 रुपये के लिए हाथ फैला रहा है"** मैंने कहा "मेरे भाई जब समय करवट लेता है तो अच्छों - अच्छों की हवा निकल जाती है - मैं क्या हूँ, खैर आज तुमने मेरी मदद की है, वो मैं ज़िन्दगी में कभी नहीं भूल पाउँगा और समय तो फिर से करवट लेगा, जैसा आज मैं हूँ वैसा हर दिन नहीं रहूँगा और मेरे घर के दरवाजे तेरे लिए हमेशा खुला रहेगा।

लेकिन मात्र 600 रुपए से क्या होता, फिर वही हाल - नौकरी नहीं - पैसा नहीं । इस बुरे वक्त में मेरी पत्नी ने मेरा बहुत साथ दिया और उसी के बात पर मैं अपने ससुराल (पुरुलिया) गया और मेरी पत्नी ने मुझे एक सन्यासी से मिलाया और मैंने उनको अपनी सारी समस्याओं को बताया और उन्होंने मुझे एक ताबीज दिया और कुछ नियम बताए और कहा तुम इसे धारण करने के बाद पहली बार जो भी मांगोगे तुम्हें मिलेगा और हमेशा इसे धारण किये रहना।

बस क्या था, मैंने नौकरी मांगी, वाकई में मैं उस बाबा को कभी नहीं भूल पाउँगा, लेकिन मेरे नौकरी मिलने के तुरंत बाद वो बाबा इस दुनिया से चले गये। बाद में पता चला की उस बाबा ने मरने के पहले मुझे बहुत याद किया था और मेरे ससुरालवालों से पता भी किया था कि मुझे कोई काम मिला या नहीं।

बाबा की दी हुई उस चमत्कारी ताबीज के बदौलत मुझे तीन-तीन नौकरियां मिली और उनमे से एक को मैंने ज्वाइन कर लिया।

नेटवर्क मार्केटिंग का जो एक मौका मुझे साल 2000 में मिला था , वही मौका मुझे फिर से एक बार मिला 2015 में, लेकिन मेरे एक परम हितैषी मित्र ने मुझे वहां

जाने से मना कर दिया और कहा अरे ये सब बेकार का काम है, मैं अपने मित्र की बात सुनकर रह गया।

इतने दिनों तक नौकरी करने के बावजूद मैं अपने जीवन में न तो बैंक-बैलेंस कर पाया और न ही अपने परिवार को अच्छा जीवन-ज्ञापन दे पाया। नौकरी के अलावा मुझे सब बेकार लगता था, मैं ये सोच कर अपने आपको सांत्वना दे लेता था कि अच्छे से पढ़ाई कर लेता तो एक बड़ी कंपनी में जॉब मिल जाती और अपने परिवार को वो सारी खुशियाँ दे पाता।

लेकिन एक चीज मैं समझ नहीं पा रहा था कि लोग कैसे अमीर होते हैं? क्या इनलोगों के बाप-दादाओं के कारण? नहीं-नहीं.. ये लोग तो किस्मत के सांड होते हैं - मैं एकदम गलत था। यही सब सवाल मेरे दिमाग में पैदा होने लगे, फिर एक दिन मुझे कहीं से पता चला कि "श्रीमद्भागवत गीता" में इस संसार के समस्त समस्याओं का निदान छुपा है। मैंने संकल्प लिया श्रीमद्भागवत गीता पढ़ने का और इसके बाद एक के बाद एक ग्रंथो को मैंने पढ़ा। पूरे 6 वर्षों में मैंने कई ग्रंथों को पढ़ा और ईश्वर भक्ति में ऐसे खोने लगा जैसे इस संसार से मुझे और कुछ नहीं चाहिए।

सन 2017 के शुरुआती दिनों में कुछ ऐसा हुआ - मुझे याद आया कि श्रीमद्भागवत गीता में कर्म का ज्ञान है - यानि मेरे ऊपर मेरे परिवार की जिम्मेदारी है जो मुझे हर हाल में निभाना पड़ेगा।

पैसा कमाने में कोई आपत्ति नहीं है, बशर्ते आपका रास्ता सही होना चाहिए। अप्रैल 2017 में मैंने LIC ज्वाइन किया और एक साल में कुछ और पैसे कमाए, लेकिन एक साल बाद मैं LIC छोड़ दिया।

एक दिन जब मैं ऑफिस से घर लौटा और बैठ कर चाय पी रहा था कि अचानक से मेरे साढ़ू भाई (यानी मेरी पत्नी की बहन का पती) सूरज का फोन आया और उसने एक कंपनी का नाम बताया और नेटवर्क मार्केटिंग के विषय में थोड़ी

जानकारी देकर मुझे आसनसोल बुलाया। एक्चुअली, मैं बैठा-बैठा सोच ही रहा था कि कहाँ से कुछ और इनकम कर सकता हूँ क्योंकि दिन के दिन खर्चे बढ़ रहे हैं, जरूरतें भी बढ़ रही है। ऑफिस में काम करके जो भी मिलता था वो महीना खत्म होने के पहले ही खत्म हो जाता था। मैंने फटा-फट ट्रेन का टिकट बुक किया और दो दिन बाद आसनसोल पहुँचा, वहां पहुँचने के बाद सूरज मुझे एक व्यक्ति के पास ले गया जो उसका upline था, उन्होंने मुझे सारी जानकारी दी और मैं तुरंत ज्वाइन कर गया। मुझे लगा मेरा प्रॉब्लम अब खत्म हो जायेगा लेकिन 6 महीनों में पता चला कि कम्पनी फर्जी है, मेरे बहुत सारे रुपये जो मैंने ऋण लेकर लगाए थे वो सारा बर्बाद हो गया और अब भी मैं लोन की किस्त हर महीने चुकाचुका रहा हूँ।

इसके बाद मैंने दूसरी कंपनी ज्वाइन किया, लेकिन इन 6 महीनो में मैं नेटवर्क मार्केटिंग के पावर को समझ चुकाचुका था। आज मैं जिस कंपनी में हूँ वहां का सिस्टम बहुत ही अच्छा है, प्रोडक्ट मैं इस्तेमाल करता हूँ और कंपनी का इनकम प्लान बहुत ही अच्छा है।

ये तो रहा मेरा नेटवर्क मार्केटिंग में आना। इस एक साल के दौरान मैंने तो ज्यादा इनकम नहीं कर पाया लेकिन knowledge बहुत हो गया। मैं अच्छी तरह समझ गया कि किस तरह एक अच्छी कंपनी का चयन किया जाय।

चलता रहूँगा पथ पर, चलने में माहिर हो जाऊँगा

या तो मंजिल मिल जाएगी या एक अच्छा मुसाफिर बन जाऊंगा।

भले ही मुझे मेरी मंजिल मिले न मिले लेकिन कम से कम आप लोगों की मदद करके एक अच्छा मुसाफिर तो बन ही जाऊंगा।

विषय सूची

कर्म और भाग्य

आज दुनिया में ज्यादातर इंसान ऐसे हैं जो अपने भाग्य के भरोसे बैठे रहते हैं और ये सोचते रहते हैं कि ऊपरवाले ने जब जन्म दिया है तो पेट भी वही पालेगा।

मैं इस बात से बिल्कुल सहमत हूँ और मानता भी हूँ, मैं ये भी जनता हूँ कि ऊपरवाला सुबह भूखे पेट उठाता जरुर है लेकिन भूखे पेट किसी को सुलाता नहीं है। लेकिन एक बात तो सभी को माननी पड़ेगी :-

सफलता खुद चलकर हमारे पास नहीं आती,

हमें उस तक पहुंचना पड़ता है।

ठीक उसी तरह जिस तरह ऊपरवाले ने

हर पक्षी के लिए भोजन तो दिया है

लेकिन उसके घोंसले में नहीं।

इसका सीधा सा मतलब ये है कि कर्म तो सभी को करना ही पड़ेगा क्योंकि प्रकृति परिवर्तनशील है और बिना कर्म के परिवर्तन संभव नहीं है। हमलोग सभी प्रकृति के ही संतान है, इस प्रकार कर्म हमें हर हाल में करना ही पड़ेगा। वो कोई भी हो, बिना कर्म का जीवन संभव नहीं है।

अब अगर कोई कहता है कि मैं तो ऊपरवाले के भरोसे बैठा हूँ कि तू कुछ दे तो मैं कुछ करूँ। पर क्या पता ऊपरवाले आपके भोरोसे बैठे हैं कि तू कुछ कर तो मैं तुझे दूँ।

ये दुनिया आपको कुछ देती नहीं है, सिर्फ़ लौटाती है। याद रखिये ये प्रकृति का नियम है कि एक हाथ दो और दूसरी हाथ लो। आप एक साँस छोड़ते हैं तभी एक साँस ले पाते हैं।

कर्म को समझना इतना आसान भी नहीं है और इतना मुश्किल भी नहीं है। इसे संक्षेप में समझाने का प्रयास कर रहा हूँ।

सबसे पहले कर्म और भाग्य को परिभाषित करता हूँ :-

कर्म और भाग्य क्या है ?

श्रीमद्भागवत गीता के अनुसार, जब अर्जुन को युद्ध के मैदान में मोह ने घेर लिया था तब भगवान श्री कृष्ण और अर्जुन के मध्य जो संवाद हुआ उसमे अर्जुन ने भगवान श्री कृष्ण से पूछा कि कर्म क्या है? तो इस पर भगवान श्री कृष्ण ने कहा कि जीव (यानि आत्मा को पुरुष कहा गया है) और प्रकृति ये दो हैं, इनमे पुरुष (यानी आत्मा) में कोई परिवर्तन नहीं होता और प्रकृति कभी परिवर्तन रहित नहीं होती। जब यह पुरुष प्रकृति के साथ सम्बन्ध जोड़ लेता है, तब प्रकृति की क्रिया पुरुष का "कर्म" बन जाता है। अगर इसे सीधी भाषा में समझा जाए तो इस संसार में कोई भी प्राणी कोई भी कार्य करता है, वो सभी कर्म के दायरे में आते हैं। सभी मनुष्य तीन चीजों के माध्यम से कर्म करता है - मन, वाणी और शरीर। और कर्म को भी तीन भागों में बांटा गया है - सत्कर्म, विकर्म और अकर्म।

सत्कर्म

जब कोई इंसान अपनी परवाह न करते हुए दूसरों को प्रोत्साहित करता है ताकि वो इंसान आगे बढ़े, उन्नति करे और निस्वार्थ भाव से लोगों की मदद करे तो वो

सत्कर्म कहलाता है। ऐसे कर्मों का फल हमेशा मंगलकारी होता है और मनुष्य स्वर्ग या जन्नत का भागीदार होता है।

विकर्म या निषिद्ध कर्म

जो इंसान किसी का भला नहीं चाहता हो, वाणी द्वारा झूठ बोलता हो, गलत शब्दों का प्रयोग करता हो और शरीर द्वारा भी जीवित प्राणी को नुकसान पहुँचता हो, वो कर्म, विकर्म कहलाता है। ऐसे मनुष्य प्रायः स्वार्थी स्वभाव के होते हैं और अपने आप को दुराचार में रखते हैं। ऐसे लोगों की संगत बिलकुल सही नहीं है। ऐसे कर्मो का फल मनुष्य को बहुत प्रकार से पीड़ा देता है और वह मृत्यु के उपरांत नरक या जहन्नुम का भागीदार होता है, जहाँ उसे बहुत सी यातनाओं से गुजरना पड़ता है।

अकर्म

जब कोई भी मनुष्य किसी के प्रति कोई भी काम ईश्वर को समर्पित करके करता है या परिस्थिति के अनुसार करता है और उस काम को ईश्वर की मर्जी समझता हो या अपने आप को कर्ता नहीं समझता है वो उस व्यक्ति का अकर्म बन जाता है - यानि इस कर्म का कोई भी फल उत्पन्न नहीं होता है। ऐसे मनुष्य अपने जीवन काल में सुख भोग कर मृत्यु के पश्चात मोक्ष को प्राप्त होता है यानि जन्म-मरण के चक्र से मुक्ति पा लेता है।

कर्मफल या भाग्य

भाग्य और कुछ नहीं होता है, भाग्य कर्मों के फल को ही कहा गया है। आइये इसे समझने का प्रयास करते हैं ।

कर्म का जो फल होता है वो तीन तरह के होते हैं :-

1) क्रियमाण कर्म

2) संचित कर्म

3) प्रारब्ध कर्म

क्रियमाण कर्म

जो मनुष्य वर्तमान समय में यानि जो भी कर्म करता है उसका फल उसे तुरंत मिल जाता है, इसे ही क्रियमाण कर्म का फल कहते है।

संचित कर्म

वर्त्तमान से पहले इस जन्म में किये हुए, पहले के अनेक जन्मों में किये हुए जो कर्म संगृहीत होते हैं, वे संचित कर्म होते हैं और इन संचित कर्मो का फल कुछ समय पश्चात मिलता है। उसे संचित कर्मों का फल कहा जाता है - इसी को लोग अक्सर भाग्य कहते है।

जीव यानी आत्मा कभी नहीं मरता है ये सिर्फ एक शरीर छोड़कर दूसरी शरीर धारण करता है लेकिन उनका कुछ संचित कर्म होता है जो बाद में फल देने के लिए उन्मुख हो जाता है। तो उसी के अनुसार वह जीव कोई न कोई शरीर धारण करता है और उसी के अनुसार वह सुख - दुःख पाता है।

इस पूरे ब्रह्मांड में कुल चौरासी लाख योनियां हैं यानि जीव अपने इस जन्म में या पिछले कई जन्मों में किये हुए कर्मों का फल भोगने की लिए इन चौरासी लाख योनियों में जन्म लेता और मरता है। मनुष्य जन्म को अंतिम जन्म कहा गया है और इसी जन्म में मनुष्य चाहे तो सत्कर्म के मार्ग पर चलकर ऐसा कुछ कर सकता है कि इस दुनिया से जाने के बाद भी उसका नाम अमर हो जाता है।

प्रारब्ध कर्म

संचित में से जो कर्म, फल देने को उन्मुख (प्रस्तुत) हो गये हैं अर्थात्, जन्म, आयु और अनुकूल - प्रतिकूल परिस्थिति के रुप में परिणित होने के लिए सामने आ गया है वे प्रारब्ध कर्म कहलाते हैं।

जिस प्रकार आप बैंको में थोड़े-थोड़े पैसे रखते हैं और जब ये पैसे संचित होकर इंटरेस्ट के साथ आपको मिलते हैं तो आपको बहुत ख़ुशी मिलती है ठीक उसी तरह इंसान के किये हुए छोटे-छोटे कर्म जब संचित होकर वापस मिलने का समय होता है तो वही प्रारब्ध वस होता है।

बहुत समय आपने देखा होगा अचानक से आपको कोई चीज मिल गया या अचानक से आपको कोई चूना लगा दिया - ये सभी प्रारब्ध वस आपको मिल रहा था।

अक्सर लोग वर्तमान के फल को ही जानते हैं कि जैसा हम करेंगे वैसा ही पाएंगे। लेकिन पिछले किये हुए कर्मो का फल कहाँ जायेगा वो तो जब तैयार हो जायेगा, आपको लेना ही पड़ेगा। अगर इंसान सोचे कि मैंने तो इस जन्म में कोई बुरा कर्म तो किये ही नहीं तो मैं किसकी सजा भोग रहा हूँ - तो हो सकता है ये उनका पिछले कई जन्मों का ही कर्मों का फल है।

कर्म का प्रसंग विशाल है लेकिन सीधी सी बात समझ लीजिए आपने अब तक जो भी किया वो आपका भूतकाल था, उसे आप चाह कर भी बदल नहीं सकते और आनेवाला समय यानि भविष्य में आप किन-किन परिस्थियों से सामना करंगे उस पर विचार करके कोई लाभ नहीं है। आपके हाथ में सिर्फ और सिर्फ वर्तमान है और वर्तमान में किया हुआ कर्म का प्रभाव भविष्य बनकर आएगा। अगर आप अपने वर्तमान को सही दिशा दे पाते हैं तो यक़ीनन भविष्य आपके सफलता का इंतजार कर रही है।

यानी भाग्य और कुछ नहीं अपने - अपने कर्मों का ही फल है, इसलिए भाग्य के भरोसे न बैठें और सत्कर्म करते रहें।

कुछ लोग संघर्ष करना नहीं जानते हैं,

शायद इसी को किस्मत ख़राब कहते हैं।

जीवन एक संघर्ष

आज दुनिया में हर व्यक्ति किसी न किसी समस्या से परेशान हैं और संघर्ष कर रहे हैं। उनमें से कुछ जीवन के उस चौराहे पर हैं जहाँ वे समस्याओं से जूझते-जूझते थक गए हैं और आगे क्या करना है उन्हें पता नहीं । कई व्यक्ति कहते हैं कि जीवन उन पर अत्यंत निर्दयी रहा है और उन के लिए जीवन सदैव ऐसा ही रहा है, वे ऐसा कहते हैं।

हाँ, जीवन कठिन हो सकता है, जीवन एक संघर्ष हो सकता है। परंतु क्या अन्य व्यक्तियों से यह भिन्न है? जिन व्यक्तियों के पास अधिक धन नहीं है, वे समझते हैं कि धनवान अत्यंत प्रसन्न होते हैं। और धनवान उद्योगपति जो तनावपूर्ण व्यवसाय संभाल रहे हैं उन्हें यह प्रतीत होता है कि जो व्यक्ति साधारण नौ से पाँच की नौकरी कर रहे हैं, वे अत्यंत प्रसन्न होते हैं। स्वस्थ व्यक्ति समझता हैं धनवान प्रसन्न है, धनवान व्यक्ति समझता है स्वस्थ लोग प्रसन्न हैं। परंतु अनेक व्यक्ति ऐसे भी होते हैं जिनके पास स्वास्थ्य, धन तथा आप जो कल्पना कर सकते हैं वह सब है, किंतु वे तब भी उदास हैं, और उनके लिए जीवन एक संघर्ष है।

सत्य तो यह है कि जीवन ऐसा ही होता है हर किसी के लिए। व्यक्ति जब तक किसी लक्ष्य को प्राप्त करने के लिए कर्म कर रहा हो, उसे बाधाओं का सामना करना पड़ेगा। कुछ व्यक्ति इन बाधाओं को चुनौती समझ कर उनका सामना करते हैं, परंतु कुछ उन्हें संघर्ष के रूप में देखते हैं। लोग बदल सकते हैं,

परिस्थितियां अधिक अनुकूल बन सकती हैं, परंतु इस का यह अर्थ नहीं कि चुनौतियां समाप्त हो जायेंगी। बाधाएं सदैव रहेंगी। जब लोग संघर्ष के विषय में बात करते हैं, वे अधिकतर चुनौतियों की बात कर रहे हैं। हम किसी समस्या को अवसर समझते हैं या बाधा, यह तो हमारे मानसिकता तथा व्यक्तिगत पसंद पर निर्भर है। चलिए आपको एक दिलचस्प कहानी बताता हूँ –

एक बच्चे ने अपने घर के आँगन में एक पेड़ पर एक तितली का कोया (कोकून) देखा। उसने अगले कुछ दिनों तक प्रतिदिन उसे परखा। एक दिन उस ने कोया के भीतर एक सुंदर इल्ली को देखा। वह डिम्ब में थी। बच्चे ने बहुत समय के लिए इल्ली को डिम्ब में संघर्ष करते हुए देखा। प्रतिदिन उसने यह संघर्ष देखा, परंतु जैसे-जैसे दिन बीतने लगे इल्ली थोड़ा थोड़ा बाहर आने लगी और उसके शरीर पर पंख आने लगे। कोया बढ़ते हुए डिम्ब के लिए छोटा लगने लगा।

उस बच्चे से यह संघर्ष देखा न गया और उसने तितली की सहायता करने का निर्णय किया। उसने कोये को काट कर खोल दिया और तितली आसानी से बाहर आ गई। परंतु वह सीधे भूमि पर गिर गयी। उसके शरीर में सूजन हो गयी और उसके पंख सूख गए। बच्चे वहाँ बैठे तितली को देखने लगा और यह आशा करने लगा कि वह उड़ने लगेगी, परंतु ऐसा कभी नहीं हुआ। वह अपने फूले हुए शरीर के साथ असहाय होकर चारों ओर रेंगने लगी। उसके पंख पूरी तरह से विकसित नहीं हुए थे और इस लिए वह कभी उड़ नहीं सकी। कुछ समय के उपरांत उसकी मृत्यु हो गयी। उस बच्चे ने जिसे संघर्ष समझा वह वास्तव में तितली को तैयार करने का प्रकृति का मार्ग था।

हमारे संघर्ष ही हमारे व्यक्तित्व को रूप प्रदान करते हैं। मैं यह नहीं कह रहा कि सभी संघर्ष अच्छे होते हैं, परंतु क्या यह वास्तव में ही संघर्ष हैं? प्रकृति का विकास चुनौतियों द्वारा हुआ है। प्रकृति आपको भी आपकी क्षमता के आधार पर लगातार चुनौतियां देगी। आप उन चुनौतियों के परिमाण को कम नहीं कर सकते

हैं। यदि आप में कोई क्षमता है तो प्रकृति उसे बाहर लेकर ही आयेगी। हम ब्रह्मांड के सबसे मुख्य व्यक्ति नहीं हैं, केवल प्रकृति की भव्य योजना के एक छोटे से तत्व हैं। परंतु हाँ उन चुनौतियों की प्रबलता, आवृत्ति एवं संख्या को कम कर सकते हैं। कैसे? अपने जीवन को सरल बनाएं। जीवन की अव्यवस्था को कम करें। यदि सरलता का जीवन जिएंगे तो प्रतिकूल परिस्थितियों को संघर्ष कभी नहीं मानेंगे। मैं यह नहीं कह रहा कि आप हर चुनौती को एक अवसर मान कर स्वीकार करेंगे। परंतु आप चुनौती द्वारा विचलित भी नहीं होंगे।

जीवन एक सीधी सड़क हो सकती है, परंतु बिना ऊबड़ खाबड़ के नहीं। यात्रा के कुछ पहलू सहज हो सकते हैं, परंतु आप को जागरूक एवं सतर्क रखने के लिए यह अस्त-व्यस्त भी होगी। आप यात्रा का आनंद लें। कल्पना करें कि आप सड़क के किनारे खड़े हैं और जीवन के क्षण तीव्र यातायात के समान गुज़र रहे हैं। जीवन किसी के लिए रुकता नहीं है, यह किसी की आलोचना या प्रशंसा सुनने के लिए ठहरता नहीं है। जीवन कभी ठहर जाए यह संभव ही नहीं। यदि आप इस का आनंद लेना चाहते हैं, तो आप को इसके उतार चढ़ाव का साहसपूर्वक सामना करना होगा।

जब एक बच्चा जन्म लेता है तो एक परिवार में कितनी खुशियां होती है। धीरे-धीरे वो बच्चा बड़ा होता है, चलना सीखता है, दौड़ना सीखता है, पढ़ना-लिखना सीखता है, काम करना सीखता है, गप्पे मारना सीखता है और धीरे-धीरे उम्र बढ़ती चली जाती है, बूढ़ा हो जाता है और एक दिन वो इस दुनिया से विदा लेता है।

सीखना यानी अपने ज्ञान को बढ़ाना, जब तक आप सीखते रहेंगे आपका ज्ञान बढ़ता रहेगा और जिस दिन आप सीखना बंद कर देते हैं आपका ज्ञान वहीँ पर आकर रुक जाता है।

कोई भी इंसान कुछ भी सीखकर पैदा नहीं होता है, कुछ तो उसके संस्कार अपने माता-पिता से विरासत में मिल जाती है, कुछ आस-पड़ोस के वातावरण से, कुछ अपने दोस्तों से और कुछ समय उसे सीखा देता है।

जन्म और मृत्यु के बीच के इस सफर में हमलोगों के ज़िन्दगी में बहुत सारी खुशियों के पल भी आते हैं और गम भी आते हैं, जहाँ हम हँसते हैं, मुस्कुराते हैं वही दुखी और मायूस भी हो जाते हैं। जहाँ हमे किसी से प्यार होता है वहीँ हम किसी से नफरत भी करने लगते हैं। कोई हमें दुआ देता है तो कोई बद्‌दुआ भी दे जाता है। हर परिस्थिति, चाहे वो अनुकूल हो या प्रतिकूल हमें कुछ न कुछ सिखा कर ही जाता है। कभी ख़ुशी से उछल जाते हैं तो कभी गम के कारण डूब भी जाते हैं।

आपके जीवन में भी अच्छे - बुरे लोग मिलेंगे लेकिन इन सभी से सामना आपको ही करना है। अक्सर ऐसे लोग मिल जाते हैं जिनके लिए ज़िंदगी बहुत कठिन होती है। ऐसे लोगों को अपने जीवन में बस मुश्किलें ही नज़र आती हैं। हर वक्त उन्हें लगता है कि वे ही दुनिया के सबसे दुखी और परेशान प्राणी हैं। ऐसे अनेक लोगों को तो यह ज़िंदगी जीने के काबिल भी नहीं लगती।

यह सही है कि ज़िंदगी में दुख-तकलीफों और परेशानियों से मुठभेड़ होती ही रहती है। ऐसा दुनिया के हर इंसान के साथ होता है। हर आदमी की अपनी-अपनी परेशानियाँ होती हैं। जब तक ये जीवन है तब तक ये मुसीबतें तो रहेंगी ही। तो फिर क्या करें? चलिए जानते हैं।

एक महान योद्धा बने

अगर हम अपना नजरिया ऐसा बना लें कि हम सैनिक हैं और हमें परेशानियों, मुसीबतों और मुश्किलों रूपी दुश्मनों को खत्म करना है, तो हमारी ज़िंदगी बहुत हद तक बदल सकती है। अपने व्यक्तित्व में मुसीबतों से लड़ने और उन पर विजय

पाने की भावना बना लें। तब हम कठिनाइयों से भागेंगे नहीं बल्कि डटकर उनका मुकाबला करते हुए उन पर जीत हासिल करेंगे।

उनकी जगह आप होते तो क्या करते

लोग अक्सर यही सोचकर परेशान होते हैं कि ये मुसीबतें हमारे ही हिस्से में क्यों? बेहतर होगा यदि यह सोचा जाए कि हमारी जगह अगर कोई और व्यक्ति होता तो वह ऐसे हालात में क्या करता? ऐसा सोचने पर आपकी कल्पना में ऐसे दृश्य उभरने लगेंगे जिनमें उस व्यक्ति ने उस मुश्किल का कोई न कोई हल निकाल लिया होगा। ऐसा सोचने से आपको बल मिलेगा तब आप यह सोच सकते हैं कि अगर वह व्यक्ति इस मुसीबत से निकल सका है तो हम क्यों नहीं निकल सकते।

मुश्किलें तो आएँगी

अगर मुश्किलों को स्वीकार कर लिया जाए तो ज़िन्दगी की आधी से ज्यादा मुश्किलें तो यूँ ही समाप्त हो जाएँगी। अजीब हैं न... लेकिन वाकई में अगर यह सोचा जाए कि मुश्किलों को तो रहना ही है और इनकी मौजूदगी में ही मंजिल पाना है तो, हमारे सोचने का तरीका काफी हद तक आशावादी हो जाएगा।

मुश्किलों को खुद पर हावी न होने दें

मुश्किलें के आने से पहले ही उनके बारे में सोच-सोच कर उन्हें बड़ा बनने का मौका न दें। आने वाली मुसीबतों से बचने के लिए पहले से ही कोई उपाय सोचकर रखना कोई गलत बात नहीं, पर मुसीबतों के आने से पहले ही हरदम उनके बारे में सोच-सोच कर अपने आज को बिगाड़ लेना भी ठीक नहीं। आने वाली मुसीबतों

के बारे में यह सोचिए कि जब मुश्किल आएँगी, तब देखा जाएगा, अभी से उनकी चिंता क्यों करें? हो सकता है कि वे मुसीबतें आपके जीवन में कभी आएँ ही नहीं।

मुश्किलों को अलग-अलग करके हल करें

अपनी सारी मुश्किलों के बारे में एक साथ सोचेंगे तो इससे मुश्किलें और भी बढ़ने लगेंगी, इसलिए इन्हें एक-एक करके हल करने की कोशिश कीजिए। ऐसा करने से अपनी कठिनाइयों का बेहतर समाधान आप पा सकेंगे।

जब आप एक कठिन दौर से गुजरते हैं,

जब सभी आपका विरोध करने लगता है,

जब आपको लगता है कि आप एक पल भी सहन नहीं कर सकते हैं

कभी हार न माने !

क्योंकि यही वह समय और स्थान है,

जब आपका अच्छा समय शुरु होगा ।

सत्कर्म के साथ नेटवर्क मार्केटिंग का सम्बन्ध

कर्म के विषय में तो आप समझ गए होंगे लेकिन आप सोच रहे होंगे कि नेटवर्क मार्केटिंग और सत्कर्म में क्या सम्बन्ध हो सकता है, तो चलिए समझने का प्रयास करते हैं।

कर्म तो सभी करते है लेकिन उस कर्म को करने के पीछे जो उद्देश्य छुपा होता है उसके वजह से ही कर्म की तीन अवस्थायें होती है और उसके फल भी उसी के आधार पर निर्भर करता है।

अक्सर हमलोग देखते हैं, चाहे वो बच्चे के पढ़ाई से सम्बंधित हो, किसी भी तरह की नौकरी हो या कोई भी व्यवसाय हो। वहां हमेशा लोग एक दूसरे से आगे बढ़ने की भागम-भाग लगी होती है। हर माँ-बाप चाहता है उसके बच्चे फर्स्ट आयें, ज्यादातर ऑफिसों में हमेशा एक स्टाफ दूसरे स्टाफ की शिकायत करता रहता है, व्यवसाय में एक दूसरे को देखकर जलन होती रहती है। आज कोई भी ऐसा जगह नहीं है जहाँ लोग एक दूसरे की मदद करती हो, जिससे सभी का मान-सम्मान, उपलब्धि, रोजगार बनी रहे।

जब मैं इस व्यवसाय को पहली बार समझ रहा था, उस समय मैंने बहुत गौर से देखा मुझे इस व्यवसाय प्रणाली में कहीं भी कुछ भी गलत नहीं लगा। मैं समझ गया ये एक ऐसा प्रणाली है जीवन के उच्चतम सिद्धांतों पर आधारित है।

नेटवर्क मार्केटिंग कोई व्यवसाय नहीं है, ये एक ऐसा प्रणाली है जिसके माध्यम से सिर्फ उत्पादनकर्ता ही नहीं बल्कि इस प्रणाली से जुड़े सभी लोगों को एक ऐसा लाभ मिलता है जो आज तक किसी दूसरी प्रणाली में नहीं था।

नेटवर्क मार्केटिंग प्रणाली को इस तरह से बनाया गया है जिसमे लोग एक दूसरे को लात मारकर आगे बढ़ ही नहीं सकते हैं। ये सिस्टम एक जीत-जीत के सिद्धांत पर आधारित है।

किसी ने सच ही कहा है कि अगर समाज को आगे बढ़ाना है

तो लोगों की टांग को छोड़कर हाथ पकड़ कर खींचो।

यानि हमलोग एक ऐसे प्रणाली में काम करते हैं जिसमे लोग एक दूसरे की दिल से मदद करते हैं। जो लोग इस व्यवसाय में पहले से मौजूद हैं वे लोग नए लोगों को सिखाते हैं, उनके साथ समय देते हैं, उन्हें एक लीडर बनाते हैं, संघर्ष करना सिखाते हैं, ज़िन्दगी में आगे बढ़ने के लिए हमेशा प्रोत्साहित करते हैं, मानवता सिखाते हैं, कर्म करना सिखाते हैं, एक दूसरे का हाथ पकड़ कर सफलता के मार्ग पर एक

साथ चलते हैं, लोगों को सही रास्ता देखते हैं और वो सब कुछ सिखाते हैं जो वे स्वयं जानते हैं।

अक्सर देखा गया है कि हम लोग अपने जान-पहचान वाले को भी नहीं चाहते हैं की वो आगे बढ़े, तरक्की करे, एक हिंसात्मक, एक दूसरे को देखकर जलन इस तरह का वातावरण बन गया है। शुक्र है इन नकारात्मक वातावरण में रह कर भी नेटवर्क मार्केटिंग के माध्यम से लोगों के मन में सकारत्मकता को विकसित किया जा सकता है। हमलोग अनजान लोगों को भी अपने साथ जोड़ कर उनके तरक्की में साथ देते हैं, जिससे सिर्फ समाज और देश ही नहीं इस सकारत्मकता का प्रकाश पूरी दुनिया में फ़ैल जाएगी, हर तरफ एक ख़ुशी का वातावरण होगा, लोग एक दूसरे से दिल से, मुस्कराहट के साथ मिलेंगे। एक दूसरे की ख़ुशी और गम दोनों को बाँटेंगे।

हम लोग हमेशा यही चाहते हैं कि भारत का हर गरीब से गरीब इंसान भी अगर चाहें तो इस प्रणाली के साथ जुड़ कर, हर परिवार एक सुखद ज़िन्दगी जी पाएंगे, अमीरी की राह पर चल पायेंगे।

आइये, हम सब मिलकर एक प्रण लेते हैं कि एक भी व्यक्ति भारत में गरीब नहीं रहना चाहिए। ऐसी भावना और किस इंडस्ट्री में है, ऐसी मानसिकता और कौन से सिस्टम में है, ऐसा प्यार और कहाँ है।

समय बदल चुका है

क्या आप जीवन भर दूसरों के आदेशों का पालन करने की आदत डालना चाहेंगे ?

क्या आप जीवन भर दूसरों के दासत्व को स्वीकार करना पसंद करेंगे ?

या समय रहते अपनी आर्थिक स्थिति की बागडोर अपने हाथ में थामना चाहेंगे,

खुद का मालिक बनना चाहेंगे - विकल्प आपको चुनना है

यह सिर्फ एक नहीं बल्कि अनेकों संकटों का दौर है। आज भारत ही नहीं कई देशों में इसकी भयावह परछाई मंडरा रही है।

आप अक्सर अख़बारों में पढ़ते होंगे या टेलीविज़न में देखते होंगे कि आज ये कंपनी बंद हो गई, इतने लोग नौकरी से निकाले गए, कर्ज न चुकाचुका पाने के कारण लोग आत्महत्या कर रहे हैं, शेयर बाजार के घपले, दिनों-दिन रोजमर्रा के सामानों के दामों में अचानक वृद्धि, साइबर क्राइम, पॉन्जी स्कीम, नौकरी न मिलना, अच्छेअच्छे डिग्री-डिप्लोमा होल्डर रास्ते में घूम रहे हैं, ग्रेजुएट विद्यार्थी परिवार का पेट पालने के चक्कर में छोटी-मोटी नौकरी करने पर बाध्य हो रहे हैं, घुसखोरी, जमाखोरी, कालाधंधा, रुपये का घोटाला, बेईमानी, धोखाधड़ी इत्यादि। आज आप कोई भी न्यूज़ चैनल खोल लीजिये, आपको अच्छे समाचार देखने और सुनने को नहीं मिलेगी। न्यूजपेपर के फ्रंट पेज में ही बुरी खबर।

बेरोजगारी का आंकड़ा दिन पर दिन बढ़ता ही जा रहा है। नौकरी का तो हालत इतना ख़राब है कि जहाँ दो सीट है, वहां 200 लोग इंटरव्यू देने पहुंच जाते हैं। जैसे ही अख़बारों में नौकरी का इस्तहार निकलता है कि 100 लोग अमुक पोस्ट के लिए चाहिए, लाखों लोग वहां आवेदन जमा देते हैं।

इसका एक बहुत बड़ा कारण है औद्योगिक युग की समाप्ति और देश में बढ़ती जनसंख्या। हर साल हमारे देश में एक ऑस्ट्रेलिया पैदा होता है। हर साल 30 लाख बच्चे ग्रेजुएशन पूरी करके निकलते हैं लेकिन कितने लोग नौकरी पा रहे हैं। ज्यादा से ज्यादा लोग इतने मजबूर हो रहे हैं कि कम सैलरी मिलने के वावजूद बंधुआ लेबर की तरह ज़िन्दगी जी रहे हैं। कितने ही लोग अपने आँखों में हजारों सपने लिए ही इस दुनिया से अलविदा कह रहे हैं। नौकरी की सुरक्षा लुप्त हो चुकी है और इतिहास के गर्त में समा चुकी है।

जाहिर है, ये सब बातें आप पहले से ही जानते हों। लेकिन यहाँ मैं एक ऐसी चीज बताने जा रहा हूँ जिसे शायद आप नहीं जानते हों। आज चीजें तेजी के साथ बदल रही है, पहले के मुकाबले रोजगार या धन कमाने का जरिया बहुत ज्यादा है लेकिन ज्यादातर लोगों को यह दिखाई नहीं दे रहा है। अब आप अगर आँखों में ऊँगली रखकर देखेंगे तो आपको सूरज भी नजर नहीं आएगा। जरा आँखें तो खोलिये, देखिये आपके आस-पास क्या हो रहा है।

खासकर मैं युवा वर्ग से कहना चाहूंगा, क्या नौकरी से बेहतर और कुछ नहीं है, असल में गलती उनकी भी नहीं है, गलती किसी की भी नहीं है, गलती है हमारे दिमाग के सिस्टम में जो सॉफ्टवेयर डाला गया है उसकी। दादाजी नौकरी करते थे, पिताजी नौकरी करते थे, आप भी नौकरी करते हैं तो आप एक बात कहिये, क्या आप अपने बच्चों को नौकरी के अलावा और कुछ करने को बोल पाएंगे। आप तो यही कहेंगे स्कूल जाओ, अच्छे से पढ़ाई करो, अच्छे मार्क्स लाओ तुम्हें एक अच्छी और सुरक्षित नौकरी मिल सके - ये बकवास है।

मैं ये नहीं कह रहा हूं कि शिक्षा हासिल नहीं करनी चाहिए, बिल्कुल चाहिए लेकिन शिक्षित होने के बाद ये सोचिये की बचपन से पढ़ाई आपने की, मेहनत आपने की, खर्चे आपके पिताजी ने किया, माता रोज आपको स्कूल छोड़ने और लाने जाती थी, भाई-बहनो ने कितने मैथ आपका सॉल्व किया, रात-रात को जाग कर पढ़ाई की

और आपका इंटरव्यू लेते समय वो सामने वाला व्यक्ति ये तय करता है की आपको कितने घंटे काम करने हैं, आपको सैलरी कितना मिलना चाहिए, साल में छुट्टियाँ कितनी मिलने चाहिए। क्या आपने इतना सब कुछ किया, इतना टैलेंट हासिल किया दूसरों को बड़ा करने के लिए, अपने समय को बेच दिया ताकि दूसरे वर्ल्ड टूर पर जा सके और आपको एक दिन की छुट्टी के लिए गिर-गिराना पड़ता है। आपके टैलेंट के वजह से आपके बॉस अमीर होते जा रहे हैं और आप महीने के अंतिम तारिक को खड़े हो जाते हैं हाथ पसार कर, क्या यही थे आपके सपने, इस माध्यम से तो कभी भी आपके सपने पूरे नहीं हो पायेगें। जमाना तेजी के साथ बदल रहा है लेकिन हम अपनी दकियानूसी सोच को बदल नहीं पा रहे हैं।

असल में हमारा दिमाग उस विशालकाय हाथी की तरह हो चुका है जो एक मामूली सी रस्सी से बंधे होने के बावजूद उसे तोड़ने में असमर्थ है। जैसे एक हाथी के बच्चे को बचपन में लोहे की जंजीर से बांध कर रखा जाता है, जिसे वो तोड़ने की भरपूर कोशिश करता है लेकिन तोड़ नहीं पता और कुछ दिनों तक कोशिश करने के बाद भी जब वह तोड़ नहीं पता, तब अपने घुटने टेक देता है और हार को स्वीकार कर लेता है और उसके बाद से उसकी ऐसी आदत हो जाती है कि एक पतली सी रस्सी से बांध कर रखने पर भी, उसे तोड़ने की कोशिश नहीं करता है। क्या हमलोग एक पेड़ की तरह ज़िन्दगी काटने को मजबूर हो गये हैं।

क्या हमलोगों का दिमाग एक हाथी की तरह है या हमलोग अपने आपको एक पेड़ समझ रहे हैं कि एक जगह बंध गए तो बंध गए अब मरेंगे तो ही यहाँ से निकलेंगे या जब तक कंपनी लात मारकर न निकाल दे। लात मारने से याद आया, कुछ लोग तो बॉस की पैर पकड़ लेते हैं और कहते हैं मुझे काम से मत निकालिये, मेरे बच्चे भूखे रह जायेंगे, मैं इतनी जल्दी काम कहाँ से ढूंढूगा - ऐसे लोगों को तो चुल्लू भर पानी में डूब मरना चाहिए।

पहले के समय में सिर्फ दो ही विकल्प हुआ करते थे धन कमाने का, या तो आप किसी दूसरे के पास नौकरी करो या अपना व्यवसाय करो। लेकिन आज वो समय नहीं है, आज पहले से भी ज्यादा संसाधन मौजूद है जहाँ से आप एक अच्छा रोजगार पा सकते हैं। नौकरी से मिलने वाली तनख्वाह को "समय के बदले धन की अदला - बदली" कहा जाता है।

आधिकारिक रूप से गरीबी की रेखा, नीचे रहने वाले लोगों की संख्या तेजी से बढ़ रही है। विदेशों में काम कर रहे लोगों की छंटनी शुरु हो चुकी है। नौकरी करने की सोच एक औद्योगिक युग की सोच थी ये बात बहुत ही काम लोग समझ पाते हैं। आज हम औद्योगिक युग में नहीं रहते हैं, आज हम संचार के युग में प्रवेश कर चुके हैं। आज आपकी कंपनी आपकी परवाह नहीं करेगी। सरकार आपकी परवाह नहीं करेगी। कोई भी आपकी परवाह नहीं करेगा।

यह नयी सदी है और इसके नियम बदल गए हैं। यह कोई कबड्डी का खेल नहीं कि पहले भी उसी नियम से खेला जाता था और आज भी वही नियम। समय तेजी के साथ बदल रहा है, लोगों का खान-पान, कपड़े, रहन-सहन बदल रही हैं, ख्वाहिशें बदल रही है। बस नहीं बदल रहा है, लोगों के सोचने का तरीका। वही पुरानी 1920 साल की सोच अभी नहीं चलेगी। पुराना टेप रिकॉर्डर अभी भी लोग घिसे जा रहे हैं।

एक बार लोगों को अपने दिमाग की वाशिंग करने तकी जरूरत है और काम करने के पुराने तरीकों को मिटा कर नए तरीकों से सोचने और काम करने का समय है। नौकरी की सुरक्षा, कंपनी की पेंशन स्कीम, सामाजिक सुरक्षा, ये सभी घिसे-पिटे और पुरातनपंथी विचार हैं, को गुजरे हुए ज़माने के अवशेष मात्र हैं।

आज नौकरी की सुरक्षा किसी मजाक से कम नहीं रह गई है। किसी एक कंपनी में जीवन भर नौकरी करने का विचार ठीक उसी तरह पुराना हो चुका है जैसे कंप्यूटर के युग में टाइपराइटर। पुराने जमाने की ये बूढ़ी गाय अब दुधारू नहीं रह

गई है और इसका कारण सिर्फ इतना सा है कि वे सभी दकियानूसी हो चुकी है। पेंशन, नौकरी की सुरक्षा, रिटायरमेंट की सुरक्षा ! ये सब औधोगिक युग के विचार थे। आज हम सूचना युग में रह रहे हैं, इसलिए अब हमें आगे बढ़ने के लिए सूचना युग के विचारो के हिसाब से सोचने की जरुरत है। सौभाग्य से अभी कुछ लोग सुनना और सीखना शुरू कर रहे हैं। वैसे यह बड़े अफसोस की बात है कि हम कष्ट और विपत्ति के बाद ही सबक सीख पाते हैं। अच्छी बात ये है कि कम से कम अब लोग सबक सीख पाते हैं। जब भी हमारे सामने कोई बड़ा संकट आकर खड़ा होता है तभी लोगों को यह अहसास होता है कि सुरक्षा के पुराने साधन अब उन्हें सुरक्षित नहीं रख पाएंगे।

जीवन मुश्किल है ! अहम् सवाल तो यह है कि आप इस बारे में क्या करने जा रहे हैं ? शिकायतें करने और अफ़सोस करने से आपका भविष्य सुरक्षित नहीं होगा, न ही बड़े कंपनियों और सरकार पर दोष मढ़ने से होगा।

यदि आप एक ठोस भविष्य चाहते हैं, तो आपको इसका निर्माण स्वयं करना होगा। आप अपने भविष्य की बागडोर केवल तभी थाम सकते हैं, जब आपकी आमदनी के स्रोत पर आपका नियंत्रण होगा। इसलिए आपको अपना खुद का व्यवसाय शुरू करने की जरुरत है। नौकरी से केवल आपकी आजीविका चल पाएगी, ज़िन्दगी नहीं।

क्या आप नहीं चाहते कि आपके ज़िन्दगी में आपका नियंत्रण हो, क्या आप अपने परिवार को ज्यादा समय देना नहीं चाहते हैं, क्या आप ऑफिस के बजाय घर पर रहकर काम करना नहीं चाहेंगे, क्या आप अपनी तक़दीर खुद लिखना नहीं चाहते।

दरअसल हो यह रहा है कि नौकरी की सुरक्षा 20वीं सदी का मिथक हमारी आँखों के सामने धरासायी हो रहा है, जिसमे यह वादा किया जाता था कि दूसरे के लिए नौकरी करना ही दीर्घकालीन, सुखद और संतुष्टिदायक जीवन का मार्ग है। परिस्थितियां अधिकांश लोगों के दिमाग में कई मिथ्या धारणाएँ डाल देती है, जिस

वजह से हम रोजगार को सामान्य मानने लगते हैं लेकिन ऐतिहासिक दृष्टि से यह "सामान्य" नहीं है।

दरअसल कर्मचारी बनने की पूरी अवधारणा कुछ वर्ष ही पुरानी है। जब समय कृषि युग का था, उस समय अधिकांश लोग उद्धमी थे। वे राजा की जमीन पर काम करने वाले किसान जरूर थे, लेकिन राजा के कर्मचारी नहीं थे। राजा उन्हें तनख्वाह नहीं देते थे बल्कि इसका उल्टा होता था। किसान राजा की जमीन का उपयोग करने के बदले उन्हें 'कर' देते थे।

जब औधोगिक युग की शुरुआत हुई उस समय काम करने वाले कर्मचारियों की मांग बढ़ने लगी, फलस्वरूप सरकार ने जनता को शिक्षित करने का काम संभाल लिया और "प्रशिया" के तंत्र को अपनाया, और धीरे-धीरे लोग नौकरी की ओर आकर्षित होते चले गए।

देश की शिक्षा प्रणाली के विषय में आगे मैं चर्चा करूँगा और यह भी बताऊंगा कि इससे भविष्य में क्या प्रभाव पड़ेगा।

यह मुश्किल का दौड़ अधिकांश लोगों के लिए हो सकता है लेकिन सिर्फ उन लोगों के लिए जो अपने दिमाग को खुला रखते हैं वे इस बात को समझ सकते है जिसे मैं अगले कुछ अध्यायों में बताने जा रहा हूँ।

जैसा कि ये बात सच है कि जब लोगों की समस्याएँ बढ़ जाती हैं तभी वो उसमे से निकलने का रास्ता ढूंढ़ते हैं और उस समय दृढ़ इच्छाशक्ति वाले लोग आगे बढ़ जाते हैं और अगर आप इसे सच मानते हैं तो तो आपके सामने दो प्रश्न आते हैं :-

क्या आपमें दृढ़ इच्छाशक्ति है ? यदि इसका उत्तर "हाँ" है तो दूसरा प्रश्न है आप किस राह को चुनते हैं , नौकरी या खुद का व्यवसाय ?

शिक्षा का महत्व और प्रकार

जब तक शिक्षा का उद्देश्य नौकरी पाना होगा

तब तक इस देश में और इस समाज में

नौकर ही पैदा होंगे - मालिक नहीं

हमारे जीवन में शिक्षा का बहुत महत्व है और हर किसी को सामान रूप से अधिकार है शिक्षा ग्रहण करने का। एक शिक्षित समाज ही देश को आगे बढ़ा सकती है, देश से भ्रष्टाचार, दुराचार और कुप्रथाओं को समाप्त कर सकती है। लेकिन जरुरत है किस प्रकार की शिक्षा हमें सफल बना सकती है।

जिस समय कृषि का युग था, राजाओं - महाराजाओं का समय था, उस समय हमारा देश दुनिया में पहले नंबर पर था। आपको याद तो होगा कि एक समय हमारा भारत सोने की चिड़िया कहलाती थी और भारत को गुलाम बनाने के लिए विदेशी ताकतों के हमले कितनी बार हुए , लेकिन कितने दिनों तक बच पाते अंत में कुछ गद्दार राजाओं की वजह से हमारा देश अंग्रेजों का गुलाम बन गया।

राजाओं - महाराजाओं के समय हमारे देश में ज्यादातर लोग खेती किया करते थे यानि खुद का व्यवसाय, इसलिए हमारा भारत शुरू से ही कृषि प्रधान देश रहा है।

लेकिन एक परंपरा कब तक चल पाती है। धीरे-धीरे छोटे-छोटे उद्योगों ने जन्म लेना शुरू हुआ और वहां काम करने वाले लोगों की जरुरत पड़ने लगी। उस समय कुछ उद्योगपतियों ने कुछ लोगों को अपने यहाँ काम करने के लिए रख लिया ये प्रलोभन देकर कि अच्छे वेतन दिए जायेंगे, काम करने का निर्धारित समय होगा, अतिरिक्त समय करने पर अतिरिक्त पैसे दिए जायेंगे, लोगों के परिवार की सुख सुविधाओं को भी ध्यान में रखा जायेगा और निवृति यानि Retirement लाभ, पेंशन

इत्यादि दिए जायेंगे और लोगों को काम भी सिखाया जायेगा और ये बात धीरे-धीरे पूरे देश में फैल गया और ज्यादातर लोगों ने खेती-बारी छोड़कर नौकरी करने का विकल्प चुन लिए। इस देश के लोग शिक्षित नहीं थे जिसका फायदा कुछ गांव के मुखिया और पैसे वालों ने उठाना शुरु किया। उनलोगों ने गांव के लोगों के मुसीबत के समय ऋण देना शुरु कर दिया और लोग अपना घर, अपना खेत गिरवी रख कर ऋण लेने लगे। गाँव के लोग शिक्षित न होने के वजह से ऋण न चुकाने के कारण अपना घर, अपना खेत हाथ से धो बैठे और उनलोगों के पास नौकरी करने के अलावा और कोई उपाय शेष नहीं बचा था।

धीरे-धीरे शिक्षा का महत्व बढ़ने लगा, गाँव - गाँव में पाठशालाएँ खुलने लगी और सरकार ने इसकी बागडोर अपने हाथों में ले लिया। लेकिन हमारे देश की शिक्षा प्रणाली को कुछ इस तरह तैयार किया गया कि शिक्षित होने के बाद लोग अपने-आप नौकरी की चकाचौंध रोशनी की तरफ चल देगे। लोगों को काम में लाने के लिए नया - नया काम सिखाया जाने लगा, शिक्षित वर्ग के लोगों का पहनावा बदलने लगा और ये देखकर ज्यादातर लोग शिक्षा ग्रहण करने के बाद नौकरी की तरफ बढ़ती चली गई। उस समय एक शिक्षित व्यक्ति को बहुत इज्जत की नजरों से देखा जाता था। उस समय वाकई में नौकरी में इज्जत थी, सुरक्षा था लेकिन आज कहाँ?

देखिए, मुझे गलत मत समझिये, मैं शिक्षा को गलत नहीं कह रहा हूँ, आज शिक्षा की वजह से ही लोगों का रवैया अच्छा हुआ है, लोगों में अच्छे-बुरे का ज्ञान भी बढ़ा है और इस वजह से हमारा देश उन्नत हो पाया है।

धीरे-धीरे पेशेवर शिक्षा का आरम्भ हुआ, लोग अपने बच्चों को डॉक्टर, इंजीनियर, वकील इत्यादि बनाने लगे। लेकिन जो सबसे जरूरी शिक्षा है, वो आज भी हमारे देश में बचपन से सिखाया नहीं जाता, और वो है "वित्तीय शिक्षा"।

पेशेवर शिक्षा के वजह से लोग ज्यादा टैलेंटेड होने लगे और धीरे-धीरे शिक्षा हासिल करने का उदेश्य ही बदल गया और लोग नौकरी को ही सब कुछ मान बैठे। आज

आप किसी भी इंडस्ट्री में देख लीजिये, वहां एक से एक शिक्षित लोग, टैलेंटेड लोग बैठे हैं लेकिन करते क्या हैं - नौकरी। हमलोग इतना बेवकूफ बनते जा रहे है कि उच्च शिक्षा हासिल करने के बावजूद, अच्छे टैलेंट होने के बावजूद दूसरे लोगों को और आमीर बनाने में लगे हुए हैं। लोग धीरे-धीरे नौकरी पर डिपेंडेंट होने लगे और वहीँ से हमारा देश नौकरों का देश बनता जा रहा है।

आपको याद होगा जब हमारे देश में कम्प्यूटर का आगमन हुआ था। तब लोगों ने जमकर इसका विरोध किया था - पर हुआ क्या, विरोध कुछ दिनों के बाद ख़त्म हो गई, ज्यादा से ज्यादा लोग इसे सीखने लगे लेकिन इसका इस्तमाल कहाँ किया - नौकरी पाने के लिए। लेकिन जो समझदार लोग थे वे लोग इसके माध्यम से व्यापार करने लगे और ज्यादा से ज्यादा लोग नौकरी में ही अपनी दिलचस्पी दिखाई।

मैं ये नहीं कह रहा हूँ कि नौकरी करना गलत है, मेरे कहने का मतलब ये है कि नौकरी करने के पीछे जो उद्देश्य है, वो गलत है और अभी नौकरी पहले की तरह सुरक्षित भी नहीं है। आप खुद ही बताइये, क्या सरकारी नौकरी में अभी पेंशन मिलता है - जी नहीं। पहले सरकारी नौकरी में, पिता के निवृत्ति के बाद बेटे को नौकरी मिलती थी - क्या आज भी वो नियम लागू हैं - जी नहीं, तो सुरक्षा कहाँ है?

जरा ठहर कर सोचिये, आप अपने बच्चों को अच्छी शिक्षा दिलवाते हैं, नए-नए पेशेवर शिक्षा दिलाते हैं, जिसमे लाखों का खर्च होता है और अपने बच्चों को टैलेंटेड बनाते हैं, लेकिन उनका टैलेंट का उपयोग कहाँ होता है - जी हाँ अमीरों को और अमीर बनाने में और नारे भी लगते हैं की गरीब और गरीब होता जा रहा है - अमीर और आमिर होता जा रहा है, सरकार नौकरी क्यों नहीं दे रही है। ये नारे वही लोग लगते हैं जिनके दिमाग में नौकरों का भूत सवार है, ये लोग नौकर बनने में खुद को गौरवान्वित महसूस करते हैं, मालिक बनने में नहीं।

क्या आपको पता है, आज दुनिया के जो अमीर लोग हैं वे कितने शिक्षित हैं ? ज्यादातर लोगों ने तो स्कूल और कॉलेज की शिक्षा भी पूरी नहीं की - सही मायने

में इन लोगों के पास कोई डिग्री या डिप्लोमा नहीं होता। लेकिन इन लोगों के पास एक शिक्षा होती है, वो है- "वित्तीय शिक्षा", इन लोगों के पास एक ही टैलेंट होता है वो ये कि शिक्षित, बुद्धिमान और टैलेंटेड लोगों को कैसे काम करवाया जाये और कैसे धन उत्पन्न करने वाली संपत्ति बनाई जाये।

इन लोगों के पास वित्तीय शिक्षा होती है यानि पैसे का सही इस्तेमाल करना और पैसे से संपत्ति और संपत्ति से पैसे उत्पन्न करने का सही ज्ञान।

तो क्या इस तरह के लोग आसमान से टपकते हैं - जी नहीं ,ये वही लोग हैं, इसी समाज के लोग हैं। इन लोगों ने बड़ा सोचा इसलिए कुछ बड़ा कर पाए। अब आपको इतना तो समझ आ ही गया होगा नौकरी करके कोई आमीर नहीं बन सकता। भले ही आपका महीने का चेक लाखों का आता हो लेकिन अमीरी एक अलग ही चीज है जिसके विषय में मैं आगे और भी चर्चा करूँगा।

शिक्षा के प्रकार

1) स्कूली शिक्षा
2) पेशेवर शिक्षा
3) वित्तीय शिक्षा

इसमें पहली और दूसरी शिक्षा के विषय में हमें जानकारी है । पर तीसरी और सबसे खास शिक्षा "वित्तीय शिक्षा" क्या है? हम इसके बारे में नहीं जानते हैं या कम जानते हैं। तो आइये इसे जानने की कोशिश करते हैं ।

वित्तीय शिक्षा का अर्थ है - धन के सही ढंग से उपयोग को समझना, दूसरे शब्दों में इसका मतलब किसी व्यक्ति में मौजूद कुछ कौशलों तथा ज्ञान से है जिनके बल पर वह सोच - समझकर प्रभावशाली निर्णय ले पाता है।

"वित्तीय शिक्षा " का अर्थ होता है, "धन " के बारे में सही जानकारी प्राप्त करना, जिससे हम अपने धन का सही प्रबंधन करते हुए अपने वित्तीय भविष्य को सुरक्षित एवं बेहतर बना सकें।

वित्तीय शिक्षा की आवश्यकता

हमारा देश अभी भी बहुत से देशों से पीछे है। यहाँ के नागरिक पलायन कर रहे हैं दूसरे देशों में। ये कितने दुर्भाग्य की बात है कि हमारे देश में सभी सुख-सुविधाओं के बावजूद लोगों के मन में अभी भी नौकरी करने के अलावा कोई विकल्प नहीं दिख रहा है। खासकर युवा वर्ग। स्कूल और कॉलेजों से शिक्षा के उपरांत उन लोगों के मस्तिष्क में नौकरी के अलावा और कोई बात नहीं आ रही है, कारण ये है कि हमारे देश में शैक्षणिक योग्यता और पेशेवर योग्यता को इतना बढ़ावा दिया जा रहा है कि आज के युवा वर्ग का भविष्य, सर पर तलवार की तरह लटकी हुई है और अगर यही हाल रहा तो वो दिन दूर नहीं जब हमारा देश सिर्फ एक नौकरों का देश बनकर रह जायेगा।

इस समय हमारे देश में सबसे ज्यादा जरूरत है वित्तीय शिक्षा की। क्योंकी समय अब बदल चुका है, पुराने फॉर्मूले अब काम नहीं करेंगे। अमीर और अमीर बनता जा रहा है, लेकिन मध्यम वर्ग गरीबी के दलदल में धंसता चला जा रहा है, हमारी वित्तीय समस्याएं दिनों दिन और बढ़ती चली जा रही हैं। किन्तु कहीं भी इस समस्या का कोई समाधान नजर नहीं आ रहा है। सिर्फ यही नहीं "वित्तीय समस्या" के कारण ही समाज में "गरीबी", "घरेलू हिंसा", "अपराध" एवं "भ्रष्टाचार" आदि असामाजिक समस्याएं भयानक रूप लेती जा रही हैं, जिससे हमारा जीवन अस्त-व्यस्त होता जा रहा है।

आज नेटवर्क मार्केटिंग भारत में युवा हो चुका है। कुछ अच्छी कम्पनियाँ ये कदम उठा रही है। नेटवर्क मार्केटिंग की जो शिक्षा प्रणाली है वो एकदम नए ज़माने के साथ मेल खाती है। क्योंकि नेटवर्क मार्केटिंग केवल पैसा बनाने की जगह नहीं है, यहाँ ऐसी शिक्षा भी दी जाती है जिससे आप पूरी तरह से आत्मनिर्भर बन पायें।

वित्तीय शिक्षा से लाभ

"वित्तीय शिक्षा" से हमारे जो पुरातन तंत्र के विचार है उसमे बदलाव आएगा, जिससे हमारे "काम" बदल जायेंगे और जब हमारे काम बदल जायेंगे तब उस काम से होने वाले हमारे "परिणाम" भी बदल जायेंगे। क्योंकि हम एक ही काम को बार-बार दोहराते हैं और हर बार अलग परिणाम की अपेक्षा करते रहते हैं, फिर भी हमारे परिणाम नहीं बदलते।

जैसे मान लीजिये आपने कम्प्यूटर में एक लेटर टाइप किया। फिर जब आपने उसका प्रिंटआउट लिया तो आपने देखा कुछ गलत टाइप हो गया है और आपने उस प्रिंटआउट पर ठीक कर दिया। अब आपने दोबारा प्रिंटआउट लिया, लेकिन वही गलती, आपने फिर से प्रिंटआउट पर ठीक किया, लेकिन आप बार-बार वही गलती कर रहे हैं। अब आप सोच रहे हैं यार, बार बार ठीक कर रहा हूँ लेकिन ये ठीक नहीं हो रहा है। यानि आप परिणाम में ठीक करने की कोशिश कर रहे है। आपने जो लेटर कंप्यूटर में टाइप किये हैं आपको उसमे ठीक करने के बाद प्रिंटआउट लेना चाहिए।

इसलिए यदि हमें अपनी ज़िन्दगी के "परिणाम" बदलने है तो हमें "काम" बदलने होंगे। और "काम" तभी बदलेंगे जब हमारे "विचार" बदलेंगे। इस तरह जब हमारे "वित्तीय-विचार" में बदलाव आएगा, तभी "समाज" में भी वित्तीय बदलाव आएगा। और जब हमारा समाज वित्तीय रूप से प्रशिक्षित होगा, तभी हमारा देश भी वित्तीय

रूप से मजबूत हो पाएगा, जिससे न सिर्फ हमारा बल्कि हमारे देश का भी आर्थिक स्वरुप बदल जायेगा। जहाँ "वित्तीय-समस्या" की नहीं, "वित्तीय-समाधान" की स्थिति निर्मित हो जाएगी, जो सिर्फ और सिर्फ "वित्तीय-शिक्षा" से ही संभव है।

यही हाल पूरे समाज का है, हम एक ही काम को बार-बार करते हैं और परिणाम हर बार अलग चाहते हैं, पर क्या ये संभव हैं ?

अगर आप वही करते रहेंगे, जो आज तक करते आए हैं,

तो आपको वही मिलेगा, जो आज तक मिलता रहा है।

- टोनी रॉबिंस

वित्तीय शिक्षा का प्रचार - प्रसार

"वित्तीय-शिक्षा" का प्रचार-प्रसार करने का अर्थ है, "लोगों की वित्तीय समस्याओं के समाधान के लिए मदद करना"। "वित्तीय-शिक्षा" का विस्तार करना हमारा फ़र्ज़ और कर्त्तव्य दोनों है। जिससे हमारे साथ-साथ सभी का आर्थिक रूप से कल्याण हो सके तथा वर्तमान एवं भविष्य की बढ़ती हुई "वित्तीय-समस्याओं" का समाधान हो सके। यदि हमें "समस्या का नहीं, बल्कि समाधान का हिस्सा बनना है तो हमें यह जिम्मेदारी निभानी ही होगी। जबकि आज भारत को सिर्फ "विचार" की नहीं बल्कि एक "वित्तीय-विचार" की सख़्त जरूरत है। जब हमारे समाज का एक-एक परिवार आर्थिक रूप से मज़बूत होगा, तभी हमारा देश भी आर्थिक रूप से मज़बूत हो सकेगा।

आप किस चतुर्थांश (QUADRANT) में रहते हैं

श्री रॉबर्ट टी. कियोसाकी की लिखी हुई एक पुस्तक है (वैसे तो इनके लिखे सभी पुस्तक बहुत ही प्रभावशाली होते हैं लोगों को नींद से जगाने के लिए) जिसका नाम है "Cash Flow Quadrant", जब मैं यह पुस्तक पढ़ रहा था, मेरी आँखें फटी की फटी रह गई, दिमाग सन्न हो गया, मैं जैसे जमीं पर गिर पड़ा। उसी पुस्तक में से निचोड़ कर मधुर रस आपको पान कराने जा रहा हूँ।

अधिकतम लोगों का मानना है कि उनकी आर्थिक स्थिति इस बात से पता चलती है कि वे कितना ज्यादा कमाते हैं, या उनके पास कितनी संपत्ति है या फिर इन दोनों का मिलाजुला। बेशक, आर्थिक स्थिति के समीकरण में ये दोनों ही बातें कुछ हद तक शामिल है। लेकिन सिर्फ ये महत्वपूर्ण नहीं है कि आप कितना कमाते हैं, बल्कि यह भी है कि आप कैसे कमाते हैं - आपके जेब में पैसा आता कहाँ से है।

इसी बात को गहराई से समझने के लिए मैं एक चित्र प्रस्तुत कर रहा हूँ जो आपको बताएगा कि आपका इनकम कहाँ से आ रहा है। हर स्रोत की अपनी एक परिभाषा है और एक दूसरे से बिल्कुल भिन्न है। प्रत्येक स्रोत एक बिल्कुल अलग जीवनशैली को दर्शाता और तय करता है, चाहे आप कितना ही कमाते हैं।

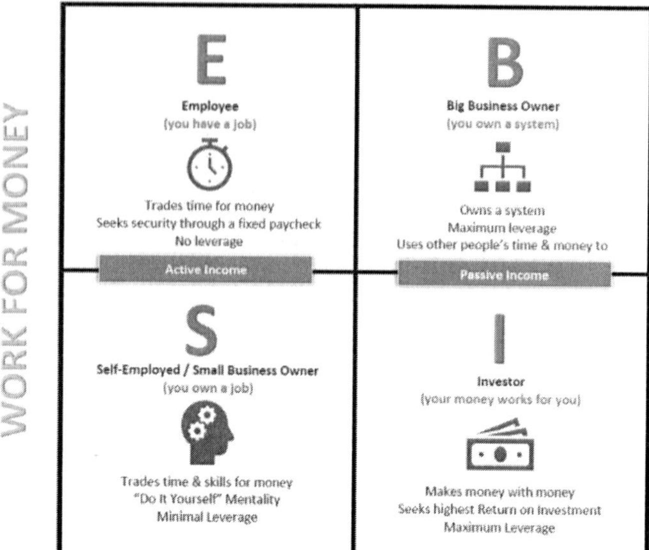

E = Employee

S = Self Employed / Small Business Owner

B = Big Business Owner

I = Invester

E – Quadrant (चतुर्थांश)

पूरी दुनिया में अधिकांश लोग इस Quadrant में रहते हैं, इसी में जन्म होता है, सीखते है, कमाते है और ऊपर चले जाते हैं। इस Quadrant के लोग नौकरी के माध्यम से पैसा कमाते हैं। वे लोग हमेशा अपना समय, अपना टैलेंट और कठिन

परिश्रम को बेचते हैं और उसके बदले में नौकरी पर रखने वाला व्यक्ति उन्हें महीने या हफ्ते में कुछ पैसे देते हैं।

इस quadrant के बहुत सारे लोग बहुत ही टैलेंटेड होते हैं, पर ज़रा सोचिये, अगर आप नौकरी पर नहीं जाते हैं तो क्या आपको कुछ मिलता है? आप सही समझे, नहीं मिलता। यानि आप जितना अपना समय और परिश्रम देंगे, उतना ही आप पायेंगे।

इस संसार का नियम यही है जो मैंने और आपने भी शायद बड़े होते समय सीखा होगा। "स्कूल जाओ, जमकर पढ़ाई करो, अच्छे ग्रेड लाओ और किसी अच्छी कंपनी यानि बढ़िया सैलरी देने वाली कोई अच्छी सी नौकरी कर लो"।

S – Quadrant (चतुर्थांश)

इस Quadrant में रहने वाले लोग ये कतई नहीं चाहते कि उन पर कोई हुकुम चलाये। स्वतंत्रता के इच्छुक होते हैं और अपना जीवन अपने हिसाब से जीना पसंद करते हैं। इसी इच्छा के वजह से बहुत से लोग E-Quadrant को छोड़ कर S-Quadrant में चले आते हैं या बचपन से ही इन्हें इस Quadrant में रहना सिखाया जाता है। इस Quadrant के लोग अक्सर अपने दम पर कुछ करके अपने सपनों को साकार करने का निर्णय लेते हैं।

इस quadrant में ज्यादातर लोग पेशेवर होते हैं। जैसे : डॉक्टर, इंजीनियर, वकील, इन्शुरन्स एजेंट, चार्टर्ड अकाउंटेंट, छोटे व्यापारी इत्यादि। इस Quadrant के लोगों का कोई Boss नहीं होता है। इनका काम ही इनका Boss होता है। ये लोग अपने काम को अपना मालिक बना लेते हैं। जब आप नौकरी छोड़कर S-Quadrant में पलायन करते हैं तो आपको लगता है कि आप अपने Boss के चुंगल से छूटकारा पा रहे हैं। लेकिन वास्तव में होता क्या है, आप सिर्फ Boss बदलते हैं। सही मायने

में आप अब भी नौकरी कर रहे हैं। अंतर सिर्फ यह है जब आप अपनी समस्याओं के लिए अपने Boss को दोष देना चाहते हैं, तो वो Boss आप स्वयं होते हैं।

इस Quadrant में जीना मुश्किल होता है क्योंकि यहाँ हर कोई आपको छिलने की कोशिश करता है। सरकार आपको छिलती हैं, पूरे सप्ताह के एक दिन की कमाई आपको टैक्स के रूप में चुकानी पड़ती है (हाँ, ये बात अलग है कि उसे बचाने के लिए आप कोई न कोई तरकीब लगा ही लेते हैं)। आपके कर्मचारी आपको छीलते हैं, ग्राहक आपको चूना लगाने की कोशिश करता हैं और आपका परिवार आपकी आलोचना करता है। क्योंकि आप काम से छुट्टी नहीं ले पाते हैं। लें भी तो कैसे? अगर आपने छुट्टी ली तो आपका धंधा मारा जायेगा।

सही मायने में "S" का अर्थ है गुलामी (Slavery), वास्तव में आप अपने व्यवसाय के मालिक नहीं होते हैं, बल्कि आपका व्यवसाय आपका मालिक होता है।

B – Quadrant (चतुर्थांश)

B-Quadrant वह स्थान है जहाँ लोग बड़ी-बड़ी कंपनी खड़ी करते हैं। S-Quadrant और B-Quadrant के व्यवसाय में फर्क यह है कि, आपके "S" व्यवसाय के लिए आप काम करते हैं, जबकि आपका "B" व्यवसाय आपके लिए काम करता है।

E-Quadrant के ज्यादातर लोग यहां नौकरी करते हैं और अपने टैलेंट और कड़ी मेहनत से B-Quadrant के मालिक को बड़ा करते हैं। जो लोग B-Quadrant में रहते हैं और जीते हैं, उन्हें मंदी का कोई खास असर नहीं पड़ता है क्योंकि इन्हें अपनी आमदनी के स्रोत पर पूरा नियंत्रण रहता है।

I – Quadrant (चतुर्थांश)

इस Quadrant के लोग निवेशक होते हैं और ज्यादातर B-क्वाड्रंट के लोग ही निवेशक होते हैं। इनका एक ही सोच होता है- निवेश करो और लाभ कमाओ।

अब मैं आपको चौंकाने वाले कुछ आंकड़े बताता हूँ :-

दुनिया के 95% लोग ऊपर दिए गए चार्ट के बाएं खाने में आते हैं, यानि "E" और "S" Quadrant में वहीं केवल 5% लोग ऐसे हैं जो इसके दाएँ खाने में आते हैं, यानि कि "B" और "I" Quadrant। सबसे चौंकाने वाली बात ये है कि 95% लोगों के पास 5% पैसा है जबकि 5% श्रेणी के लोगों के पास 95% पैसा है।

इसके पीछे काफी रिसर्च किया गया कि आखिरकार ऐसी कौनसी वजह है जिसके वजह से इतना बड़ा फर्क आता है? क्या ये हमसे ज्यादा मेहनत करते हैं या फिर हमसे बड़ा शरीर है? मगर ऐसा कुछ भी नहीं है, ये सब लोग हम जैसे ही हैं। फर्क सिर्फ इतना है कि ये लोग बड़े सपने देखते हैं और उसे पूरा करने के लिए जी-तोड़ मेहनत करते हैं और वहीं हमलोग या तो सपने देखते ही नहीं हैं या फिर छोटे सपने देखते हैं या उन सपनो को पूरा करने का कोई संकल्प ही नहीं ले पाते।

नौकरी बदलने से Quadrant नहीं बदलते हैं

आपने कई बार, बहुत से लोगों को देखा होगा कि वे बार-बार नौकरी बदल लेते हैं। हमेशा उनकी शिकायत रहती है कि बॉस अच्छे नहीं हैं, पैसे कम मिलते हैं, दूसरे कर्मचारी अच्छे नहीं हैं, समय ज्यादा देना पड़ता है, वगैरह-वगैरह..। ऐसी पच्चास शिकायतें होती है। असल में वे लोग एक खाश Quadrant में फँसे हुए हैं। लेकिन उन्हें नौकरी नहीं Quadrant बदलना चाहिए।

नौकरी के इन पुराने तंत्रों को तोड़ना और अपनी खुद की आमदनी के नए स्रोत उत्पन्न करना बहुत जरुरी है। क्योंकि इसके बाद ही आप आर्थिक तूफान से मुकाबला करने की सर्वश्रेष्ट स्थिति में आते हैं। और आप ये तय कर पाते हैं कि आमदनी को तय करने के लिए आप किसी बॉस या अर्थव्यवस्था पर निर्भर नहीं होते हैं।

तो अब आप ये खुद तय करें कि आप किस Quadrant में रहते हैं और आप किस Quadrant में जाना चाहते हैं? वैसे मैं आपको बताना चाहूंगा कि नेटवर्क मार्केटिंग एक B-Quadrant का व्यवसाय है। जिसके विषय में आप आगे और भी अच्छी तरह से जान पायेंगे।

जीवन में संगति का असर

सही मायने में अगर कहा जाय तो आज हम जिस तरह के विचार अपने मन में रखते हैं या जिस तरह की हमारी सोच होती हैं, उसमे एक बहुत बड़ा योगदान होता है- संगति का। अक्सर ये देखा गया है कि लोग जिस तरह के परिवेश में बड़े होते हैं वो ज्यादातर उसी परिवेश में ढल जाते हैं। इसमें कुछ ऐसे हैं जिनपर उनके परिवार के वातावरण और कुछ हमारे आस-पास या उन लोगों का प्रभाव पड़ता है, जिनके साथ हम समय बिताना पसंद करते हैं।

वैसे तो हर इंसान ये जनता है कि अच्छे लोगों के संगति से अच्छा और बुरे लोगों के संगति से बुरा परिणाम होता है। ये सभी कुछ हमारे दिमाग में बैठ जाता है जिसका खुलासा मैं आगे के अध्याय में करूँगा।

साधारणतः देखा गया है कि हम उन्हीं लोगों के साथ रहना या समय बिताना पसंद करते हैं, जिनकी सोच और विचार हमसे मेल खाती हो। लेकिन कभी-कभी हम अनजाने में ही कुछ ऐसे लोगों के संपर्क में आ जाते हैं जिनकी वजह से या तो हमारा कल्याण हो जाता है या पतन, ये निश्चित सिद्धांत है। मैं कुछ उदाहरण प्रस्तुत कर रहा हूँ जिससे समझने में आसानी होगी :-

मान लीजिये आप कभी शराब नहीं पीते हैं, आप सिर्फ छः महीने कुछ शराबियों के साथ गुजर लीजिये, जो हमेशा शराब पीते हैं। मेरा दवा है, आप भी शराब पीना शुरू कर देंगे।

आपकी आमदनी आपके उन पाँच दोस्तों का average होती है जिसके साथ आप हमेशा समय बिताते हैं। अगर विश्वास नहीं होता तो खुद ही देख लीजिये। आप उन पाँच दोस्तों का नाम और महीने के इनकम को लिख लीजिये। अब पाँचो इनकम को जोड़ कर पाँच से भाग दीजिये। आप देखेंगे आपकी इनकम लगभग उस

average के बराबर या थोड़ा ऊपर - नीचे होंगी। क्या आप जानते हैं ये होता कैसे है? ये एक ह्यूमन नेचर है। हम उन्हीं लोगों के साथ ज्यादा समय बिताते हैं जो हमारे जैसे ही होते हैं। हर इंसान का अपना एक सर्किल होता है और उनमें बात - चीत भी उसी तरह की होती है। जैसे अगर आप स्टूडेंट हैं तो जाहिर है कि आपका सर्किल स्टूडेंट्स का ही होगा। अगर आप नौकरी करते हैं तो आप जिनके साथ ज्यादा समय बिताते हैं वे लोग भी नौकरी ही करते होंगे। उसी तरह अगर कोई व्यवसाय करता है तो उनका सर्किल व्यवसाइयों का होगा।

सीधी सी बात है आपका माइंड-सेट जैसा होता है, आप अपना सर्किल भी उसी तरह बनाते हैं। क्या आपने कभी देखा है कि पाँच गरीब लोगों के साथ कोई आमिर व्यक्ति समय बीतता है? कभी नहीं..। साधु संगत करेंगे तो साधु बन जायेंगे। चोरों का संगत करेंगे तो चोर ही बनेंगे। शराबियों के संगत में रहेंगे तो शराब पिएंगे। जुआरियों के संगत में रहेंगे तो जुआरी बनेंगे। गरीबों का संगत करेंगे तो गरीब ही बने रहेंगे और अमीरों का संगत करेंगे तो 100% अमीर बन जायेंगे।

किसी ने सच ही कहा है- "**जैसी संगत वैसी रंगत**"।

यदि आप गरीब ही रहना चाहते हैं तो बेशक गरीब लोगों के साथ रहिये। लेकिन यदि आप भी अमीर बनना चाहते हैं तो आपको अपना सर्किल बदलना होगा ।

मैं अपने एक मित्र की सच्ची कहानी बताता हूं, ध्यान से पढियेगा :-

मई 1993 के पहले, हमलोग हवड़ा मैदान के निकट रहते थे। लेकिन जब पिताजी ने अपना घर बना लिया तो हमलोग अपने घर सलप, हवड़ा में शिफ्ट हो गये। यहाँ आने के बाद मेरा सबसे पहला मित्र बना- तन्मय चक्रबर्ती (Tonmoy Chakraborty, उर्फ- बाप्पा)। हमलोगों में बहुत ही घनिष्ठ मित्रता था। साथ उठना, साथ बैठना, साथ खाना, साथ खेलना, साथ घूमना.. सब उसी के साथ। कुछ साल ऐसे ही बीत गया। मेरे पिताजी के गुजर जाने के बाद मैं बेहाल हो गया था। शादी हो चुकी थी, नौकरी छूट चुकी थी, मैं बहुत ही परेशान रहने लगा था। फिर मुझे

नौकरी मिली और वो भी अपने काम में व्यस्त रहने लगा (बाप्पा गाना-बजाने का काम करता था)।

हम लोगों में बस कभी-कभार ही मुलाकात होती थी। तो "कैसे हो, अच्छा हूँ" बस यही रह गया था। फिर उसने भी शादी कर ली, बच्चे हुए। मैं भी अपने परिवार और नौकरी में व्यस्त रहने लगा और वो भी।

अप्रैल 2017 में मैंने LIC ज्वाइन किया। तब पॉलिसी बनाने के लिए मैं लोगों के पास आने-जाने लगा था। उसी सिलसिले में एक दिन मैं बाप्पा के घर गया तो पता चला वो घर बेच कर कहीं किराये के घर में रहने लगा था। मुझे कुछ समझ में नहीं आया। उसके पिताजी और माताजी का कुछ साल पहले ही देहांत हो चुका था। फिर पता चला कि उसकी पत्नी भी साथ छोड़कर माइके में रहने लगी थी। मुझे कुछ समझ में नहीं आ रहा था कि कुछ सालों में ही ऐसा क्या तूफान उसकी ज़िन्दगी में आ गया। ये सभी बातें जानने के लिए मैं उसे ढूंढ़ने लगा और एक दिन मेरी मेहनत रंग लाई। लेकिन कब, जब वो हावड़ अस्पताल में पड़ा ज़िन्दगी और मौत के बीच जूझ रहा था।

ये बात साल 2017 के दुर्गा पूजा के समय की है। मेरे ऑफिस में छुट्टी था। जब मुझे इस बात की जानकारी हुई तो मुझसे रहा नहीं गया और मैं उससे मिलने सीधा हॉस्पिटल चला गया। उससे मिलने के बाद पता चला कि उसको पीलिया हो चुका था। और डॉक्टर तीन दिनों का अल्टीमेटम दे चुके थे। उसके कुछ शराबी दोस्त उसे हॉस्पिटल में भर्ती करवाकर गायब हो चुके थे। उसके साथ उसका एक 12 साल का बच्चा था। जब मैं उससे मिलने गया तो वो मुझे देखकर रोने लगा और कहने लगा दोस्त अगर हो सके तो मुझे बचा ले। मैंने कहा ज़िन्दगी और मौत तो ऊपरवाले के हाथ है, पर मैं कोशिश जरूर करूँगा।

मैंने पूछा दवा वगैरह कहाँ है? तो उसने मुझे एक परचा थमाया। उसमे कुछ दवाओं के नाम और साथ ही कुछ टेस्ट वगैरह लिखे थे। मैंने फटा-फट सारा इंतजाम किया

और कुछ 4 बोतल ब्लड भी लगा। मैं सुबह-शाम हॉस्पिटल, घर और ऑफिस करता रहा। करीब एक महीने बाद वो सही-सलामत हॉस्पिटल से डिस्चार्ज हुआ।

इसी के बीच मुझे सारी जानकारी मिली कि कैसे एक अच्छे पढ़े-लिखे परिवार का लड़का इतना बुरे हाल में पहुँच गया। मैंने उसकी वाइफ से बातचीत करके उसके लड़के को वहां पहुँचा दिया।

ये सारा खेल संगती का था। उसके कुछ दोस्त वे लोग हर शाम शराब पीते थे और धीरे-धीरे बाप्पा के घर में पीने लगे। इसी के चक्कर में वो पक्का शराबी हो चुका था। जिस कारण से उसकी पत्नी भी उसे छोर कर माइके चली गई, काम छूट गया, शराबी दोस्तों के चक्कर में पड़कर घर भी बेच दिया, घर बेच कर जो पैसा पाया था वो भी शराब में चला गया, घर का एक-एक बर्तन बिक गया, कुछ भी नहीं बचा उसके पास।

खैर, हॉस्पिटल से आने के बाद मैंने उसके रहने और खाने का बंदोबस्त किया। लेकिन कब तक करता, आखिर मेरा भी परिवार है।

कुछ दिनों के बाद वो एक टोटो चलने लगा लेकिन फिर से वही शराब पीना शुरू कर दिया। कभी-कभी मुझसे मिलता था, मैं भी उसका हाल समाचार लिया करता था। बहुत समझाता था लेकिन शराब पीना बंद नहीं किया।

करीब दो साल बीत गए और एक दिन 05/07/2019 सुबह जब मैं स्नान करके पूजा करने की तयारी कर रहा था, खबर मिला कि पिछली रात को बाप्पा का एक्सीडेंट हो गया और अब वो इस दुनिया में नहीं है।

मैं ये कहानी इसलिए बता रहा हूँ कि आप भी इस कहानी से कुछ सीख सकें। और इस पुस्तक के माध्यम से मैं अपने दोस्त के साथ भी जुड़ा रह सकूँ।

अब निष्कर्ष ये निकलता है कि अगर बुरे संगत से बुरा हो सकता है तो जरूर अच्छे संगत से अच्छा ही होगा। अगर अमीरों की संगत करेंगे तो आमीर बनेंगे।

अब आप सोच रहे होंगे कि अमीरों के साथ समय कैसे बिताऊं? वे आपके साथ भला क्यों संगत करेंगे। नहीं, ऐसा नहीं है, अमीरों का संगत आप कर सकते हैं। आज इंटरनेट का जमाना है और इंटरनेट पर सारी जानकारी उपलब्ध है, पुस्तकें हैं और एक अच्छी पुस्तक सौ दोस्तों से भी अच्छी होती है। आप उन अमीर लोगों की जीवनी को पढ़िए, देखिये वे लोग कैसे गरीब से अमीर बने हैं, अगर आप समझ गये तो आपको अमीर बनने से कोई नहीं रोक सकता।

भेड़ की संगति में रहेंगे तो भेड़ ही बनेंगे और अगर शेर की संगति कर ली तो यह निश्चित है आप शेर ही बनेंगे - चुनना आपके हाथ में है।

सोच का जादू - गरीब सोच और अमीर सोच

यदि आप गरीब पैदा हुए हैं, तो इसमें गलती आपकी नहीं है,

यदि आप गरीबी में मर जाते हैं, तो गलती आपकी ही होगी।

इंसान पैसे से अमीर या गरीब नहीं होता है, सोच से होता है।

ऊपरवाले ने हर इंसान को एक जैसा बनाया है, एक जैसा शरीर, एक जैसा दिमाग औऱ एक जैसा दिल। सबके लिए दिन और रात बराबर, एक-समान हवा, पानी और वही मिट्टी। लेकिन हममें से कुछ लोग अपने फैसले से दुनिया को बदल कर रख देते हैं और हममें से ही कुछ लोग दुनिया के डर से अपने फैसले बदल लेते हैं। हममें से ही कुछ लोग अपने एक ही जीवन में इस दुनिया में नाम कर जाते हैं और हममें से ही कुछ लोगों का तो नाम ही लोग भुला देते हैं।

अमीर भी इसी मिट्टी में पैदा होते हैं और गरीब भी। लेकिन अमीर लोगों में और गरीब लोगों में इतना अंतर कैसे होता है ?

अगर आप अमीर लोगों की ज़िन्दगी के विषय में पढ़ेंगे तो आपको पता चलेगा कि आज जितने भी अमिर लोग हैं या तो वे खुद गरीबी में पैदा हुए थे या उनके पिता, दादा कभी न कभी गरीबी में ज़िन्दगी बिताए हैं। लेकिन उन लोगों के हाथ ऐसा क्या लग गया कि आज दुनिया उन्हें सलाम करती है। क्या आप जानते हैं वो कारण- नहीं जानते, कोई बात नहीं, मैं बताता हूँ।

कोई अपनी सोच के कारण ही आसमान की बुलंदी को छू लेता है, तो कोई छोटी-छोटी ख्वाहिशें भी पूरी नहीं कर पाता ।

अमीर और गरीब, सही मायने में पैसे को लेकर नहीं होते, ये सारा खेल सोच का है। हर इंसान को ऊपरवाले ने एक अद्‌भुत शक्ति दे रखी है, उस शक्ति के विषय में मैं आगे चर्चा करूँगा। इस अध्याय में मैं सिर्फ यह बताऊंगा कि कैसे इतना बड़ा फर्क होता है।

मुझे लगता है ऐसा इसलिए होता है क्योंकि गरीब रह जाने वाले लोग कभी भी अपने आपको जिम्मेदार नहीं मानते हैं। वे लोग हमेशा अपना दोष दूसरों पर डालते हैं और दूसरों को देखकर सीखने के बजाय उनसे जलने लगते हैं।

आप केवल सोच के आधार पर बता सकते हैं कि कौन अमीर है और कौन ग़रीब या किसमें अमिर बनने की काबिलियत है और कौन गरीब ही रह जायेगा। आइये देखें पैसे को लेकर अमीर और गरीब कैसे सोचते हैं :-

गरीब की सोच

1) मुझे पैसे कमाने के लिए काम करना है।

2) ज्यादा पैसा बुरा होता है, इससे दुश्मन पैदा होते हैं।

3) ज्यादा पैसा इंसान के दिमाग को ख़राब कर देते हैं।

4) पैसा तो मेरे भाग्य में नहीं है, अगर होगा तो मिल ही जायेगा।

5) लॉटरी का टिकट खरीदते रहना पड़ेगा, शायद कभी किस्मत चमक जाये।

6) मुझे एक और रास्ता ढूंढना पड़ेगा, ताकि कुछ और कमा सकूँ।

7) पहले तो खर्च को देखना होगा, उसके बाद ही बचा पाउँगा।

8) मुझे अपने काम के हिसाब से पैसे मिलने चाहिए।

9) मुझे मौके का इंतजार करना चाहिए।

10) ये काम मैं नहीं कर सकता, ये मेरे बस की बात नहीं है।

11) मुझे जहाँ भी पहुँचना है, अपने पैसे के दम पर पहुंचूंगा।

12) अपनी चादर देखकर पैर फैलाना चाहिए।

13) मुझे नया कोई काम सीखने में कोई दिलचस्पी नहीं है।

14) मुझे स्मार्ट बनना पड़ेगा।

अमीर की सोच

गरीब लोग अक्सर भाग्य, सफलता को लेकर जहां इस तरह सोचते हैं, वहीँ अमीरों का अप्रोच कुछ ऐसा होता है :-

1) मुझे ये देखना पड़ेगा कि पैसा कैसे काम करता है और मुझे पैसे से अपने लिए काम करवाना है।

2) पैसा आजादी देता है ताकि मुझे सहूलियतों से समझौता न करना पड़े।

3) अमीर बनने के लिये मुझे अपना दिमाग लगाना पड़ेगा और अपनी ज़िन्दगी बदलनी होगी।

4) रेगुलर इनकम के लिए मुझे कई जगह से पैसे बनाना पड़ेगा।

5) मैं पहले 20% सेव करूँगा उसके बाद देखूंगा कि 80% में क्या करना है।

6) मुझे उतना पैसे मिलने चाहिए जितना मैं मेहनत कर रहा हूँ।

7) मुझे मौके बनाने होंगे।

8) मैं अपने मकसद में कामयाब नहीं हो पाया, मुझे इसके लिए दूसरा रास्ता निकलना होगा।

9) मुझे दूसरों को इस बात के लिए राजी करना होगा ताकि वो मुझ पर पैसा लगाए।

10) मेरे पास अच्छे आइडिया होने चाहिए।

11) मुझे ऐसे लोगों के बीच रहना चाहिए जो एक्सपर्ट है और कभी हार नहीं मानते हैं।

अब दोनों के आदतों का अंतर देखिये :-

1) गरीब सोच वाले लोग क्रिकेट जैसा स्पोर्ट्स देखना बहुत पसंद करते हैं। वे कई घंटे बर्बाद कर देते हैं एक मैच देखने में और उसके बाद उस मैच का डिस्कशन चलता है, लेकिन उन्हें इनसे कोई प्रत्यक्ष या अप्रत्यक्ष लाभ नहीं मिलता है।

   वहीं जहां लोग टीम को प्रमोट करते हैं या जो लोग स्पोर्ट्स खेलते हैं वो पैसा कमाते हैं।

   गरीब सोच वाले लोगों की एक आदत होती है - मनोरंजन। लेकिन क्या अमीर लोग मनोरंजन नहीं करते हैं, जरूर करते हैं और शायद हमसे ज्यादा ही करते हैं लेकिन उनका पहला लक्ष्य होता है संपत्ति बनाना जहाँ से धन उत्पन्न होता है।

2) गरीब - TV बहुत देखते हैं, सोशल मीडिया जैसे- व्हाट्सएप, फेसबुक, यूट्यूब इत्यादि में घंटों चिपके रहते हैं, वहीँ इन सब मनोरंजन की चीजों को बनाने वाले करोड़ो रूपए कमाते हैं और गरीब लोग सिर्फ मनोरंजन करते रह जाते हैं।

   एक बात याद रखिये, जो लोग TV देखते हैं, वे लोग कभी TV पर नहीं आते हैं।

3) गरीब लोग अपने गले के नीचे वाले हिस्से से काम करते हैं। वहीँ अमीर लोग गले के ऊपर वाले हिस्से यानि दिमाग से ज्यादा काम लेते हैं।

   एक बात याद रखिये, लोग अगर सिर्फ शरीर से मेहनत करके अमीर हो जाते तो आज रिक्शा चलाने वाले, कुली- मजदूरी करने वाले अमीर होते।

4) गरीब लोग ज्यादा आलसी होते हैं। ये लोग कोई काम तब तक शुरू नहीं करते जब तक उनकी पढ़ाई खत्म नहीं हो जाती या उसके पिता कहीं सिफारिस करके काम नहीं लगवा देते। वहीँ अमीर लोग कम उम्र में ही काम करना शुरू कर देते हैं। वारेन बफेट ने जब काम करना शुरू किया था तब उनकी उम्र मात्र 11 साल थी। बिल गेट्स ने सिर्फ 13 वर्ष की आयु में ही काम शुरू कर दिया था।

5) गरीब सोच रखने वाले दिखावे में ज्यादा जीते हैं, इनकम '0' लेकिन हाथ में मोबाइल 20 हजार का, वो भी किस्तों में। किस्त में बाइक, किस्त में घर बनवा लेते हैं। वहीं अमीर सोच रखने वाले लोग दिखावे में नहीं जाते, ये लोग पहले वो काम करते हैं जिससे पैसे की बढ़त होती हो, बाद में सारे ऐशो-आराम की ज़िन्दगी जीते हैं।

6) गरीब सोच वाले इंसान सोचते हैं, पूरी ज़िन्दगी कड़ी मेहनत करके काम कर लो ताकि बुढ़ापे की ज़िन्दगी आराम से कट सके, लेकिन होता क्या है? ये लोग जब बड़े हो जाते हैं तब भी काम करते रहते हैं। 99% लोग सक्रिय आमदनी पर जोर लगाते हैं। वहीँ अमीरों की तरह सोच रखने वाले लोग जितना जल्दी हो निष्क्रिय आमदनी पर जोर लगते हैं, ताकि जवानी में ही सारा आराम मिल सके।

7) गरीब लोग 50 साल काम करके 5 साल आराम करना चाहते हैं, वहीं आमिर लोग 5 साल काम करके ऐसा कुछ करते हैं ताकि बाकि के 50 साल आराम से बीत सके और अपने आने वाली पीढ़ि के लिए भी सारा इंतजाम पहले ही कर लेते हैं।

8) गरीब लोग अपनी नाकामयाबी की वजह हमेशा दूसरों को ठहराते हैं, जबकि अमीर लोग अपनी नाकामयाबी की वजह खुद को मानते हैं।

9) गरीब लोग हमेशा दूसरों की गलतियों को ढूंढते हैं, जबकि अमीर लोग दूसरों में खूबियों को ढूंढते हैं और अपनी गलतियों को सुधारते हैं।

10) गरीब सोच वाले हमेशा आमिर और सक्सेसफुल व्यक्तियों से ईर्ष्या करते हैं। अगर सामने से कोई अच्छी कार गुजरे तो कहते हैं, अरे उसने दो नंबर के पैसों से ख़रीदा होगा। किसी के बड़े घर को देखकर कहते हैं यह तो उसके ससुराल वालों ने बनवा दिया होगा।

जबकि अमीर सोच वाले दूसरे अमीर और सक्सेसफुल लोगों को देखकर सराहना करते हैं। अगर कोई गरीब भी है और उसकी सोच अमीरों वाली है तो वह देखकर कहेगा बहुत अच्छी है मै भी एक दिन खरीदूंगा।

11) गरीब सोच रखने वाले व्यक्ति जब कहीं शादी-ब्याह में जाते हैं तो हजारों रूपए खर्च करते हैं। घर में अगर कोई शादी हो तो भले ही ऋण क्यों न लेना पड़े, लाखों रूपए खर्च करते हैं और हमेशा परेशान रहते हैं। ये सब वह इसलिए करता है ताकि लोग उसे गरीब न समझे।

ज्यादातर गरीब सोच वाले व्यक्ति अपनी देयता (यानी लायबिलिटी) को बढ़ावा देते हैं और ज़िन्दगी भरते रहते हैं। लोन लेकर दिखावे के लिए बड़ी सी LED, फ्रिज, AC, कार घर लेकर अपने लायबिलिटी को बढ़ा लेते हैं क्योंकि उन्हें पता होता है कि ये सब संपत्ति (यानि एसेट) है लेकिन सही बात ये नहीं है। संपत्ति वो होता है जो समय के साथ उसमे मूल्य की वृद्धि होती हो, नहीं तो ये सब लायबिलिटी ही है।

लेकिन क्या अमीर लोग ये सब नहीं खरीदते हैं, बिलकुल खरीदते हैं, लेकिन अपने टैक्स को बचाने के लिए और प्लानिंग के साथ। अमीर लोग पहले वो संपत्ति तैयार करते हैं, जहाँ से आमदनी निकलती हो और वो संपत्ति ही ये सारा खर्च को वहन करता हो।

अमीर लोग अपने पैसों को लायबिलिटी पर खर्च न करके, संपत्ति पर खर्च करते हैं, ताकि वहां से धन उत्पन्न हो सके। अमीर लोग पैसों को निवेश की तरह खर्च करते हैं और वहीँ से लाखों-करोड़ों कमाते हैं।

12) गरीब सोच वाले व्यक्ति कभी अपने ज्ञान को नहीं बढ़ाते हैं, ये लोग सब कुछ जानते हैं। इन्हें लगता है कोई नई चीज सीख कर क्या होगा, मुझे सब पता है, ये सब बेकार है।

वहीँ अमीर लोग हमेशा सीखने को तैयार रहते हैं और अपने ज्ञान को बढ़ाते रहते हैं, क्योंकि ये बात सोलह आने सच है। आज जो भी व्यक्ति जितना इनकम करता है, अपने ज्ञान की वजह से करता है। इसलिए सीखना - सिखाना कभी भी बंद न करें, अपने ज्ञान को हमेशा बढ़ाते रहें।

श्री रोबर्ट टी. कियोसाकि की कैशफ्लो चार्ट मैं नीचे प्रस्तुत कर रहा हूँ। उससे आपको समझ आएगा कि गरीब और अमीर कैसे होते हैं। कैसे ये पैसे का सही तरीके से इस्तेमाल करते हैं:-

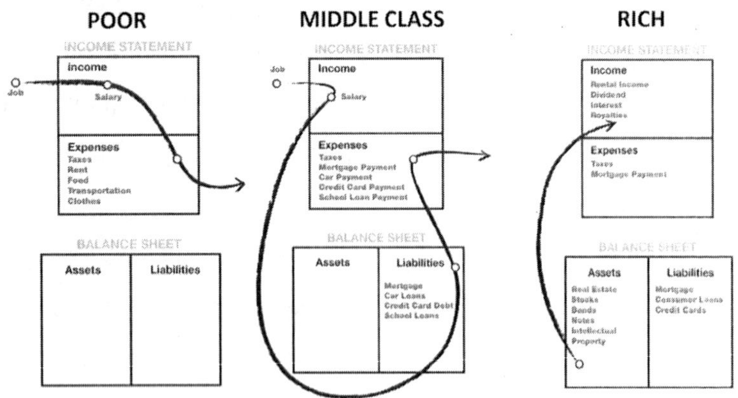

ये सारा खेल सोच का है। अगर आपकी सोच में अमीरियत है तो आपको अमीर बनने से कोई नहीं रोक सकता। इसलिए आज से, बल्कि अभी से ये कहना बंद करें कि मैं गरीब हूँ, मेरे पास पैसे की कमी है। ये अहसास ही आपको गरीब बनाती है।

इसलिए मैं हमेशा से यही कहता हूँ "सोच बदलो, किस्मत बदलने में देर नहीं लगेगी"।

इंसान अपनी कमाई के हिसाब से नहीं,

जरूरत के हिसाब से गरीब होता है

सक्रिय आमदनी और निष्क्रिय आमदनी

क्या आपने इस बात पर गौर किया है कि करोड़ों लोग दिनभर कड़ी मेहनत करके, खून-पसीना बहा कर 40 - 40 साल तक, सुबह से लेकर रात तक काम करने के बावजूद गरीब रह जाते हैं। और वहीँ कुछ लोग थोड़ी मेहनत करके जल्दी ही अमीर बन जाते हैं।

नहीं पता, चलिए मैं आपको बताता हूँ। अगर आप इस तथ्य को समझ लेते हैं तो आप भी अमीरी की राह में चल सकते हैं।

क्या है ये सक्रिय आमदनी और निष्क्रिय आमदनी? ये बहुत ही आसान है समझने में, अगर आप इसे समझेंगे तो आपको समझ आ जायेगा कि अमीर होने के लिए सक्रिय नहीं निष्क्रिय आमदनी की जरुरत होती है।

सक्रिय आमदनी वह होता है जिसे आप सिर्फ अपने काम करने के दौरान पाते हैं। यानि नौकरी करके, छोटा-मोटा व्यवसाय या दुकान करके, जहाँ आपका होना अनिवार्य है। अगर आप नौकरी नहीं जाते तो आपका आय बंद हो जाता है।

एक डॉक्टर यदि अपना चेम्बर न खोले तो आय नहीं होगा, एक दुकानदार अगर अपनी दुकान न खोले तो आय नहीं होगा। मोटा-मोटी आप यूँ समझें कि आप जिस काम में सक्रिय रूप से मौजूद रहेंगे या खुद काम करके कमाएंगे वो आय सक्रिय आमदनी होती है।

निष्क्रिय आमदनी वह होती है जहाँ आपकी मौजूदगी के बिना भी आय होती रहती है, जैसे आप कोई कॉन्ट्रैक्ट लेते हैं और लोगों से काम करवाते हैं तो जो लोग आपके लिए काम करते है, वो उनका सक्रिय आय होती है, लेकिन आपके लिए निष्क्रिय आय होती है।

मान लीजिये, आप एक महीने की छुट्टी पर कहीं घूमने गये, लेकिन आपकी आय लगातार हो रहा है, वही निष्क्रिय आमदनी होती है।

आज के इस बदलते समय में हर इंसान जो सिर्फ सक्रिय आमदनी पर ही निर्भर रहता है, उन्हें एक ऐसा रास्ता अपने लिए हमेशा तैयार रहना चाहिये जहाँ से निष्क्रिय आय भी होती रहे।

मान लीजिये आप एक नौकरी करते हैं या कोई दुकान चलाते हैं और अचानक आप इस दुनिया से चल बसे, तो क्या होगा आपके परिवार का आमदनी का स्रोत बंद हो जायेगा। उस वक़्त पेट चलने के लिए घर में जो भी बड़े होंगे उन्हें किसी तरह से अपने परिवार को पालने के लिए कोई न कोई काम करना होगा। और मान लीजिये आप एक निष्क्रिय आमदनी करते हैं तो इससे आप रहें या न रहें, आपका परिवार हमेशा सुरक्षित रहेगा। यही है निष्क्रिय आमदनी की ख़ाशियत। इस बात की पुष्टि के लिए एक कहानी बताता हूँ :-

ये बात उस समय की है जब हमारे देश में बड़े - बड़े शहरों का निर्माण हो रहा था। लेकिन ज्यादातर गांव ही थे। वहां, एक बहुत ही सुन्दर गांव था जहाँ सभी लोग मिल-जुलकर रहते थे। बहुत ही शांत वातावरण हुआ करता था। गांव में किसी चीज की कमी नहीं रहती थी और अगर कोई समस्या आती भी थी तो सभी लोग मिलकर उस समस्या का समाधान ढूंढ लिया करते थे।

एक बार ऐसा हुआ, गांव में पानी की बहुत ही कमी हो गई, बारिस भी नहीं हो रही थी, गांव में जो 2 - 4 कुएँ थे वे भी सूखने लगे, पीने के लिए पानी भी नहीं मिल पा रहा था, सभी लोग अस्त-व्यस्त हो रहे थे। गांव वाले इस समस्या से हमेशा के लिए छुटकारा पाना चाहते थे। उसी गांव में दो मित्र रहा करते थे, उनका नाम था पवन और हीरा, दोनों ही जवान, हट्टे-कट्टे और मेहनती इंसान थे।

सभी गांव की लोगों का एक बैठक हुआ। इस बात पर विचार किया गया कि गांव के बाहर जो झील है उसमे से पानी लाकर एक टंकी में जमा किया जाय, तो कुछ

समाधान हो सकता है। अब समस्या ये थी कि गांव के बाहर जो झील है वो करीब एक मील का रास्ता है, तो इस पर दोनों मित्रों ने उस काम को अंजाम देने की ठान ली। इस काम के लिए लोगों ने ये तय किया कि हर बाल्टी के लिए एक रूपए दिया जायेगा। इस पर दोनों बहुत खुश हुए और फिर क्या था दोनों दोस्त बाजार गए, वहां से कुछ बाल्टी खरीद कर ले आये और उसके बाद दिन सुबह से ही शुरू हो गए। दोनों ही बहुत ही मेहनती और ईमानदार भी थे।

दो-चार दिन पानी भरने के बाद हीरा ने पवन से कहा कि भाई इस तरह से अगर रोज-रोज इतनी दूर से पानी भर कर ले जाना होगा तो हमारी तबियत भी बिगड़ सकती है। और अगर गांव में पानी समय से नहीं पहुंच पाया तो इससे गांव वालों की समस्या भी बढ़ सकती है। तो इसपर पवन ने कहा तब का तब देखा जायेगा।

हीरा ने पवन को अच्छी तरह समझाया कि मान लो कुछ दिन बाद जब हमलोग बूढ़े हो जायेंगे और शरीर में ताकत कम हो जाएगी तब क्या होगा? तो क्यों न हम कुछ तरकीब निकालें? ताकि गांव वालों की समस्या का समाधान भी हो जाय और हमें भी ज्यादा मेहनत न करना पड़े। लेकिन पवन ने हीरा की एक न मानी, और कहा देखो अगर तुम्हे नहीं करना है तो मत करो। लेकिन मैं इसी तरह रोज पानी भरा करूँगा। उसके बाद हीरा गांव से शहर चला आया और अपने कुछ दोस्तों से मिलकर बातचीत की और कहा यार अगर झील से गांव तक पानी का पाइप लाइन बिछाया जाय ताकि रोज-रोज के पानी भरने से छुटकारा मिल सके और लोगों को भी हम लोग स्वक्ष पानी दे पाएंगे और अपना रोजगार भी आराम से होगा। इस पर सभी दोस्तों ने अपनी हामी भर दी और इस तरह अपने कुछ दोस्तों को राजी कर लिया पैसे निवेश करने के लिए।

इस बीच पवन बहुत ही खुश था चार महीने बीत गए हीरा शहर में ही था और पवन अकेला ही पैसा कमा रहा था। उधर हीरा कुछ मजदूरों को साथ लेकर अपनी एक कंस्ट्रक्शन कंपनी खोल ली और लगभग चार महीने बाद गांव लौटा और गांव वालों

को इकट्ठे करके उनलोगों के पास एक प्रस्ताव रक्खा और कहा की मैं एक पानी का पाइप लाइन बिछाने जा रहा हूँ ताकि झील से स्वक्ष पानी गांव के टंकी में भरा जायेगा और आप सभी लोग जितना इच्छा उतना पानी ले सकते हैं और हर बाल्टी पर एक रूपए नहीं बल्कि सिर्फ 25 पैसे ही देने पड़ेंगे।

इस पर गांव वाले बहुत ही खुश हुए की पानी भी साफ़ मिलेगा और पैसे भी कम देने पड़ेंगे और सभी लोगों सहित गांव के मुखिया ने भी इजाजत दे दी। फिर क्या था और दो महीने का वक़्त लगा पाइपलाइन को बिछाने में और सभी लोगों को पहले से ज्यादा पानी मिलने लगा वो भी कम दाम में। इधर बेचारा पवन के हाथ से पानी का काम चला गया और वो दूसरी काम करने लगा ताकि उसकी रोजी-रोटी चल सके।

इसी तरह हीरा ने आसपास के गांव में भी पाइपलाइन बिछा दी और देखते ही देखते अमीर हो गए लेकिन पवन वहीँ का वहीँ रह गया।

दोस्तों, हमारी रियल लाइफ में भी ऐसा ही कुछ होता है और यही कारण है कि लोग कड़ी मेहनत करने के बावजूद गरीब के गरीब ही रह जाते हैं, क्यों की इन्हें दिमाग लगाने में ज्यादा मेहनत लगती है और शरीर से परिश्रम करने में ख़ुशी मिलती है।

सिर्फ कड़ी मेहनत करने से आप पैसे की चिंता से कभी भी मुक्त नहीं हो पाएंगे और न ही इस तरह कड़ी मेहनत करके आप कभी अमीर बन पाएंगे। अमीर बनने के लिए आपको जरुरत है बुद्धिमत्ता के साथ काम करना।

तो इस कहानी से आपने क्या सिख पाया - जी हाँ दोस्तों, सिर्फ कड़ी मेहनत करने से आपको तुरंत पैसा तो मिलता है लेकिन वो तब तक जबतक आपका शरीर करने के लायक होगा। लेकिन अगर आप दिमाग का इस्तेमाल करेंगे तो ना सिर्फ अपने वर्तमान को सुधार पाएंगे बल्कि आने वाली कई पीढ़ियों के लिए भी एक निष्क्रिय आय का इंतजाम कर पाएंगे।

हीरा को 6 महीने कोई आमदनी नहीं हुआ लेकिन जब पैसा आना शुरू हुआ तो उसकी कई पीढियों को भी लाभ पंहुचा। यही है सक्रीय आय और निष्क्रिय आय।

नेटवर्क मार्केटिंग भी इसी तरह का व्यवसाय है, शुरू-शुरू में आपको लग सकता है कि यार आमदनी नहीं हो रही है लेकिन जैसे जैसे आमदनी शुरू हो जाती है तो रखने के लिए जगह तलाशनी परती है

संकल्प की शक्ति

एक इच्छा कुछ नहीं बदलती, एक निर्णय कुछ बदलता है,

लेकिन एक संकल्प, सब कुछ बदल देता है।

संकल्प क्या है ?

जब आप किसी कार्य को करने के लिए दृढ़ इच्छा धारण करते हैं तो वही संकल्प का रूप धारण कर लेती है और आप तब तक नहीं रुकते जब तक आप उसे पा नहीं लेते।

संकल्प हमारे मन की एक ऐसे शक्ति होती है जिससे व्यक्ति अपने जीवन को ही परिवर्तन करके नया रंग भर सकता है, निम्न स्तर से उठ कर, महान बना जा सकता है।

हम अपने मन में जो भी इच्छा करते हैं वे दो तरह की होती है- एक सामान्य इच्छा और दूसरी प्रबल इच्छा। सामान्य इच्छा के पीछे किसी खास उद्देश्य का न होना ही उसे सामान्य बना देती है लेकिन जब किसी इच्छा के पीछे कोई ऐसा मजबूत कारण हो, जो उस इंसान को बाध्य कर दे उस काम को करने के लिए, तो वही इच्छा एक प्रबल इच्छा में परिवर्तित हो जाती है। जिसे संकल्प कहा जाता है। जिससे इंसान अपनी सामान्य क्षमताओ से ऊपर उठकर महान कृत्य स्थापित कर लेता है।

एक उदाहरण प्रस्तुत करता हूँ :-

मान लीजिये आप ऑफिस जाने के लिए घर से समय अनुसार निकलते हैं। लेकिन जब आप स्टेशन पहुँचते हैं तो आपकी ट्रैन निकल चुकी होती है। प्रायः आपके साथ ऐसा होता है।

एक दिन आपके बॉस ने कहा अगर कल से लेट आये तो सैलरी काट ली जाएगी। उसके बाद से आपकी ट्रैन कभी भी मिस नहीं होती है और आप ऑफिस समय से पहुंचने लगते हैं। दोस्तों, ऐसा क्या हुआ ?

हुआ कुछ भी नहीं, पहले आप लेट होते थे तो सैलरी नहीं कटती थी। यानि आप घर से समय पर निकलते थे लेकिन रास्ते मे इधर-उधर समय बिताकर स्टेशन पहुँचते थे, और तब तक ट्रेन निकल चुकी होते थी और आप दूसरी ट्रैन पकड़ कर ऑफिस आते थे। और यही आपकी आदत हो चुकी थी। इसके पीछे वजह क्या था - सैलरी न कटना। यानि समय से ऑफिस जाने का आपके पास कोई मजबूत कारण नहीं था जिसके वजह से आप लेट होते थे। लेकिन जैसे ही सैलरी काटने की बात हुई, आपके पास एक मजबूत कारण हो गया कि टाइम से नहीं पंहुचा तो सैलरी कटेगी। तब आपकी जो एक सामान्य इच्छा थी उसे एक मजबूत कारण मिलने की वजह से, आपने ठान लिया कि कल से लेट नहीं होऊंगा। यानि एक संकल्प बन गया और जब संकल्प का रूप धारण कर लिया आपको समय से ऑफिस पहुंचने के लिए बाध्य कर दिया।

व्यक्ति का जीवन उत्कृष्ट, आदर्शमय होगा या निकृष्ट होगा यह उसकी इच्छा, संकल्प अथवा विचार से ही निर्धारित होता है।

किसी भी कार्य की शुरुआत करने से पहले संकल्प करना हमारी प्राचीन परम्परा रही है। हमारी यज्ञ आदि जो भी शुभ कार्य करते हैं सर्वप्रथम हम संकल्प पाठ से ही आरंभ करते हैं। संकल्प के माध्यम से व्यक्ति मजबूत बनता है, अन्दर से दृढ़, बलवान होता जाता है। प्रत्येक क्षेत्र में हर प्रकार से उन्नति करने के लिए व्यक्ति को

स्वयं को संकल्पवान बनाना चाहिए। जिसको मन में संकल्प कर लिया उसे व्यवहार में क्रियान्वयन करना ही है । जिसका संकल्प जितना मजबूत होता है, उसको उतनी ही सफलता मिलती जाती है ।

संकल्प शक्ति को बढाने के लिए सबसे पहले हमें छोटे छोटे संकल्प लेने चाहिए। जो कि हमारे लिये लाभदायक हों, हमारे जीवन के साथ-साथ अन्यों के लिए भी उपयोगी हों और उसको पूरा बल लगाकर तन-मन-धन से, निष्ठा पूर्वक पूर्ण करना चाहिए। जैसे कि हम संकल्प ले सकते हैं, प्रातः काल जल्दी उठने का और रात्रि को जल्दी सोने का। और जिस समय का निश्चय किया हो उसी समय ही उठना और सोना चाहिए। इस प्रकार संकल्प लेकर पूरा करने से मन भी दृढ़ होता है और आत्मविश्वास भी बढ़ता है। धीरे-धीरे बड़े-बड़े कार्यों का संकल्प लेना चाहिये जैसे कि "मुझे किसी भी परिस्थिति में सत्य ही बोलना है", "मुझे कभी भी आलस्य नहीं करना है" "मैं कभी चोरी नहीं करूँगा, सदा पुरुषार्थ ही करूँगा", "मैं किसी के लिए भी कभी अपशब्द का प्रयोग नहीं करूँगा", "कभी क्रोध नहीं करूँगा", " किसी से ईर्ष्या-द्वेष नहीं करूँगा", "मैं सदा गरीब, निर्धन, असहाय, जरुरतमन्द व्यक्तिओं की सहायता करूँगा"। इस प्रकार एक-एक संकल्प को लेकर जीवन भर निभाना चाहिए। जिससे अपना जीवन भी सुधरता है, विकसित होता है, स्वयं का विश्वास भी बढ़ता है साथ-साथ अन्य लोग भी उस व्यक्ति के ऊपर विश्वास करने लग जाते हैं कि- "यह व्यक्ति जो भी संकल्प लेता है, मन में जो ठान लेता है उसको करके ही छोड़ता है" और ऐसा विचार कर अनेक प्रकार से सहयोग भी करते हैं, इस प्रकार धीरे-धीरे हम इसी संकल्प शक्ति के माध्यम से बड़े से बड़ा कार्य भी करने में समर्थ हो जाते हैं।

संसार की सफलताओं का मूल मंत्र है- उत्कृष्ट मानसिक शक्ति और दृढ़ संकल्प शक्ति। इसी की प्रबलता से संसार में व्यक्ति को कोई भी वस्तु अप्राप्य नहीं रह जाता। अपार धन- संपत्ति हो, चाहे उत्कृष्ट विद्या हो, समाज में प्रतिष्ठा हो या मान-

सम्मान हो सब कुछ इसी के माध्यम से व्यक्ति प्राप्त कर लेता है। लौकिक सफलताओं के साथ-साथ यह एक ऐसा आधार- स्तम्भ है जिसके द्वारा एक आध्यात्मिक व्यक्ति भी अपनी साधना क्षेत्र में सफल हो जाता है। यह एक ऐसी दिव्य विभूति है जिससे मनुष्य ऐश्वर्यवान् बन जाता और अकल्पनीय, अविश्वसनीय कार्यों को करते हुए सबको हतप्रभ कर देता है। संकल्प एक ऐसा कवच है जो कि धारण करने वाले को माता के समान सभी प्रकार के विपरीत अथवा विकट-परिस्थितिओं से निरन्तर रक्षा करता रहता है। किसी भी लौकिक अथवा आध्यात्मिक कामनाओं की पूर्ति का मूल मंत्र संकल्प ही है ।

जब भी हम कोई संकल्प लेते हैं और लक्ष्य की ओर चल पड़ते हैं तो संकल्प की सिद्धि और हमारे बीच में अनेक प्रकार की परिस्थितियाँ दीवार बनकर खड़ी हो जाती हैं, तो हमें यहाँ अत्यन्त संघर्ष करना होता है। कोई व्यक्ति जब यह कहता है कि – "मैं तो इस कार्य को किसी भी प्रकार से करूँगा ही", तो वह कभी न कभी सफल हो ही जाता है और ठीक इसके विपरीत जो व्यक्ति संकल्प ही नहीं लेता और कहता है कि मैं तो इस कार्य को नहीं कर पाऊंगा, तो वह कभी भी सफल नहीं हो सकता। जब भी हमें किसी कार्य में असफलता मिलती है, तब कभी भी हताश-निराश होकर संकल्प को छोड़ नहीं देना चाहिए। विचार करना चाहिए कि हमारे सामर्थ्य में कहीं कुछ कमी हो, हमारी क्रिया करने की शैली में कमी हो, उस विषयक हमारा अनुभव न हो, अथवा साधनों में कोई कमी हो, क्योंकि असफलता के पीछे यही मुख्य कारण होता है ।

तो आइये हम सब संकल्पवान बनें और अपने लक्ष्य को प्राप्त करके जीवन को सार्थक-सफल बनायें ।

नौकरी या नेटवर्क मार्केटिंग - क्या सही है ?

दुनिया के सबसे ज़्यादा मेहनती लोग, जैसे- Doctor, Engineer, Lawyer, IAS, IPS इत्यादि 95% की श्रेणी में ही आते हैं। लेकिन अगर 5% वाली श्रेणी के लोगों को देखें तो बहुत सारे तो इनमे से ऐसे होंगे जिनके पास कॉलेज की डीग्री भी नहीं होगी। तब समझ में आया कि जैसा हमें बचपन में सिखाया गया था, "कठोर परिश्रम ही सफलता की चाबी है" ऐसा है नहीं। लेकिन फिर भी हमारे और इनके बीच कुछ तो फ़र्क है, जो आमदनी में इतना बड़ा फ़र्क लेकर आता है। इनके और हमारे बीच 3 बड़े फ़र्क हैं।

95% लोगों के काम करने का तरीक़ा

- व्यक्तिगत प्रयास
- सीमित आय
- सक्रिय

सभी 95% वाले लोग पूरी ज़िन्दगी अकेले ही मेहनत करते हैं और उनकी आय हमेशा सीमित होती है। यानी जब तक वह कड़ी मेहनत करेंगे तब तक ही पैसा आता है, जैसे ही उन्होंने काम करना बन्द किया तो आय भी बन्द हो जाती है।

5% लोगों के काम करने का तरीक़ा

- टीम वर्क
- असीमित आय
- निष्क्रिय

लेकिन 5% की श्रेणी के लोग कभी भी अकेले कार्य नहीं करते हैं। वो सबसे पहले एक टीम खड़ी करते हैं, जिससे असीमित आय का साधन बन जाता है। ये लोगों से काम करवाते हैं, जिससे इनकी आय असीमित होती है। कुछ समय बाद ये अपने आपको स्वचालित स्थिति में लेकर आते हैं। यानी ये लोग काम करना बन्द भी कर दें, फिर भी आय बन्द नहीं होती है।

अगर 5% वाला सूत्र हमने भी अपनी ज़िंदगी में अपना लिया तो हम भी 95% के श्रेणी से उठकर 5% की श्रेणी में आ सकते हैं।

95% से 5% की श्रेणी में जाने के दो तरीक़े हैं- एक तो आप असीमित आय के लिए असीमित पैसा खर्च करें या फिर नेटवर्क मार्केटिंग के माध्यम से कुछ लगाये बिना टीम वर्क करके अपने सपनों को साकार करें। नेटवर्क मार्केटिंग व्यवसाय ही अकेला ऐसा व्यवसाय है जो आपको 3-5 सालों में ही 95% से उठाकर 5% वाली श्रेणी में ला सकता है।

समय का गुणा क्या है ?

सोचकर देखिये, समय का गुणा क्या है? समय का गुणा यहाँ पर नेटवर्क मार्केटिंग बनाम पारंपरिक नौकरी को समझने का सही पैमाना है। उदाहरण के लिए हम 20-22 साल की उम्र में नौकरी की शुरुआत करते हैं और अगले 40 साल तक नौकरी करते हैं। यदि हम रोज़ाना 8 घंटे की भी नौकरी करते हैं और एक रविवार के दिन छुट्टी करते हैं :-

8 x 6 = 48 घंटे प्रत्येक सप्ताह x 52 सप्ताह = 2496 घंटे एक साल में

2496 घंटे प्रत्येक साल x 40 साल = 99840 घंटे पूरी ज़िन्दगी में और ओवरटाइम लेकर पुरे 1,00,000 घंटे

अब आप सोचकर देखिये कि 1,00,000 घंटों की कमाई पर ही हमारी बचत, बच्चों की पढ़ाई, घर, गाड़ी, शादी, बीमारी का इलाज इत्यादि का बोझ होता है ।

अब आप सोचकर देखिये यदि आपने 3 साल भी मेहनत की और केवल 2,000 लोगों की एक्टिव टीम खड़ी कर दी तो वो सारे लोग अगर एक घंटा प्रतिदिन भी इस व्यवसाय को देंगे तो 1,20,000 घंटे केवल 2 महीनों में होते हैं। यानी जो आप 40 साल में कमाने वाले थे वो 2 महीने में ही कमाकर रख देंगे।

दुनिया में जितने भी लोग अमीर बने हैं और अपने सपनों की दुनिया में जीते हैं, समय की आजादी में रहते हैं वो सभी समय का गुणा की क़ीमत को समझते हैं और उसको अपने व्यवसाय में लागू करते हैं ।

" N " ग्राफ को समझें

अब आप नेटवर्क मार्केटिंग बनाम नौकरी को सही तरह से समझ गए होंगे। मगर नेटवर्क मार्केटिंग बनाम नौकरी के बारे में एक बात और साफ़ कर देना चाहूँगा कि नेटवर्क मार्केटिंग कोई अलादीन का चिराग नहीं है कि जरा सा घिसते ही आपकी मनोकामना पूरी हो जाएगी। यहाँ ऐसा नहीं हो सकता कि आपने किसी नेटवर्क मार्केटिंग कंपनी को ज्वाइन किया और कल से आप लाखों करोड़ों कमाने लग जाओगे। नेटवर्क मार्केटिंग में सफलता प्राप्त करने के लिए आपको "N" ग्राफ को समझना बहुत ज़रूरी है।

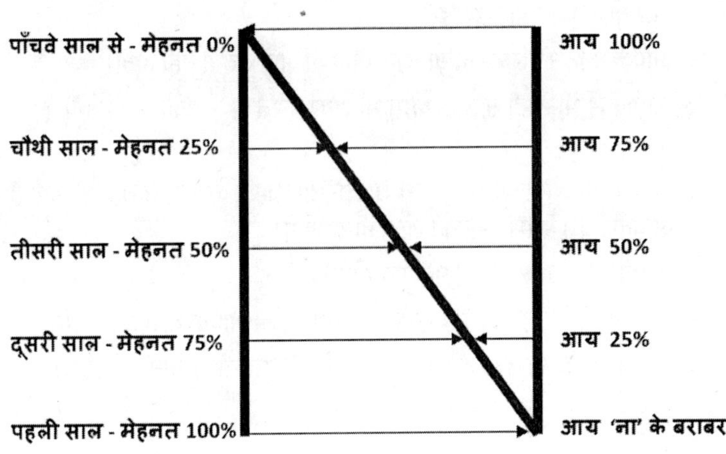

इसका मतलब है कि पहले साल आपकी मेहनत बहुत ज़्यादा लगती है। मगर आपकी आय बहुत कम या कुछ भी नहीं होती है । उसकी वजह होती है कि आपको ज़्यादा जानकारी नहीं होती है और आप बहुत सारी ग़लतियाँ भी करते हैं। लेकिन जैसे ही आप दूसरे साल में जाते हैं तो आपकी जानकारी बढ़ जाती है, ग़लतियाँ कम होती हैं और कुछ आपकी टीम भी बढ़ जाती है। इसलिए आपकी आय बढ़ जाती है ।

तीसरे साल आपकी मेहनत के बराबर आपकी आय हो जाती है। तथा चौथे साल आपको कम काम करने पर भी ज़्यादा आय प्राप्त होती है। पाँचवे साल में आप काम न भी करें तब भी आपकी आय बढ़ती है।

ये नेटवर्क मार्केटिंग की ताक़त है जिसे समझना बहुत ज़रूरी है। अगर आपने इसे समझ लिया और अपना लिया तो आपको 95% से 5% में आने से कोई नहीं रोक सकता है।

नौकरी और नेटवर्क मार्केटिंग के बीच में तुलना

<u>नौकरी में</u>

- आपका समय आपके बॉस तय करते हैं कि आपको कितने घंटे काम करने हैं और वो आपको मानना पड़ता है।
- आपके कठिन परिश्रम के बावजूद, आपकी आय उतनी नहीं होती।
- आप कोई भी छोटी से छोटी काम भी अगर करते हैं, आपको आज्ञा लेनी पड़ती है।
- आप अपने कार्यों को लागू करने और परीक्षण करने के लिए स्वतंत्र नहीं होते हैं। आपका बॉस हमेशा आपको छोटा ही समझेंगे।
- आपके मेहनत का फल दूसरे लोग भोगेंगे।
- आप अपने हिसाब से छुट्टियां नहीं ले पाएंगे, वो भी आपके बॉस तय करेंगे।
- यदि आप नौकरी छोड़ देते हैं तो दूसरी नौकरी मिलना आसान नहीं होता।.

- जब आप रिटायर होते हैं, तो आप नियमित रूप से जीवन भर के अपने जरूरतों को पूरा करने के लिए सक्षम नहीं होंगे।
- यदि आप किसी कारण से नौकरी छोड़ देते हैं तो, पैसा आना बंद हो जाता है।
- आपका प्रमोशन आपके योग्यता पर निर्भर करता हैं ।
- जब आप अपने जीवन से अलविदा कहते हैं तो आप अपने परिवार को समस्या देकर जाते हैं, ताकि जीवन जीने के लिए वे कुछ भी करके अपना पेट पाल सके।

<u>नेटवर्क मार्केटिंग में</u>

- आप अपने हिसाब से काम करने का समय निर्धारित करते हैं कि आप कितने घंटे काम करेंगे।
- यहाँ ऐसी कोई लिमिट नहीं होती कि आप कितने रुपए कमाएंगे।
- आप अपना काम अपने हिसाब से करते हैं और इसके लिए आपको किसी के आज्ञा की जरुरत नहीं पड़ती है।
- आप अपने कार्यों को लागू करने और परीक्षण करने के लिए स्वतंत्र हैं और जब आप काम करते हैं, तो आप इससे अधिक पैसा बनाते हैं।.
- आपके मेहनत का फल आपके कमीशन के रूप में आपको मिलेंगे और साथ रिवॉर्ड भी।
- यहाँ आपका बॉस कोई और नहीं होता इसलिए आप अपने हिसाब से छुट्टियां ले सकते हैं, घूमने जा सकते हैं।
- यदि आप किसी कंपनी से खुश नहीं हैं और छोड़ना चाहते हैं तो आप अपने साथ अपने ग्राहकों और टीम को अगले अवसर पर ले जा सकते हैं।
- यदि आप अपनी टीम का निर्माण करते हैं, तो आप जीवनभर अपने लाइफ स्टाइल को नियमित रूप से पूरा कर सकेंगे।
- यदि आप किसी कारण से काम नहीं भी कर पाते हैं तो भी आपका कमीशन आना बंद नहीं होता है ।
- यह आपका खुद का व्यवसाय है - आप खुद बॉस हैं।

- जब आप इस दुनिया से अलविदा कहते हैं तो आप अपने पीछे एक ऐसी संपत्ति छोड़ कर जाते हैं जो आपके परिवार और आने वाली पीढ़ियों का भी ख्याल रखती है।

अगर आप अपने सपनों को पूरा नहीं करते हैं

तो कोई और आपको नौकरी पर रख कर अपने सपनों को पूरा करेगा।

तैयारी जीत की

अगर आप जीतने की इच्छा रखते हैं, तो आपके और जीत के बीच का संघर्ष तय करेगा कि आप जीतने के काबिल हो या नहीं।

अनुशासन

अनुशासन शब्द का अर्थ है अच्छी आदतों का होना, अपनी गलतियों को स्वीकार करना और दोबारा उन गलतियों को न करने का संकल्प लेना और सही मार्ग का अनुशरण करना ही अनुशासन कहलाता है ।

ये दुनिया कुछ इस तरह के लोगों से भरे पड़े हैं जो आपको कभी भी सही मार्ग नहीं दिखाएंगे और अगर आप अपने सोचने और समझने की शक्ति को सही तरह से उपयोग नहीं कर पाये तो आप गलत राह पर जा सकते है। इसलिए जीवन में अनुशासन का अहम स्थान है। इसके बिना सफल जीवन की कामना करना वैसा ही है जैसे बिना बीज बोए फसल की कामना करना ।

अनुशासन हम सभी में पहले से ही होता है। लेकिन उसे अमल में लाने की जरूरत होती है, जिसके लिए हमें बचपन से ही विद्यालय में शिक्षा ग्रहण करने के लिए भेजा जाता है। ताकि वहां जाकर हम शिक्षित हों और अनुशासन को उजागर कर सके।

जब मनुष्य का जन्म इस धरा पर होता है तो उसके मस्तिष्क में कुछ भी नहीं होता। वो एक खाली पेन ड्राइव की तरह होता है जिसमें धीरे-धीरे हमारे घर-परिवार, माहौल के अनुसार, उसमें जो भी लिख दिया जाता है वह ज़िन्दगी भर हमारे साथ

रहता है। इसलिए हमें बचपन से ही बड़ों का आदर करना और समय को बर्बाद नहीं करना सिखाया जाता है।

अनुशासन कोई वस्तु नहीं है जिसे जाना जाए। ये तो ज्ञान है जो पहले से ही हमारे अंदर निहित है, हमें बस उसे जगाना पड़ता है। और ये हर मनुष्य के ऊपर निर्भर करता है कि वो इसे अमल में लाना चाहता है या नहीं। हमारे माता-पिता हमें सही और गलत में फर्क करना सिखा सकते हैं। लेकिन अब यह हमारे ऊपर निर्भर करता है कि हम गलत का साथ देते हैं या फिर सही का। यहां पर हमारा अनुशासन ही काम आता है जो हमें सही राह पर चलना सिखाता है।

सफलता की पहली सीढ़ी अनुशासन ही है। जिसके न होने पर सफलता की कामना नहीं की जा सकती है। अनुशासन ही हमें सिखाता है कि हमें कौन से काम किस समय करना चाहिए। चाहे कार्यालय में जाना हो, स्कूल में जाना हो, खेलने जाना हो, पढ़ने जाना हो या फिर किसी से मिलने जाना हो।

अगर हम अनुशासन में रहेंगे तो कोई भी कार्य हम बहुत ही सरल तरीके से कर पाएंगे। लेकिन अगर हमारे जीवन में अनुशासन नहीं होगा तो हम कभी भी समय पर अपने कार्य को करने में समर्थ नहीं हो पाएंगे। जिसके कारण लोग हम पर विश्वास करना कम कर देंगे और जीवन में अगर एक बार किसी से विश्वास उठ जाता है तो दोबारा विश्वास कायम करने में बहुत समय लग जाता है। इसलिए हमेशा हमें अनुशासन में रहना चाहिए।

हमारे भारत भूमि में ऐसे बहुत से महापुरुषों ने जन्म लिया है जिन्होंने अपना सारा जीवन अनुशासन का पालन किया। जिसके कारण उन्हें महापुरुष की उपाधि दी गयी। इससे आप समझ सकते हैं कि अनुशासन का हमारे जीवन में कितना बड़ा महत्व होता है।

अनुशासन में रहना हम एक छोटी सी चींटी से भी सीख सकते हैं। अगर आपने कभी चीटियों को देखा होगा तो वह हमेशा एक कतार में चलती है और लगातार

अपने कार्य में लगी रहती हैं। अगर हम उनके रास्ते में कोई बाधा भी उत्पन्न करते हैं तब भी वह कोई न कोई रास्ता निकाल कर अपनी मंजिल तक पहुंच ही जाती है।

यह छोटी-छोटी अनुशासन में रहने की बातें हम हमारे पर्यावरण से भी सीख सकते हैं। लेकिन हम हमेशा इन बातों को नजरअंदाज कर देते हैं जिसके कारण हमें जीवन में कई कठिनाइयों का सामना करना पड़ता है। हम एक बहती हुई नदी से अनुशासन में रहना सीख सकते हैं जो कि हमेशा अपने पथ पर बहती है। और अगर उसके पथ के बीच में कोई चट्टान भी आ जाए तो वह उसे काट कर आगे चली जाती है। वह उस पहाड़ को इसलिए ही काट पाती है क्योंकि वह चट्टान को देखकर अपना रास्ता नहीं बदलती है। अगर हम भी जीवन में अनुशासन में रहें और अपने लक्ष्य के ऊपर ही ध्यान रखें तो जीवन में कितनी भी बड़ी कठिनाई क्यों न आए हम उसे आसानी से पार कर सकते है। आपने देखा होगा कि अनुशासन के पालन करने से ही आज हमारे देश में कई सफल व्यक्ति है। जैसे धीरूभाई अंबानी, रतन टाटा और हमारे देश के प्रधानमंत्री। ऐसे कई सफल व्यक्ति हैं जिन्होंने अनुशासन की सहायता से अपने सफलता के झंडे गाड़ दिए हैं। जिन्हें आज देश में ही नहीं विदेशों में भी उनकी सफलता के लिए जाना जाता है।

यदि आप इन सभी व्यक्तियों के जीवन को नजदीक से देख पायें तो आपको ज्ञात होगा की ये सभी लोग हमेशा अनुशासन का पालन करते हैं और हमेशा अपना कार्य समय पर करते है। इन सभी व्यक्तियों की निर्णय लेने की क्षमता अच्छी होती है। इसका कारण यही होता है कि यह हमेशा अपने जीवन में अनुशासन बनाए रखते है।

अनुशासन हमारे जीवन का अनिवार्य और अभिन्न अंग है। जिसके बिना सफलता प्राप्ति की कामना नहीं की जा सकती है। अनुशासन की प्रेरणा हम किसान से ले

सकते हैं क्योंकि किसान जब खेत में बीज बोता है तो उसे बो कर भूल नहीं जाता, वह प्रतिदिन उसे खाद और पानी देता है। तभी जाकर फसल की पैदावार होती है।

किसान के लिए यही अनुशासन है अगर वह नियमित रूप से फसल को पानी और खाद नहीं देगा तो फसल की पैदावार नहीं होगी। इसी प्रकार अगर हम नियमित रूप से सफलता के लिए मेहनत नहीं करेंगे तो हमारा असफल होना तय है। अनुशासन के मायने सभी व्यक्तियों के लिए अलग-अलग हो सकते हैं। जैसे कार्यालय में जाने वाले लोग हमेशा समय से कार्यालय पर पहुंचे और अपना कार्य सही ढंग से करें। विद्यार्थियों के लिए अनुशासन का रूप है कि वह सदा अपने गुरुजनों का आदर करें और प्रतिदिन विद्यालय में जाए और एकाग्रता पूर्वक पढ़ाई करें। खिलाड़ी के लिए आवश्यक है कि वह प्रतिदिन अपने खेल के प्रति समर्पित रहे उसे और अच्छा करने के लिए प्रतिदिन प्रयास करता रहे। सेना में सैनिकों के लिए अनुशासन का रूप है कि वह हमेशा देश की सेवा करता रहे और देश की सेवा में किसी भी प्रकार की लापरवाही नहीं करें।

समय का प्रबंधन

कितना विचित्र शब्द है- "समय ही पैसा" है। बचपन से हमलोग शायद यही सुनते आये हैं। लेकिन कैसे है ये समझ नहीं पाए और न ही समझने की कोई कोशिश की। यह एक अद्भुत पहेली है कि ये समय है क्या ? लेकिन जिसने समझा उसके पास वो सबकुछ है जो उसे चाहिए और जिसने नहीं समझा वो कंगाल ।

आज के इस भागम-भाग के दौर में कभी-कभी हँसता खेलता परिवार भी बिखर जाता है और कभी कभी अपने परिवार को दिए हुए समय के कारण रिश्ते निखर भी जाते हैं। क्या है ये, हमेशा घूमता रहता है, कभी नहीं ठहरता है। चाहे कोई जिए - चाहे कोई मरे, इसे कोई फर्क नहीं पड़ता। चाहे कोई मिल जाये चाहे या कोई

बिछड़ जाये, ये कभी गम नहीं करता। चाहे कोई रो दे या कोई मुस्कुरा दे ये शांत रहता है। हर किसी के पास सामान रूप से रहता है और इसके सही इस्तेमाल से कोई निहाल हो जाता है तो कोई इसके गलत इस्तेमाल से बेहाल हो जाता है। और रही बात पैसों की तो, दुनिया में वही अमीर हुआ है, जिसने समय के मोल को सही वक़्त पर पहचान लिया। सुबह के सूरज निकलने के साथ ही आपके जेब में बिना कुछ किये ही 24 घंटे यूँ ही पड़े मिलते है। ये वो 24 घंटे है जो न कोई आपसे चुरा सकता है, न कोई छीन सकता है और न ही इसे बढ़ा सकता है। ये आपके है, अब आप इसे इस्तेमाल करें या न करें, आपसे कोई ये नहीं पूछेगा कि आपने इस 24 घंटों का क्या किया। ये आपकी ज़िन्दगी है, आपके 24 घंटे या तो इसे अपने और देश के उत्थान में लगाए या अपने पतन में।

1. **खुद का टाइम टेबल बनाएं और उसका पालन करें।**

   समय सारिणी (यानि Time-table), अनुसूची (यानि Schedule) सब बनाते हैं, पर उसे मानता कौन हैं? चलो दो चार दिन मान भी लिया, पर दो दिन बाद सब वहीं का वहीं। ऐसा दो कारणों से ही होता है। एक- आलस (जो इंसान का सबसे बड़ा शत्रु है), और दूसरा- समय की पाबंदी । अगर आप अपनी ज़िन्दगी को बदलना चाहते हैं तो सबसे पहले अपने टाइम टेबल को बदलना होगा। अगर घर में सभी लोग सुबह 6 बजे उठते हैं और रात को 10 बजे सोते हैं, तो वो आपका खुद का टाइम टेबल तो नहीं हुआ? अगर आपको ज़िन्दगी में कुछ अच्छा करना है तो नियमित रूप से आपको सूर्योदय के पहले उठना होगा और सोने का घंटा निर्धारित करें 6 से 7 घंटे। याद रखिये जो इंसान सूरज को जगाता है वो एक न एक दिन कुछ बड़ा करता है। शांत-चित्त हो कर सोना शरीर के लिया लाभकारी होता है। लेकिन कोशिश करिये सुबह जल्दी उठने का।

2. सूची और प्राथमिकता तय करना

टाइम-टेबल एक सामान्य रोजमर्रा चीज़ है। लेकिन हर दिन का एक अलग लिस्ट होता है जो काम उसी दिन निपटाने होते हैं, उसका लिस्ट यानी कार्य सूची, जिसमें लिखा होगा, आपको दिन भर क्या करना है। लेकिन इसके साथ प्राथमिकता का क्या संबंध है? संबंध ये है कि कार्य सूची को ज़रूर फॉलो करें। लेकिन कार्यों को ज़रुरत के हिसाब से क्रमांकित करें यानी तात्कालिकता (कितना ज्यादा जरूरी है) के हिसाब से प्राथमिक बनाये। नीचे दी गयी चित्र का इस्तेमाल करें ।

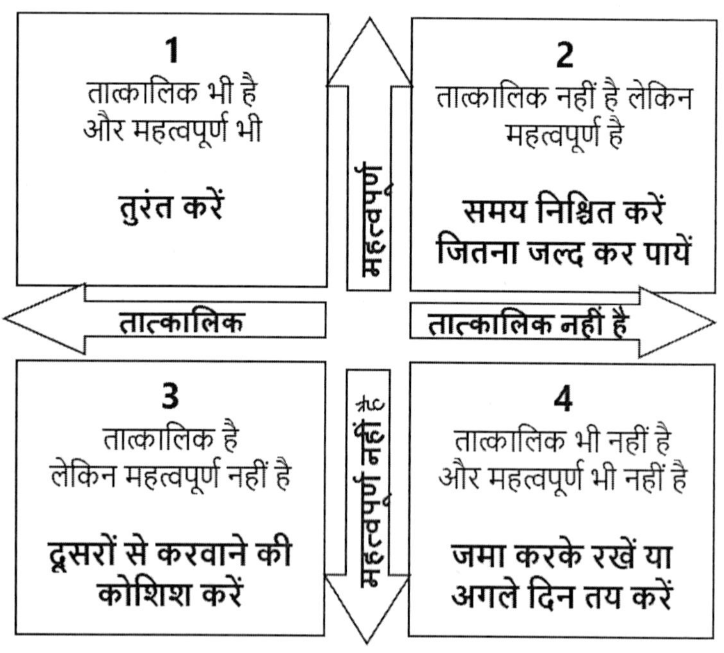

काम का वितरण चार प्रकार में किया जा सकता है :-

i) **महत्वपूर्ण (यानि Important) और तात्कालिक (यानि Urgent) वाले कार्य**

रोज के कार्यों की जो सूची आपने बनाए हैं उसे ऊपर दिए गये चार्ट के हिसाब से तैयार करें। सबसे पहले ये सुनिश्चित करें कि कौन से कार्य महत्वपूर्ण भी है और तात्कालिक, उसे आप इस कॉलम में रखें। और सबसे पहले इस काम को करें।

ii) **महत्वपूर्ण पर कम तात्कालिक वाले कार्य**

इस कॉलम में वही काम रखें जो महत्वपूर्ण हों लेकिन तात्कालिक न हों।

iii) **तात्कालिक लेकिन कम महत्वपूर्ण वाले कार्य**

अगर कोई काम तात्कालिक है यानि तुरंत करना जरुरी है लेकिन आपके लिए महत्वपूर्ण नहीं है तो ऐसे कामों को कोशिश करिये किसी और से करवाने की।

iv) **कम महत्वपूर्ण और कम तात्कालिक वाले कार्य**

जो काम कम तात्कालिक है और कम महत्वपूर्ण है, तो ऐसे कामों को दूसरे दिनों के लिए टाल दें।

3. समय नष्ट करने वाली गतिविधियों से दूर रहें

अब जब आपको पता है की क्या करना है और क्या नहीं करना है तो उन सारी चीज़ों को अपनी ज़िन्दगी से हटा दें। जो आपका कीमती समय नष्ट कर रहा है। जैसे- आपकी हर वो जरुरत की चीजें जो आपको हमेशा जरुरत

होती है लेकिन जहाँ तहाँ रखने के वजह से उसे ढूंढ़ने में आपका बहुत समय बर्बाद जाता है उसे सही करें। यानि जो चीजें जहाँ होनी चाहिए वहीँ रखें ।

कुछ लोग TV देखने में और सोशल मीडिया में चिपके रहते हैं, जो आपके समय को बर्बाद करती है तो जरुरी है इन सब चीजों के लिए भी अपना समय निर्धारित करें। लेकिन जितनी जरुरत हो उतनी ही।

हमलोग इन छोटी-छोटी चीज़ों को नज़रअंदाज़ करते हैं, जो शायद बाद में परेशानी का कारण भी बन जाती है। तो इन छोटी-छोटी चीज़ों को ध्यान में लिए आपको प्लान करना होगा।

4. एक समय में एक ही काम करें

आज के समय में लोगों के काम करने के तरीके ऐसे हो गए है की एक समय में अनेक काम करते हैं जिसे मल्टीटास्किंग कहते है लेकिन ये कभी कभी संभव है, हमेशा नहीं, क्यूंकि अगर हमारी आदत ऐसी बन गई तो ये हानिकारक साबित हो सकता है ।

विज्ञान के अनुसार मल्टीटास्किंग से आपका ध्यान दो या तीन हिस्सों में बट जाता है जिससे आपकी कुशलता भी बट जातीं हैं और जो काम 1 घंटे में होना चाहिए उसे घंटों लग जाते हैं । विशेष रूप से बात करें तो किसी भी काम को करते वक़्त चाहे पढ़ाई हो या ऑफिस का काम अपने सोशल मीडिया से दूर रहें क्योंकि इससे समय का पता ही नहीं चलता की कितना समय कब बीत गया । जैसे अगर आप रस्ते में चल रहे हों और कानों में हेडफ़ोने लगाकर गाना भी सुन रहे हैं तो इससे दुर्घटना भी हो सकती है।

5. किसी काम में दक्ष होना, शारीरिक प्रयासों से अधिक महत्वपूर्ण है

आप कोई भी काम क्यों न करें लेकिन कोशिस करें उस काम में दक्षता हाशिल करना क्यों की कोई भी ये देखना नहीं चाहेगा की आप उस काम को कितनी देर से कड़ी मेहनत से कर रहे हैं बल्कि ये देखना चाहेंगे की आप उस काम में कितने दक्ष हैं, क्यों कि दक्षता यानि निपुणता काम में गति प्रदान करती है और सही तरीके से भी यानि आपका काम ज्यादा अच्छा होता है।

ऐसा अनेकों बार होता है की जल्द-बाज़ी में आप काम को निपुण बनाना ही भूल जाते हैं, और काम को जैसे-तैसे ख़त्म करने की कोशिश करते हैं, ऐसे परिस्थितियों से बचने के लिए आपको लोगों से अच्छा रिश्ता रखना होगा ताकि समय-असमय में आप किसी की मदद ले सकें । इसके लिए अपनी बातचीत करने की कला और लोगों से अच्छे सम्बन्ध बनाने होंगे । आजकल आउटसोर्सिंग (यानि किसी और से काम करवाना) एक बहुत बड़ा विकल्प बन चुका है। उसकी सहायता लें, जिससे आपका समय ज्यादा बचेगा ।

जो लोग थोड़े पैसे वाले होते हैं, आपने देखा होगा ये लोग अपने घरों में काम करने वाले लोग रखते हैं, ये इसलिए नहीं की वे लोग दिखाना चाहते हैं कि वे अमीर है, बल्कि इसलिए ताकि वे अपना समय उन जगहों पर लगा पाए जहाँ से और अधिक धन बना सके।

अब आप खुद ही ये निर्णय लें की कौन सा काम आप ही को करना होगा और कौन सा किसी और के करने से या यूँ कह लें किसी पेशेवर के करने से, ज़्यादा अच्छा होगा।

6. अपने कम्फर्ट जोन से बाहर निकलें

अक्सर लोग अपने सुखद दायरे (यानि कम्फर्ट जोन) से बहार निकलना नहीं चाहते जो आपके लिए बहुत ही नुकसान दायक हो सकता है। अपने आपको

किसी दायरे में बांध कर न रखें, हमेशा ये न सोचें कि कौन सा काम आसान है उसे करूँगा। दोस्तों कोई भी काम आसान नहीं होता, हम उसी काम को आसान समझते हैं जो हमें समझ आता है।

कुछ लोग अपने काम को टालते हैं जैसे "अभी बहुत समय है"। तो ऐसा बिलकुल भी न करें और अपने दायरे से बाहर निकलिये, अपने अंदर एक जोश पैदा करिये । एक बार आप अपने सुखद दायरे से बाहर निकल कर देखिये, आपका सुखद दायरा बढ़ जाएगा । पर हाँ कुछ वक़्त ज़रूर लगेगा । मेरे राय में "आप कम्फर्ट के पीछे न भागे, कभी कभी कुछ चुनौतियाँ आपको बदल सकती है" ।

7. खुद को प्रेरित करें और तनाव मुक्त रहें

अब आखिरी चीज क्या है, इसके विषय में बात करते है । कभी कभी हम अपनी ज़िन्दगी से, पारिवारिक समस्यों और अपने काम से तंग आकर "मूड ख़राब है" कहकर काम करना और समय का सही इस्तेमाल करना भूल जाते हैं । यह इंसानों के लिए एक स्वाभाविक बात है परन्तु क्या आप जानते हैं कि हम अपने मस्तिष्क को चकमा दे सकते हैं? ये बड़ा ही आसान है, बस अपने मन को समझाएं कि आप खुश हैं और अभी काम करना बहुत ज़रूरी है। अपने आपको प्रेरित करें और अपने तनाव को मिटायें ।

अपने आस पास ऐसा माहौल बनाएं जैसे हर एक चीज आपको प्रेरणा दे रही हो । कुछ प्रेरणा देने वाले विचार को लिखित तौर पर अपने आस पास रखे, अपनी लक्ष्य को सामने रखें। आपको अच्छे से पता है कि आपके मन को क्या चाहिए, तो अपने मन को उस चीज का दिलासा दीजिये । ज़रूरत पड़े तो ख़ुद को थोड़ा डरायें, 'अगर इस समय तक यह काम पूरा न हुआ तो क्या

होगा?' परन्तु साथ ही साथ तनाव को अपने से दूर रखें । तनाव एक ऐसी चीज है जो भले इंसान को भी क्रोधी बना देती है ।

दोस्तों, ये बड़ा ही विचित्र लगता है जब हम समय के बारे में सोचते है, लेकीन समय को बड़ी ही आसानी से अपने हाथ से रेत की तरह फिसलते हुए भी देखते हैं। हमेशा से ये बात सिद्ध है कि समय से अधिक बलवान कोई भी नहीं होता इसीलिए तो कहावत भी है कि "समय बलवान तो गधा पहलवान"। लेकिन कोई भी, स्वयं परमेश्वर भी इसके कार्य में हस्तछेप नहीं करते। समय निरंतर गतिमान रहता है इसके उपर किसी का नियंत्रण नहीं होता है, अगर होता तो भगवान श्री कृष्ण के होते हुये भी महाभारत का भीषण युद्ध क्यों होता? और इस संसार के पालनहार भगवान श्रीराम को उसी समय चौदह वर्ष के वनवास के लिये क्यों जाना पड़ा जब उनका राजयभिषेक होना तय हो चुका था? इसका एक मात्र कारण "समय" की चाल ।

अनादि काल से चलती आ रही समय की गती एक समान होती है। उपरवाले ने सभी को दिन के 24 घंटे दिये है, ना किसी को कम, ना किसी को ज्यादा फिर वो चाहे गरिब हो या अमीर। लेकीन अब इस 24 घंटे का उपयोग कौन किस तरह करता है ये उसपर निर्भर करता है। वैसे ही 'ठिक समय पर किया हुआ थोडा-सा कार्य बहुत लाभदायक होता है और समय बीतने के बाद किया महान कार्य भी व्यर्थ हो जाता है"।

दोस्तों, मैं निचे कुछ और तकनीक बता रहा हूँ जिसे आप इस्तेमाल कर सकते हैं :-

1. आप रात को सोने से पहले या सुबह उठने के तुरंत बाद, अपने हर दिन के कार्य की एक सूचि तैयार करें। जिससे या सुनिश्चित होगा की आप कब/आज क्या क्या काम करने वाले हैं। अब ऊपर दिए गए चार्ट के अनुसार कामों को चार भागों में बाँट ले और उस हिसाब से काम शुरू करें।

2. हर काम के लिए कितना समय लग सकता है, ये तै करें। इससे आपका काम न सिर्फ समय पर होगा बल्कि एक काम का समय दूसरे काम में नहीं देना पड़ेगा।

3. अगर आप स्मार्ट फ़ोन इस्तेमाल करते हैं तो आजकल कुछ अच्छी एप्प गूगल से डाउनलोड कर लें और अपने कार्य को उसमे नोट कर लें और टाइमर सेट कर लें। ताकि आपका काम समय के साथ पूरा हो पाये।

4. काम को "ना" कहना भी सीखें। ऊपर दिए गे चार्ट के अनुसार आपको समझना होगा कि कौन सा काम आपको करना है और कौन सा नहीं। जो काम आप नहीं कर पाएंगे उसे तुरंत "ना" कहें, ताकि दूसरे कामो को आप सही तरीके से कर पायें।

5. आपने जिस काम की लिए जितने समय पुरे करने का टाइमर सेट किया है उसे थोड़ा और पहले सेट करें, जिससे वह काम समय पर पूरा होगा।

6. कभी कभी काम करने के चक्कर में हमें समय का पता नहीं लगता और दूसरे कामो में देर हो जाती है। इसलिए एक घड़ी का उपयोग जरूर करें।

7. जब आप अपने काम में हो तो फेसबुक, व्हाट्सएप्प, मेल आदि की नोटिफिकेशन को बंद रखें।

8. किसी दूसरे के काम में या दूसरे के झमेले में दखल न दें, लेकिन अगर सर पे पर जाय तो जितना जल्दी हो सके कट लें।

व्यक्तित्व का विकास

आपने और हमने अपने जीवन काल में ऐसे कई लोगों को देखे होंगें या उनसे बात-चीत कियें होंगे जिन लोगों के चेहरे पर हमेसा एक मधुर मुस्कान की छटा बनी रहती है, ये लोग हमेशा साफ-सुथरे वस्त्र धारण करते हैं, अपने शरीर को अच्छी

तरह से मेन्टेन करते हैं और बात करने की अदा तो गजब की होती है, हर किसी के मन में अपना एक सुन्दर छबि छोड़ जाती है, ये लोग अक्सर कम बात करते हैं और सुनते ज्यादा हैं, और जितना जरुरत हो उतनी ही बात कहते है और जिसे आसानी से समझा जा सकता है। दोस्तों इसी को कहते हैं "A person who has a pleasant personality". तो आइये हम जानते हैं कि कैसे अपने आपको एक आकर्षक और मन भावन व्यक्तित्व का निर्माण किया जाय।

एक अच्छी मनभावन व्यक्तित्व पाने के लिए आपको निम्नलिखित बातों का ध्यान रखना चाहिए :-

1. लोगों को वास्तव में पसंद करें

दोस्तों, सबसे अहम बात ये है कि जब हम किसी से मिलते हैं, बातें करते हैं या उस व्यक्ति के कृत्य के विषय में अगर पता होता है तो हमारे मन में उस व्यक्ति की एक छबि तैयार हो जाती है और ये छबि सकारात्मक, नकारात्मक या प्राकर्तिक हो सकती है। लेकिन दोस्तों अगर हम अपना व्यक्तित्व को बेहतर करना चाहते हैं तो हमें इस छबि को न चाहते हुए भी सकारात्मक बनाना होगा। हमें यह सीखना होगा कि लोगों में अच्छाई खोजे बुराई नहीं ये करना इतना मुश्किल नहीं है लेकिन आसान भी नहीं है। अगर हम कोशिस करें तो ये संभव हो सकता है क्युकि असंभव तो कुछ होता ही नहीं है।

इसे हम ठीक कर सकते है वो कैसे अपने दृश्टिकोण को बदलकर। हर इंसान का अपना दृश्टिकोण होता है और हम अपने जगह रहकर देखते हैं लेकिन अगर हम अपने आपको उनके जगह में रख कर देखें तो नजारा ही बदल जायेगा। हर इंसान प्रकृति के तीनो गुणों के परवश होकर ही कोई भी कार्य करता है, चाहे वो मन के द्वारा हो वाणी के द्वारा हो या शरीर के द्वारा।

हर इंसान में कुछ सद्‌गुण होते हैं तो कुछ अवगुण, हमें हमेसा सद्‌गुण ही देखना चाहिए और ये हो सकता है अगर हम छमा करना सिख लें।

दोस्तों, आज का जो माहौल बना हुआ है यह हमें न चाहते हुए भी अपनी नकारात्मकता से प्रभावित करती है, हम रोज़ चोरी, धोखा-धडी, लूट, भरस्टाचार की खबरें सुनते हैं और शायद इसी वजह से इंसान का इंसान पर से विश्वास उठता जा रहा है। मैं बिलकुल भी ये नहीं कहूंगा की आप आँखें बंद करके लोगों पर भरोसा कीजिये, लेकिन ये ज़रूर कहूँगा कि आँखें बंद करके कम से कम किसी को बुरा न कहिये। ज्यादातर लोग बहुत ही अच्छे होते हैं; आप लोगों की फ़िक्र न करके अपने आप को बदल लीजिये। दोस्तों हम इस दुनिया को जिस तरह देखना चाहते हैं ये दुनिया उसी तरह दिखाई देती है तो सबसे अच्छी बात ये है की हमें लोगों को पसंद करना सीखना होगा और तभी हम दूसरों के मन में अपनी भी सकारात्मक छाप छोड़ सकें।

2. मुसकुराहट के साथ मिलिए :

दोस्तों, एक मुस्कराहट कितने परेशानियों को दूर कर देती है। खुलकर हंसना सेहद और मन दोनों के लिए ही बहुत ही लाभकारी सिद्ध हुआ है और जब आप किसी अपने को देखकर मुस्कुराते हैं तो इससे आपका चेहरा भी खिल जाता है और इससे ये जाहिर होता है आप सामने वाले को पसंद करते हैं। यही बात हर तरह के सम्बन्ध में लागू होती है। इसलिए आप जब भी किसी से मिलें तो चहरे पर एक वास्तविक मुस्कान जरूर लाएं, इससे लोग आपको पसंद करेंगे, आपसे मिलकर खुश होंगे। अगर आप किसी को देखकर मुस्कुराते हैं तो जाहिर है वो व्यक्ति भी मुस्कुरायेंगे। ऐसा कभी भी नहीं होगा की आप मुस्कुरायेंगे तो दूसरे लोग आपको नाराजगी दिखाएंगे।

छोटी - छोटी बात को कभी भी दिल से मत लें और हो सके तो नजरअंदाज करें उनकी गलतियों को जिससे आपके मन में कोई बोझ नहीं होगा। एक मुस्कुराता हुआ चेहरा एक बुझा हुआ, मायुश हुआ या एक गंभीर हुए चेहरे से कहीं अधिक आकर्षक होता है और इससे आपके व्यक्तित्व को आकर्षक बनाने में बहुत मददगार होता है।

इसलिए जहाँ भी जाएं, अपने चेहरे पर मुस्कराहट जरूर रखें।

3. लोगों के नाम न भूलें

किसी भी व्यक्ति की पहली पहचान उसकी नाम होती है और हर कोई चाहता है उन्हें उनके नाम से ही जाना जाय नाकि किसी और नाम से। इसिलए जब आप किसी से बात करें तो बीच-बीच में उसका नाम लेते रहिये। लेकिन अगर वो व्यक्ति आपसे उम्र में या तजुर्बे में बड़े हों तो उनके नाम के आगे Mr. / Mrs. या श्रीमान / श्रीमती या 'जी' (जैसे राम जी / श्याम जी / मधुमिता जी) लगाना न भूलें , जिससे उनके नाम को एक सम्मान दिया जाये।

जब आप बात करते करते सामने वाले व्यक्ति का बीच-बीच में नाम लेते हैं तो सामने वाला व्यक्ति आपकी हर बात को ध्यान से सुनते हैं और इससे आपके बात में भी दम हो जाता है और सामने वाले व्यक्ति यह सोच कर खुश होता है की आप उनको महत्व देते हैं।

आप जबभी किसी से पहली बार मिलते हैं तो आपको उनका नाम तो पूछना ही परता है ताकि बात आगे बढ़ पाए लेकिन इस नाम को याद जरूर रखें ताकि आपको बार - बार नाम न पूछना पड़े। अगर आप बार-बार उनका नाम पूछेंगे तो उनको बुरा लगेगा और इससे उनके मन में आपके प्रति एक नकारात्मक छबि तैयार हो जायेगा। इसलिए ये बहुत ही महत्वपूर्ण है।

4. हम बड़ाई न करें

किसी भी कार्य में लोग आपका सम्मान तभी करेंगे जब आपके अंदर खुद को बड़े दिखने की चाहत नहीं होगी। ये एक तरह की ऐसी मानसिक अवस्था होती है कि आप कभी भी इसके लपेटे में आ सकते हैं। जैसे कुछ लोग होते हैं जो हमेसा अपने आपको ही दूसरों से महान समझने लगते हैं। अगर किसी में कोई अच्छी ज्ञान है तो कभी कभी उनके अंदर एक अहम् जाग जाता है, खुद को दूसरों से बेहतर समझने लगते हैं और अगर आपके अंदर ये अहम् पैदा हो गया तो इसे निकालना इतना आसान तो नहीं होगा लेकिन मुश्किल भी नहीं है। आप खुद ही सोचिये आप किसे अधिक पसंद करना चाहेंगे उसे जो अपने मतलब की बात करे या उसे जो आपके मतलब की बात करे?

आपने सही समझा आप उस इंसान को अच्छा समझेंगे जो आपके अच्छे के लिए या आपके मतलब की बात करे। आज का दौर ऐसा हो चुका है कि हर कोई चाहता है मैं आगे रहूं, हमेसा इस तरह की बातें करते हैं "मैं ऐसा हूँ", "मुझे ये अच्छा लगता है", "मैं ये करता हूँ"

लेकिन ये कोई ऐसी बात नहीं है जिसे आप सही न कर पाएं। ये बहुत ही आसान है आप हमेसा खुद से पहले दूसरे को रखिये जैसे आप कैसे हैं ", आपको क्या अच्छा लगता है?, आप क्या करते हैं ? मैं दावा के साथ कह सकता हूँ कि ऐसा करने से लोग आपको कहीं अधिक पसंद करेंगे।

दोस्तों, इस दुनिया में ऐसा कोई इंसान नहीं है जो ये नहीं चाहते की लोग उनको पसंद ना करें, वो भीड़ में भी पहचाने जा सकें। सिर्फ सेलिब्रिटीज ही नहीं एक आम आदमी भी दर्शक चाहता है। जब आप एक आम आदमी के दर्शक बनते हैं तो आप उसके लिए ख़ास हो जाते हैं, और जब आप बहुत से लोगों के साथ ऐसा करते हैं तो आप बहुत से लोगों के लिए ख़ास हो जाते हैं इसी तरह आप एक आदमी की जगह एक असाधारण व्यक्तित्व की धनी बन

जाते हैं, जिसे सभी पसंद करते हैं, जिनका करिश्मा सभी को प्रभावित कर जाता है।

5. पहले दूसरों की सुने, फिर अपनी कहें

आप एक अच्छे वक्ता तभी हो सकते हैं जब आप एक अच्छा श्रोता बन पाते हैं। आप लोगों को तभी समझा पाएंगे जब आप पहले उनकी बातों को समझ पाएंगे। आप किसी की समस्या को तभी सुलझाने में मदद कर सकते हैं जब आप उनकी समस्यों को समझेंगे।

एक अच्छे व्यक्तित्व वाला इंसान की ये सबसे अच्छी बात होनी चाहिए। अब इसका मतलब ये नहीं कि आप सामने वाले व्यक्ति की बात को अनसुनी कर रहें हैं और इंतजार कर रहे हैं कि वे बोलना बंद करें की आप शुरू हो जाएँ।

दोस्तों, अच्छी तरह सुनने का मतलब यही होता है की आपको उनकी बात कितने प्रतिशत समझ में आया। जब तक एक प्रतिशत की भी कमी होगी तब तक आप उन्हें सही रास्ता दिखा नहीं पाएंगे। आप उनकी बातों को ऐसे सुनिए ताकि उनको समझ में आये की आप वास्तव में उनकी बातों को सुन रहे हैं।

आपको सामने वाले को सिर्फ पहले बोलने का मौका ही नहीं देना है, बल्कि उसकी बात को ध्यान से सुनना भी है और बीच-बीच में उससे जुडी और भी बातें करनी हैं, जैसे अगर कोई कहता है कि "मुझे क्रिकेट पसंद है", तो आपको उनसे इस प्रकार कहना चाहिए "वाह क्रिकेट तो मुझे भी बेहद पसंद है वैसे आपका सबसे पसंदीदा प्लेयर कौन है"। .

एक अच्छे श्रोता की महत्व कभी कम नहीं होती आप एक अच्छा श्रोता बनिए और देखिये कि किस तरह आपकी महत्व बढ़ जाती है.

6. क्या कहते हैं से भी ज़रूरी है कैसे कहते हैं :

दोस्तों, शब्द तो सभी है कोई भी व्यक्ति कुछ भी कहने के लिए आजाद है क्यों की टैक्स तो लगता नहीं, लेकिन अगर मैं कहूं की टैक्स लगता है तो आप सोचेंगे कैसे।

ये टैक्स ऐसा होता है कि सीधे सीधे आपके व्यक्तित्व को या तो निखार देता है या डूबा देता है। ये सत्य है कि आप जो कहते हैं उससे भी अधिक महत्वपूर्ण बात ये है की आप उसे कहते कैसे हैं। मान लीजिये, कभी भी राह चलते समय या कहीं भी आपसे कोई गलती हो जाय और आप अपनी जुबान से तो सॉरी कह देते हैं लेकिन आपका शरीर कुछ और कह रहा होता है, जिसके कारण कभी - कभी बात बिगड़ भी सकती है। यानि आप जो कहते हैं उससे आपका शरीर मैच नहीं खा रहा है तो आपको इसे सही करने के लिए क्या करना चाहिए। आप जबभी किसी से बात करें, इस बात का ध्यान रखें जो बात आप कह रहे हैं वो आपके शरीर में भी दिख रहा है या नहीं। आप सॉरी इस तरह भी बोल सकते हैं "सॉरी भाई या बहनजी मैंने ध्यान नहीं दिया, कुछ माइंड मत करियेगा" और चेहरे पर ग्लानि जरूर रखियेगा, जिससे अगले को ये समझ आएगा की ये वाकई में सॉरी कह रहा है।

किसी भी बात को कहने से पहले ध्यान रखिये आपकी कही हुई बात से किसी को कोई नुक्सान तो नहीं हो रहा है। हमेशा खुद से पहले दूसरों की सोचें और बड़े-बुजुर्गों ने कहा भी है "कुछ भी बोलने के पहले नाप-तौल कर बोलें"।

7. स्वार्थी न बनें

दोस्तों, जरूरतमंद लोगों या कोई भी जीवित प्राणी की मदद करना ये मनुष्यता का परम कर्तव्य है जिसे "सेवा" भी कहा जाता है। सेवा सिर्फ पैसे से नहीं किया जाता है, सेवा वो होता है जिसमे रोते हुए

व्यक्ति के चेहरे में मुस्कान जगा दे, असली सेवा मन से होता है। इस दुनिया में हम सभी एक दूसरे के लिए ही बने हैं ताकि हम एक दूसरे की मदद करके इस समाज को एक नई दिशा प्रदान कर सकते हैं। लेकिन कई लोग ऐसे हैं भी हैं जो किसी को मदद करने की पीछे अपना स्वार्थ ढूंढ़ते हैं। स्वार्थी इंसान कभी भी किसी का नहीं होता और एक न एक दिन अपने स्वार्थ के चक्कर में पर के दूसरों के नजरों में गिर जाता है। कोई भी हो एक बार तो वो पहाड़ से गिरकर भी खड़ा हो सकता है लेकिन किसी के नजर से एकबार गिर जाय तो वो कभी भी खड़ा नहीं हो सकता।

एक अच्छे व्यक्तित्व वाले इंसान लोगों की मदद के लिए हमेसा तैयार रहते हैं। मेरे कहने का अर्थ ये बिलकुल भी नहीं है कि आप अपने ज़रूरी कामों को छोड़ कर सिर्फ लोगों की मदद करते रहें, लेकिन थोडा वक़्त जरूर निकालें ताकि आप किसी के काम आ सकें। आपकी एक निस्वार्थ भाव से किया हुआ मदद आपको दूसरों की ही नहीं अपनी नज़रों में भी उठा देगी और आप ख़ुशी महसूस करेंगे।

8. शारीरिक सुंदरता:

जब हम किसी से मिलते हैं या जब हमें कोई दूर से देखता है और देखने की साथ ही हमारे विषय में एक धारणा बना लेता है और उन धारणाओं के चलते ही या तो कोई हमें अच्छा समझता है या बुरा, इसलिए इस बिंदु पर विशेष ध्यान देने की आवस्यकता है।

मेरे कहने का तात्पर्य ये नहीं है की अगर आपका रंग काला है तो आपको गोरा होना पड़ेगा, या नाटे हैं तो आपको लम्बा होना पड़ेगा, आपका वजन ज्यादा है तो उसे घटाना होगा। इसका मतलब ये है की आप जैसे भी हैं कम

से कम अपने बाल को अपनी चेहरे के मैच खाते हुए रखें, नाख़ून बड़े नहीं होने चाहिए, आप जो भी वस्त्र पहने वो साफ़-सूथरे और आयरन किये हुए हों, जूते पॉलिश किये हुए हों इत्यादि।

एक बात और मैं कहना चाहूंगा यदि आपका वजन अत्यधिक है तो इसे थोड़ा तो कम करने की कोशिस करें। शरीर को फिट जरूर रखें, जिसके लिए हल्का - फुल्का व्यायाम जरूर करें। व्यायाम करने से सिर्फ ऊपरी रूप रेखा ही नहीं बल्कि भीतर से भी आप मजबूत बनते हैं।

9. सही पोशाक चुनें

व्यक्तित्व विकास किसी व्यक्ति के समग्र विकास में मदद करता है। एक व्यक्ति की ड्रेसिंग की शैली उसके व्यक्तित्व को बढ़ाने में महत्वपूर्ण भूमिका निभाती है। यह सही कहा गया है कि **"एक आदमी को उसकी पोशाक और पते से जाना जाता है "**। **एक व्यक्ति का ड्रेसिंग सेंस उसके चरित्र और व्यक्तित्व के संस्करणों को बोलता है**।

आपको वास्तव में यह जानने की जरूरत है कि आपने क्या पहना है। सिर्फ इसलिए कुछ न पहनें क्योंकि बाकी सभी ने एक जैसा पहना है। पता करें कि क्या ड्रेस आप पर अच्छी लगेगी या नहीं? अपने शरीर के प्रकार, निर्मित, वजन, रंग और यहां तक कि पारिवारिक पृष्ठभूमि, काम की प्रकृति, कपड़ों का चयन करते समय जलवायु से बेहद सावधान रहने की जरूरत है।

अवसर के अनुसार पोशाक। एक प्रभावशाली व्यक्तित्व के लिए अच्छा दिखने की जरूरत है। कपड़े यह दर्शाते हैं कि आप कौन हैं, आप इस समय कैसा महसूस करते हैं और कभी-कभी जीवन में क्या हासिल करना चाहते हैं?

हमेशा याद रखें कि आप जो कुछ भी पहनते हैं वह असली आपको प्रतिबिंबित करना चाहिए । आपका ड्रेसिंग सेंस आपके व्यक्तित्व, चरित्र,

मनोदशा, शैली को दर्शाता है और वास्तव में आप एक व्यक्ति के रूप में क्या हैं। जबरदस्त मेकअप के साथ भड़कीले कपड़े पहनने वाले लोग आमतौर पर बहिर्मुखी होते हैं और पार्टी करना पसंद करते हैं। आप वास्तव में यह जान सकते हैं कि उसकी ड्रेसिंग से किसी व्यक्ति का किस प्रकार का व्यक्तित्व है। सुस्त रंगों से संकेत मिलता है कि एक व्यक्ति उदास या परेशान है जबकि चमकीले रंग न केवल आपके मन की प्रसन्न स्थिति को दर्शाते हैं बल्कि दूसरे व्यक्ति को भी खुश करते हैं।

आपके कपड़े पहनने का तरीका आपके व्यक्तित्व को दर्शाता है। याद रखें, सही ड्रेसिंग का कीमत से कोई लेना-देना नहीं है। एक महंगी पोशाक आप पर अच्छी नहीं लग सकती है। बाहर निकलने से पहले, अपने आप से पूछें "क्या पोशाक मुझ पर अच्छी लग रही है?", "क्या मैं इस अवसर के अनुसार कपड़े पहन रहा हूं?" और इसी तरह सुनिश्चित करें कि आपने जो भी पहना है वह साफ सुथरा हो। सिर्फ अपनी अलमारी से कपड़े न निकालें और उन्हें पहनें। कपड़े ठीक से इस्त्री होना चाहिए। बाहर निकलने से पहले अपने जूते पॉलिश करें।

10. लोगों की सच्ची प्रशंसा कीजिए

इस दुनिया में कोई भी इंसान हो हर कोई चाहता है तारीफ सुनना। अगर आप लोगों का दिल जितना चाहते हैं तो दिल से लोगों की तारीफ कीजिये। किसी भी लोगों का दिल जीतने का और अपना मित्र बनाने का यह एक लाजवाब मंत्र है। लेकिन झूठी प्रसंसा बिलकुल भी न करें।

दोस्तों, जब आप किसी की प्रसंसा दिल से करते हैं तो सामने वाला भी आपकी प्रसंसा जरूर करता है लेकिन किसी की प्रशंसा इसलिए न करें ताकि वे आपकी प्रशंसा करे। जैसे : अगर आपको किसी की बात अच्छी लगे तो

जरूर कहें "आप बिलकुल सही कह रहे हैं" या कोई अच्छे कपडे पहने है तो जरूर तारीफ कीजिये, किसी की मुस्कराहट अच्छा लगे तो जरूर कहिये "आपका मुस्कराहट बहुत अच्छी है"।

अगर आप ध्यान से देखें तो हर इंसान को तारीफ करने के लिए कुछ न कुछ अवश्य दिखाई देगा, वह कुछ भी हो सकता है और जब दिखे तो संकोच न करें अच्छी तरह तारीफ करें जिससे उनको ख़ुशी महसूस होगी।

आजकल हमलोग फेसबुक, और बाकी सोशल मीडिया में किसी को लाइक तो करते हैं तो आमने सामने क्यों नहीं और अगर किसी के सामने तारीफ करने में संकोच भी हो तो कोई बात नहीं, SMS या Whatsapp के माध्यम से जरूर तारीफ करें। हाँ एक बात का ध्यान जरूर रखें, किसी की तारीफ जब भी करें सच्ची तारीफ करें, झूठी प्रसंसा करेने वाले लोगों को कोई सही नहीं मानता।

11. लगातार निरीक्षण और सुधार करते रहें

व्यक्तित्व विकास एक निरंतर चलने की प्रक्रिया है जिसे समय के साथ सुधारना जरुरी होता है, क्यों की विकास वहीँ होता है जहाँ निरंतरता रहता है। ऐसा नहीं होता की आज आपने इस अध्याय को अच्छे से पढ़ लिया - सिख लिया और इसके अनुसार बन गए लेकिन समय-समय पर इसमें और सुधर नहीं किये और आपने सोचा की इतना कुछ तो सिख लिया और क्या होगा। एक पेड़ भी अगर बढ़ना छोड़ दे तो घटना शुरू कर देता है। जबभी आपको समय मिले अपने आपको आगे बढ़ाते रहिये। अपनी गतिविधियों, अपने शब्दों को, पूरी तरह से निरीक्षण करिए, आपने क्या किया, आप उसे और अच्छा कैसे कर सकते हैं, कहीं ऐसा तो नहीं कि आप किसी चीज को लेकर खुद में अहम् को स्थान दे दिए हैं।

आप इन सभी बातों की बारी-बारी से अभ्यास करना शुरू कर दें। आप अपनी पसंद के अनुसार किसी एक बिंदु से शुरू करें और उस बिंदु में अपना ध्यान लगाएं और इसका इस्तेमाल करें। ऐसा नहीं की पढ़ लिए और ये किताब में ही रह गया और आप फिर अपने राह पर चलने लगे, तो कुछ नहीं होगा। कोई भी अच्छी चीज पढ़कर फायदा नहीं होता, मान कर भी उतना फायदा नहीं होता लेकिन जब आप उसपर अमल करते हैं तब आपको असली फायदा होता है।

इसी तरह से हर बिंदुओं को अपने जीवन में उतार लें और कुछ ही महीनो में आप खुद को एक अलग इंसान के रूप में पाएंगे।

मैं कुछ और निम्नलिखित बिंदुओं के विषय में चर्चा कर रहा हूँ जिसे जानना बहुत जरुरी है :-

1) अपने शरीर को स्वस्थ रखें

एक स्वस्थ शरीर स्वस्थ मन का प्रतिक होता है और अगर आपका शरीर ही बीमार रहेगा तो आप कोई भी काम को सही से न कर पाएंगे। इसलिए शरीर का स्वस्थ होना बेहद जरुरी है। एक बीमार व्यक्ति कभी भी आकर्षण का केंद्र नहीं बन सकता है इसलिए अपने शरीर की साफ़ सफाई पर ध्यान देना बेहद जरुरी है।

2) सही मार्गदर्शन

हर इंसान जब अपनी बचपन से युवा अवस्था में प्रवेश करता है तो उसके शरीर में कई तरह के बदलाव आते हैं । इस वक़्त सही रस्ते का चुनाव करें वर्णा जीवन निरर्थक बन जाता है। अगर आपको अपने जीवन में कभी भी दो

राह मिलते हैं और आपको समझ में नहीं आता है की कौन सा रास्ता आपके लिए सही होगा तो आप दोनों रास्तों को गहराई से समझें आप सही मार्ग का चुनाव कर पाएंगे और दूसरों को भी सही मार्ग दिखाने के काबिल बन पाएंगे।

3) किसी के विषय में गलत न बोले

अगर कोई व्यक्ति आपको पसंद नहीं आते हैं तो ये आपका विचार हो सकता है और जरुरी नहीं की आपका विचार ही सही है। कभी भी किसी के विषय में किसी को भी गलत बात न बोलें, ऐसा करने से आपका खुद का छबि ख़राब होता है। कभी भी किसी की निंदा ना करें। हमेशा लोगों में अच्छाई की तलाश करें।

4) रात को जल्दी सोए और सुबह जल्दी उठें

अक्सर ये देखा जाता है कि लोग रात को देर से सोते हैं और सुबह को 8 बजे तक सोते रहते हैं लेकिन ये बिलकुल भी सही नहीं है। रात को देर से सोने से आपके शरीर में नकारात्मक चीजों का बढ़ावा होगा जिससे आपका शरीर जल्दी बीमार पड़ता है। सोने के लिए 6 से 7 घंटे का नींद सही है। लेकिन अगर आप रात को जल्दी सोते हैं तो जाहिर है सुबह जल्दी उठ पाएंगे और ये आदत बना लीजिये की आप सूर्योदय से पहले उठ पाएं। क्यों कि जो इंसान सूर्योदय से पहले उठता है वह अधिकतर स्वस्थ रहता है और अपने सभी कामो को भी सही तरीके से पूरा कर पाता है। इसलिए हमे सूर्योदय से पहले उठना चाहिये नियमित रूप से शौच - स्नान आदि से निवृत हो जाना चाहिए और रोज अपने शरीर को फिट रखने के लिए हल्का-फुल्का व्यायाम जरूर करना चाहिए।

5) नशा न करें

दोस्तों, आज के समय में ये एक बहुत ही आम विषय हो चुका है। जैसे ही बच्चे बड़े हो जाते है तो कुछ न कुछ नशा करना शुरू कर देते हैं। ये एक संगती का असर होता है जो शरीर और मन दोनों के लिए ही बेहद नुकसान दायक होता है। किसी भी तरह के नशे से हमारा शरीर बिभिन्न तरह के रोगों का घर बन जाता है और जिसका सीधा प्रभाव हमारे मन पर परता है। किसी भी तरह का नशा हमारे वर्तमान को ही नहीं बल्कि भविष्य को भी बुरी तरह से प्रभावित करती है। इसलिए किसी भी तरह के नशे से दूर रहें। एक नशीला व्यक्ति कभी भी प्रतिभावान नहीं बन सकता।

6) संतुलित आहार का सेवन करें

हम सभी इस बात से सहमत हैं की संतुलित आहार का सेवन करने से हमारा शरीर स्वस्थ और मजबूत बनता है। इसलिए अपने भोजन में साक, हरी सब्जी, फल, मूल इत्यादि को ही शामिल करें। किसी भी प्रकार का जंकफूड और फ़ास्ट फूड को अपना नित्य आहार ना बनायें। हाँ कभी कभार हो सकता है। अगर आप जंकफूड और फ़ास्ट फूड ज्यादा खाते है तो ये आपके लिए हानिकारक है । भोजन हमेशा संतुलित यानि जितना भूख हो उससे थोड़ा काम खायें और निर्धारित समय के अनुसार ही खाएं। रात को जयदा देर से न खाएं, TV देखते-देखते या म्यूजिक सुनते-सुनते भोजन न करें। इतना याद रखें भोजन आपके शरीर की जरुरत है और समय से और संतुलित भोजन शरीर और मन दोनों को ठीक रखती है।

7) किसी दीन-दुखी या अपंग व्यक्ति की हँसी न उड़ाएं

उपरवाले ने हर इंसान को एक जैसा शरीर दिया है लेकिन कर्मों के आधार पर ही जन्म होता है, कोई जन्म से ही अपंग होता है तो कोई बाद में किसी कृत्य के वजह से लेकिन समाज में जीने का अधिकार सभी को है। लेकिन आज समाज में अपंग या शारीरिक रूप से असमर्थ व्यक्ति को हीन भावना से देखा जाता है। ऐसा करना उनके प्रति अन्याय है। हमे ऐसे व्यक्तियो के प्रति सहानभूति रखनी चाहिए उन्हें भी समाज का हिस्सा मानना चाहिए ताकि उनके आत्म सम्मान को ठेस न पहुँचे। यदि आपको कोई दीन-दुखी या अपंग व्यक्ति दिखे तो उनकी जहाँ तक हो सके मदद करने की कोशिस जरूर करें। ये इंसानियत का धर्म है। क्यों की ये संसार आपको कुछ देती नहीं है सिर्फ लौटती है।

8) आशावादी रहें और सकारत्मक नजरिया अपनाएं

आज समाज में बढ़ते हुए भ्रस्टाचार्य, अनैतिकता, और बुरे कारनामों के चलते प्रायः सभी का मन निराशावादी और नकारात्मक हो चुका है लेकिन आप एक चीज जरूर ध्यान रखें सभी गलत चीजों के वावजूद एक आशा का दीपक जलाया जा सकता है, सकारात्मक रहा जा सकता है, खुश रहा जा सकता है। अगर इस दुनिया में गलत है तो सही भी है। हमें सही चीजों को अपनाना चाहिए ना की गलत को। उम्मींद के किरण को हमेशा जलाय रखिये, और खुश रहिये। लोगों में आशावादिता को फैलाएं, सकारात्मकता को फैलाएं, लोगों में खुशिया बांटे, यही है एक अच्छे व्यक्तित्व की पहचान।

9) आत्मसम्मान से जियें

जो व्यक्ति दूसरों को आदर देता है, सम्मान देता है उसी को सम्मान प्राप्त होता है। लेकिन आत्मसम्मान ऐसी चीज है, जिसे कहते हैं खुद का सम्मान, यानि ऐसा कोई भी कार्य ना करें जिससे आपकी आत्मसम्मान को ठेस पहुंचे। खुद का आदर करें, ऐसा कोई भी कार्य ना करें जिससे आप खुद की नजरों से गिर जाएँ। जब आप खुद की ही नजरों से गिर जायेंगे तो दूसरों से ये उम्मीद करना भूल है की लोग आपकी इज्जत करेगी। आत्मविश्वास से भरपूर व्यक्ति ही अपनी ज़िंदगी मे रचनात्मक योगदान दे सकता है।

10) अपनी कमियों को ढूंढे

हर इंसान में कुछ न कुछ कमी अवश्य होती है क्यों कि उपरवाले ने सम्पूर्ण किसी को नहीं बनाया, लेकिन हममें ये छमता भी दी है की हम उस कमी को ढूंढ कर बहार निकाल दें। जब कोई इंसान अपनी कमियों को ढूंढ कर ख़त्म कर देता है तो वो महान कहलाता है। अक्सर हम अपनी कमियों की जगह दूसरों की कमियों में ज्यादा ध्यान देते हैं। तो दोस्तों, दूसरों में कमियों को ढूंढना ही आपकी सबसे बड़ी कमी है इसे दूर करें और अपनी जो भी कमियां है उसे ढूंढ कर ख़त्म करें। ये तो हुई मानसिक कमियां जिसे सिर्फ आप ही ढूंढ कर ख़त्म कर सकते हैं और रही बात शारीरिक कमियां यानि मोटापा, या ज्यादा बीमार पड़ना तो आप उसे किसी सलाहकार से मिलकर यह जान सकते हैं की वो कैसे ठीक होगा। अगर हमे अपने आप मे कोई ऐसी कमी दिखाई देती है जिसे सुधारा जा सकता है तो उसके लिए लक्ष्य बनाइये और उस दिशा में काम करिये, सब सही हो जायेगा।

हर इंसान के अंदर वो सभी गुणों का भंडार होता है, लेकिन हम उसे देख नहीं पाते हैं। लेकिन ये उजागर कैसे होती है ? बस छोटा सा काम है उसे अपना लीजिये ये ज़िन्दगी आसान हो जाएगी और वो है, प्रेम। इस दुनिया को आप जैसे देखना चाहते हैं ये दुनिया वैसी ही आपको प्रतीत होती है। सिर्फ नजरिये का फर्क है। अपने अंदर बुरी चीजों को ख़त्म कर दीजिये अच्छाई अपने आप एक रौशनी की तरह बाहर से दिखाई देगी।

संप्रेषण कौशल - शब्द जादू होते हैं

संप्रेषण कौशल का अर्थ है आपके मन की बात दूसरों के मन तक सही तरीके से पहुंचाना। सिर्फ बात-चित करने से आपकी बात दूसरों की कानो तक तो पहुँच जाती है लेकिन मन तक नहीं पहुंच पाती है। सबसे पहले हमें ये समझना होगा की हम किस तरह अपने मन की बातों को दूसरे के मन तक पंहुचा सकते है। इसकेलिए चार तरह की सामग्री की जरुरत होती है : आपके बोले हुए शब्द, आँखों का सही तरह से इस्तेमाल, चेहरे का हाव-भाव और शरीर की भाषा। लेकिन हर जगह ये चारों चीजें एक साथ तो नहीं हो सकती, जैसे अगर किसी से फोन पर बात करके किसी बात के लिए राजी करना हो तो वहां तो सिर्फ आपकी आवाज ही पहुंचेगी। तो दोस्तों, आप सिर्फ अपनी बात को दूसरे की कान तक सही तरीके से पंहुचा सकते है लेकिन वो तभी पहुंचेगी जब आप सही शब्दों का इस्तेमाल करेंगे।

आपने कभी गूंगे-बहरों को बात करते देखा है, जी हाँ दोस्तों, वे लोग भी बात करते हैं, भले ही उनकी जुबान नहीं होती लेकिन वे लोग अपने चेहरे के हाव-भाव और शरीर को सही तरीके से इस्तेमाल करके अपनी बात दूसरों तक पंहुचा देते हैं। तो बात ये है की आप किसी भी तरह से अपनी बात दूसरे लोगों के मन तक पंहुचा सकते हैं लेकिन अगर आप इन चारों चीजों को सही तरह से इस्तेमाल कर पाएं

यानि जुबान, आँखें, चेहरे का हाव्-भाव और शरीर का सही तरह से इस्तेमाल करे पाएंगे तो निश्चित रूप से आप दूसरे से जो चाहते हैं कहलवाना वो वही कहेंगे और करेंगे।

अच्छी कम्युनिकेशन स्किल्स यानि संप्रेषण का विकास करने के लिए मैं यहाँ पर कुछ सलाह दे रहा हूँ जिसे आप विकसित करके एक अच्छे तरीके से किसी के भी साथ बात-चित करके उन्हें अपना बना सकते हैं :

1) **कम्युनिकेशन स्किल्स की बेसिक्स को समझना**

सही मायनो में कम्युनिकेशन क्या है, यह समझ लेना बहुत ही जरुरी है: आपके दिल की बात, भावनाओं को बिभिन्न तरीकों से किसी दूसे तक पहुंचना ही कम्युनिकेशन है जिसके माध्यम से हमारा सम्बन्ध बनता या बदलता है ।

आत्मविस्वास बनायें : जो भी बात आप अपने मन में सोचते हैं अगर आप उसे कह नहीं पाते तो इसमें कमी सिर्फ आत्मविस्वास की है जिसे आप बढ़ा नहीं पा रहे हैं क्यों की आत्मविस्वास के कमी की वजह से हम बहुत ऐसी बाते हैं जो कह नहीं पाते और बाद में अफ़सोस करते हैं। यदि आप अपने आत्मविस्वास को बढ़ाना चाहते हैं तो रोज आपको इसका अभ्यास करना होगा। आपके बात कितनी महत्वपूर्ण है वो तो आप जब तक नहीं कहेंगे तब तक तो महत्वहीन ही है।

रोजाना इसका अभ्यास करें : अगर आप इस कला को विकसित करना चाहते हैं तो आपको इसका रोजाना अभ्यास करना होगा। कोई भी चीज एक दिन में नहीं हो जाती है लेकिन धीरी धीरी प्रयास करने से आप इसमें मास्टर बन सकते हैं।

2) कैसे अपने श्रोताओं की दिलचस्पी को बनाये रखें

आँखों से सम्बन्ध स्थापित करें: जब आप किसी से बात करते हैं और इधर उधर अगर देखते हैं तो आपके बात का उतना प्रभाव लोगों पर नहीं पड़ेगा। लेकिन जब आप किसी से आँखों में आँखें डाल कर बात करते हैं तो उसका एक अलग ही प्रभाव परता है। जब आप किसी की आँखों में देखकर बात करते हैं तो सामने वाला व्यक्ति भी आपकी बातों को ध्यान से सुनता है।

इस कला को विकसित करने किए लिए आप सामने वाले व्यक्ति की पहले एक आँख में देखें फिर दूसरी में। इस प्रकार आँखों को आगे पीछे देखने से आपकी आँखें चमकती हुई नज़र आयेंगी। या फिर आप ऐसा कर सकते हैं आप सामने वाले व्यक्ति के चेहरे पर "T " की कल्पना करें। जिसमें ऊपर की लाइन आइब्रोस का हिस्सा हो और लम्बी रेखा नाक पर हो। अपनी आँखों से उस "T " को लगातार देखते रहें।

अपनी बात को भाव से भी प्रकट करें : आपने अक्सर कुछ लोगों को देखा होगा की जब वे बात करते हैं तो उनके चेहरे पर एक अलग सा एक्सप्रेशन्स होता है अपने हाथ को इधर उधर, या छोटा बड़ा करते हैं - इसे ही कहते हैं अपनी बात को भाव से भी प्रकट करना। यानि आप बात सिर्फ मुँह से न करें बल्कि शरीर से भी करें - बात तो आपकी जुबान से ही निकलेगी लेकिन उसका एक्सप्रेसन शरीर से भी करें, जिससे लोग आपको ज्यादा नोटिस करेंगे और आपकी बातो को भी ध्यान से सुनेंगे।

लोगों को मिलाजुला संकेत न दें : अगर आप किसी को कहते है चार और हाँथों से दो अँगुलियों को दिखाएंगे तो लोग क्या समझेंगे। यानि आपके शब्द ,जेस्चर्स, चेहरे का एक्सप्रेशन्स व टोन मैच करने चाहिए। यदि आप किसी बच्चे को डांटते हैं और मुस्कुराते भी हैं तो बच्चे भी उसे मजाक समझेंगे। यानि डांटने के लिए आपके चेहरे में भी गुस्सा होना चाहिए। इसका सीधा

मतलब है आप जो भी बात करें उसके साथ आपका शरीर से भी वही संकेत जनि चाहिए ।

ध्यान रहे आपकी बॉडी क्या कह रही है: शरीर की अपनी एक भाषा होती है जिसे बॉडी लैंग्वेज कहा जाता है जो शब्दों से भी अधिक प्रभावशाली हो सकती है। अगर कोई व्यक्ति आराम की मुद्रा में अपनी बाँहों को बगल में रखकर खड़ा तो वो व्यक्ति ज़्यादा मिलनसार लगता है और उससे बात कर सकते हैं।

कुछ लोग अपने कंधों को निचे करके दोनों हाथों को अपने बगल में दबा कर खरे हैं तो इससे समझ आता है तो वो व्यक्ति बातचीत नहीं करना चाहता। कई बार बात शुरू होने से पहले ही रुक जाती है क्योंकि बॉडी लैंग्वेज दिखाती है कि आप बात नहीं करना चाहते हैं। सही तरीके से खड़े होने या बैठने के तरीके से मुश्किल बातचीत भी आसानी के साथ हो सकती है।

आपके रवैया सही होने चाहिए : आपका बातचीत करने का तरीका और लोग आपकी बातों को सुने ये सभी कुछ निर्भर करता है आपके रवैये पर । यानि आप हमेशा सत्यवादी, ईमानदार, सहनशील, आशावादी रहें। दूसरों का आदर करें व उन्हें स्वीकार करें। उनकी भावनाओं को महसूस करें और उनकी क्षमता में विश्वास रखें।

सही तरीके से सुनने की कला विकसित करें: एक अच्छा वक्ता आप तभी बन पाएंगे जब आप एक अच्छा श्रोता बन पाएंगे यानि केवल अच्छी तरह से बोलना ही नहीं दूसरों की बात को सही तरह से सुननी भी चाहिए। फिर उसी के अनुसार बात को आगे बढ़ानी चाहिए। जब सामने वाला व्यक्ति कुछ कह रहा हो तो उसकी बातों को ध्यान से सुनें। इतने जल्दबाजी में ना रहें कि उनकी बात खतम हो ताकि आप अपने बातों को जोर देकर कह सकें ।

3) अपने शब्दों को सही तरीके से इस्तेमाल करना

जो भी कहें स्पस्ट कहें : कुछ लोग है जो बात करते समय अपनी बात को सही तरीके से बोल नहीं पाते हैं , लड़खड़ाते हैं यानि उनकी आवाज सही से बहार नहीं निकल पाती है। इसके पीछे कुछ वजह है हकलाने की और दूसरे वजह है अंदर ही अंदर खुद को कमजोर समझने की। कुछ लोग बोलने के पहले इतना सोचते हैं की जब बोलने की बारी आती है तो मुँह में जबान ही नहीं होता। तो इसे कैसे विकसित किया जाय - रोज आईने के सामने खड़े होकर प्रैक्टिस करें और हिम्मत रखें, एक दो बार थोड़ी दिक्कत होगी लेकिन फिर ठीक हो जाएगी।

सही शब्दों का उच्चारण करें: प्रायः देखा गया है की लोग आसान भाषा का प्रयोग न करके कुछ ऐसी भाषा का प्रयोग करते हैं की सामने वाला भी सोच में पड़ जाता है और बहुत समय लोग शब्द भी भूल जाते हैं या सही तरीके से उच्चारण नहीं कर पाते हैं। अगर आपको किसी शब्दों के उच्चारण में संदेह हो तो उन्हें इस्तेमाल न करें और प्रतिदिन नये शब्द पढ़कर अपनी शब्दावली को बढ़ायें।

सही शब्दों का इस्तेमाल करें: आप उन्ही शब्दों का इस्तेमाल करें जिनका अर्थ आपको मालूम हो, ऐसा नहीं की इम्प्रेशन ज़माने के चक्कर में कोई गलत बात बोल दें। यदि आपको किसी शब्द का सही अर्थ नहीं मालूम तो उसे इस्तेमाल ना करें। डिक्शनरी की सहायता लें और प्रतिदिन एक नया शब्द सीखने की आदत डालें। फिर उसे दिन में बातचीत के दौरान इस्तेमाल करें।

बोलते की गति को थोड़ा कम रखें: यदि आप किसी से बात करते समय जल्दी-जल्दी बात करेंगे तो लोग सोचेंगे आप घबराये हुए हैं या तो आप अपनी बात को जल्दी-जल्दी कहकर भागने वाले हैं। इससे होगा ये की बहुत से लोगों

को आपकी बात समझ में नहीं आएगा लेकिन अगर आप अपने बोलने की गति को ज्यादा नहीं, थोड़ा कम रखेंगे तो लोग सही तरीके से समझ पाएंगे।

अपनी आवाज विकसित करें: ऊँची और लटकी हुई आवाज को लोग सही नहीं मानते हैं और सीरियसली भी नहीं लेते हैं। अपनी ऊँची आवाज की पिच को थोड़ा निचे करना जरुरी है तो इसके लिए अभ्यास करें। आप कुछ निचले स्वर के गाना गाने का अभ्यास घर पर करें तो आपकी आवाज कुछ समय बाद कण्ट्रोल होने लगेगी।

सही स्वर का प्रयोग करें: आप जिस तरह के माहौल में बात कर रहे हैं, वहीँ के हिसाब से अपनी आवाज का स्वर भी रखें। यदि आप अकेले में किसी से बात कर रहे हैं तो धीरे स्वर में बात करें। बड़े ग्रुप या दूर किसी से बात करते समय जोर से बोलें।

सलाह

- धारा प्रवाह (fluently) बोलने की कोशिश करें। यह पक्का कर लें कि लोगों को आपकी बात सुनाई दे रही है।
- एक अच्छा बोलने वाला एक अच्छा सुनने वाला होता है।
- दूसरे व्यक्ति के बीच में या ऊपर से न बोलें -- यह बातचीत के फ्लो को तोड़ देता है। ठीक समय पर बोलना महत्त्वपूर्ण है।
- अपनी बातचीत की सेटिंग के हिसाब से वॉल्यूम इस्तेमाल करें।
- अपने श्रोता से फीडबैक लेकर सुनिश्चित करें कि आपकी बात ठीक से समझ में आ गयी है।
- आत्मविश्वास के साथ बोलें, दूसरे लोग क्या सोंचेंगे इसके कोई मायने नहीं हैं।
- यह निश्चित कर लें कि आप ठीक व्याकरण इस्तेमाल कर रहे हैं।
- श्रोताओं के सामने अपनी बहुत ज़्यादा प्रशंसा न करें।

- ये न सोंचे कि आप हमेशा सही बोलते हैं।
- अच्छी कम्युनिकेशन स्किल्स के लिए सबसे पहले आत्मविश्वास बढ़ायें और लोगों के सामने हकलायें नहीं। ज़्यादा लोगों से मुलाकात करें। इससे आपको आईडिया लगेगा कि भिन्न प्रकार के लोगों के साथ कैसे बात करनी चाहिए।
- अभ्यास करने से कम्युनिकेशन बेहतर होगा।
- बॉडी लैंग्वेज सुधारने के लिए, आप जो कहने जा रहे हैं उसका अभ्यास एक आइने के सामने खड़े होकर करें।

आकर्षण का सिद्धांत : सपने हमेशा सच होते है

क्या आप आकर्षण के शक्ति को जानते है?

क्या आप उस रहस्य को जानना चाहते है, जिससे सफलता पाई जा सकती है?

क्या आप जानते है, जिसे आप सोच सकते है उसे आप पा सकते है?

क्या है आकर्षण का सिद्धांत

एक रहस्य जो हजारो सालो से छुपी हुई थी, लेकिन कहाँ ? हमारे अंदर । एक ऐसी शक्ति जिसे समझ कर कई लोगों ने महान उपलब्धियां पाई है | आकर्षण एक ऐसी शक्ति है जिसमे चुम्बकीय गुण मौजुद है और जब हम बार बार किसी चीज के विषय में सोचते हैं, वो चीज हम तक खींची हुई चली आती है। आकर्षण का सिद्धांत कहता है की अगर हम नकरात्मक चीजों के विषय में सोचते हैं तो वही चीज वस्तु, घटना और परिस्थिति के रूप में हमें मिलती है। यही चीज सकरात्मक चीजों के विषय में भी लागु होती है।

यह एक ऐसा सिद्धांत है जिसे समझ पाना हर किसी के लिए आसान नहीं है लेकिन नामुमकिन भी नहीं है, क्यों की अगर नामुमकिन होती तो कोई भी नहीं समझ पाता।

वो हर व्यक्ति जो आज महान या सफल कहलाते हैं, वे जाने अनजाने में इस शक्ति का प्रयोग करके ही महान कहलाये हैं। अगर इसे समझ कर कोई व्यक्ति इसका इस्तेमाल करता है, वो जीवन में सफलता को प्राप्त कर लेता है। यह एक ऐसी शक्ति है जो किसी भी विचार को वास्तु में परिणीत कर सकती है।

आकर्षण का सिद्धांत सीधे तौर पर हमारे मस्तिष्क से जुड़ा हुआ है। आज तक जितने भी आविष्कार हुये हैं क्या वे पहले थे जी नहीं तो ये आये कहाँ से, ये सारा खेल इस दिमाग का ही है। जब आप किसी भी चीज की कल्पना मात्र करते है और उसे अपने दिमाग में बार बार दोहराते हैं तो वो चीज आपके पास चली आती है।

ऐसा कभी आपको लगा होगा कि आपने किसी को दिल से याद किया हो और या तो उसका फोन आ गया हो या कहीं न कहीं आपसे मुलाकात हो गयी हो। लोग जाने अनजाने में इसका उपयोग कर रहे हैं , जी हाँ दोस्तों जो लोग खुद को गरीब समझते हैं या हमेशा यही कहते रहते हैं कि "मैं तो गरीब हूँ" तो ऐसा व्यक्ति गरीबी को आकर्षण करते रहते हैं और उसी हालात में ज़िन्दगी गुजार देते हैं लेकिन कुछ लोग गरीबी को एक अवस्था के रूप में देखते हैं और अवस्थाएँ परिवर्तन हो सकते हैं, वही लोग आगे चलकर अमीरी को प्राप्त करते हैं।

ये शक्ति है हमारे अवचेतन मन की जिसके विषय में आप अगले अध्याय में पढ़ेंगे।

मन और उसकी शक्ति

क्या आप ये जानते हैं कि हमारे शरीर को कौन नियंत्रित करता है ? क्या आप जानते हैं जब कभी हमारे शरीर में कोई नुकसान होता है तो उसे ठीक कौन करता

है ? हम स्वांस कैसे लेते हैं ? हमारा दिल कैसे धरकता है ? हमारे शरीर में पाचन तंत्र को कौन सही रखता है ? क्या आप जानते हैं, हम अँधरे में भी भोजन कैसे कर लेते हैं ? क्या आप जानते हैं की किसी की आवाज को सुनकर ही हम पहचान लेते हैं ? क्या आप जानते हैं, हमें कोई बात याद कैसे रहती है ? क्या आप जानते हैं हम अपना नाम कभी भी नहीं भूलते हैं ? कैसे हम आदतों को सीखते हैं और फिर उसी के आधार पर सबकुछ होता जाता है ? अगर आपको ये सारी बातें मालुम है तो सही है और अगर नहीं जानते हैं तो कोई बात नहीं। ये सारा खेल हमारे मस्तिष्क का ही है। हमारे शरीर का अगर सबसे शक्तिशाली हिस्सा कोई है तो वो है हमारा दिमाग।

हमारे मस्तिष्क के अंदुरुनी भाग जिसे हम मन कहते हैं वो दो भागों में विभक्त है। हालाँकि ये दो नहीं है, एक ही है लेकिन कार्य रूप से दो है। एक का नाम है चेतन मन यानि (Conscious Mind) और दूसरे का नाम है अवचेतन मन (यानि Subconscious Mind)। अब हम ये समझेंगे कि ये चेतन मन और अवचेतन मन कैसे कार्य करता है। आइये हम जानते हैं चेतन और अवचेतन मन की शक्तियों को।

1) चेतन मन (Conscious Mind)

2) अवचेतन मन (Subconscious Mind)

हमारे मस्तिष्क का 10% हिस्सा जो होता है, वो चेतन मन होता है, जिसमे निम्नलिखित चीजें होतें हैं :-

हमारी इच्छा शक्ति

हमारी याददाश्त

हमारी तर्क शक्ति

हमारी गंभीर सोच

हमारे मस्तिष्क का जो सबसे बड़ा हिस्सा होता है जो 90% होता है, वो अवचेतन मन का होता है, जिसमें निम्नलिखित चीजें रहती हैं :-

हमारी आदतें

हमारी मान्यताएं या विस्वास करने की छमता

हमारी भावनाएँ

हमारी प्रतिक्रियायें

हमारी शक्तिशाली स्मरण शक्ति

हमारी अंतर्ज्ञान

चेतन मन

हमारा चेतन मन सक्रीय मन होता है, हमसे जो भी बात कही जाती है या हमें बताई जाती है और जो भी हम प्रतिक्रिया करते हैं वो हमारे चेतन मन के कारण ही होता है। . अक्सर आपने और हमने देखा है कि जब भी हम कोई काम पहली बार करते हैं तो उसे मन लगा कर करते हैं। जैसे मैं आपको एक उदहारण देता हूँ - आपने बचपन में साइकिल तो चलना सीखा ही होगा, याद करिये की आपने साइकिल कैसे चलना सीखा था। आपको बैलेंस करना नहीं आता था, ब्रेक दबाना, पैडल मारना, गिर जाने का डर, पिताजी पीछे से पकडे रहते थे और कहते थे चला-चला मैं पकड़ा हुआ हूँ। यानि जब आप सिख रहे थे उस समय आपका ध्यान सिखने में था। यानि जो हम देख रहे हैं, महसूस कर रहे हैं, ये सब चेतन मन के अंतर्गत आते हैं।

अवचेतन मन (Subconscious Mind)

अब हमारा अवचेतन मन को अच्छी तरह समझने के लिए हम साइकिल सिखने के उदहारण को आगे लेकर चलते हैं। जब हम साइकिल चलाना अच्छी तरह से

सीख चुके होते हैं तो साइकिल चलाते समय हम ये नहीं सोचते हैं की पैडल कब मारना है, ब्रेक कब लगाना है, घंटी कब बजानी है। जब कार्य की जरुरत होती है ये अपने आप ही होने लगता है। ये सब स्वतः ही हमारे द्वारा हो जाता है क्योंकि ये हमारी आदत बन चुकी होती है और आदत हमारे अवचेतन मन के कारण ही होती है। जैसे खाना खाने की आदत, अगर हम अँधेरे में भी कुछ खायें तो वो हमारे मुँह में ही जायेगा नाक में नहीं।

एक और उदहारण देकर समझने का प्रयास करता हूँ - आपने किसी व्यक्ति को टाइपराइटर में या कंप्यूटर में टाइप करते देखा है, वो व्यक्ति अपना ध्यान कागज पर रखता है यानि लिखी हुई बात को पढ़ता जाता है और उसकी उँगलियाँ टाइपराइटर पर या कीबोर्ड पर चलती रहती है और देखते ही देखते वो टाइप कर लेता है। लेकिन इस टाइप को सिखने के लिए उसने कई दिन या महीने लगाए होंगे और सीखते सीखते उनकी उंगुलियां अपने आप ही टाइपराइटर पर दौरना सुरु कर देती है। ऐसे बहुत से उदाहरण हैं।

यानि जब हमारा अवचेतन मन किसी चीज या कार्य को मान लेता है, जैसे अवचेतन मन ने मान लिया कि आपने साइकिल चलना सीख लिया है, तो आप बिना डरे साइकिल चलाते हैं। जब हमारा अवचेतन मन किसी चीज को स्वीकार कर लेता है, तो वो उसे हकीकत में बदल देता है, यही तो है हमारे अवचेतन मन की शक्ति। लेकिन इसमें सही और गलत के फर्क को समझने की शक्ति नहीं होती है।

अब हमें समझने की जरुरत है की जब इन दोनों के कार्य अलग-अलग हैं तो इन दोनों में सम्बन्ध क्या है ? तो आइये इन दोनों के संबंधों के विषय में जानते हैं :-

चेतन और अवचेतन मन का सम्बन्ध

जब कोई बच्चा जन्म होने के पहले अपनी माता के गर्भ में रहता है उस समय उसका चेतन मन सक्रीय अवस्था में नहीं होता है और उसका अवचेतन मन उस बच्चे का पूरा पूरा ध्यान रखता है। जब हम बच्चे थे, तो कितने बार मिट्टी खा लिए,

कोई भी चीज उठाकर सीधे मुँह में डाल लेते थे, आग को पकड़ने के लिए दौर जाते थे, यानि ये सभी कार्य जब हम करते थे तो हमें अबोध कहा जाता था यानि हम क्या कर रहे होते थे ये हमें ही नहीं मालुम होता था या उस समय हमारा चेतन मन पूरी तरह से सक्रीय नहीं हुआ होता है। हमलोगों को अच्छे - बुरे में भेद नहीं कर पाते थे लेकिन जैसे जैसे हम बड़े होते गये हमारा चेतन मन विकसित होता गया और हम धीरे धीरे, द्वंदों को समझने लगे जैसे अच्छा-बुरा, धुप-छाओं, ठंडा-गरम, दिन-रात, मित्र-सत्रु इत्यादि। यानि चेतन मन ये तय करता है की कोई काम कब करना है, क्यों करना है, कैसे करना है।

जब पहली बार कोई कार्य, घटना या वाक्य होती है या बताई जाती है तो सबसे पहले उसका सामना चेतन मन से होता है और जब चेतन मन उस बात को स्वीकार कर लेता है, चाहें वो बात सकारत्मक हो या नकारात्मक हो, सच्ची हो या झूटी हो, तब ये बात हमारे अवचेतन मन में चली जाती है और हमारा अवचेतन मन बिना कोई तर्क किये उस पर विश्वाश कर लेता है।

चेतन मन हमारे अवचेतन मन का प्रहरी है, यानि कोई भी चीज बिना चेतन मन के आज्ञा पाए अवचेतन मन में प्रवेश नहीं करती है। लेकिन जब हम किसी चीज को बार-बार करते हैं, सुनते हैं, कहते हैं तो चेतन मन में बार-बार आघात होता है जिससे चेतन मन उसे अंदर जाने की इजाजत दे देता है और एक बार वो अंदर चला गया, तो उसका आदत बन जाता है, एक स्वचालित मशीन की तरह काम करने लगता है।

इसीलिए हमलोग अक्सर कहते हैं कोई भी काम सोच समझ कर करना चाहिए। हमलोग कभी कभी अपने बच्चे को बिगाड़ भी देते हैं क्यों कि हममें से बहुत से लोग इस चीज को नहीं समझते हैं और अनजाने में ही अपने बच्चे को बुरी आदत लगा देते हैं और बाद में पछताते हैं।

दोस्तों, हम चेतन मन के लिए कौन सी बात स्वीकार करें या कौन सी बात अस्वीकार करें, ये पूरी तरह से हमपर निर्भर करता है। इसीलिए ये बेहद जरुरी है कि हम ऐसी किसी बात को ना करें जिससे हमारा नुकसान हो। हमें हमेसा अच्छी बातों को स्वीकार करना होगा तभी हम एक खुशहाल जीवन जी पाएंगे। हमें लोगों की बातो को ध्यान न देकर ये सोचना होगा की क्या हमारे लिए और समाज के लिए हितकर होगा और क्या अहितकर। हम लोगों को ऐसी बातों को स्वीकार करना चाहिए जिसमे किसी की कोई नुकसान न हो बल्कि हमारे कार्यों द्वारा समाज में अच्छी नाम हो, पहचान हो। हमें ऐसे कार्य करने चाहिए जिसमे हमारा, समाज का और देश का हित छुपा हो। दूसरों की बुराइयाँ ढूंढ़ने के बदले हमें उनमे जो भी चीज अच्छी है उसे ही लेना होगा। इसलिए हमेसा खुश रहें, और लोगों में भी खुशियाँ बांटें।

अवचेतन मन क्या है?

जैसा की मैंने पहले बताया हमारा मन दो भागों में बंटा है: चेतन मन और अवचेतन मन। आप नींद से जागने से लेकर सोने से पहले तक, सारे दिन में जो भी फैसले लेते हैं, आप अपने चेतन मन के कारण लेते हैं, लेकिन कुछ ऐसे फैसले होते हैं, जिन पर हमारा कोई नियंत्रण नहीं होता है और यह निर्णय हमारे अवचेतन मन को लेने पड़ते हैं जैसे शरीर में रक्त का प्रवाह, शरीर का तापमान, दिल की धड़कन, स्वाँस का आना-जाना, भूख लगना, शरीर में होनेवाले बदलाव, पाचन क्रिया, दिल का कार्य, बाल का बढ़ना, नाख़ून बढ़ना, किडनी का कार्य, लिवर का कार्य या यूँ समझिये हमारे शरीर के अंदर की जो भी क्रिया होती है वो सभी हमारे अवचेतन मन के द्वारा ही संचालित होती है ।

यदि हम अपने अवचेतन मन की शक्ति को अच्छी तरह जान लें तो ऐसा कुछ भी नहीं है इस संसार में जो हम पा न सकें। अगर आप अपने जीवन में सफल होना चाहते हैं तो आपके और आपकी सफलता के बीच एक बंद दरवाजा है और इस

बंद दरवाजे को खोलने की कुंजी आपका अवचेतन मन है, जो विस्वास के माध्यम से चलती है।

चेतन मन और अवचेतन मन के बीच का अंतर

चेतन और अवचेतन मन में क्या अंतर है, इसे समझने का प्रयास करते हैं।

हमारा मन एक बगिया की तरह है जिसमे कई तरह के पेड़ पौधे लगे हुए हैं। हमलोग ऊपर से जिस पौधे को देख पाते हैं वो है हमारा चेतन मन और ये पेड़ पौधों का जो एक भाग जमीन के अंदर होता है वो है अवचेतन मन। यानी एक पौधा जो एक छोटे से बीज से अंकुरित होकर धीरे धीरे बढ़ता है और तमाम मुश्किलों का सामना करते हुए एक दिन एक बड़ा पेड़ या पौधा बन जाता है, ये एक मात्र उस पेड़ के जड़ों के विकसित होने की वजह से होता है। यानि अगर किसी पेड़ की जड़ें विकसित नहीं हो पाई या उसके जड़ों को सही पोषण नहीं मिल पाया तो वो पेड़ विकसित नहीं हो पाता।

जब हम कोई नया काम शुरू करते हैं, तो शुरुवात में हमारा चेतन मन इसे नियंत्रित करता है और जब हम एक ही काम को बार-बार करने का अभ्यास करते हैं तो हमें बहुत ध्यान देना पड़ता है लेकिन जब हमें पूरी तरह से ये विस्वास हो जाता है कि उस काम को कैसे किया जाय, तब ये निर्देश हमारा चेतन मन अवचेतन मन तक पहुँचाता है और यह हमारी आदत बन जाती है जिसके कारण हम बाद में इस पर ध्यान नहीं देते हैं क्योंकि हमारा अवचेतन मन उस चीज़ को नियंत्रित करता है।

अब एक बात आप ध्यान दीजिये, जब आप सुबह को सो कर उठते हैं तो सबसे पहले क्या करते हैं, क्या आप हर रोज अलग अलग कार्य करते हैं, नहीं, आप हमेशा एक जैसे कार्य करते हैं क्यों की रोज-रोज एक ही कार्य को करते करते ये आपके अवचेतन मन में बैठ गया है, तो आपका नींद जबभी खुलेगा आप पहले वही करेंगे। एक और उदहारण लीजिये - आप सुबह जब ब्रश करते हैं तो कौन

से हाथ से करते हैं, क्या आपका वही हाथ अपने आप काम करना शुरू नहीं करता, एक बार दूसरी हाथ से करके देखिये, आपको फर्क मह्सुश होगा।

जब भी आप अपनी पेंट या शर्ट पहनते हैं, तो आपका कौन सा पैर और हाथ अपने आप उठ जाता है, चाहे आप इस पर ध्यान दें या न दें लेकिन आपका अवचेतन मन इस चीज को नियंत्रित कर रहा होता है। जिसके कारण आप हर बार वही पैर या हाथ उठाएंगे जो आप हमेशा उठा रहे हैं।

हमारा चेतन मन सही और गलत, सच और झूठ में अंतर को जानता है लेकिन हमारा अवचेतन मन सही - गलत, सच-झूठ के बीच का अंतर नहीं जानता है। ये किसी भी तरह के द्वन्द को नहीं जनता है। बचपन से हमें ये सिखाया गया है कि रात को अकेले नहीं निकलना चाहिए, भुत पकड़ लेंगे और हमारे अवचेतन मन ये बैठ जाता है। यही कारण है कि जब हम एक डरावनी फिल्म देखते हैं, तो हम डर जाते हैं या जब आप एक भयानक सपना देखते हैं तो आप डर जाते हैं।

हमारा चेतन मन अतीत, वर्तमान और भविष्य के बीच के अंतर को जानता है, लेकिन अवचेतन मन केवल वर्तमान में स्थित रहता है। इसीलिए जब भी आप अपनी बीते हुए तकलीफों के बारे में सोचते हैं, तो आपको तकलीफ होती हैं और अगर आप भविष्य में कुछ बड़ा काम करने की सोचते हैं तो आप ऊर्जा से भर जाते हैं, क्योंकि आप जो भी सोच रहे हैं वह सब आपके अवचेतन मन के लिए पहले से ही मौजूद है और यह आपको इसी तरह के विचार देता है। अगर आपको कोई बड़ा काम करना है तो आप उसे सिर्फ महसूस करिये की आप वो काम वर्तमान में कर रहे हैं तो आपको वो मिल जायेगा ।

अब प्रश्न यह उठता है कि हम अपने अवचेतन मन की शक्ति का लाभ कैसे उठाएं? तो चलिए जानते हैं ।

आकर्षण का सिद्धांत और ब्रेनवाश का नियम

आपलोगों ने अक्सर ये सुना ही होगा की किसी चीज को अपनी ओर आकर्षित किया जा सकता है और कभी कभी हम अक्सर कहते हैं की इसने उसका ब्रेनवॉश कर दिया है। अब समय है इन दोनों चीजों को समझना कि आकर्षण का सिद्धांत और ब्रेनवॉश क्या है ।

आकर्षण का सिद्धांत

शाहरुख की एक मूवी में आपने एक डायलॉग सुना होगा, "अगर आप किसी चीज को बड़ी सिद्दत से चाहते हैं, तो पूरी कायनात मिलकर आपको वो चीज आपको देने में मदद करती है"। आकर्षण का सिद्धांत भी यही कहता है कि आप जिस चीज को हासिल करना चाहते हैं उस चीज की स्पष्ट छवि आपके अवचेतन मन में होनी चाहिए और हमें ये पूरी तरह से ये विस्वास करना चाहिए कि वो चीज पहले से ही हमारे पास है। क्योंकि हमारा अवचेतन मन केवल वर्तमान को समझता है, ये कल्पना और वास्तविकता के बीच के अंतर को नहीं जनता है, ये सिर्फ विस्वास को जनता है। अगर आप किसी चीज को ये विस्वास के साथ अपने अवचेतन मन तक पंहुचा सकते हैं की वो चीज पहले से ही आपको प्राप्त है तो वो चीज इस दुनिया में जहाँ भी होगी आपतक आने का रास्ता ढूंढेगी।

एक उदाहरण के द्वारा इसे समझाने का प्रयास करता हूँ। क्या इस दुनिया में कंप्यूटर पहले से ही थे या इसे किसी इंसानी दिमाग ने बनाया ? एकदम सही समझे, हमारा दिमाग एक ऐसा खजाना है की हम जो चाहें उसे पा सकते हैं लेकिन उसके कुछ नियम है। आज जो भी वास्तु हम अपनी आखों के सामने देखते हैं, क्या वो पहले थे, नहीं थे, लेकिन बाद में कैसे आ गए ? कोई भी आविष्कार पहले दिमाग में होता है, यानि जब आप किसी काम को करते हैं तो सबसे पहले ये आपके दिमाग में उत्पन्न होता है की कैसे करना है और आप जब उस दिशा में

काम करना शुरू कर देते हैं तो वो विचार, वो छबि जिसकी आपने कल्पना मात्र किये थे वो कार्य या वास्तु रूप में परिणित हो जाता है।

मैंने इस चीज को समझा खाना बनाने को लेकर, क्यों कि मैं खाना अच्छा बनता हूँ, तो मैंने इस बात को समझा की मैं खाना कढ़ाई में बनाने से पहले उसे अपने दिमाग में बनाता था और जैसा छबि मैं तैयार करता था, कोई भी चीज ठीक उसी तरह से तैयार हो जाता था। तब मुझे समझ में आया की अगर आप किसी भी चीज हो हासिल करना चाहते हैं तो उस चीज की वास्तविक रूप से कल्पना कीजिये, मेरा विस्वास मानिये, वो चीज आपको मिल जाएगी।

प्रायोगिक औषधि का प्रभाव

दोस्तों, आप हैरान होंगे कि हमारे अवचेतन मन की कितनी शक्तियां होती है। ये पूरा पूरी विस्वास के वजह से काम करता है। क्या आपके साथ ऐसा हादसा हुआ है ?

मान लीजिये आपके आँखों में कोई समस्या हुई तो आप किस डॉक्टर के पास जायेंगे, जाहिर है आँखों के डॉक्टर के पास, क्यूंकि आपको ये यकीं होता है की वो डॉक्टर आँखों का स्पेशलिस्ट है और वे जो भी दवा देंगे, वो सही होगा। अब अगर वही दवा आपको कोई जेनरल डॉक्टर दे तो क्या आपको विस्वास होगा, जी नहीं।

एक रिसर्च किया गया कुछ लोगों के बीच की हमारा अवचेतन मन कैसे काम करता है। कुछ लोगों को बुलाया गया जिन लोगों को कुछ बीमारियां थी और उनलोगों को दो भागों में विभक्त किया गया और दो कमरों में रखा गया। दोनों कमरों के लोगों को कुछ दवा देने के पहले बताया गया की ये दवा ऐसी है कि इसे खाने के बाद आप सभी का बीमारी ठीक हो जायेगा और उस दवा के विषय में बहुत साड़ी जानकारियां भी दी गई की इसे कब और कैसे लेना है।

दो दिन बाद जब इन लोगों का चेकअप किया गया तो वाकई में उन लोगों की बीमारी गायब हो चुकी थी। ये कोई आश्चर्य वाली बात नहीं है। आश्चर्य तो ये जान

कर आपको होगी कि पहले कमरे वाले लोगों को तो सचमुच का दवा दिया गया था लेकिन दूसरे कमरे के लोगों को एक जैसा दिखने वाला लेकिन अंदर में सिर्फ शक्कर था, उसे ही दिया गया था, लेकिन दोनों कमरों के लोग ठीक हो गए। ये कैसे हुआ, दोस्तों यही है हमारे अवचेतन की ताकत। जब डॉक्टरों ने उनको दवा दिया तो उनलोगों ने अपने-अपने मन में ये विस्वास कर लिया कि जब डॉक्टर बोल रहे विल्कुल सही होगा और यही उनलोगों का विस्वास काम कर गया और वे लोग ठीक हो गए।

ये तो हुई दवाओं की बात, इस तरह की कई घटनाएं है। आपने कुछ फिल्मों में देखा होगा की जब किसी व्यक्ति को कोई गंभीर बीमारी होती है तो डॉक्टर उनको इस बात की जानकारी न देकर उनके घर वालों को बताते हैं और साथ में ये भी मना करते हैं की मरीज को बिलकुल ना बतायें। यानि अगर मरीज को पता चल गया की उनको ये बीमारी है तो वे दिन भर यही सोचेंगे कि अब मैं मरने वाला हूँ और उनकी मृत्यु समय से पूर्व ही हो जाएगी।

आप लोगों ने बचपन में एक कहानी तो पढ़े होंगे तीन धूर्त और एक ब्राम्हण, ब्राम्हण ने किस तरह बकरे को कुत्ता समझ कर फेक कर चला गया था। यानि हमलोग जब किसी बात को बार-बार अपने मन में मंथन करते हैं, तो वो बात हमारे अवचेतन मन में चला जाता है और उसी तरह से कार्य रूप में परिणीत होता है।

आपके अवचेतन मन की शक्ति यहीं समाप्त नहीं होती, तस्वीर अभी भी है, मेरे दोस्त। आइये अब जानते हैं **ब्रेन वॉश** तकनीक।

ब्रेन वॉश तकनीक

हमारे अवचेतन मन की शक्तियों के विषय में बहुत वर्षों से वैज्ञानिक शोध कार्य कर रहे हैं और उसी शोध से पता चला है कि किसी भी पुरानी आदत को छोड़ने में या किसी भी तरह की नई आदत को अपनाने में हमारे अवचेतन मन को 21 दिन का समय लगता है । अगर आप किसी भी कार्य को लगातार, एक ही तरीके

से 21 दिनों तक करते हैं, तो 22 वें दिन से आप उस काम को किए बिना नहीं रह पाएंगे। ये आप पर निर्भर करता है कि आप अच्छा काम चुनते हैं या बुरा । आपका अवचेतन मन को अच्छे - बुरे का फर्क मालूम नहीं होता है वो बस इतना जनता है कि इक्कीसवें दिन उस आदत को अपना लेना है। यह ब्रेनवॉश है।

अगर आप ये परिक्षण करना चाहते हैं तो एक काम करिये, आप कोई भी छोटा मोटा काम को चुन लीजिये और उसे 21 दिनों तक करिये, आपको खुद समझ आ जायेगा की ये काम करना अब आपकी आदत बन चुकी है।

क्या आप जानते हैं कि TV पर किसी भी उत्पाद का विज्ञापन बार-बार क्यों दिया जाता है, क्यों कि उनलोगों को पता होता है कि अगर आप एक विज्ञापन को बार बार देखेंगे तो ये 21 दिनों बाद आपके दिमाग में घुस जाएगी और आप जबभी उस उत्पाद को दुकानों में देखेंगे आप तुरंत ले लेंगें। सही मायने में इस तरह के ब्रेनवॉश हमारे साथ हमेशा होता रहता है। यही कारण है कि कंपनी विज्ञापनों में अरबों रूपए खर्च करती है।

अगर ब्रेनवॉश इंसान को बेहतर बना सकता है तो बदतर भी बना सकता है। यह इस पर निर्भर करता है कि वह किस तरह की आदतों को अपना रहा है। आज जो इतने आतंकवादी पैदा हो रहे है वो ब्रेनवॉश का उपयोग करने के बाद ही बनाया जा रहा है। इसलिए हमें हमेशा अच्छी आदतों को स्वीकार करना चाहिए क्योंकि हम अवचेतन मन को नियंत्रित नहीं कर सकते हैं, लेकिन अवचेतन मन हमें नियंत्रित करता है। हम अपने अवचेतन मन में जो भी डाटा फीड करेंगे, यह हमें वही परिणाम देगा।

अगर आप अपने अवचेतन मन को सही तरीके से इस्तेमाल करेंगे तो इस दुनिया में ऐसी कोई भी चीज नहीं है जिसे आप हाशिल न कर पाएं क्योंकि आपका अवचेतन मन आपके लक्ष्य को प्राप्त करने के लिए कुछ भी कर सकता है, इसलिए कुछ भी कर सकता है।

महत्वाकांक्षा और सफलता

एक विचार करें, उस विचार को अपनी ज़िन्दगी बना लें, उसके बारे में ही सोचें, उसके सपने देखें, उस विचार को जी भर कर जिएं। आपका मन, आपकी मांसपेशियां, आपके शरीर का हर एक अंग, सभी उस विचार से भरपूर हो और दूसरे सभी विचारों को छोड़ दे। यही सफलता का तरीका है।

– स्वामी विवेकानन्द

हम चाहे जैसे भी हों, लेकिन हम सभी अपने जीवन में सफलता ऊँचाइयों को छूना चाहते हैं। हम सब महत्वाकांक्षी होना चाहते हैं, हम सभी में यह इच्छा होती है, लेकिन कुछ कठिनाइयों के कारण, कई बार ऐसा होता है कि हम अपनी इस इच्छा को दबाते-दबाते एक दिन दफ़न कर देते हैं या कई बार अपनी नकारात्मक सोच की वजह से बिना कोशिश किये ही हार मान लेते है। इसी तरह हम खुद अपने ही हाथों से ही अपने सपनों का अंतिम संस्कार कर देते हैं, उन अस्थियों को गंगा के जल में प्रवाहित कर देते हैं।

मैं चाहता हूँ कि आपके साथ ऐसा कभी न हो। इसलिए मैं आपको वो सारी महत्वपूर्ण बातें बताऊंगा जो आपको महत्वाकांक्षी और सफल बनाने में बहुत उपयोगी साबित होंगी।

इस दुनिया में ऐसा कौन इंसान है जो अपनी ज़िन्दगी में सफल नहीं होना चाहता, पर उनमें से ज्यादातर इंसान हार जाने के डर से ही घबराने लगते हैं।

यदि, आप इस पुस्तक को पढ़ रहें हैं तो इसका मतलब है कि आप भी सफल और कामयाब होने की दिशा में कदम बढाना चाहते हैं।

तो चलिए, हम और आप मिलकर सफलता की सीढ़ी चढ़ते है।

सपने देखना कभी न छोड़ें

हरएक इंसान के लिए यह बेहद जरुरी है कि वे सपने देखते रहें। क्योंकि, यह सपने हमें प्रेरणा देती हैं।

मैं यहाँ उन सपनों की बातें नहीं कर रहा हूँ जो आप सोते वक़्त देखते हैं। बल्कि, मैं उन सपनों की बात कर रहा हूँ जो आपको सोने नहीं देती है, आपको बेचैन कर देती है। आपने कभी न कभी इसे जरूर महसूस किया होगा। आपने महसूस किया होगा कि आपको ज़िन्दगी में कुछ तो ऐसी चीज की कमी है जिसके बिना आँखों से आपकी नींद उड़ गई है।

ये कोई सामान्य चीज नहीं है।

इसे ही कहते हैं— day-dreaming

जो आपको अपनी मंजिल की तरफ ढकेलती है।

आपके सपने चाहे छोटे हों या बड़े, उससे कोई फर्क नहीं पड़ता। फर्क तब पड़ता है जब हम अपने सपने देखना छोड़ देते हैं। हम सभी को सपने जरूर देखना चाहिए। आपको शायद याद होगा जब बचपन में हमारे माँ-पापा हमें पढ़ने के लिए बोलते थे। अगर हम पढाई में थोड़ी सी भी लापरवाही करते थे तो हमें डाँट पड़ती थी। ठीक वैसे ही, हमारे सपने ही हमें काम करने के लिए मजबूर करते है, ताकि हम उसे पूरा करने के लिए जी-जान लगा दें।

पहले से योजना बनायें

यदि, आप अपने किसी भी काम को ठीक से करना चाहते हैं तो उसके लिए आपको एक योजना बनानी पड़ेगी। क्योंकि, अगर आप अपने किसी भी काम को शुरू करने के पहले योजना नहीं बनाते हैं तो आपकी मेहनत और समय दोनों ही बर्बाद हो जाते हैं। तकलीफ तो तब होती है जब हम अपने लक्ष्य को प्राप्त नहीं कर पाते हैं।

आप कितनी भी मेहनत कर लीजिए, अगर आपके कोई लक्ष्य नहीं है तो यह समझ लीजिए कि— सफलता भी नहीं है।

जब आप अपने लक्ष्य को तय करते हैं तभी आप ध्यान केंद्रित, निर्धारित और महत्त्वाकांक्षी बन पाते हैं। जिसके फलस्वरूप आप सफलता की ओर अग्रसर होने लगते हैं।

ये कैसे किया जाए ?

मैं आपको कुछ नुस्खे देता हूँ—

- सबसे पहले आप एक डायरी लें और उसमे सबकुछ लिखें। जैसे—

  आप क्या करना चाहते हैं?

  आपके लिए सबसे अधिक महत्वपूर्ण चीजें क्या हैं?

  कम महत्वपूर्ण चीजें क्या है? और,

  इसे कितना समय तक पूरा कर लेना है?

- आप रात के समय जिस कमरे में सोते हैं, उसकी दीवार में अपना एक बोर्ड लगा लें। उस बोर्ड पर आप अपने लक्ष्यों को एक चित्र के साथ टिका कर रख सकते हैं। जो हमेशा आपकी आँखों के सामने हो।

  एक साइंटिफिक रिसर्च के अनुसार, जब कोई भी चीज आपकी आँखों के सामने ज्यादा समय तक रहता है तो वो आपके लक्ष्यों को याद दिलाने में बहुत मदद करता है।

- आप विस्तृत निर्देशों द्वारा एक योजना बनायें, जिसके द्वारा आप अपने लक्ष्यों को प्राप्त करने की दिशा में अग्रसर हो सकें। फिर उसपर बिना किसी देरी के अमल करना शुरू कर दें। यह आपको अपने लक्ष्य से हटने

नहीं देगा। जब भी आप अपने लक्ष्य से दूर हटने लगेंगे तो ये आपको पटरी पर वापस ले आएगा।

सफलता आपके लिए क्या है?

हर इंसान की अपनी अलग इच्छाएँ होती है। तो निश्चित रूप से उनलोगों की सफलता की परिभाषा भी अलग-अलग ही होती होंगी। कुछ इंसानों के लिए बेसुमार दौलत कामना ही सफलता है, वहीं उनमें से कुछ के लिए सफलता किसी का प्यार पाना हो सकता है। पर जब आपकी सफलता की बात हो, तो यह आपको फैसला लेना है कि— आपके लिए सफलता की परिभाषा क्या है?

जब आपने अपनी योजना और लक्ष्य को निर्धारित कर लिया है, तो आपका अगला कदम बेशक सफलता की परिभाषा को ही ढूँढना होगा।

क्योंकि,

— "एक दिशाहीन व्यक्ति की न तो कोई मंजिल होती है और न ही वैसा व्यक्ति कहीं पहुंच पाता है।"

इसलिए, अपनी मंजिल और अपनी सफलता को स्पष्ट रूप से तय कर लें। आप अपने फैसले खुद से लें, अपनी राह खुद चुनें और उस राह पर चलना शुरू कर दें।

हमेशा खुद को सकारात्मक बनाये रखें

यदि, आपके विचार ही सकारात्मक नहीं होंगे, तो जाहिर है कि आप खुद पर भरोसा नहीं करते हैं। और यदि आपको खुद पर ही भरोसा नहीं है, तो आपको जितना महत्वाकांक्षी होना चाहिए, आप उतने नहीं हैं।

महत्वाकांक्षी और सफल होने के लिए यह आवश्यक है कि आप अपने मस्तिष्क में सकारात्मक विचारों को ही स्थान दें, न कि नकारात्मक विचारों को। और साथ ही अपने व्यक्तित्व या आत्मसम्मान को नीचे होने न दें।

आपको यह समझना होगा कि सकारात्मकता, प्रेरणा के बराबर होती है। जब तक आप खुद प्रेरित होना नहीं चाहेंगे, दुनिया का कोई भी आदमी आपको प्रेरित नहीं कर सकता।

खुद को सकारात्मक बनाये रखने के लिए मैं आपको कुछ नुस्खे दे रहा हूँ—

- अच्छी बातों का श्रवण करें, आप जिस चीज को हासिल करना चाहते हैं उस विषय में अच्छा क्या है वो सोचें।
- जब भी किसी से मिलें, किसी में बुराई को न ढूंढें।
- नकारात्मक बातों से प्रभावित न हों।
- अपनी सभी नकारात्मक भावनाओं को और साथ ही नकारात्मक इंसानों को अपनी ज़िन्दगी से दूर करें।
- अगर सोशल मीडिया में आप किसी इंसान को पसंद नहीं करते हैं तो उन्हें देखना बंद करें और वैसे लोगों को देखें जिन्हें देखकर आपको प्रेरणा मिलती हो।

उन लोगों के बीच में रहें जो आज सफल हैं

अगर आप सफलता चाहते हैं तो आप हमेशा उन लोगों के साथ रहिये जो लोग उस क्षेत्र में पहले से ही सफलता प्राप्त कर चुके हैं। जब आप सफल लोगों के बीच में होते हैं, तो आपका भी मन उत्साह से भरपूर होता है। सफल लोगों के साथ रहने या उनलोगों के बीच में रहने से तात्पर्य यह है कि—

अगर आप उनके जान-पहचान में हैं तो ठीक है। पर यदि, वे आपको नहीं जानते हैं, वे अब इस दुनिया में नहीं है या आपसे बहुत दूर रहते हैं तो सबसे अच्छा तरीका है कि आप उनलोगों का वीडियो देखिये, उनके जीवन के विषय में जानकारियां इकट्ठी कीजिए और उनके बारे में पढ़िये।

सही समय की प्रतीक्षा न करें

यदि आप कोई नया काम शुरू करने वाले हैं, और यदि आप किसी समय का इंतज़ार कर रहें हैं?

तो न करें,

जितनी जल्दी हो उस काम को शुरू कर दें। अगर हम घर में बैठ कर सोचेंगे कि स्ट्रीट की सभी सिग्नलें हरी हो जायेंगी तब मैं निकलूंगा, तो ये संभव नहीं है।

मुश्किलें तो आएँगी, वो तो आने के लिए ही होती हैं। आप छोटे–छोटे कदम बढ़ाते रहें। ऐसे समय का इंतज़ार न करें कि वक्त आयेगा तो एक बार में ही बड़ा कदम उठा लूंगा। क्योंकि ऐसा भी हो सकता है कि ऐसा समय न आये।

ऊपरवाले का निर्धारित समय कभी भी अच्छा या बुर नहीं होता। ये सब सिर्फ हमारे मन के विचार होते हैं, जो हमें ये सब सिखाती है। छोटे से छोटे अवसर का लाभ उठायें। सफलता कभी भी दरवाज़े पर दस्तक दे सकती है। तो व्यर्थ बैठकर सही समय का इंतज़ार न करें और इसी समय को अपना सही समय बना लें।

जीतता वही है जो कोशिश करता है और जो कोशिश ही नहीं करता, वो जीत कैसे सकता है।

ये कैसे किया जा सकता है उसके लिए मैं आपको कुछ नुस्खे देता हूँ—

- अपने आराम क्षेत्र से बाहर निकलें और जीवन में छोटी-छोटी रिस्क जरूर लें।
- समय का इंतजार करके उसे बर्बाद न करें।
- अगर आपके सामने कोई अवसर आता है तो उसे अपनायें, छोड़े नहीं।

काम के प्रति जुनून पैदा करें

जब तक आप किसी कार्य को करने का निर्णय नहीं लेते है तब तक वो कार्य आप कर ही नहीं सकेंगे।

मेरे कहने का यह तात्पर्य है कि—

आप अपने लिए वो रास्ता चुनें जो आपके लिए बेहतर है। अगर आप अपना जीवन अपने हिसाब से जीना चाहते हैं तो आपको सही करियर चुनना बहुत ही आवश्यक है। क्योंकि,

— "एक गायक वकालत नहीं लड़ सकता।"

यानी, आपका मन जिस कार्य को करने में रूचि रखता है, वो उस काम को बखूबी कर सकता है ।

इसलिए, यह जानना अत्यंत आवश्यक है कि,

—आप किस कार्यों में अच्छे हैं या आपको कौन-कौन से काम करने में अंदर से ख़ुशी महसूस होती है।

बस उसी काम को चुनें और एक बार जब आप अपना करियर अपनी रुचियों और इच्छा के अनुसार चुन लेते हैं, तो आप देखेंगे कि आप दिन-प्रतिदिन प्रगति कर रहे हैं और आप अपने काम को पसंद कर रहे हैं। आप कोई भी काम करें, बस उस काम से प्यार करें। एक जूनून पैदा करें, तभी आप उस काम को लेकर आगे बढ़ पायेंगे। कभी भी अपने उत्साह को कम न होने दें।

क्या आपने कभी किसी सफल इंसान के जीवन पर गौर किया है?

मैंने देखा है—

वैसा इंसान दिन-रात नहीं देखता, उसे भूख-प्यास नहीं लगती, नींद नहीं आती है। वो अपने काम को अंजाम तक पहुंचाकर ही दम लेता है।

वैसे इंसान में क्या होता है?

—उनमें एक जुनून होता है।

अपने काम को लेकर वही जुनून, वही जोश आपके अन्दर भी होना चाहिए।

शरीर से नहीं, दिमाग से मेहनत करें

बचपन में कई बार हमलोगों ने ये कहावत सुनी होगी। टीचर्स कहते थे—

"बच्चों, बताओ, भैंस बड़ी या अकल"?

अब बचपन में उतना पता नहीं होता था कि अकल कैसा दिखता था। अब जो चीज दिखेगा नहीं तो उसके बारे में अंदाजा कैसे लगाऊंगा कि अकल कितना बड़ा होता होगा।

लेकिन, जैसे-जैसे मैं बड़ा होता गया, तब इस बात को समझ पाया।

एक और कहावत आपने जरूर सुना होगा कि—

"किसी-किसी को 80 साल में बुद्धि आती है।"

बात ये नहीं है, बुद्धि तो हमेशा से ही उनके पास थी, लेकिन उन्होंने इसका कभी इस्तेमाल ही नहीं किया। आज जितने भी गरीब लोग हैं, वे यही समझते हैं कि भैंस बड़ी होती है, क्योंकि इनलोगों ने कभी अपने अक्ल का इस्तमाल किया ही नहीं। हमेशा से गर्दन से निचले भाग से ही काम करते आये हैं।

अगर काम ही करना है तो गर्दन से ऊपर वाले हिस्से से करो। अब, जब आप अपने करियर को चुनना चाहते हैं तो आपके लिए ये जानना बहुत ज़रूरी है कि आज के समय में जो सफल लोग हैं वे अपने शरीर से ज्यादा अपने दिमाग से काम लेते हैं।

परिश्रम उतना ही करें जितने की ज़रूरत है। ऊपर वाले ने हमलोगों को इतनी बड़ी ताकत दी है। लेकिन हममें से ज्यादातर लोग सिर्फ— शरीर से ही काम करवाना जानते हैं, दिमाग से नहीं।

हर काम को करने की क्षमता यानि कौशल तो सीख नहीं सकते, तो क्या करे?

बड़ा आसान सा उपाय है, उन कौशलों को सीखें जो आज के समय में जरुरी है और अपने बाकी के कामों को दूसरों से करवायें। इससे आपके समय और ऊर्जा, दोनो की बचत होगी। हर काम को खुद मत करिये।

"स्मार्ट बनें, सक्सेसफुल हों।"

अपने कार्यों का सर्वेक्षण करें

अगर आप वाकई में अपने काम के माध्यम से सफलता प्राप्त करना चाहते हैं, तो आपको प्रतिदिन अपने काम को देखते रहना होगा। अपने हर कार्य का जायजा लेना होगा। जैसे— आप कौनसा काम सही कर रहे हैं और कौनसा काम गलत कर रहे हैं। सिर्फ किसी काम को करते चले जाने से नहीं होगा बल्कि आपको कभी-कभी पीछे मुड़ कर यह भी देखना होगा कि आपके काम में कोई त्रुटि तो नहीं है, और अगर है तो उसे ठीक करिये। ये बहुत ज़रूरी हैं क्योंकि आपको आपसे बेहतर कौन जानता है? खुद से ही खुद की मदद करें और अपनी गलतियों को सामने लाकर उन्हें सुधारें।

अपने लक्ष्य को हमेशा अपनी आँखों के सामने रखें

ये अंतिम बिंदु है और महत्वपूर्ण भी, इसलिए इसे ध्यान से समझने की कोशिश करें।

जैसे ही हम अपने किसी छोटे लक्ष्य को प्राप्त कर लेते हैं उस समय या तो हमारे अंदर एक अहम् उत्पन्न हो जाता है या हम उस लक्ष्य को प्राप्त करने की खुशी में अपने सामने आने वाले लक्ष्यों पर ध्यान नहीं देते।

यह लापरवाही बिल्कुल भी नहीं करें। आप खुशियां जरूर मनाएं लेकिन आपको यह भी ध्यान रखना है कि अभी आपने कुछ ही दूरी को तय किया है, मंजिल तो अभी भी बाकी है। जश्न मनाएं पर अपने लक्ष्य से ओझल न होने दें।

आपने जो भी योजना बनाया हैं उसपर अपना ध्यान हमेशा केंद्रित रखें। उन छोटी उपलब्धियों का जश्न जरूर मनाएं, पर उन्हें मन में रहने न दें। आपके मन को समझना होगा कि सफलता का कोई अंत नहीं होता। एक लक्ष्य के बाद हमेशा एक और लक्ष्य इंतज़ार कर रहा होता है।

एक लक्ष्य प्राप्त करने के बाद तुरंत दूसरा और फिर तीसरा, यानी एक के बाद एक और लक्ष्य की योजना बनाएं।

लक्ष्य निर्धारण

यदि हर सुबह नींद खुलते ही, आप किसी लक्ष्य को लेकर उत्साहित नहीं हैं।

तो आप जी नहीं रहे, सिर्फ ज़िन्दगी काट रहे हैं।

कमाल की ये पंक्तियाँ है। ये बात बिल्कुल सही है। क्या हमने कभी खुद से ये सवाल पूछा है कि हमलोग रोज सुबह क्यों उठते हैं ?

—जी नहीं।

अगर हम पूर्व में खुद से ऐसे प्रश्न पूछ लिये होते तो आज हमें ये दुनियां पूछ रही होती। ये प्रश्न बहुत ही साधारण है पर इसके विपरीत इसका महत्त्व काफी ज्यादा है। आज जितने भी लोग अपने सफलता की ऊंचाइयों को छू रहे हैं, इन सभी लोगों को पता है कि ये लोग सुबह क्यों उठते हैं। ऐसे कई छोटे-छोटे प्रश्न हैं जो दिखने में तो बहुत ही छोटे लगते हैं पर इनका महत्त्व बहुत बड़ा होता है।

जैसे—

- क्या आप अपने जीवन का मूल्यांकन करते हैं?

- आप अपना जीवन कैसे जीना पसंद करते हैं?
- आप अपने जीवन में खुद को कहाँ देखना पसंद करते हैं?
- आपके जीवन का लक्ष्य क्या है?
- आप समय का इस्तेमाल कैसे और कहाँ करना चाहते हैं?

हर इंसान को ये पता होता है कि वो क्या नहीं कर सकते, पर दुनिया में वैसे लोग बहुत ही कम है जिन्हें यह पता होता है कि वो क्या कर सकते हैं। सही मायने में हमलोग इन सभी प्रश्नों के उत्तर जानते हैं पर हमने कभी भी गहराई से इन प्रश्नों को अपने जीवन में नहीं उतारा।

अगर हमारे जीवन में कोई लक्ष्य ही न हो, हमें यह पता ही न हो कि आखिर हमें जाना कहाँ है।

तो क्या हम वहां पहुँच पायेंगे?

—तो जवाब मिलेगा, नहीं।

हम अपने जीवन की गाड़ी को यहाँ-वहां लेकर घूमते रहते हैं और एक दिन गाड़ी में पेट्रोल ख़त्म हो जाता है फिर हमें गाड़ी से उतरना पड़ता है।

दरअसल, हम सभी लोग आज-कल इतने व्यस्त होते जा रहे हैं कि हमारी दृष्टि कभी इस बात पर गयी ही नहीं। सभी लोग अपनी-अपनी समस्याओं से जूझ रहे हैं। हमलोग हर दिन सो कर उठते हैं, काम पर जाते हैं, दिनभर की थकान के बाद घर लौट कर आते हैं, फिर टीवी या सोशल मीडिया पर समय बिताते हैं और खाना खाकर सो जाते हैं। यही सिलसिला हमेशा चलता रहता है और एक दिन जब हम बूढ़े हो जाते हैं, तो यह सुनने को मिलता है कि आपने हमारे लिए किया ही क्या है।

फिर हम सोचने लगते हैं कि सारी ज़िन्दगी हमने मेहनत किया और अब ताना सुनना पर रहा है। अब मैं बोझ बन गया हूँ क्योंकि अब शरीर में वो ताकत नहीं है। जब आपके पास समय था और शरीर में ताकत थी, उस समय अगर आपने सोचा

होता कि ज़िन्दगी में कुछ करना है, तो शायद आप कर लिए होते। पर उस समय तो आपको आराम की नौकरी चाहिए थी। आठ घंटे में चार घंटे काम, गप्पे, टीवी, मनोरंजन, सैर सपाटा, नई मूवी, क्रिकेट का मैच, दोस्तों के साथ घंटो समय बिताना, छुट्टी के दिनों में मौज मस्ती करना और पिकनिक मनाना था।

यानी, अपना सारा जीवन इन सब चीजों में लगा दिया लेकिन एक लक्ष्य न बना सके। रोज की इस भाग-दौड़ वाली ज़िन्दगी में कभी आपने ठहर कर दो पल ये सोचा है कि आप किस दिशा की ओर जा रहे हैं? या आपके जीवन का लक्ष्य क्या है? जिसके लिए आप इतनी मेहनत कर रहे हैं।

इस चैप्टर के माध्यम से मैं आपको लक्ष्य से जुड़ी कुछ महत्वपूर्ण बातों के बारे में बताऊंगा।

लक्ष्य निर्धारण का महत्व

अगर हम ठीक तरह से समझने की कोशिश करेंगे तो पायेंगे कि इस दुनिया की 80 फीसदी आबादी न तो अपने जीवन में कोई लक्ष्य निर्धारित करते हैं और न ही इसके महत्त्व को समझ पाते हैं। जबकि लक्ष्य के बिना हमारा जीवन निरर्थक हो जाता है और वो जीवन किसी काम का नहीं होता है। क्योंकि लक्ष्य उस मनोरम फल की तरह होती है जिसे पाने की इच्छा हम अपने दिलों में दबाये रखते हैं पर कभी भी उसे पाने की कोशिश नहीं करते। हमें चाहत तो होती है उसे पाने की पर हम मन में एक धारणा भी बना लेते हैं कि यह काम मुझसे नहीं होगा। यानी उस लक्ष्य को पाने के लिए हमें जो काम करना चाहिए वो हमें असंभव और कठिन प्रतीत होने लगता है। इसके विपरीत, अगर हम अपने लक्ष्य पर अडिग रहें और हमारा लक्ष्य हमारी आँखों के सामने हो तो मेहनत करना भी अच्छा लगता है, आसान सा प्रतीत होता है और हम इसमें काफी हद तक सफल भी हो जाते हैं।

जब हम अपने लक्ष्य को निर्धारित करते हैं तब उसे हासिल करने के लिए एक सही दिशा का ज्ञान होता है।

लक्ष्य के प्रकार

वैसे तो लक्ष्य के प्रकार को परिभाषित करना असंभव सा है। पर यह पूरी तरह आप पर निर्भर करता है कि आप अपने जीवन में क्या करना चाहते हैं। यानी अपने रूचि के अनुसार आप कोई भी लक्ष्य चुन सकते हैं। जैसे- आप दुनिया में नाम कामना चाहते हैं, दौलत-संपत्ति बनाना चाहते हैं, अपना मकान बनाना चाहते हैं, नई गाड़ी खरीदना चाहते हैं, खुद मालिक बनना चाहते हैं, अपने परिवार को पूरी दुनिया घुमाना चाहते हैं... इत्यादि। यह कितना भी छोटा या बड़ा हो सकता है। अच्छा और बुरा भी हो सकता है, क्योंकि वो सभी चीज आपके लक्ष्य हो सकते हैं जिसे आप हासिल करना चाहते हैं। हमेशा अच्छे लक्ष्य को चुनिए जिससे आपका, आपके परिवार का, समाज का, देश का और साथ ही पूरी दुनिया का हित हो सके और अगर किसी के लिए हितकर न भी हो तो कम से कम किसी का नुकसान भी न हो।

यदि आप अपना लक्ष्य साध चुके हैं और उस पर अमल करना चाहते हैं, तो आपको इन तीन महत्वपूर्ण स्टेप्स पर ध्यान देने की जरूरत है—

1. **सकारात्मक सोच**

   यदि आपकी सोच किसी भी तरह से या फिर किसी के लिए भी नकारात्मक है तो सबसे पहले आपको उसे अपने जीवन से बाहर निकालना पड़ेगा। अगर आप उसे बाहर निकालने में असफल हुए तो आप कभी भी अपने लक्ष्य तक नहीं पहुंच सकेंगे। इसलिए नकारात्मक सोच को खुद से दूर करें और अपनी सोच को सकारात्मक रखने की कोशिश करते रहें। अपने मन की गति पर किसी भी तरह की रोक न लगने दें। अपने अंदर झांक कर देखने का प्रयास

कीजिये कि वो कौनसी चीजें हैं जो आपके और आपके परिवार के जीवन में एक खुशी की लहर ला सकती है। अगर आप ये जान गए, तो यकीन कीजिए आपके लिए वो सभी दरवाज़े खुल जायेंगे, वो सभी रास्ते खुल जायेंगे जिसपर चलकर आप अपने लक्ष्य को प्राप्त कर सकेंगे।

आपको ऐसा नहीं सोचना है कि आप अपने लक्ष्य को कैसे पूरा कर पाएंगे? आपको उसके लिए क्या चाहिए होगा? इसके विपरीत आपको सोचना है कि आपको क्या करने में ज्यादा खुशी मिलेगी। उस वक्त आप एक छोटे से बच्चे के बारे में सोचिए, जो कई कठिनाइयों के बावजूद उस चीज का पीछा नहीं छोड़ता जिसे वो पाना चाहता है। उसे पाने के लिए वो कई बार गिरता है, कई बार रोता भी है पर अंत में उस चीज को पाकर ही रहता है जिसे हासिल कर लेने के बाद उसके चेहरे की चमक बढ़ जाती है।

2. कड़ी मेहनत और समय की सीमा

जीवन जीने का दो ही तरीका है —

- जो हो रहा है उसे होने दें और आप भी उसी प्रवाह में चलें, और
- हिम्मत कर उसे बदलें और अपना लक्ष्य निर्धारित कर अपनी राहें खुद बनाएं।

लक्ष्य निर्धारण के बाद, सबसे पहले आपको स्वयं के लिए वक्त सुनियोजित करने की आवश्यकता है। जैसे- इस लक्ष्य की प्राप्ति हेतु आपको कितना समय चाहिए? अगर आपने अपना लक्ष्य अपने सपनों के हिसाब से तय किया है तो आप खुद ही उसे पूरा करने के लिए भरपूर प्रयास करेंगे।

3. योजना

अब, अपने लक्ष्य को प्राप्त करने के लिए आपको एक योजना की जरूरत पड़ेगी और उसी योजना के अंतर्गत सभी कार्य करना होगा। आप बस यही सोचिये कि— लक्ष्य की प्राप्ति के बाद आप कहाँ खड़े हैं? आप कितने खुश हैं?

तब आपको यह महसूस होने लगेगा कि— "आसान है"।

अब दिमाग पर जोर डालिए और सोचिये कि यहाँ तक पहुँचने के लिए आपको कौन-कौन से कार्य करने होंगे। इन सभी कार्यों की सूची बनाकर रखें। इससे आपको काफी सहायता मिलेगी। अगर आप कभी लक्ष्य से थोड़ा भटक भी जायेंगे तो पुनः आपको प्रेरित करेगी और याद दिलाएगी कि आपको अपना एक सपना पूरा करना है।

लक्ष्य न होने के नुकसान

अब, लक्ष्य के महत्व पर चर्चा करते हैं। आपने कभी सोचा है कि आपका दिन कैसे आरंभ होता है? आपको पता होता है कि आप कहाँ जा रहे हैं। आपको यह भी पता होता है कि कौनसा रास्ता आपको किस ओर लेकर जा रहा है और आप बिना रास्ते भटके अपनी मंज़िल तक पहुँच जाते हैं। क्या कभी आपने सोचा है कि अगर आपको रास्ते की जानकारी ही न हो तो आप कहाँ जायेंगे? इसी तरह जब आपको यह मालूम ही न हो कि आपकी ज़िन्दगी में आपकी मंज़िल क्या है? आप कहाँ जाना चाहते हैं?

तो कल को आप कहाँ पहुँचेंगे?

जब आपकी ज़िन्दगी में मंज़िल ही न हो तो रास्ते कोई भी हों, क्या फर्क पड़ता है। इसलिए, जरा रुकिये और इस बात पर थोड़ा मंथन कीजिए कि आप इतनी मेहनत

आखिर क्यों कर रहे हैं? ये कठिन परिश्रम आपको कहाँ लेकर जाएगा? उसी समय आप समझ पाएंगे कि- आपका लक्ष्य क्या और कैसा होना चाहिए? और उसको होना कितना महत्वपूर्ण है।

लक्ष्य ही सफलता की सीढ़ी है

दुनिया का हर इंसान सफलता की सीढ़ी चढ़ना चाहता है। पर, क्या आपने कभी खुद से पूछा है कि क्या करने के बाद आप खुद को सफल मानेंगे? संसार आपको कैसे सफल मानेगा ये महत्वपूर्ण नहीं है, इससे ज्यादा महत्वपूर्ण ये है कि आप स्वयं को कैसे सफल मानेंगे। जिस दिन आप खुद से यह प्रश्न पूछेंगे उसी दिन से आपको आपका लक्ष्य स्पष्ट रूप से नज़र आने लगेगा।

मेहनत की दिशा की ओर एकाग्र करता है लक्ष्य

लक्ष्य का होना इसलिए भी बहुत महत्वपूर्ण है क्योंकि जब आपको लक्ष्य पता होगा तभी आपकी मेहनत सही दिशा की ओर होगी। ये आपको हर समय अविचलित रखेगा कि आने वाले समय में आपको क्या करना है। फलस्वरूप आपका ध्यान कहीं और नहीं भटकेगा, साथ ही आपको चिंता होगी कि अपने लक्ष्य प्राप्ति हेतु अब आपके पास सिर्फ कुछ ही समय शेष है। लक्ष्य आपको हर समय मजबूत बनाएगा ताकि आप अपनी राह पर चलते समय थकें नहीं।

अब आप समझ गए होंगे कि जैसे फुटबाल के खेल में Goal किये बिना आगे नहीं बढ़ा जा सकता है, ठीक वैसे ही जीवन में भी बिना किसी Goal के आगे बढ़ना पूर्णत: व्यर्थ है। लक्ष्य निर्धारित कर, उसके लिए कड़ी तपस्या करने से भविष्य में न सिर्फ आप सफलता प्राप्त करेंगे, बल्कि आप प्रसन्न भी होंगे कि आपका मनवांछित लक्ष्य पूरा हुआ, आपकी एक इच्छा पूरी हुई और सबसे बढ़कर आपको स्वयं पर

गर्व होगा। और किसी प्रबल इच्छा का पूर्ण होना कितना सुखदायी होता है ये तो आप सब भली-भांति जानते हैं।

तो अर्ज़ है —

हर सपने को अपनी साँसों में रख, हर मंज़िल को अपनी बाहों में रख,

हर जीत तेरे कदम चूमेगी, बस तू अपने लक्ष्य को अपनी निगाहों में रख।।

फिर देर क्यों करें, बच्चे हो या बड़े, अपने जीवन को व्यर्थ न गंवाकर, आज ही अपना एक लक्ष्य निर्धारित करें और उड़ चलें अपनी सफलता तथा अपने सपनों की ओर।

शेर बनें

शेर बनें, कहने का तात्पर्य स्वभाव से नहीं बल्कि जिगर से है। जिस तरह एक शेर अपने जीवन के फैसले खुद लेता है और बड़ी से बड़ी मुसीबतों के सामने झुकता नहीं है बल्कि उसका डट कर सामना करता है और सामने वाले को धराशायी कर देता है। कभी - कभी हमलोग बातों - बातों में कहते भी हैं कि मैं शेर हूँ।

तो क्या आप वाकई में एक शेर जैसा हिम्मत रखते हैं?

हममें से ज्यादातर लोग यह समझ नहीं पाते हैं कि वे शेर है या भेड़। ये एक कड़वा सत्य है, ज्यादातर लोग भेंड़ ही है। वे जीते तो हैं लेकिन अपने उसूलों के दम पर नहीं बल्कि ज़िन्दगी और अपने सपनों के सामने एक भेड़ की तरह घुटने टेक कर मिमियाते हुए जीवन निर्वाह कर रहे हैं।

क्या आपको पता है कि एक शेर की तरह जीना और एक भेड़ की तरह जीना किसे कहते हैं? इसे समझने के लिए हमें इन दोनों के विषय में समझना होगा कि ये लोग

अपनी ज़िन्दगी कैसे जीते हैं। अगर हम इन दोनों की ज़िन्दगी को समझ गए तो हम यह भी समझ जायेंगे कि— हम शेर की तरह जीते हैं या भेड़ की तरह।

भेड़ का जीवन

भेड़ बहुत खुशकिस्मत होता है, क्योंकि उसके मालिक का हाथ हमेशा उसके सर पर होता है। एक भेड़ अपना सारा जीवन मस्त होकर जीता है। उसे कुछ करना नहीं होता है, सिर्फ अपने मालिक के इशारों पर चलना होता है। अपने सर को झुकाकर अपने मालिक की बातों पर अमल करता है। मालिक उसे जहाँ भी लेकर जाता है, वो बिना कोई सवाल किये उनके पीछे चल देता है। कभी भी नहीं पूछता कि मुझे कहाँ ले जा रहे हो। क्योंकि उसे पता है उसका मालिक उसे जहाँ भी लेकर जाता है या जो भी करवाता है, उसके बाद कम से कम उसे भोजन तो नसीब हो ही जाता है, रहने के लिए जगह मिल जाता है। अब एक भेड़ के लिए इससे अच्छा और क्या होगा। उसे सिर्फ दिनभर काम करना होता है जिसके बदले उसे समय - समय पर खाने के लिए भोजन और पीने को पानी खुद उसका मालिक लाकर देता है। इतना सबकुछ उसका मालिक करता है, तो भला वो मालिक की बात को इनकार कैसे कर सकता है। फिर अपना सारा जीवन अपने मालिक के पास नौकर बनकर रह जाता है।

एक भेड़ का अपना कोई सपना नहीं होता है। वो तो सपना भी अपने मालिक के लिए ही देखता है। एक भेड़ का अपने जीवन में कोई लक्ष्य या कोई मंज़िल नहीं होता, वो तो बस अपने मालिक की गुलामी करता रहता है। बड़े ही आराम से वहाँ चला जाता है, जहाँ और भेंड़ जा रहे है। ठीक उसके पीछे-पीछे चलता रहता है।

भेड़ कभी भी अपने मालिक से कोई सवाल नहीं पूछता है क्योंकि उसके पास कोई सवाल होता ही नहीं है। वो तो बस बाकी दूसरे भेड़ को देख के सर झुकायें अंधभक्त की तरह पीछे-पीछे चलता रहता है। जहाँ एक भेड़ किसी नाली या गड्ढे में गिर

जाता है तो सभी भेड़ उसी में गिर जाता है। पर कभी - कभी जब वो अपनी ऐसी दुर्दशा और परेशानियों से दुखी होता है तो ज्यादा से ज्यादा मिमिया लेता है और फिर से उसी तरह अपना जीवन जीने लगता है।

भेड़ की आंखों में न तो कोई सपने होते हैं, न ज़िन्दगी जीने का जोश और न ही कोई जुनून। बस एक के पीछे एक चले जा रहा है।

शेर का जीवन

बड़ा ही बेकार सा जीवन होता है एक शेर का। उसका तो कोई मालिक ही नहीं होता है। क्या शेर को पालते हुए आपने किसी को पहले कभी देखा है? जी हाँ, शेर का कोई मालिक नहीं होता वो खुद ही अपना मालिक होता है।

शेर एक राजा और एक योद्धा की तरह जीता है। वो किसी के इशारों पर नहीं जीता है, वह जीता है अपने उसूलों पर, अपने दम पर।

शेर कभी किसी के पीछे नहीं चलता है वो हमेशा आगे रहता है क्योंकि वो जंगल का राजा है। वो अपनी मर्जी का मालिक है जो दिल में आये वही करता है।

एक शेर की ज़िन्दगी में अगर कोई परेशानी भी आ जाती है तो वह भेड़ की तरह मिमियाता नहीं है, बल्कि दहाड़ कर उससे लड़ता है। ज्यादातर परेशानियां तो उसकी दहाड़ को सुनकर ही भाग जाती है।

एक शेर अपने शिकार को एक सपने की तरह देखता है और तबतक पीछा करता है जब तक उसे धर-दबोच न लें। शेर अपने सपनों को पाने के लिए बड़े से बड़े खतरों को भी मोल लेता है, उसके लिए लड़ता है और अपने रास्ते और मंजिल खुद तय करता है। इसलिए वो राजा है, जंगल का और अपने दिल का भी।

शेर की दहाड़ में आत्मविश्वास, आँखों में जुनून और ज़िन्दगी अपने उसूलों पर जीने का हौसला होता है।

हम क्या है ?

अब हम देखते हैं कि किसकी कहानी हमसे जुड़ी हुई है। हम एक शेर की तरह जीते हैं या एक भेड़ की तरह—

सही मायने में हमें ये खुद ही तय करना है कि हमें इनमें से किसकी तरह जीवन जीना चाहिये। इस दुनियां में कुछ लोग भेड़ की तरह हैं तो कुछ लोग शेर की तरह। पर अगर सही से देखा जाये तो आजकल शेर कहीं दिखाई नहीं देते और जितने भी भीड़-भाड़ देखता हूँ वे ज्यादातर सब भेड़ ही दिखाई देते हैं।

मैं उन लोगों को भेड़ समझता हूँ जो अपने दिल और दिमाग की नहीं सुनते, बस लोगों को देख-देख कर ही आगे बढ़ रहे ह। दूसरे शब्दों में वे लोग वही कर रहे हैं जो दूसरे लोग कहते हैं।

मैं उन लोगों को भेड़ समझता हूँ जिनके न तो कोई सपने हैं और न ही कोई मंजिल। अगर सपने हैं भी तो इनमें वो हिम्मत नहीं है कि एक शेर की तरह अपने सपनों का पीछा करें और उसे धर-दबोचें।

इन लोगों ने अपने सारे सपने छोड़ दिए हैं, अंदर से मर चुके हैं, परिस्थितियों के सामने अपने घुटने टेक दिए हैं।

किसी ने खूब कहा है कि— "तुमसे न होगा, ये तो नामुमकिन है।"

इतना सुनते ही इन भेड़ों की हवा निकल जाती है। लड़ने के पहले ही हार मान लेते हैं। अगर थोड़ा हिम्मत जुटा कर लड़ने के लिए तैयार भी हो जाते हैं तो थोड़ी ही देर में भाग खड़े होते हैं और फिर लोगों से कहते हैं कि— "हम तो गए थे भैया, ये सब बेकार है।" ये नहीं बोलेंगे कि हम डर कर भाग गए थे।

भेड़ वे लोग हैं जो असफलताओं के डर से घबड़ा उठते हैं और कोशिश करना छोड़ देते हैं।

मैं उन लोगों को भेड़ समझता हूँ जिनका जीवन उनके खुद के नियंत्रण में नहीं है। जो अपने हिसाब से नहीं बल्कि दूसरों के इशारों पर जी रहे हैं। ये लोग अंधों की तरह चले जा रहे हैं। यह जानते हुए भी कि जो काम वे कर रहे हैं उन्हें पसंद नहीं है, पर सब कर रहे हैं इसलिए वो भी कर रहे हैं।

ऐसे लोगो का जीवन बस अपने बॉस के भरोसे चल रहा है। पता नहीं कहाँ जा रहे है और क्यों जा रहे हैं।

लेकिन कुछ लोग हैं जो शेर की तरह जीते हैं। जिस तरह शेर किसी की नहीं सुनता बल्कि सिर्फ अपने दिल की सुनता है ठीक वैसे ही, ये लोग बस अपने दिल की ही सुनते है, अपने हिसाब से चलते है। उन्हें कोई फर्क नहीं पड़ता कि लोग क्या कर रहे हैं या क्या सोच रहे है। वे तो बस तूफान की तरह अपनी मस्ती में चले जा रहे हैं। वे आते हैं और रिकॉर्ड तोड़ जाते है।

इनलोगों के अनेकों सपने होते हैं क्योंकि ये लोग सपने देखना जानते हैं। अपने रास्ते खुद तय करते हैं और अपनी मंजिल तक पहुँच जाते हैं। ये लोग अपने पूरे जोश और जुनून के साथ अपने सपनों का पीछा करते हैं और जब तक इसे धर दबोच न लें, तब तक रुकते नहीं हैं।

इन लोगों के जीवन में कितना ही बडा तूफान क्यों न आ जाये, परिस्थितियां कितनी ही विपरीत क्यों न हो जायें पर इस तरह के लोग अपना सर नहीं झुकाते, हार नहीं मानते और भेड़ की तरह मिमियाते नहीं हैं। बल्कि, आँखों में जुनून और बाहों में ज्वाला सा जोश भरकर लड़ते है और राजा बन जाते है।

आपका जीवन

अब आपकी बारी है, इन सवालों के जवाब दीजिये —

- क्या आपके कुछ सपने हैं या देख सकते हैं?

- क्या आप अपने दिल की सुनते हैं या सुनना चाहते हैं?
- क्या आपमें वो हिम्मत है कि सौ बार गिरकर भी खड़े हो सकें?
- क्या आप अपनी विपरीत परिस्थितियों को चीर कर आगे बढ़ना चाहते हैं?
- क्या आपके दिल में वो आग है, वो जुनून है, जो एक शेर के दिल में होता है?
- क्या आप मिमियाने की बजाय शेर की तरह दहाड़ कर लड़ सकते हैं?

तो क्या जवाब है आपका?

अगर जवाब "हाँ" है तो आप भी शेर हैं !

बहुत - बहुत मुबारक हो, आप एक शेर हैं।

अगर आप अपने घुटने टेकने के लिए तैयार नहीं हैं, अगर आप अपनी ज़िन्दगी में कुछ बड़ा करके दिखाना चाहते हैं, तो शेर बनें। एक शेर के जैसे अपने फैसले खुद लें, आपकी ज़िन्दगी आप कैसे जीना चाहते हैं यह खुद ही तय करें।

तो उठिये, अपने सपनों से डर कर मत भागें बल्कि उसका एक शेर की तरह पीछे करें। असफल हो जाने के डर से बकरी की तरह मिमियाएं नहीं बल्कि अपनी जीत की उद्घोषणा की दहाड़ करें।

सफल और असफल लोगों के बीच 13 प्रमुख अंतर

1. सफल लोग परिवर्तन को गले लगाते हैं। असफल लोग इससे डरते हैं।
2. सफल लोग विचारों के बारे में बात करते हैं। असफल लोग लोगों के बारे में बात करते हैं।
3. सफल लोग अपनी असफलताओं के लिए जिम्मेदारी स्वीकार करते हैं। असफल लोग दूसरों को दोष देते हैं।

4. सफल लोग अपनी जीत का पूरा श्रेय दूसरों को देते हैं। असफल लोग सारा श्रेय दूसरों से लेते हैं।

5. सफल लोग चाहते हैं कि दूसरे भी सफल हों। असफल लोग चुपके से दूसरों के असफल होने की उम्मीद करते हैं।

6. सफल लोग लगातार सीखते हैं। असफल लोग कोई नई चीज सीखने में रुचि नहीं रखते हैं।

7. सफल लोग पूछते हैं कि वे दूसरों की मदद कैसे कर सकते हैं। असफल लोग पूछते हैं कि वे अपनी मदद कैसे कर सकते हैं।

8. सफल लोग एक मौका लेते हैं और पूछते हैं कि उन्हें क्या चाहिए। असफल लोग असफलता से डरते हैं।

9. सफल लोग हमेशा खुद को बेहतर समझना चाहते हैं। असफल लोग आत्मनिरीक्षण की परवाह नहीं करते हैं।

10. सफल लोग पहले सुनते हैं और कभी सुनना नहीं छोड़ते। असफल लोग बहुत ज्यादा बात करते हैं।

11. सफल लोग कमजोर और पारदर्शी होते हैं। असफल लोग संरक्षित और गुप्त होते हैं।

12. सफल लोग सकारात्मक रवैया रखते हैं। असफल लोग अक्सर नकारात्मक हो जाते हैं।

13. सफल लोग दयालुता और कृतज्ञता के लिए प्रतिबद्ध होते हैं। असफल लोगों सबसे पहले खुद के बारे में सोचते हैं।

डायरेक्ट सेलिंग और नेटवर्क मार्केटिंग

डायरेक्ट सेलिंग एक ऐसी वैज्ञानिक तकनीक है जिसके माध्यम से किसी कंपनी के उत्पादों और सेवाओं को पारंपरिक वितरण चैनल (निर्माता - वितरक - थोक व्यापारी - खुदरा उपभोक्ता) का उपयोग करने के बजाय, सीधे उपभोक्ताओं को बेचती हैं। इसलिए इसे 'डायरेक्ट सेलिंग' कहा जाता है।

जब ये उपभोक्ता या ग्राहक अपने उत्पादों और सेवाओं को पसंद करते हैं, तो स्वाभाविक रूप से वे इसे दूसरों के साथ साझा करना शुरू करते हैं और डायरेक्ट सेलिंग कंपनियां आपको कमीशन के रूप में भुगतान करती हैं, जब लोग आपके उत्पादों और सेवाओं को आपकी सिफारिश करने के कारण से खरीदते हैं।

लेकिन ये बात यहीं ख़त्म नहीं होती है, आपको वितरकों की एक टीम बनाने का मौका भी दिया जाता है। आम गलत धारणा के विपरीत, आपको लोगों को भर्ती करने के लिए भुगतान नहीं किया जाता है। बल्कि आपको आपकी पूरी टीम द्वारा उत्पन्न कुल बिक्री मात्रा के आधार पर भुगतान किया जाता है। पारंपरिक विज्ञापनों और अन्य मार्केटिंग विधियों पर पैसा खर्च करने के बजाय, डायरेक्ट सेलिंग कंपनियों ने अपने उपभोक्ताओं को अपने मुंह से विज्ञापन के प्रयास के लिए वितरकों को पुरस्कृत किया।

लेकिन अधिकांश लोग इस उद्योग की स्पष्ट परिभाषा से अनजान हैं। और अक्सर लोगों को पैसा कमाने के लिए भर्ती करने वाली पिरामिड योजनाओं के साथ इसे भ्रमित करते हैं।

नेटवर्क मार्केटिंग का इतिहास

जैसा कि मानव इतिहास के सभी लोगों में देखा गया हैस जब कोई बदलाव होता है या नई अवधारणा (New Concept) सामने आती है तो लोग मोमबत्तियां जलाते हुए और घुमाते हुए चारों ओर चलते हैं, लगातार अंधेरे की मांग करते हैं। शुरुआत में सबसे नए विचारों ने कला, विज्ञान, चिकित्सा, व्यापार आदि जैसे उद्यमों के सभी क्षेत्रों में संघर्ष और अस्वीकृति के साथ हमेशा एकजुट किया है। विशाल, अधिक अनोखे और क्रांतिकारी विचारों ने मजबूत लोगों द्वारा हमेशा से खारिज किया है। इस बीच, हम महसूस कर सकते हैं कि अंधेरे युग में या फिर 17वीं, 18वीं और 19वीं शताब्दी में भी लोग डरे हुए थे और परिवर्तन के बारे में भी अज्ञानी थे। लोगों ने जेल में कोपर्निकस (Copernicus) को फेंक दिया, क्रिस्टोफर कोलंबस (Christopher Columbus) का मजाक उड़ाया, लुई पाश्चर (Louis Pasteur) पर हँसे और यहां तक कि एडीसन (Edison) और आइंस्टीन (Einstein) भी इससे अछूते नहीं रहे। 1916 में गैलीलियो (Galileo) को अपने "The Law of Motion" में "पृथ्वी सूर्य की चक्कर लगाती है", के पहले भाषण के लिए उनपर अत्याचार किया गया था। हालांकि, हम आज भी आमतौर पर नए-नए आविष्कारों का विरोध कर रहे हैं।

नेटवर्क मार्केटिंग (जिसे मल्टी-लेवल मार्केटिंग के रूप में भी जाना जाता है) आज 170 बिलियन पाउंड का उद्योग है। हर साल 90 मिलियन से अधिक लोग शामिल होते हैं और दस हजार से अधिक लोग इस प्रकार के व्यवसाय में शामिल होते हैं।

वास्तव में नेटवर्क मार्केटिंग क्या है? और यह कितने समय से है?

इस बिज़नेस मॉडल की शुरुआत करीबन **1930** के आसपास हुई थी। कार्ल रेहानबर्ग नामक एक व्यक्ति ने **1917** और **1927** के बीच चीन में रहते हुए पहली

बार लोगों के आहार में पूरक आहार यानि सप्लीमेंट्री फ़ूड और लोगों को मिलने वाले अतिरिक्त स्वास्थ्य लाभ के लाभों से परिचित कराया था।

जब कार्ल वापस अमेरिका आए तो उन्होंने **"The California Vitamin Company** नामक एक कंपनी की स्थापना की। **1939** में उन्होंने कंपनी को **Nutrilite** के रूप में फिर से ब्रांड किया। इसके **6** साल के बाद कार्ल ने अपनी कंपनी की बिक्री को बढ़ावा देने में मदद करने के लिए मल्टी लेवल मार्केटिंग रणनीति का आविष्कार किया।

एक बहुत बड़ा मोड़ तो तब आया जब दो नए सलाहकार **J. Van Andal** और **Rich DeVos** न्यूट्रीलाइट उत्पादों के वितरक बन गए और इस व्यापार मॉडल की वास्तविक शक्ति पर ध्यान दिया, क्योंकि बिक्री एक घातीय दर से बढ़ रही थी। उन्होंने **Amway** नामक एक प्रतिस्पर्धी कंपनी की स्थापना की और **1972** में न्यूट्रीलाइट में एक नियंत्रित रुचि खरीदी। **1994** में **Amway** ने पूर्ण स्वामित्व ले लिया, जो आज सबसे बड़ी कंपनियों में से एक है।

नेटवर्क मार्केटिंग का भारत आगमन

हालाँकि, भारत में 50% से अधिक युवाओं की आबादी और दुनिया में तीसरी सबसे बड़ी अर्थव्यवस्था के साथ 1.3 बिलियन लोगों का घर है, मल्टी-लेवल मार्केटिंग भारत में वार्षिक बिक्री में केवल एक बिलियन डॉलर है और विकास स्थिर है।

कानून में स्पष्टता का अभाव और अनगिनत मनी चेन / पोंजी योजनाएं इसके लिए जिम्मेदार हैं। लेकिन भारत में मल्टी-लेवल मार्केटिंग (MLM) की वैधीकरण प्रक्रिया अब पूरी हो रही है। एमएलएम की शुरुआत भारत में 1995 में यूरोपीय प्रमुख ओरिफ्लेम द्वारा हुई थी।

हालांकि भारतीय कानून के अनुसार डायरेक्ट सेलिंग कानूनी थी, मल्टी-लेवल मार्केटिंग अक्सर मनी चेन के साथ भ्रमित होती है, जिसे प्राइज़ चिट एंड मनी सर्कुलेशन स्कीम्स (प्रतिबंध) अधिनियम, 1978 द्वारा प्रतिबंधित किया जाता है। भारत में मशरूम ऑपरेटरों द्वारा कई फ्लाई नाईट ऑपरेटरों के नाम पर पिछले दशक में एम.एल.एम.

अप्रैल 2013 में कोलकाता स्थित शारदा स्कैम के ढहने से कई निर्दोष निवेशकों ने आत्महत्या कर ली। तब स्थिति गंभीर हो गई थी, जिसमें 1.7 मिलियन लोगों ने $5 बिलियन का नुकसान उठाया था। इसके बाद एमवे इंडिया के सीईओ को मई 2013 में पुलिस ने गिरफ्तार कर लिया था और उन्हें संदेह था कि वह भी सारथी की तरह पोंजी स्कीम है।

केरल राज्य में मुख्यधारा के राजनीतिक दलों की ट्रेड यूनियनों ने बिखरे एमएलएम डिस्ट्रीब्यूटर्स को संगठित किया। उन्होंने MLM उद्योग को बहाल करने के लिए भूख हड़ताल, प्रदर्शन, लॉबिंग आदि सहित कई गतिविधियों का संचालन किया,

जिसमें तर्क दिया गया कि MLM और मनी चेन अलग-अलग हैं और साल 1978 के कानून का उद्देश्य भारत में 1995 में पैदा हुए MLM को रोकना नहीं है।

अंत में 13 मार्च, 2015 को केरल वित्त विधेयक ने मल्टी-लेवल मार्केटिंग के लिए कानूनी स्वीकृति दी। परिणामस्वरूप 29 जुलाई, 2015 के दिन राज्य सरकार द्वारा प्रकाशित अतिरिक्त सामान्य गजट, केरल के वाणिज्यिक गतिविधियों के बीच मल्टी-लेवल मार्केटिंग को शामिल करने के लिए केरल मूल्य वर्धित कर अधिनियम में संशोधन किया गया।

इसके बाद वाणिज्यिक कर विभाग, मल्टी-लेवल मार्केटिंग श्रेणी के तहत कर पंजीकरण के लिए 11 नवंबर, 2015 को परिपत्र जारी किया गया, जो भारत में एकमात्र तरीका है, जिससे आप साबित कर सकते हैं कि आप एक एमएलएम कंपनी हैं (जो वैध है), कोई मनी चेन नहीं (जो नाजायज है)।

भारत में नेटवर्क मार्केटिंग का भविष्य

नेटवर्क मार्केटिंग आने वाले समय का बिज़नेस हैं। मैं ये बात ऐसे ही नहीं बोल रहा हूँ, इसमें 100% सच्चाई हैं। आज अगर आप दूसरे देशों को देखे तो जो भी देश डेवलप हैं उन सभी देशों के अंदर नेटवर्क मार्केटिंग को बहुत ही ज्यादा महत्व दिया जाता है क्योंकि नेटवर्क मार्केटिंग लोगो का बिज़नेस हैं और जब तक इस दुनिया मे लोग रहेंगे तब तक यह बिज़नेस जोरदार तरीके से चलता ही रहेगा।

भारत में कुछ लोग इस बिज़नेस को फसने-फ़साने का काम भी बोलते हे या फिर कहते हैं कि यह एक चेन बनाने वाला सिस्टम हैं। वहीं उनमें से कुछ लोग तो यहां तक मानते हैं कि जो लोग बेकार होते हैं या जिनके पास करने को कोई काम नहीं होता वही लोग इस तरह का काम करते हैं। मैं उन लोगों से इत्तिफ़ाक़ नहीं रखता, क्योंकि उन लोगो तक अभी भी तक इस बिज़नेस की पूरी जानकारी नहीं पहुंच पायी हैं। दुनिया में कुछ काम ऐसे भी होते हैं जो लोगो को आसानी से समझ में नहीं आते।

चलिए मैं आपको एक साधारण उदहारण देकर समझाने की कोशिश करता हूँ —

हम लोग दिन भर Facebook और Whatsapp का कितना इस्तमाल करते हैं। और इसके लिए आपसे एक पैसा भी नहीं लिया जाता। तो आपको सोचना ये है कि उनकी कमाई आखिर होती कैसे हैं। जबकि Facebook कमाई के मामले में पूरी दुनिया में टॉप 10 बिज़नेस में शुमार है। कुछ लोग सोचते हैं कि अगर फेसबुक आपसे पैसा नहीं ले रहा तो ये कमाता कैसे हैं। वहीं कुछ लोग ऐसे भी हैं जो ये सोचते हैं कि इनकी कमाई होती भी है या नहीं। और कुछ इसके बारे में रिसर्च ही नहीं करना चाहते हैं।

सबसे पहले आपके लिए ये जानना जरूरी हैं कि कोई इंडस्ट्री बनती कैसे हैं और चलती कैसे हैं।

किसी भी नयी इंडस्ट्री को चलने के लिए उसे 4 Phases से गुज़रना पड़ता हैं—

1. नकारात्मक चरण (Negative Phase)
2. सकारात्मक चरण (Positive Phase)
3. विकास का चरण (Growth Phase)
4. प्रतियोगिता चरण (Competition Phase)

Negative Phase:- जो भी नये तरह का बिज़नेस पहली बार बाज़ार में आता है तो उन्हें इस फेज से गुज़रना पडता है। क्योंकि लोग शुरूआत में उसे ठीक से समझ नहीं पाते और उसे नकार देते हैं। जैसे- बैंकिंग सेक्टर, इन्शुरन्स, टेलीकॉम और आईटी इंडस्ट्री के साथ भी हुआ था। पहले न तो कोई बैंक में पैसा रखता था और न ही इन्शुरन्स कराता था। क्योंकि उस समय लोगो को किसी पर भरोसा नहीं था। पर देखिये आज ये वही इंडस्ट्री हैं जिनके बिना किसी भी राज्य की कल्पना करना असंभव हैं।

Positive Phase:- ये वो समय होता हे जब लोगों का इंडस्ट्री के ऊपर विश्वास बढ़ने लगता हैं और उनका भरोसा निर्भर करता हैं— रिजल्ट पर। जो लोग उस समय इंडस्ट्री में दिलचस्पी नहीं दिखा रहे होते थे और जिन्होंने इंडस्ट्री को नकार दिया था, वही लोग रिजल्ट देखने के बाद उस इंडस्ट्री में दिलचस्पी लेने लगते हैं। जैसा बैंकिंग इंडस्ट्री और इन्शुरन्स इंडस्ट्री के साथ हुआ था। इन्शुरन्स की वैल्यू का पता लोगो को तब **चला** जब किसी की दुर्घटना के बाद उसके घरवालों को पैसा मिला होगा।

Growth Phase: जब एक बार किसी इंडस्ट्री पर लोगों का भरोसा होने लगता हैं तो उसकी ग्रोथ बहुत जल्दी होने लगती हैं। क्योंकि इस फेज में लोगों को ज्यादा समझाने और बताने की जरूरत नहीं होती हैं। जब तक कोई भी कंपनी ग्रोथ फेज में नहीं आ जाती, लोग उसके साथ जुड़ना पसंद नहीं करते और जैसे ही कंपनी Growth Phase में एंटर करती हैं तो लोग उसके साथ इन्वेस्टमेंट के साथ-साथ काम भी करना शुरू कर देते हैं।

Competition Phase : हर एक कंपनी के अंदर एक वक़्त ऐसा भी आता है जब कंपनी के अंदर ही कम्पटीशन बढ़ने लगता है। कंपनी की ग्रोथ को देख कर ही ज्यादातर लोग कंपनी से जुड़ना शुरू कर देते हैं। ज्यादा लोग जुड़े होते हैं तो ज्यादा लाभ कमाने के चक्कर में लोगो के अंदर ही कम्पटीशन होने लगता हैं, फिर चाहे वो बैंकिंग, टेलीकॉम, ऑनलाइन शॉपिंग हो या कोई और। आज के समय में सभी सेक्टर में बहुत ही हाई लेवल का कम्पटीशन हैं।

किसी भी इंडस्ट्री को ज्वाइन करने का सही समय कब होता हैं?

किसी भी इंडस्ट्री को ज्वाइन करने का सही समय शुरू होता हैं— नेगेटिव फेज से। क्योंकि उस फेज में लोगो का विश्वास नहीं होता और अगर आप बिज़नेस मॉडल को ठीक से समझ पा रहे हैं और आपका विश्वास उस इंडस्ट्री पर बन रहा है, तो आप बिना किसी झिझक के उसी नेगेटिव फेज में कंपनी को ज्वाइन कर लीजिये। ऐसा करने से आपका ग्रोथ रेट बहुत ज्यादा हो जाता है और ऐसे में आपके कम्पटीशन के लिए कोई खड़ा नहीं होता।

नेटवर्क मार्केटिंग क्यों है 21वीं सदी का व्यवसाय

नेटवर्क मार्केटिंग क्यों शुरू हो रही है?

इसका कारण यह है कि लोग वास्तव में यह देखना शुरू कर रहे हैं कि नौकरी की सुरक्षा अब मौजूद नहीं है और नौकरी वाला बाज़ार सिकुड़ रहा है। इसके अलावा दुनिया की आबादी में विस्फोट हो रहा है।

नेटवर्क मार्केटिंग लोगों के नेटवर्क के निर्माण के बारे में है। जैसा कि जनसंख्या का विस्फोट होता है, यह आदर्श रूप से इस प्रकार के बिज़नेस मॉडल के अनुरूप होता है। यहाँ जनसंख्या के साथ क्या हो रहा है, इसका एक दृश्य है।

1) अपने भाग्य का निर्माण करें, किसी और के भाग्य का नहीं

आज के समय में सभी इंसानों के लिए ये एक सबसे बड़ा सवाल है कि आपके वर्तमान कार्यस्थल पर, कौन दिन प्रतिदिन गरीब हो रहा है और कौन अमीर? हमसबों को यह मानना ही पड़ेगा कि सही मायने में यही संपत्ति व्यवसाय है। यह, वह जगह है जहां नियंत्रण भी है और धन भी। "कर्मचारी" के रूप में काम करके, आप अपने दिन के महत्वपूर्ण 8 घंटे किसी और की संपत्ति बनाने में खर्च कर दे रहे हैं। आप एक जीविका कमा रहे हैं लेकिन साथ ही साथ अपने मालिक एक भाग्य का निर्माण कर रहे हैं। आप न केवल 10 गुना कम पैसा कमा रहे हैं, बल्कि टैक्स में भी दो गुना भुगतान कर रहे हैं।

2) क्या आप हर साल अपनी आय को दो गुणा करना चाहते हैं?

वर्तमान परिस्थिति में आप नौकरी करके अपनी आय को अपनी इच्छा के अनुसार बढ़ाने में सक्षम हो पाना बहुत मुश्किल कार्य है। वर्तमान में वेतन वृद्धि औसत 2% है। खासकर, जब से मुद्रा दर 10% ऊपर की ओर जाना शुरू हुआ है। यानी रूपए का वैल्यूएशन दिन प्रतिदिन गिर रहा है। हालांकि, एक व्यवसाय के साथ, पिछले साल की तुलना में अगले साल कई "ग्राहक" प्राप्त करना बहुत आसान है, जो बदले में आपकी आय को दो गुणा से भी ज्यादा कर देता है। अब लोग स्मार्ट हो रहे हैं और अपने स्वयं के व्यवसाय का निर्माण कर रहे हैं।

3) सच्ची आर्थिक आजादी

एक सच्ची आर्थिक आजादी क्या है ? जब आप किसी वास्तु को खरीदते समय उनके मूल्य को नहीं देखते हैं, बस आपको पसंद आया और आपने ले लिया। इसी को आर्थिक आजादी कहते हैं। अपने स्वयं के व्यवसाय के स्वामित्व के लिए शीर्ष कारणों में से एक यह है कि यह आर्थिक आज़ादी की ओर जाता है। यानी, बिना ज़रूरत के बहुत सारे पैसे कमाने में सक्षम होना। नौकरी के साथ समस्या यह है कि आप "पैसे के लिए समय बेच रहे हैं"। इसका मतलब है कि आप कभी भी काम करना बंद नहीं कर सकते क्योंकि यदि आपने ऐसा किया तो आपकी आय भी रुक जाती है। एक व्यवसाय के साथ, आपके पास सैकड़ों ग्राहक होते हैं जो आय उत्पन्न कर रहे हैं। इसका मतलब है कि आप एक महीने के लिए छुट्टी पर जा सकते हैं और जब आप वापस आते हैं तब आप अधिक पैसा कमा सकते हैं।

4) इंटरनेट का उपयोग करें या अपने आप को लात मारें

आज समय है इंटरनेट का जो दुनिया को बदल रहा है। पिछले 50 वर्षों में आप पीछे मुड़ कर देख सकते हैं और सोच सकते हैं कि मैंने इसका सबसे अधिक लाभ क्यों नहीं उठाया? व्यापार शुरू करने के लिए इतिहास में कभी भी बेहतर समय नहीं रहा है और विशेष रूप से ऐसा है जिसमें लोगों के साथ जुड़ना शामिल है। अब आप एक बटन के दबाने के साथ सैकड़ों लोगों से संपर्क कर सकते हैं। इसका फायदा न उठाने पर आप खुद को लात मारेंगे।

5) एक समृद्ध जीवन जीना

नेटवर्क मार्केटिंग इंडस्ट्री के साथ सबसे बड़ा लाभ है— व्यक्तिगत विकास। जिसके बारे में अब तक बहुत से लोगों को पता नहीं है। अपने आप को सफल बनाने के लिए आपको दूसरे लोगों को सफल बनने में मदद करनी होगी। दूसरे लोगों को विकसित होते देखना और बेहतर लोग बनना बहुत फायदेमंद है।

6) क्या आप जनसंख्या का फायदा उठा रहे हैं?

अगर आप वर्तमान समय में इसके बारे में नहीं जानते हैं तो मैं आपको बताना चाहता हूँ कि मानव जाति वर्तमान में तेजी से विस्तार कर रही है। बस "विश्व जनसंख्या वृद्धि" के लिए Google में खोज करें और आप देखेंगे कि विश्व जनसंख्या चार्ट से दूर जा रही है। अब, यह कुछ व्यवसायों के लिए बहुत सारी समस्याएं पैदा करने वाला है, लेकिन नेटवर्क मार्केटिंग जैसे व्यवसायों के लिए बहुत अच्छा है।

7) नौकरी की सुरक्षा क्या है?

पिछले 100 से अधिक वर्षों के लिए, लोगों की सुरक्षा नौकरियों की वजह से जुड़ा हुआ था। आज, अधिक से अधिक लोगों को सिकुड़ते बाजार ने निरर्थक बना दिया गया है। नौकरी में अब सुरक्षा मौजूद नहीं है। लोग अब जीविकोपार्जन के लिए अधिक सुरक्षित रास्ते की तलाश कर रहे हैं। अब सवाल उठता है कि अधिक सुरक्षित क्या है? नौकरी के साथ एक आय स्ट्रीम या सैंकड़ों स्थानों से आने वाली आय, जो आपको ग्राहक आधार होने से मिलती है। आज, नौकरियां अब जोखिम भरा विकल्प हैं।

8) रिटायर अमीर या रिटायर गरीब... अपनी पसंद

पेंशन योजना वाली सरकार ने 1970 में एक महत्वपूर्ण त्रुटि वापस की जब लोग अचानक "चुन सकते हैं" कि वे पेंशन में भुगतान करते हैं या नहीं। अब हमारे पास एक बड़ी समस्या है जहां हर रिटायरमेंट के लिए पर्याप्त पैसा नहीं है। इसके अलावा, हजारों लोग न्यूनतम मजदूरी के आधे पर सेवा निवृत्त हो रहे हैं, जिन्हें एक और आय की आवश्यकता है।

9) अगले 50 वर्षों के लिए काम करना चाहते हैं?

लोगों के पास अब एक स्पष्ट विकल्प है। क्या वे लाखों रूपए के ऋण के साथ विश्वविद्यालय से स्नातक हैं? वे तब या तो नौकरी प्राप्त कर सकते हैं, न्यूनतम मजदूरी के बराबर 50 साल में एक जीवित और सेवा निवृत्त कमा सकते हैं। या फिर वे एक व्यवसाय का निर्माण कर सकते हैं और केवल 3-5 वर्षों के बाद सेवा निवृत्त हो सकते है। यह सूचना युग में सबसे स्पष्ट होने वाला औद्योगिक युग है। जो लोग इसे महसूस करते हैं, वे वही होंगे जो आर्थिक रूप से बड़े पैमाने पर लाभान्वित होंगे।

10) ऋण में जीवन शुरू करना चाहते हैं?

आज की युवा पीढ़ी अपने गले में जंजीरों के साथ जीवन शुरू कर रही है। आज की युवा पीढ़ी के सामने मेरा सवाल है कि क्या आप एक ऐसा जीवन चाहते हैं जो कर्ज से शुरू होता हो और नौकरी करके ऋण को चुकाते-चुकाते मर जाने पर खत्म होता है।या फिर आप एक खुद का व्यवसाय शुरू करना चाहते हैं, जहां 3 साल में आप आर्थिक रूप से स्वतंत्र हो सकते हैं। आपको क्या लगता है कि लोग कहां जा रहे हैं? क्या आप उनकी मदद करने और आर्थिक रूप से लाभान्वित होने के लिए तैयार हैं?

11) क्या आप मास मार्केट के केमिकल उत्पादों का उपयोग करते हैं?

क्या आप जानते हैं कि हम जो भोजन बाजार से खरीदते हैं और व्यक्तिगत देखभाल उत्पादों का उपयोग हम सुपर बाजारों से करते हैं, क्या ये अच्छी क्वालिटी की होती है? —बिल्कुल भी नहीं। और उच्च स्ट्रीट स्टोर आपके लिए बहुत अच्छे नहीं हैं। वे बड़े पैमाने पर उत्पादित होते हैं और उनके लिए लंबे समय तक "शेल्फ लाइफ" को संरक्षक और पैराबेंस से भरा पंप किया जाता है। साइंस और शोधकर्ताएं अब इन्हें कैंसर से जोड़ कर देख रहे हैं। अच्छी नेटवर्क मार्केटिंग कंपनियां वनस्पति आधारित होती हैं जिसका अर्थ है— ऐसे उत्पाद जो वास्तव में आपके लिए अच्छे हैं।

12) क्या आप एक ऐसी आय चाहेंगे जो खुद को बनाए?

जब आप एक बहुस्तरीय विपणन व्यवसाय में एक निश्चित बिंदु पर पहुंचते हैं और आपके पास अपनी टीम होती है, फिर आपका व्यवसाय तब स्वयं का निर्माण करना शुरू कर देता है। आप नौकरी के साथ ऐसा नहीं कर सकते।

यह है कि आप तब छुट्टी पर जा सकते हैं और जब आप वापस जाते हैं तब आप अधिक पैसा कमा सकते हैं। यह लाभ है!

13) अधिक मान्यता और प्रशंसा चाहते हैं?

आप ऐसी कंपनी के लिए कैसे काम करना पसंद करेंगे जहाँ आपकी कड़ी मेहनत को नियमित पहचान और सराहना भी न मिले? अब आप उन लोगों के एक मजबूत समुदाय का हिस्सा बन सकते हैं, जो सभी चाहते हैं कि आप सफल हों क्योंकि यह सभी को सीधे लाभ पहुंचाता है। नौकरी में यह बहुत कम पाया जाता है।

14) 10-6 की नौकरी टूट गई है!

10-6 की नौकरी में केवल एक विजेता होता है और वह है आपका बॉस। कारण आपको केवल 2% वेतन वृद्धि मिलती है। क्योंकि यह सीधे मालिकों की जेब से निकलती है। आप जितना अधिक पैसा कमाएंगे, वह उतना कम पैसा कमाएगा। एक नेटवर्क मार्केटिंग व्यवसाय में, आप जितना अधिक पैसा कमाते हैं, उतना ही अधिक पैसा आपके व्यवसाय के साझेदार बनाते हैं। यह एक सच्ची जीत / जीत पैराडाइम पर आधारित है। यह न केवल भविष्य का बिज़नेस मॉडल है बल्कि यह अभी का बिज़नेस मॉडल है।

15) अपने आपको माइंडेड, फन, महत्वाकांक्षी लोगों की तरह देखें

क्या आप उन लोगों की तरह भाग्यशाली हैं जो मस्त, महत्वाकांक्षी, जैसे दिमाग वाले लोगों से घिरे हुए हैं? ज्यादातर लोग नहीं हैं। नेटवर्क मार्केटिंग बहुत अच्छे लोगों को आकर्षित करता है, जो आपके लिए बहुत फायदेमंद है

क्योंकि आप तब खुद को एक नई संस्कृति में घेर लेते हैं जो आपका समर्थन करती है और आपको सफल बनने में मदद करती है। इसे याद रखें— आप उतना ही कमाएंगे जितना आपके आस-पास के 5 सबसे करीबी लोग कमाते हैं।

16) एक सिकुड़ती नौकरी बाजार

इंटरनेट के बढ़ते उपयोग के कारण, बढ़ती हुई आबादी और अधिक परंपरागत व्यवसायों के बंद हो जाने से लोगों के लिए रोजगार कम हो रहे हैं। इसका मतलब यह है कि नियोक्ता इसका पूरा फायदा उठा सकते हैं और लोगों से उसी पैसे के लिए लंबे और लंबे समय तक काम करने के लिए कह सकते हैं। यह अधिक से अधिक आम होता जा रहा है और लोगों को भय आधारित वातावरण में काम करना पर रहा है। क्या आप ऐसे ही जीना जारी रखना चाहते हैं?

17) बढ़ती कीमतों के साथ खराब हो रही है? - महंगाई!

इसलिए, सरकारी आंकड़े कहते हैं कि मुद्रास्फीति 3% के आस पास है... तो फिर हमारी गैस, बिजली और फोन की कीमतें 10% के करीब क्यों जा रही हैं? यह जानने के लिए आपको गणित में डिग्री की आवश्यकता नहीं है। सच्चाई यह है कि यदि आप प्रत्येक वर्ष 10% वेतन वृद्धि के करीब नहीं पहुंच रहे हैं, तो आप वास्तव में गरीब हो रहे हैं। मुद्रास्फीति एक गुप्त कर है जिसे जनता को महसूस करने के लिए शिक्षित नहीं किया जाता है।

18) नि:शुल्क 5 स्टार छुट्टियाँ प्राप्त करें और एक लक्जरी कार ड्राइव करें

अच्छी नेटवर्क मार्केटिंग कंपनियां अपने सलाहकारों को उनके काम के लिए शानदार प्रोत्साहन देती हैं। इनमें मुफ्त लक्जरी कारें शामिल हैं, जो सभी 5 स्टार छुट्टियों के लिए स्वर्ग द्वीपों और मुफ्त सप्ताहांत के लिए भुगतान करती हैं। अपनी छुट्टियों और कार के लिए क्यों बचाएं जब आपका कार्यस्थल उन सभी को आपके लिए भुगतान करेगा? क्या आपका वर्तमान नियोक्ता आपको यह प्रदान करता है?

19) अमीरों के समान टैक्स ब्रेक्स चाहते हैं?

पार्ट टाइम या फुल टाइम होम बिज़नेस करने से आपको बढ़िया टैक्स इंसेंटिव मिलते हैं जो अमीरों द्वारा इस्तेमाल किए जाते हैं। अचानक, आपके सभी परिवहन, किराए, कंप्यूटर, फोन, कार्यालय उपकरण, कॉफी शॉप के दौरे, भोजन से बाहर, साथ ही कई अन्य चीजें सभी एक कर कटौती योग्य व्यय बन जाती हैं। आप भी कर प्रोत्साहन के लिए उपयोग कर सकते हैं जो अमीर लोगों को उपयोग करने के लिए मिलता है।

20) डोनाल्डट्रम्प, रिचर्ड ब्रैनसन और रॉबर्ट कियोसाकी में क्या आम है?

दुनिया भर के कुछ सबसे बड़े व्यवसायी लोग या तो इसमें शामिल होते हैं या नेटवर्क मार्केटिंग की सलाह देते हैं। जिसमें डोनाल्ड ट्रम्प, रिचर्ड ब्रैंडसन, रॉबर्ट कियोसाकी, स्टीफन कोवे, जिम रोहन और टी हार्व एकर और कई अन्य शामिल हैं। आप किसकी सुनने वाले हैं?

भारत में डायरेक्ट सेलिंग के दिशानिर्देश

खुदरा प्रतिष्ठानों के बाहर वस्तुओं और सेवाओं की बिक्री को विनियमित करना ही— "डायरेक्ट सेलिंग *(मल्टी लेवल मार्केटिंग)*" के रूप में जाना जाता है। जो सीधे विक्रेताओं से सामान और सेवाएं खरीदते हैं, वैसे उपभोक्ताओं को सुरक्षा प्रदान करने के लिए निम्नलिखित दिशा-निर्देश सक्षम प्राधिकरण की स्वीकृति के साथ जारी किए जाते हैं। 26 अक्तूबर 2016 को भारत सरकार द्वारा डायरेक्ट सेलिंग के लिए जो दिशा-निर्देश दिए हैं, उसे आप इंटरनेट के माध्यम से डाउनलोड कर सकते हैं। यह करीब *23* पेज का डॉक्यूमेंट है। मैं इनमे से कुछ खास बिंदुओं के विषय में बताना चाहूंगा —

परिभाषाएंः-

- **डायरेक्ट सेलिंगः** इसका मतलब है कि मुंह के प्रचार, प्रदर्शन और / या माल / उत्पादों के प्रदर्शन, और / या पर्चे के वितरण का उपयोग करके अंत उपयोगकर्ता उपभोक्ता को सीधे माल की बिक्री करना। स्पष्टीकरण: प्रभावी वितरण प्रणाली बनाए रखने के लिए कंपनियां पिक पॉइंट और डिलीवरी पॉइंट खोल सकती हैं।
- **डायरेक्ट सेलिंग एंटिटीः** इसका मतलब है कि समय के साथ लागू होने वाली एक व्यवसायिक इकाई, जिसमें भारतीय कंपनी अधिनियम के तहत विधिवत शामिल की गई कंपनी तक ही सीमित नहीं है, बल्कि एक पंजीकृत भागीदारी फर्म है जो भारतीय भागीदारी अधिनियम के तहत गठित है।
- **डायरेक्ट सेलरः** ऐसे व्यक्ति का अर्थ है जो डायरेक्ट सेलिंग इकाई द्वारा डायरेक्ट सेलिंग के व्यवसाय में संलग्न होने के लिए अधिकृत है।

- **उपभोक्ता:** एक व्यक्ति जो व्यक्तिगत उपयोग के लिए वस्तुओं और सेवाओं को खरीदता है न कि निर्माण या पुनर्विक्रय के लिए, और इसका वही अर्थ होगा जो उपभोक्ता संरक्षण अधिनियम के तहत प्रदान किया गया है।
- **गुड्स / प्रोडक्ट्स:** गुड्स / प्रोडक्ट्स का वही मतलब होगा जो सामानों की बिक्री अधिनियम और जनरल क्लॉज एक्ट, 1897 की धारा 3 (26) में परिभाषित किया गया है। अर्थात् इसमें हर तरह की चल-अचल संपत्ति शामिल होगी जो कार्यवाही केदावों के अलावा है।
- **बिक्री प्रोत्साहन:** बिक्री का अर्थ है— प्रत्यक्ष विक्रेता के लिए देय लाभ का हिस्सा। प्रत्यक्ष विक्रेता और प्रत्यक्ष विक्रय इकाई के बीच अनुबंध में निर्धारित वस्तुओं / उत्पादों की बिक्री को प्रभावित करने के लिए।

अनुमेय प्रत्यक्ष बिक्री के लिए शर्तें : -

- एक प्रत्यक्ष विक्रय इकाई होना चाहिए, उनके पास बिक्री कर / वैट, आयकर, टीडीएस और अन्य लाइसेंस होना चाहिए जो कि व्यापार के सिद्धांत के स्थान के कानून / नियमों के अनुसार आवश्यक हो सकता है।
- कम से कम एक राष्ट्रीयकृत बैंक के साथ बैंक खाता होना चाहिए।
- पार्टनरशिप डीड या मेमोरेंडम ऑफ एसोसिएशन को स्पष्ट रूप से अपने व्यवसाय की प्रकृति को बताना चाहिए। (जिनके पास ऐसे विशिष्ट खंड नहीं हैं, उन्हें एसोसिएशन या पार्टनरशिप डीड का ज्ञापन प्राप्त करना चाहिए, जैसा कि इन दिशा-निर्देशों के प्रकाशन की तारीख से 2 महीने के भीतर किया जा सकता है)।
- सहमत अवधि के अंदर ही सहमत दर पर बिक्री प्रोत्साहन का भुगतान करें।

- आधिकारिक वेबसाइटों में उनके अधिकृत डायरेक्ट सेलर्स के नाम और पहचान संख्या प्रदर्शित करेंगे।
- एक उपभोक्ता शिकायत प्रकोष्ठ होना चाहिए, जो ऐसी शिकायत करने की तारीख से 7 दिनों के भीतर उपभोक्ता शिकायतों का निवारण सुनिश्चित करे।
- वेबसाइट को उपभोक्ता की शिकायतों को परेशानी मुक्त दर्ज करने के लिए स्थान प्रदान करना चाहिए।

नियुक्ति / प्राधिकरण : -

- डायरेक्ट सेलिंग एंटिटी एक निर्धारित प्रारूप में आवेदन की प्राप्ति और जांच करने पर डायरेक्ट सेलर्स की नियुक्ति/अधिकृत करेगी।
- डायरेक्ट सेलिंग एंटिटी और डायरेक्ट सेलर के बीच इस तरह की नियुक्ति के समझौते की रिकॉर्डिंग की शर्तों को निष्पादित किया जाना चाहिए।
- किसी भी आवेदन पर विचार नहीं किया जाना चाहिए जब तक कि इस तरह के आवेदक भारतीय अनुबंध अधिनियम के तहत अनुबंध में प्रवेश करने के पात्र न हों।
- प्रत्येक डायरेक्ट सेलर को डायरेक्ट सेलिंग शुरू करने के लिए लाइसेंस/अनुमति देने से पहले विशिष्ट पहचान संख्या आवंटित की जाएगी।
- डायरेक्ट सेलिंग एंटिटी को डायरेक्ट सेलर्स में शामिल होने के लिए किसी भी व्यक्ति को प्रोत्साहन नहीं देना चाहिए।

निषेधः -

- किसी भी नाम से प्रोत्साहन का भुगतान उनके संबंधित बिक्री की मात्रा से संबंधित नहीं है।
- माल की आपूर्ति/वितरण, इस ज्ञान के साथ हो कि इस तरह के सामान/उत्पाद अवर हैं या निर्माता के अनुसार इसकी वैधता अवधि से अधिक है।
- डायरेक्ट सेलिंग एंटिटी/डायरेक्ट सेलर मनी सर्कुलेशन स्कीम या प्राइज चिट्स एंड मनी सर्कुलेशन स्कीम (बैनिंग) अधिनियम, 1978 द्वारा वर्जित किसी भी अधिनियम में शामिल नहीं होंगे।

सामान्य शर्तें : -

- माल का मुद्रित एमआरपी, पैकेज पर स्पष्ट रूप से प्रदर्शित किया जाना चाहिए।
- व्यक्तिगत डायरेक्ट सेलर्स के खातों को ठीक से बनाकर रखा जाए और वर्ल्ड वाइड वेब के माध्यम से उपलब्ध कराया जाना चाहिए।
- बिक्री प्रोत्साहन को संबंधित नियत तारीखों पर या उससे पहले संबंधित विक्रेता को वितरित किया जाना चाहिए।
- डायरेक्ट सेलिंग इकाई द्वारा बेचे जाने वाले सामान को निर्माता की गारंटी/वारंटी चाहिए। हालाँकि, उपभोक्ता को माल का आदान-प्रदान/वापस करने का अवसर दिया जाना चाहिए। यदि उसे कोई निर्माण दोष लगता है या खरीदा गया उत्पाद उस प्रयोजन के लिए उपयोगी नहीं है, तो खरीद की तारीख से 30 दिनों के भीतर वो उस उत्पाद का आदान-प्रदान/वापस कर सकता है।

सूचना तत्परता (तैयार सूचना फ़ाइल) : -

प्रत्येक डायरेक्ट सेलिंग कंपनी को सभी प्रासंगिक दस्तावेजों के साथ एक फाइल बनाए रखना चाहिए, जिसमें शामिल हैं—

- रजिस्ट्रार ऑफ कंपनी, एमओए और एमओएम द्वारा जारी प्रमाण पत्र।
- टीआईएन, निर्देशकों, टैन, पैन की ज़िराक्स प्रतियां।
- बिक्री कर, सेवा कर, सीएसटी पंजीकरण का प्रमाण पत्र।
- अधिकारियों के पास दाखिल की गई सभी बिक्री कर रिटर्न की प्रतियां।
- अधिकारियों के पास दायर की गई सेवा कर रिटर्न की प्रतियां।
- अधिकारियों के साथ कंपनी के आईटी रिटर्न की प्रतियां।
- वितरकों के टीडीएस विवरण और संबंधित चालान का भुगतान किया गया दस्तावेज़।
- प्रत्येक डायरेक्ट सेलिंग कंपनी को अनिवार्य प्रक्रिया के रूप में केवाईसी/केवाईडीएस (अपने ग्राहक की पहचान / अपने डायरेक्ट सेलर्स की पहचान) को बनाए रखना चाहिए। किसी भी समय सभी वेबसाइटों पर उपलब्ध होने के लिए विशिष्ट प्रारूप प्रदान किए जाते हैं।

शिकायत निवारण तंत्र: -

प्रत्येक डायरेक्ट सेलिंग कंपनी के पास अपने ग्राहकों/डायरेक्ट सेलर्स के किसी भी तरह की समस्या का समाधान करने के लिए एक शिकायत निवारण तंत्र होना चाहिए।

दिशानिर्देशों का उल्लंघन: -

उपरोक्त दिशानिर्देशों का पालन नहीं करने वाली बिक्री गतिविधियों को प्रत्यक्ष बिक्री के रूप में नहीं माना जाएगा और मौजूदा कानूनों के प्रासंगिक प्रावधानों के तहत उचित तरीके से निपटा जाएगा।

जानिए MLM के खिलाफ भारतीय कानूनों के बारे में

भारत में चिट फंड और मनी सर्कुलेशन को विनियमित करने के लिए एक कानून बनाया गया है, जो— "द प्राइज चिट्स एंड मनी सर्कुलेशन स्कीम्स (बैनिंग) अधिनियम, 1978" है। यह अधिनियम प्रस्तावित चेन्नई और मान्यता के प्रस्ताव या अवधारणा को प्रतिबंधित करने के लिए बनाया गया है।

इस कानून के अनुसार मनी सर्कुलेशन स्कीम का अर्थ है—

ऐसी योजना जिसके तहत आसानी से पैसा बनाया जा सके या कोई मूल्यवान वस्तु की प्राप्ति हो सके, किसी घटना के घटित होने पर धन का भुगतान करने के वादे के रूप में पैसे/वस्तु की प्राप्ति हो सके, या आकस्मिक रिश्तेदार या इस योजना में सदस्यों के नामांकन से मिली धनराशि या वस्तु, या वैसी धनराशि या वस्तु जो ऐसी किसी योजना के तहत सदस्यों के प्रवेश से प्राप्त होती है।

अपने MLM को कानूनी बनाने के लिए उपरोक्त सरकारी MLM दिशानिर्देशों पर प्रकाश डाला गया

- कंपनी के टीआईएन, डायरेक्टर्स, टिन, पैन, रजिस्ट्रार ऑफ कंपनीज, एमओए और एमओएम द्वारा जारी सर्टिफिकेट, सभी सेल्स टैक्स रिटर्न्स, आईटी रिटर्न्स, संबंधित चालान का भुगतान किया हुआ वितरकों का टीडीएस विवरण, सर्विस टैक्स रिटर्न्स इत्यादि अथॉरिटीज के पास दाखिल होने चाहिए।

- कंपनी का भारत में कम से कम एक राष्ट्रीयकृत बैंक के साथ बैंक खाता होना चाहिए।
- प्रत्येक डायरेक्ट सेलिंग कंपनी को अनिवार्य प्रक्रिया के रूप में केवाईसी/केवाईडीएस (अपने ग्राहक क जानकारी / अपने डायरेक्ट सेलर्स की जानकारी) को बनाए रखना चाहिए। किसी भी समय सभी वेबसाइटों पर उपलब्ध होने के लिए विशिष्ट प्रारूप प्रदान किए जाते हैं।
- कंपनी को प्रोत्साहन का भुगतान नहीं करना चाहिए जिसका उनकी संबंधित बिक्री से संबंध नहीं हैं।
- व्यक्तिगत डायरेक्ट सेलर्स के खातों को ठीक से बनाए रखा जाए और वर्ल्ड वाइड वेब के माध्यम से उपलब्ध कराया जाना चाहिए।
- आधिकारिक वेबसाइटों में उनके अधिकृत डायरेक्ट सेलर्स के नाम और पहचान संख्या प्रदर्शित होने चाहिए।
- माल का एमआरपी पैकेज पर स्पष्ट रूप से प्रदर्शित किया जाना चाहिए।

पिरामिड स्कीम से तात्पर्य

अंशदाताओं का एक बहुस्तरीय नेटवर्क है, जिसमे अंशदाताओं द्वारा स्कीम में अतिरिक्त अंशदाताओं के कार्य अथवा निष्पादन के लिए भर्ती के परिणामस्वरूप कोई लाभ, प्रत्यक्ष अथवा अप्रत्यक्ष प्राप्त करने के उद्देश्य से एक अथवा अधिक अंशदाताओं को भर्ती किया जाता है। अंशदाता आगे और अंशदाताओं को नामांकित करते है और उच्चतर स्थान प्राप्त कर लेते हैं तथा नामांकित किये गए अंशदाता निम्न स्थान पर होते हैं, इस प्रकार आगे से आगे नामांकन करते हुए वे अंशदाताओं का एक बहुस्तरीय नेटवर्क स्थपित कर लेते हैं।

परंतु पिरामिड स्कीम की उपयुक्त परिभाषा उस स्थिति में लागु नहीं होगी, जब अंशदाताओं द्वारा कोई लाभ, प्रत्यक्ष अथवा अप्रत्यक्ष, प्राप्त करने के उद्देश्य से एक या अधिक अंशदाताओं को नामांकित करके अंशदाताओं का बहुस्तरीय नेटवर्क बनाया गया हो, जहां वस्तुओं अथवा सेवाओं का लाभ अंशदाताओं को बिक्री अथवा उपभोग के परिणामस्वरूप प्राप्त होता हो और वित्तीय प्रबंध निम्नलिखित सभी बातों के अनुरूप हों:-

क) इसमें प्रत्यक्ष बिक्रीकर्ता द्वारा नए प्रतिभागियों की भर्ती/नामांकन के लिए किसी प्रकार का पारिश्रमिक अथवा प्रोत्साहन प्राप्त नहीं किया जायेगा।

ख) यह निम्नलिखित वस्तुओं अथवा सेवाओं की खरीद के लिए अनिवार्य रूप से भागीदार की अपेक्षा नहीं करता है :-

i) उस राशि के लिए जो अनुचित रूप से अधिक है जिस पर ऐसी वस्तुओं अथवा सेवाओं को उपभोक्ता को बेचे जाने अथवा पुनः बेचे जाने की संभावना हो सकती है;

ii) वस्तुओं अथवा सेवाओं की उस मात्रा के लिए जो अनुचित रूप से उस राशि से अधिक है जिस पर उपभोक्ता के लिए उपभोग किए जाने, अथवा बेचे जाने अथवा पुनः बेचे जाने की संभावना है।

ग) इसमें भागीदार से भागीदारी सम्बन्धी किसी प्रविष्टि/पंजीकरण शुल्क, बिक्री प्रोत्साहन साधनों और सामग्री की लागत अथवा किसी अन्य शुल्क की अपेक्षा नहीं की गई है।

घ) यह भागीदार से भागीदारी की "भौतिक शर्तों" का वर्णन करते हुए, लिखित संविदा उपलब्ध करता है।

ङ) यह भागीदार को स्कीम में भाग लेने अथवा भागीदारी को रद्द करने के लिए उचित उपशमन अवधि की अनुमति अथवा व्यवस्था करता है और प्रचालनों में भाग लेने के लिए विचारधीन अवधि के लिए प्रतिदाय करता है।

च) यह उचित संदर्भों पर, भागीदार के अनुरोध पर भागीदार को बेचीं जाने वाली "वर्तमान में विपणन योग्य" वस्तुओं अथवा सेवाओं की वापसी खरीद अथवा पुनः खरीद की अनुमति अथवा व्यवस्था करता है।

छ) इसमें उपभोक्ताओं के लिए एक शिकायत निवारण तंत्र की व्यवस्था है जिसका उल्लेख इसके खंड 7 में स्पष्ट रूप से किया गया है।

नेटवर्क मार्केटिंग बदनाम क्यों

इतने वर्ष के बीत जाने के बाद आज भी भारत में नेटवर्क मार्केटिंग की रफ़्तार बहुत ही धीमी है। इसके पीछे क्या कारण हो सकता है इसे जानने की कोशिश करते हैं। लेकिन इससे पहले ये जानना जरुरी है कि डायरेक्ट सेलिंग या नेटवर्क मार्केटिंग के विषय में आम लोगों की क्या सोच है।

डायरेक्ट सेलिंग का कॉन्सेप्ट भारत में सन 1995 में आया। लेकिन इसकी बिज़नेस से जुड़ी गतिविधियां सन 1998 में शुरू हुई। इतने वर्ष बीत जाने के बावजूद भारत में अभी भी यह एक नया उद्योग हैं। लेकिन अमेरिका में अब यह एक स्थापित बिज़नेस बन गया हैं और हर कोई इसके सामर्थ्य और ताकत को समझ चुका है। भारत में इस उद्योग को लेकर लोगों में अभी भी भ्रम की स्थिति बनी हुई हैं। यहाँ लोग जागरूक नहीं हैं, ज्यादातर लोग इस इंडस्ट्री के बारे में सही से जानते तक नहीं हैं और नहीं जानने के कारण ये इंडस्ट्री अभी भी घिस - घिस कर चल रही है।

डायरेक्ट सेलिंग के गाइडलाइन्स आने के पहले भी और आज भी बहुत से लोग इसका फायदा उठा रहे हैं। स्किन टाइप कार्यक्रम चला कर मनी रोटेशन, चिटफंड टाइप का काम चला कर, उन्हें डायरेक्ट सेलिंग या नेटवर्क मार्केटिंग का नाम दे दिया गया था। जिसकी वजह से बहुत सारे लोग इन फर्जी कंपनियों के फंदे में फंस गए। चिटफंड कंपनी होने की वजह से लोगों को बहुत लालच भी दिखाया गया था क्योंकि उनको तो किसी भी तरह से पैसा लूटना था और उन्हीं लालच की वजह से बहुत से लोग जैसे-तैसे करके इसमें पैसा जमा किये थे। किसी ने उधार लेकर तो किसी ने अपनी जमीन बेचकर या गिरवी रखकर, तो किसी ने लोन लेकर, तो किसी ने और भी अलग तरह से इन फर्जी कंपनी में अपना पैसा लगाया था। शुरू में कुछ लोगों ने बहुत पैसे भी कमाए। इससे उन लोगों में और अधिक विश्वास हो गया। इसी विश्वास के कारण और भी बहुत लोगों से प्रतिनिधियों ने बड़े-बड़े वादे किये।

जैसे- अगर कंपनी भाग गया तो हम अपने जेब से आपको पैसा भर देंगे। कुछ लोगों ने कहा कि हम अपनी जमीन बेच कर पैसे लौटा देंगे, किसी ने इस तरह की बड़ी-बड़ बातें की, जिस वजह से लोगों को इसपर और ज्यादा यकीन हो गया। फिर लोग भी लालच में आकर इसमें बहुत सारे पैसे लगा दिए। इन फर्जी कम्पनी ने नेटवर्क मार्केटिंग का नाम इस्तेमाल किया था।

फिर क्या था, उनका काम तो लोगों को लूट कर अपना जेब भरना ही था। इसलिए उन कंपनियों ने लोगों को लालच दिखाया। अब कंपनी के पास बहुत सारे पैसे भी आ गए थे। उसके बाद शुरू हुआ असली खेल। कंपनी नाटक करने लगी और अलग-अलग बहाना बनाने लगी। फिर कुछ दिनों बाद कंपनी बंद हो गई, कम्पनी भाग गई और लोगों के लाखों रुपये डूब गए।

इन सब में बदनाम कौन हुआ ? इन फर्जी कंपनियों की वजह से नेटवर्क मार्केटिंग बदनाम हो गया। उसके बाद फिर से मार्केट में दूसरी कंपनी आ गई और उन्होंने लोगों से वादा किया कि उनका नुकसान इस कंपनी से अच्छा प्राफिट में बदल जाएगा और यह कंपनी उनका साथ देगी और भी बहुत सारे वादे किये उन्हें भरोसा दिलाने के लिए। लोगों ने फिर से भरोसा किया और फिर से पैसा जुगाड़ करके फिर कुछ लोगों ने इस कंपनी में अच्छा पैसा लगाया और टीम बनाया फिर इनकम आना भी शुरू हो गया। लोगों के भरोसे और बढ़ गए, लोगों ने और पैसा लगाया लेकिन आगे क्या हुआ ये सभी जानते हैं। कंपनी के पास बहुत सारे पैसे इकट्ठे हो गए। फिर से कंपनी अलग-अलग नाटक करना शुरू कर दी। फिर कुछ दिन बाद कम्पनी भाग गई। लेकिन फिर से बदनाम कर गए— नेटवर्क मार्केटिंग को।

इस तरह से चिट फंड कंपनियों ने मार्केट में डायरेक्ट सेलिंग के नाम पर नेटवर्क मार्केटिंग को ही बदनाम कर दिया और अपना जेब भरने लगे। ऐसा पहले तो हुआ ही था पर आज भी कई लोग इस तरह की चिट फंड कंपनी चला रहे हैं। और

बदनाम नेटवर्क मार्केटिंग को कर रहे हैं। इन फर्जी कंपनियों से डायरेक्ट सेलिंग इंडस्ट्री का दूर-दूर तक कोई रिश्ता नहीं हैं।

डायरेक्ट सेलिंग और नेटवर्क मार्केटिंग बिज़नेस एक बहुत ही अच्छा और बहुत ही बड़ा बिज़नेस हैं। यह एक ऐसा कार्यक्रम हैं जिसमें लोग बिना कोई रिश्क के, बिना किसी इन्वेस्टमेंट के, बिना किसी ज्यादा शिक्षा के लाखों करोड़ों इनकम कर सकते हैं। इसलिए आज पूरे विश्व के बड़े-बड़े लोग इस कांसेप्ट के बारे मैं बहुत तारीफ़ करते हैं। जिसके बारे में आप गूगल कर सकते हैं। यह बड़े-बड़े लोग कौन हैं? नेटवर्क मार्केटिंग का भविष्य बहुत ही उज्जवल हैं लेकिन इसके लिए सही डायरेक्ट सेलिंग कंपनी को चुनना होगा। चिट फण्ड और मनी रोटेशन जैसी स्कीम टाइप कंपनियों से हमें बचना होगा। तभी यह मार्केट भारत में भी बहुत सारे लोगों के सपनों और जरूरतों को पूरा करन शुरु कर सकेगा। इसलिए सही कंपनी को चुनें और दिल से काम करें।

इस व्यवसाय से आप क्या पा सकते हैं

ऐसे बहुत सारे कारण हैं जिसकी वजह से आज दुनिया के लगभग सभी देशों में ज्यादा से ज्यादा लोग नेटवर्क मार्केटिंग से जुड़ना चाहते हैं। क्योंकि ये एक ऐसा मंच है जो आपको वो सभी चीजें दे सकती है जो आप चाहते हैं। उनमे से कुछ प्रमुख हैं —

1. खुद का बॉस होना
2. निष्क्रिय आमदनी
3. अमीर होना
4. भविष्य की सुरक्षा
5. हर सपनों को पूरा करें, जैसे- गाड़ी, मकान, अंतरराष्ट्रीय छुट्टियां
6. मंच में प्रदर्शन करना
7. अपनी पहचान और प्रतिष्ठा
8. अपने अनुसार जीवन जीना
9. अपने व्यक्तित्व का विकास
10. अपने समाज और देश के विकास में योगदान
11. कम उम्र में सेवा से निवृति
12. परिवार के साथ भरपूर समय बिताना
13. आर्थिक रूप से स्वतंत्र होना
14. खुद का सामाजिक चक्र विकसित करना
15. लोगों की मदद करना

इस व्यवसाय की कुछ खास विषेशताएं

1. यह व्यवसाय एक ग्राहक के रूप में शुरू किया जाता है, जो हम कहीं न कहीं से खरीदते हैं।
2. इस व्यवसाय को छोड़ने से हमें कोई नुकसान नहीं होता, क्योंकि इसमें पूँजी लगाने वाली ऐसी कोई बात नहीं होती है। कोई ऑफिस या गोडाउन की जरुरत नहीं होती है। इस व्यवसाय को करने के लिए किसी स्टाफ की जरुरत नहीं होती है।
3. इस व्यवसाय में रूपए फंसना, बकाया, बैंकों का झोल-झाल, इलेक्ट्रिसिटी या किसी भी परंपरागत व्यवसाय की कोई समस्या नहीं होती है।
4. सिर्फ कुछ घंटे ही निकालने पड़ते हैं वो भी हमारे खुद के अनुसार।
5. ज़िन्दगी बदलने वाली ट्रेनिंग और सपोर्ट सिस्टम।
6. ऐसे दोस्त मिलेंगे जो अनजान होने के बावजूद आपको अपने सपनों को पूरा करने में मदद करेंगे।
7. एक निष्क्रिय आमदनी की जगह।
8. वर्तमान नौकरी या व्यवसाय को छोड़ने की जरुरत नहीं।
9. टैक्स में छूट।

इस व्यवसाय में असफलता के कारण

हर इंसान ज़िन्दगी में सफल होने की इच्छा के साथ इस व्यवसाय में आते हैं। पर बहुत कम लोग ऐसे होते हैं जो सफल हो पाते हैं। वजह बहुत ही मामूली है, सफलता की शुरुआत ही "असफलता" से होती है, लेकिन ज्यादातर लोग जिन कारणों से सफलता को प्राप्त नहीं कर पाते हैं वो कारण है —

1. गलत धारणायें बना लेना

अक्सर देखा गया है कि अधिकतर लोग जब इस व्यवसाय के सिस्टम को समझते हैं, उनके मन में कुछ गलत धारणायें जन्म लेने लगती है। उनमे से ये प्रमुख है —

- मेरा इतना दिमाग नहीं है।
- ये आसान नहीं लग रहा है, क्या पता कर पाऊंगा या नहीं।
- मुझे लगता है कोई इसे करने को तैयार नहीं होगा।
- मैं इस लायक ही नहीं हूँ।
- मैं समय नहीं दे पाऊँगा।
- लोग क्या कहेंगे।

लेकिन अगर आप इस व्यवसाय को ध्यान से समझने का प्रयास करें। कुछ किताबों का अध्ययन करें या इस व्यवसाय से जुड़े कार्यक्रमों में भाग लें। तब आप भांति समझ पायेंगे कि आपने सिर्फ गलत धारणायें बना रखी हैं जिसे आप तोड़कर इस व्यवसाय को सुचारू कर सकते हैं।

वैसे, जब भी हम किसी भी नयी चीजों के विषय में लोगों से सुनते हैं तो ह्यूमन नेचर के कारण हम सबसे पहले गलत धारणायें ही बना लेते हैं। जब इस बात का खुलासा होता है तब जाकर आपको सही चीजें समझ में आने लगती है।

जब कोई बंदा आपके पास इस व्यवसाय को लेकर आता है उस समय आपके मन में जो भी धारणायें हैं उसपर आप खुलकर बात कीजिये। क्योंकि इन गलत धारणाओं के चलते अगर आप इस व्यवसाय को छोड़ देते हैं तो आपकी जो भी गलत धारणायें हैं वो अपना जड़ और मजबूत कर लेती है। इसलिए आपको गलत धारणायें नहीं बनानी है और अगर इस प्रकार की धारणाएँ बनती भी हैं तो उसपर खुल कर बात कर लें, फिर आपके लिए सब कुछ आसान हो जायेगा।

2. बड़े सपनों की कमी या उन सपनों के पीछे मजबूत कारण का न होना

हर इंसान का अपना एक सपना होता है लेकिन सपनों को पूरा करने के पीछे कोई मजबूत कारण नहीं होता है। कुछ लोग अपने आपको कोल्हू का बैल समझ बैठते हैं और पिसते रहते हैं, शिकायतें करते रहते हैं लेकिन न तो आँखों में सपने हैं न ही उन्हें पूरा करने की कोई खास वजह। लोग अमीर तो बनना चाहते हैं लेकिन उसके लिए प्रतिबद्ध नहीं होते।

3. इस व्यवसाय को गंभीरता से न लेना

अधिकतर लोग इस व्यवसाय में आ तो जाते है लेकिन गंभीर रूप से इसे नहीं लेते हैं। ज्यादातर लोग नौकरी-पेशा वाले होते हैं तो जाहिर है इसे वे पार्ट टाइम की तरह लेते हैं। और ये सोचते हैं कि चलो सैलरी से इतना पैसा तो आ ही जाता है और थोड़ा बहुत यहाँ से निकाल लेंगें। यही सोचकर जो भी समय उनके पास होता है वे इसे या तो सोशल मीडिया में, TV देखने में, सोने में और गप्पे मारने में गवाँ देते हैं। आज का काम कल पर, कल का काम परसों

पर टालते रहते हैं। ऐसे लोग तो अपनी सूचि तक तैयार नहीं करते। एक सूचि तैयार करने में उनलोगों को 6 - 6 महीने लग जाते हैं और कुछ महारथी ऐसे भी हैं जो अपने दिमाग में ही सारी चीजें रखते हैं।

सीधी सी बात है चाहे वो नौकरी हो या व्यवसाय हो, अगर आप अपने काम के प्रति गंभीर नहीं हैं तो आप कुछ नहीं कर सकते। धीरे-धीरे ये व्यवसाय उनके दिमाग से हवा हो जाता है और ऐसे लोग ही दूसरों से कहते हैं कि— "मैंने भी करके देखा है, कुछ नहीं होता।"

4. बिना पूंजी का व्यवसाय

जबकि ये व्यवसाय बिना पूंजी का होता है और इसमें परंपरागत व्यवसाय जैसी कोई समस्याएँ नहीं होती है। जैसे पूंजी का फंसना, न तो स्टाफ को पैसे देने की टेंशन, उधार - बाकी इत्यादि। तो कुछ लोगों को लगता है, अपना क्या गया? जब सिस्टम से जुड़े थे उस समय पैसे के बदले सामान मिल ही गया था अब करें या न करें क्या फर्क पड़ता है। जैसे ही संघर्ष का समय आता है, वैसे ही दुम दबाकर भागने लगते हैं।

5. ऐसी उम्मीदें जिसका वास्तविकता से कोई सम्बन्ध नहीं होता

कुछ लोग सोचते हैं कि यह व्यवसाय कोई लॉटरी का टिकट है। उसे खरीदकर इन्तजार करते रहते हैं कि अब मेरा अपलाइन सारा काम कर देगा। कुछ लोगों को कुछ भी बोलकर ले आते हैं और ये सोच लेते हैं कि अब उनका काम हो गया। अब बाकि का काम मेरे अपलाइन करेंगे। हम दो, हमारे दो, फिर उनके दो-दो और फिर हम करोड़पति।

वहीं कुछ डिस्ट्रीब्यूटर्स ऐसे भी होते है, वे लोग जब अपने गेस्ट से बात करते हैं तब कहते हैं कि, "अरे, एक साइड आपको सोचने की जरूरत नहीं है। एक साइड आपको पूरा पावर मिलेगा। बस दो-दो लोग सब लोग ले आएंगे और कुछ महीनो में हमारा हजारों लोगों का नेटवर्क होगा।" अब ऐसी बातों

को सुनकर लोग सोचेंगे कि चलो ठीक है, ज्यादा मेहनत नहीं करना होगा। पर जब कुछ मीटिंग्स होने के बाद पता चलता है कि इसमें तो काफी मेहनत है। इसके बाद उनका मोबाइल ही नॉट रीचबल हो जाता है।

ऐसे लोग, जब तक ये समझें कि इस व्यवसाय ने कितने लोगों की ज़िन्दगी को बदल दिया है, उससे पहले ही इनकी बत्ती गुल हो जाती है।

6. सिस्टम के अनुसार काम न करना

कुछ लोगों को सब पता होता है कि इस व्यवसाय को कैसे करना है। ये लोग सिस्टम को बिना समझे ही मैदान में कूद जाते हैं। अपना पूरा दिमाग लगा देते हैं और शॉर्टकट तरीका ढूंढ़ने लग जाते हैं।

कुछ लोग तो ऐसे भी होते हैं जो अपने घर के बाहर पोस्टर/बैनर लगा लेते हैं और सोचते हैं कि अब लोग अपने आप आ जायेंगे। मैंने तो यहाँ तक देखा है कि लोग फेसबुक में पोस्ट करते हैं या लीफलेट बांटते हैं— "घर बैठे कमायें, अभी संपर्क करें"। इन्हें सब जानकारी होती है।

ये लोग मीटिंग अटेंड नहीं करते, ट्रेनिंग अटेंड नहीं करते और अगर कभी एक किताब खरीद भी लेते हैं तो बेचारा किताब टेबल के कोने में पड़ा-पड़ा बीमार होने लगता है। फिर या तो चूहे पढ़ने के लिए ले जाते हैं या रद्दीवाले के पास बेच दिया जाता है।

यदि आप इस व्यवसाय की तुलना किसी अन्य व्यवसाय के साथ करते हैं तो आपको इस व्यवसाय में हर चीज सकारात्मक दिखायी देगी। इस इंडस्ट्री की जो भी विशेषताएँ हैं, वो कमाल के सिद्धांतों पर आधारित है, काम करने का जो सिस्टम यहां है वो और कहाँ।

सिर्फ ये विश्वास कीजिये कि आप सबसे अच्छी टीम के साथ, सही कंपनी में, सही व्यवसाय, सही समय में कर रहें हैं। अगर आप अपना *100%* इस

व्यवसाय को देते हैं तो मैं दावे के साथ कह सकता हूँ कि इसके जैसा दूसरा कोई नहीं है। सफलता आपकी कदम चूमेंगी।

तीन सवाल :-

1. क्या आपके सपने हैं? और उन सपनों के पीछे इस व्यवसाय को करने का कोई मजबूत कारण है?

2. क्या आप कुछ सीखने और खुद को बदलने के लिए तैयार हैं?

3. क्या आप ये वादा करते हैं कि आप कम से कम 2-3 साल इस व्यवसाय में अपना 100 % योगदान देंगें?

यदि इन प्रश्नों के उत्तर "हाँ" है, तो एक बार मेरी तरफ से अपने पीठ को थपथपा लीजिये और इस बात पर विश्वास रखिये कि ये बिज़नेस आपके हर सपनों को पूरा करेगा।

नेटवर्क मार्केटिंग में सफलता के सिद्धांत

नेटवर्क मार्केटिंग दुनिया का सबसे खूबसूरत व्यवसाय है। जो ऐसे सिद्धांतों पर आधारित है जो मनुष्यता के जीवन में खड़े उतरे हैं। इस अध्याय में मैं कुछ ऐसे ही सिद्धांतों के विषय पर चर्चा करूँगा जिसकी जानकारी आपको हैरान कर देंगी। ऐसे सिद्धांत जिसपर अमल करके एक साधारण व्यक्ति अत्यंत ही प्रतिभावान बन सकता हैं। अगर आप इन सिद्धांतों को अपने जीवन में उतार लें तो निश्चित रूप से सफलता आपके पास दौड़ी चली आयेगी—

आत्मविश्वास

आत्मविश्वास हर इंसान में मौजूद एक ऐसी क्षमता है जो किसी भी कार्य को करने के लिए बहुत ही जरुरी होता है। जब आप किसी कार्य को पूर्ण विश्वास और निष्ठा के साथ करते है तो उसमें आप सफलता प्राप्त करते हैं। इस व्यवसाय में आपके पग-पग में समस्याएं आयेंगी लेकिन आपको आत्मविश्वास के साथ, अडिग रहकर, शांत रहकर, निरंतर अपने कार्य को करते रहना होगा। खुद में संतुलन बनाकर चलना होगा। ये बात 100% सत्य है कि कोई भी व्यक्ति चाहे कितना भी बुद्धिमान क्यों न हो, बिना आत्मविश्वास के वह सफलता प्राप्त नहीं कर सकता है।

जहाँ मैं आत्मविश्वास की बात कर रहा हूँ वहीं ये भी जानना जरूरी है कि—अतिआत्मविश्वास क्या है?

आत्मविश्वास जीवन में खुशियाँ लाती है, सम्मान लाती है, सफलता लाती है लेकिन जरूरत से ज्यादा आत्मविश्वास आपके लिए दुःख, परेशानी, अपमान और

असफलता भी लाती है। आत्मविश्वास और अतिआत्मविश्वास में जरा सा फर्क होता है : आत्मविश्वास में अहम् का अभाव होता है लेकिन अतिआत्मविश्वास में अहम् का समावेश होता है। उदहारण के तौर पर —

जैसे आपसे किसी ने पूछा कि भाई क्या तुम इस काम को कर सकते हो? तो उसका जवाब होता है :-

आत्मविश्वास के कारण : इस काम को समझ कर, मैं कर सकता हूँ।

अतिआत्मविश्वास के कारण : हाँ-हाँ एकदम कर सकता हूँ, आराम से कर सकता हूँ।

आइये कुछ और उदाहरण लेते हैं :-

आलोचना स्वीकार नहीं करते हैं: गलती हर इंसान से होती है, लेकिन अतिआत्मविश्वासी लोग उसे ग्रहण नहीं करते है लेकिन जो लोग आत्मविश्वासी होते हैं, वे अपनी गलतियों से सीखकर आगे बढ़ते हैं।

खुद को सबसे ज्यादा प्रभावशाली समझना: आप अपना कार्य अच्छी तरह से कर रहे हैं, ये आत्मविश्वास है, लेकिन यदि आप ये मानते है कि सिर्फ आप ही अपना काम सही ढंग से करते हैं तो ये आपका अतिआत्मविश्वास ही है।

खुद को अति महत्वपूर्ण समझना: खुद को महत्वपूर्ण समझना और अपना सम्मान करना अच्छा है पर अगर आप अपने आपको जरूरत से ज्यादा महत्वपूर्ण मानते हैं और यह समझते हैं कि कोई भी काम आपके बिना नहीं हो सकता तो ये अतिआत्मविश्वास ही है।

दूसरों का मजाक बनाना: ज़िन्दगी में हँसी-मजाक जरूरी है पर वहां तक जिससे किसी के आत्मसम्मान को ठेस न पहुंचे। किसी को नुकसान न हो। आत्मविश्वास से भरपूर लोग भी हँसी-मजाक करते है लेकिन एक दायरे में रहकर और अतिआत्मविश्वासी लोग हमेशा दूसरों का मजाक बना देते हैं।

आप एक आत्मविश्वासी व्यक्ति बनें, दूसरों का सम्मान करें, आलोचनाओं को स्वीकार करें, निरंतर आगे बढ़ें और गलतियों से सीखते चलें। ताकि आप में जरूरत से ज्यादा आत्मविश्वास उत्पन्न न हो सके। आत्मविश्वास उसी व्यक्ति के पास होता है जिसके पास दृढ़ निश्चय, मेहनत करते की क्षमता, लगन, साहस, धैर्य, वचनबद्धता आदि संस्कारें होती हैं। यदि आपका आत्मविश्वास कभी-कभी डगमगाता है तो इन उपायों को करें :-

- स्वयं पर विश्वास करें।
- छोटे-छोटे लक्ष्य बनायें।
- वचनबद्ध बनें।
- खुश रहें।
- आसान कामों को पहले करें।
- सकारात्मक सोच रखें।
- असफलता से न डरें बल्कि उसके कारणों को ढूंढ कर ख़त्म करें, आगे बढ़ें।
- इस बात को याद रखें, नामुमकिन कुछ नहीं होता है।
- आप ये न सोचें कि लोग आपके बारे में क्या सोचेंगे।
- सच के साथ रहें, ईमानदार रहें, प्रकृति से जुड़ें, जरूरतमंद लोगों की मदद करें।
- गलत संगत न करें, नशीली पदार्थों का सेवन न करें।
- वह कार्य करें जिसमें आपकी रूचि हो, लेकिन किसी का नुकसान न हो।
- अपने पहनावा अपने प्रोफेशन के हिसाब से रखिये।
- लोगों से अच्छा व्यवहार रखें।

- प्रेरणादायक सेमिनार में जाएँ, अच्छी पुस्तकें पढ़ें, महान लोगों की जीवनी को पढ़ें।
- वर्तमान में जियें।
- ध्यान या योग करें या हल्का-फुल्का नित्य व्यायाम करें।
- चिंतामुक्त रहें।
- आत्मनिर्भर बनें और लोगों को भी बनायें।
- जो चीज आपके नियंत्रण के बाहर हो उसके विषय में न सोचें।
- दृढ़निश्चय करें।

यदि आपको अपने चुने हुए रास्ते पर विश्वास है

इसपर चलने का साहस है

और मार्ग की हर कठिनाइयों को जीतने की शक्ति है

तो आपका सफल होना निश्चित है।

समर्पण

उद्देश्य के प्रति समर्पण ही, सफलता सुनिश्चित करता है

- Rudolf Diesel

जीवन में प्रायः हर इंसान सफलता पाना चाहता है, लेकिन सफलता क्या चाहती है? सफलता चाहती है— "समर्पण", "पूर्ण निष्ठा" और "लगन"। इसी के फलस्वरूप

किसी को सफलता हासिल होती है। आज इस दुनिया में जो भी लोग सफल हुए हैं वे अपने कार्य के प्रति हमेशा समर्पित रहे हैं। जब आप किसी लक्ष्य प्राप्ति की ओर अग्रसर होते हैं तो उसे पूरा करने के लिए दिन-रात एक करना पड़ता है। अपने लक्ष्य प्राप्ति के लिए सकारात्मक सोच का होना बहुत जरूरी है। एक ऐसी सोच जो जीवन के दिशा और दशा दोनों को बदलकर रख देती है। जब आप किसी कार्य को पूर्ण समर्पण भाव से करते हैं तो आपके अंदर और भी बहुत सारी शक्तियों का उत्सर्जन होता है, संचार होता है, जिससे इंसान की कर्तव्यपरायणता, उसका चरित्र बल, उसका आचार-विचार, उसकी सामाजिक व्यवहारिकता, ये सब मिलकर उस व्यक्ति को सफल बनाते हैं।

एक कहावत है कि— "जैसी दृष्टि, वैसी सृष्टि"।

यानि, क्षेत्र चाहे जो भी हो, चाहे शिक्षा का हो, साधना का हो, व्यवसाय का हो, सामाजिक हो या राजनीतिक हो, यदि आपकी दृष्टि सही है तो व्यक्ति लक्ष्य भेदने में सफल हो जाता है। भारतीय मूल की कल्पना चावला और सुनीता विलियम्स ने विज्ञान के क्षेत्र में देश का नाम रोशन किया। चाहे वो खेल हो, विज्ञान हो, साहित्य हो, धर्म-अध्यात्म या फिर कोई भी क्षेत्र हो, उसमें त्याग और समर्पण नितांत आवश्यक है।

विकलांगता शारीरिक नहीं होती है, मानसिक होती है। व्यक्ति अपने विचारों से, अपनी सोच से, जिस क्षेत्र में चाहे सफल होकर कीर्तिमान स्थापित कर सकता है। एक छोटी सी कहानी मैं बताना चाहूंगा —

बात बहुत पुरानी है। जापान में एक कारखाना था। उसमे बहुत से मजदूर काम करते थे। वहां मौजूद सभी मजदूर बड़ी लगन से काम करते थे। एक मजदूर था जिसके पास केवल एक ही काम था। वह हर मशीन में केवल चार स्क्रू फिट करता था।

एक दिन, एक विदेशी उस कारखाने को देखने आया। उसने देखा सभी अपना-अपना काम बड़ी निष्ठा से कर रहे थे। तभी उसकी नज़र उस स्क्रू लगाने वाले मजदूर पर पड़ी। उसने देखा कि वह मजदूर चार स्क्रू भी बड़ी एकाग्रता से फिट कर रहा था। वह विदेशी उस मजदूर के पास गया और पूछा कि—

"इस काम में ऐसा क्या है जो तुम इतने एकाग्र होकर कर रहे हो?"

तब उस मजदूर ने उत्तर दिया—

"जब यह मशीन विदेश जाएगी और इसका एक भी स्क्रू ढीला नहीं रहना चाहिए। इसके सभी स्क्रू ठीक तरह से लगे होने चाहिए नहीं तो बाद में लोग कहेंगे कि जापानी मशीन ऐसी ही होती है। मैं नहीं चाहता कि मेरे देश के सम्मान में कोई ऊँगली उठाये। इसलिए मैं अपना काम एकाग्र होकर करता हूँ और अपने काम पर मुझे पूरा भरोसा है।"

ये बात सौ फीसदी सही है कि जापान में ऐसे अनगिनत मजदूर हैं जिन्हें अपने काम पर पूरा भरोसा है। तभी विनाश की राख से उठकर जापान फिर से खड़ा हो गया। अगर कोई इंसान किसी काम में अपना तन, मन, धन अर्पण कर दे और अपनी सारी शक्ति और कुशलता लगा दे, त्याग और समर्पण के साथ पूरी निष्ठा में जुट जाए तो सफलता उसके सामने खुद अपने घुटने टेक देगी।

जुनून और ज्वलंत अभिलाषा

जब तक तोड़ेंगे नहीं, तब तक छोड़ेंगे नहीं

- दशरथ मांझी

जुनून

जुनून दिमाग की एक ऐसी अवस्था होती है, जो किसी भी इंसान को उसके सोचे हुए काम को पूरा करने के लिए बाध्य कर देती है। जब तक वो काम पूरा नहीं होता तब तक वो इंसान उस काम को बिना रुके, बिना थके, नींद, भूखे, प्यासे लगातार करता रहता है। इसका जीता जागता उदहारण है— दशरथ मांझी।

जिसने केवल अपने जुनून की बदौलत 16 वर्षों तक लगातार मात्र एक छेनी और हथोड़ी के सहारे एक पूरे पहाड़ को तोड़कर एक रास्ता तैयार कर दिया। इस सच्ची घटना को एक फिल्म का रूप भी दिया गया है। फिल्म "मांझी" आपको जरूर प्रेरित करेगी।

बिना जुनून के साथ किया गया कोई भी काम आपको कठिन लगता है। जबकि इसी काम को यदि आप एक पैशन यानि जुनून के साथ करते है तो आपके भीतर एक अद्‌भुत क्षमताओं का विकास होता है और आप कठिन से कठिन काम भी आसानी के साथ कर जाते हैं।

साल 1989 में पाकिस्तान के खिलाफ सियालकोट के उस मैच को भला कौन भूल सकता है, जब खेल के दौरान बॉल से चोट लगने के कारण 16 साल के सचिन तेंदुलकर का जबड़ा और नाक टूट गया था। क्रिकेट के दिग्गज कपिल देव और रवि शास्त्री के साथ-साथ वहां मौजूद डॉक्टरों ने भी उन्हें आराम करने की सलाह दे डाली थी। पर इन सबकी परवाह किये बिना सचिन मैदान में डटे रहे और शतक ठोक कर ही मैदान से बाहर निकले।

इसलिए कहते हैं कि— जब जूनून पैदा होता है तो ऊर्जा अपने आप आपके भीतर समां जाती है।

जुनून एक ऐसा शब्द है, जो मन में जज्बात पैदा करता है। यह जज्बात कुछ कर गुजरने के लिए होते हैं, जो आपको साधारण से अलग असाधारण की श्रेणी में लाकर

खड़ा कर देते हैं। इससे एक सकारात्मक दृष्टिकोण का विकास होता है। जो प्रत्येक नकारात्मक चीजों को सकारात्मकता में तब्दील कर देता है।

ज्वलंत अभिलाषा

जब आप कामयाबी के लिए उतना तड़पेंगे,

जितना आप साँस लेने के लिए तड़पते हैं,

तब आप सफल हो जायेंगे।

हम सभी चाहते हैं कि हम कामयाब हो जाएं और अपने लक्ष्य को हासिल कर लें। लेकिन न जाने क्यों, कोई भी चुनौती आने पर हमारे सपने धुंधले पड़ने लगते हैं और हम घुटने टेक देते हैं। लेकिन कुछ ऐसे भी लोग हैं जो अपनी अभिलाषा को ज्वलंत अभिलाषा में बदल देते हैं और बन जाते हैं— "अजेय"।

इसी विषय पर एक कहानी बताता हूँ —

महान दार्शनिक सुकरात से एक बार एक युवक मिलने आया। उसने सुकरात से सफलता पाने का उपाय पूछा। सुकरात ने उसे अगले दिन आने को कहा। अगले दिन उस युवक ने फिर से वही सवाल किया तो सुकरात ने उसे फिर से अगले दिन आने को कहा। इस तरह कई महीने बीत जाने के बाद भी लड़का रोज आता और सुकरात उसे अगले दिन आने को टाल देते।

एक दिन लड़के ने कहा—

"रोज-रोज इतनी दूर से यहाँ आने से अच्छा कि मैं आपके आँगन में ही बैठ जाता हूँ। सुबह, दोपहर, शाम, रात, बार-बार मुझे देखकर आपका दिल जरूर पिघलेगा।"

सुकरात ने लड़के के तरफ ध्यान नहीं दिया परन्तु वह मन ही मन खुश जरूर हुआ। रात में सुकरात ने लड़के से अगले दिन सुबह सफलता का रहस्य बताने का वादा किया।

अगले दिन सुबह, सुकरात उस लड़के को एक नदी किनारे ले गए और कहा कि तुम नदी में डुबकी लगाओ फिर मैं तुम्हें सफलता पाने का तरीका बताता हूँ। लड़के ने जैसे ही पानी में डुबकी लगाया सुकरात ने उसका सर पकड़कर पानी में दबा दिया। लड़का छटपटाने लगा। सुकरात ने उसे फिर से डुबकी लगाने के लिए कहा। जैसे ही लड़का अंदर गया, सुकरात ने फिर उसका सर दबा दिया। इसी क्रम में एक बार सुकरात उसे निकलने ही नहीं दिया, वो लड़का बहुत छटपटाने लगा। सुकरात के छोड़ते ही लड़का बाहर निकला।

सुकरात ने लड़के से कहा, "जब तुम सफलता के लिए इसी तरह छटपटाओगे जिस तरह सांस लेने की लिए छटपटा रहे थे, मानो उसके बिना तुम मर ही जाओगे, तो सफलता हर हाल में तुम्हारे कदमो में होंगी।"

इसे ही कहते है— ज्वलंत अभिलाषा।

जो इंसान अपने अंदर इन क्षमताओं को जगा लेता है उसके लिए इस दुनिया में कोई भी चीज अप्राप्त नहीं रह जाती है।

फोकस - सफलता की कुंजी

आज हम एक ऐसी दुनिया में जी रहे हैं जहाँ शिक्षा, संचार, परिवहन, स्वास्थ्य, सुरक्षा आदि में निरंतर तेजी के साथ परिवर्तन और विकास हो रहा है।

लेकिन प्रश्न ये है कि—

"क्या वाकई में हम उन परिवर्तनों के साथ ध्यान, अनुशासन और इच्छाशक्ति के गहनतम मूल्यों को एकीकृत कर सकते हैं, जो प्रौधौगिकी में उन्नति हमारे समाज में लाते हैं?"

आज के इस दौड़ में जहाँ कुछ लोग कामयाबी की सीढ़ी चढ़ रहे हैं तो ज्यादातर लोग आलस्य का शिकार हो रहे हैं। आज हमारे समाज में ध्यान भटकाने वाली बहुत सारी चीजे उपलब्ध हैं जिसमे, टीवी, सोशल मीडिया भी शामिल हैं।

फोकस का अर्थ है— किसी एक चीज में अपने ध्यान को एकाग्र करना और जब तक वो कार्य पूरा नहीं हो जाता उससे अपने ध्यान को विचलित नहीं होने देना। आज हम सभी के लिए जीवन एक बेहतर जगह बन गया है क्योंकि कई बार असफलताओं के बावजूद किसी ने अपने शोधकार्य को जारी रखा। जी हाँ, उनका नाम है— सर थॉमस एडिशन।

उन्होंने बिजली के बल्ब का आविष्कार किया था। उनके 9999 असफल प्रयास थे। आपको क्या लगता है अगर वे दूसरी, तीसरी या 9999 वे प्रयास में हार मान लेते तो क्या होता? वे केंद्रित थे और उन सभी विफलताओं को अपने लक्ष्यों तक पहुंचने के सीढ़ी के रूप में देखा।

आज के समय ज्यादातर लोग इसलिए गरीब रह जाते हैं क्योंकि उनका सारा फोकस मनोरंजन पर होता है या फिर दूसरे लोगों पर होता है। यदि समय रहते अभी भी अपना ध्यान, अपना फोकस बेहतर करने के ऊपर नहीं करते हैं तो इस दुनिया के पिछड़े हुए लोगों में आपकी भी गिनती होगी।

सोशल मीडिया को इस्तमाल करें अपने ज्ञान को बढ़ाने लिए न कि मजे मारने के लिए। मान लीजिये आप एक कार ड्राइव कर रहे हैं और एक बार सामने देख रहे हैं और एक बार इधर-उधर देख रहे है। यानी आपका फोकस एक समय में अलग-

अलग जगह हो रहा है। तो इसका परिणाम क्या होगा? दुर्घटना ही होगा और क्या। यानी नेटवर्क मार्केटिंग में जब आप अपना लक्ष्य निर्धारण कर लेते हैं तो अपना पूरा फोकस उसमे लगा दीजिये, आप खुद ही देखेंगे आप सफलता की ओर कितनी तेजी के साथ बढ़ रहे हैं।

"जब ड्राइवर फोकस्ड होता है, तो सफलता असीम होती है।"

महारत हासिल करें

अगर आप मोची बनना चाहते हैं तो ऐसा

मोची बनिए कि आपके शहर में आपके जैसा दूसरा मोची न हो।

इस कथन का सीधा सा मतलब है कि आप जो भी काम करें उससे प्यार करें। पूर्ण विश्वास और निष्ठा के साथ उस काम में महारत हासिल करें। किसी भी कार्य को जब दिल से पूरे लगन के साथ किया जाता है तो लोग उस कार्य में दक्षता प्राप्त कर लेता है।

नेटवर्क मार्केटिंग व्यवसाय एक ऐसा खूबसूरत व्यवसाय है जिसे अगर आप अच्छी तरह सीखकर उसके बताये हुए नियमों और सिद्धांतों के तहत काम करते हैं तो इसमें आप महारत हासिल कर लेते हैं।

आज नेटवर्क मार्केटिंग जगत में सिर्फ 1% लोग ही इस व्यवसाय में महारत हासिल कर पाये हैं और वे लोग आज शिखर पर हैं। इन्होने कुछ नहीं किया बस अपने आप को अपना 100% दिया और पहुंच गये 1% में।

तो अब आप सोच रहे होंगे कि क्या मैं 1% में पहुंच पाऊँगा? मैं आपको बताना चाहूंगा कि अगर इस पुस्तक में दिए गये सिद्धांतों को आप अपने जीवन में उतार

लेंगे तो बेसक आप खुद को ही नहीं बल्कि अपने पूरे टीम को लेकर शिखर पर पहुँच सकते हैं। आपको बस अपना 100% देना है।

ज्यादातर लोग इस व्यवसाय को सीरियसली नहीं लेते हैं। जिस कारण असफल हो जाते हैं। इस पुस्तक में मैंने अपना सारा ज्ञान डाल दिया है। दुनिया के महानतम नेटवर्क मार्केटर्स जिन सिद्धांतों पर काम करके आज सफलता के उच्चतम शिखर पर विराजमान हैं, ये सिद्धांत उन्ही लोगों के हैं।

लगातार प्रोग्राम करें, लोगों से मिलते रहें, बातें करते रहें, लोगों की समस्याओं को अच्छी तरह समझने का प्रयास करें और उन्हें समाधान का रास्ता दिखाएँ, पूरे निःस्वार्थ भाव से इस व्यवसाय को करें, आप मास्टर बन जायेंगे।

दृढ़ता और काम की नैतिकता

मिल सके आसानी से जो, उसकी ख़्वाहिश किसे है,

जिद्द तो उसकी है, जो मुकद्दर में लिखा ही नहीं।

दृढ़ता

दृढ़ता आपको अपने व्यवसाय में बड़ी सफलता हासिल करने में मदद कर सकती है। दृढ़ता सभी सफल उद्धमियों, व्यवसाय मालिकों और स्वरोजगार में एक अंतर्निहित चरित्र विशेषता हो सकती है। उन सभी में दृढ़ता का होना अति आवश्यक है।

दृढ़ता की परिभाषा को आसानी से किसी भी व्यक्ति पर लागू किया जा सकता है। हममे से कई लोगों में कुछ हद तक दृढ़ता होती है और प्रशिक्षण के माध्यम से यह

हममें धीरे-धीरे मजबूत स्थिति में आने लगती है। आप इसे एक बच्चे से भी सीख सकते हैं।

जब एक बच्चा चलना सीख रहा होता है, उस समय वह लगातार खड़े होने की कोशिश करता रहता है। वह आगे बढ़ने के लिए कदम उठता है और फिर गिर जाता है। पर ये गिरना कभी भी उसकी सोच को रोक नहीं पाता है। वो अपने कदमों को तब तक उठाते रहते हैं जब तक कि वो इसमें सफल नहीं हो जाते। फिर वो दौड़ना सीखते हैं और अंत में कूदने लगते हैं। सीखने, दौड़ने, कूदने, संवाद करने, पढ़ने, लिखने और इसी तरह से सीखने के साथ उनकी दृढ़ता बनी रहती है।

ये सारे सिद्धांत हमारे अंदर ही छुपी होती है। हमें सिर्फ कुछ समय अंतराल पर सही जगह पर और सही कार्य के लिए खुद को प्रेरित करना पड़ता है।

नेटवर्क मार्केटिंग में एक सफल व्यवसायी बनने के लिए "दृढ़ता" एक अति आवश्यक चीज है। एक सफल नेटवर्क मार्केटिंग व्यवसाय को बनाने में बहुत मेहनत और प्रयास करना पड़ता है। इस कड़ी में जो सबसे अहम् रोल निभाता है वो है— शुरुआती दिनों में मिली असफलता। असली कुंजी खुद के प्रयासों को जारी रखने और अपनी गलतियों से सीखने में है।

ऐसा भी हो सकता है कि आपको अपने विफलताओं का विश्लेषण करने में मुश्किल हो रही हो। उसका मतलब सफलता के बीच का अंतर हो सकता है और उतनी तेजी से प्रगति नहीं कर रहे हैं जितना आप कर सकते थे। जब आप जानते हैं कि क्या काम कर रहा और क्या नहीं, तो आप इसे बदल सकते हैं।

दृढ़ता के नियम

1) **लक्ष्य बनायें :** आपके लक्ष्य हमेशा यथार्थवादी होने चाहिए। जब आप छोटे से छोटे लक्ष्य को भी पूरा कर लेते हैं तो उन्हें लिख लें। और जब ये पूरा

हो जाए तो उन्हें अपनी सूचि से बाहर निकाल दें। यह आपके आत्मविश्वास को निखारने में मदद करेगा और आपको यह दिखायेगा कि आप अपनी दृढ़ता को बढ़ाने के लिए जो निर्धारित करते है, उसे पूरा कर सकते हैं।

2) **अपने लक्ष्य को बनाए रखें :** अपने लक्ष्य को बनाये रखें और जब भी आवश्यक हो तो उसमें संशोधन करने से न डरें। लक्ष्य नियोजन करना जीवन में काफी महत्वपूर्ण है। यह आपको सिखा सकता है कि किसी भी काम को प्रभावी ढंग से कैसे करें। यदि आपको किसी लक्ष्य को संशोधित करने की आवश्यकता है, तो बेहिचक इसमें संशोधन कर लें। ऐसा करना आपके व्यवसाय के लिए अच्छा होगा।

3) **योजना :** सफलताओं के साथ-साथ असफलताओं की योजना। हर कोई जब चलने की कोशिश करता है तो शुरुआत में गिरता है। उसी प्रकार हम भी समय-समय पर गिरते रहते हैं। अब महत्वपूर्ण बात यह है कि आपकी सफलताएं क्या है और क्यों है। इसपर ध्यान केंद्रित करें और अपने काम को बढ़ाने के साथ-साथ इस बारे में भी ज़रूर सोचें। इन सब में सबसे कठिन पर आवश्यक हिस्सा खुद की विफलताओं की जांच करना है और साथ ही यह पता लगाना है कि आखिर कहां कमी रह गयी। दृढ़ता एक कुंजी है जो लगभग सफल उद्यमी रखती है। इसके बिना सफलता की उम्मीद भी नहीं की जा सकती है। आप सही दिशा में प्रयास, कार्य, दृढ़ संकल्प और विश्लेषण के साथ और स्थायी बन सकते हैं।

काम की नैतिकता

नैतिकता मानव व्यवहार के नियम हैं, जो नैतिक सिद्धांतों पर आधारित है कि क्या सही है और क्या गलत है।

नैतिकता एक बहुत महत्वपूर्ण विषय है जिसे समझना भी जरुरी है। आज अनैतिकता के कारण बहुत लोग इस व्यवसाय को सही नहीं समझते हैं। क्योंकि कुछ लोगों के चलते और कुछ बुरी कंपनियों के कारण इस खूबसूरत व्यवसाय में कलंक का टीका लग गया है। आज हमें यह प्रण करना होगा कि हम इस कलंक को मिटा कर रहेंगे। जिससे पूरे देश में इसका संपूर्ण विकास हो पाये, लोग एक-दूसरे से अच्छे संपर्क बना पायें।

किसी भी कार्य में अगर नैतिकता पर जोर नहीं दिया जाये तो वो काम ज्यादा दिनों तक नहीं चल पायेगा। और यही वो खास वजह है जिसके कारण बहुत सी कम्पनियाँ बंद हो रही है।

नेटवर्क मार्केटिंग में होता क्या है?

जब किसी व्यक्ति के साथ अनैतिक व्यवहार किया जाता है, तो वे मान लेते हैं कि सभी नेटवर्क मार्केटिंग कंपनियां एक सामान हैं। वे न तो लोगों में अंतर कर पाते हैं और न ही व्यवसाय के बीच अंतर कर पाते हैं। उनके लिए वो सभी व्यवसाय एक सामान ही हैं।

हमें अपने विचार के उस रूप को बदलने की दिशा में कठिन प्रयास करना होगा, तभी हम इसमें कुछ बदलाव की अपेक्षा कर सकते हैं। हम शायद पूरी तरह से अनैतिकता को खत्म नहीं कर पायेंगे पर खुद को सही करके, नैतिकता का पालन करके हम कुछ हद तक इस कलंक को जरूर धो पायेंगे।

मैं नीचे कुछ नैतिकता पर अपने विचार प्रस्तुत कर रहा हूँ —

1) किसी को खींचा-तानी ना करें

ज्यादातर या देखा गया है की जब कोई बंदा नेटवर्क मार्केटिंग में आता है तो वो जब दूसरे किसी व्यक्ति जो उसके जान पहचान का है, वो किसी दूसरी कंपनी में है तो लग जाते हैं उसे खिंचा-तानी करने में, वे लोग एक दूसरे को

खींचने में अपने समय को बर्बाद करते हैं और सोचते हैं कि वो मेरे साथ में, मेरे टीम में आ जाये, लेकिन ये अनैतिकता ही है, ये गलत है, यदि आप भी यह कर रहे हैं तो अभी इसे बंद कर दें।

2) क्रॉस स्पोंसर न करें

यह चोरी करने के सामान है, लेकिन आम तौर पर यह एक ही कंपनी के भीतर होता है। यह आमतौर पर दो कम्पनियों (जो अक्सर नियमों के खिलाफ होता है) से सम्बंधित व्यक्ति का मामला होता है। वे दूसरी कंपनी में शामिल होने के लिए एक ही कंपनी के लोगों को लेने की कोशिश करते हैं। साधारणतः दो कंपनियों में काम करना दोनों में विफल होने का एक साधन है।

आप वास्तव में नेटवर्क मार्केटिंग कंपनी से चोरी कर रहे हैं और जिस व्यक्ति का आप प्रायोजित कर रहे है, उसकी अपलाइन है। इसे एकदम न करें।

3) सोशल मीडिया का इस्तेमाल सही से करें

आज के समय में सोशल मीडिया जैसे- फेसबुक, ट्विटर, इंस्टाग्राम, व्हाट्सएप्प इत्यादि ज्यादातर लोग व्यवहार में ला रहे हैं। लेकिन नेटवर्क मार्केटिंग व्यवसाय में जब लोग आते है वो भी सोशल मीडिया में विज्ञापन करना शुरू कर देते हैं, जो की बिल्कुल नहीं करनी चाहिए। एक तो आपने अभी-अभी ज्वाइन किया है, न तो आप कोई बढ़िया अचीवमेंट कर पाए हैं, न ही आपकी कोई अच्छी टीम बन पाई है और न ही आप नाम और अच्छे पैसे बना पा रहे हैं। इससे ये होगा कि आपके दोस्त, रिश्तेदार और जो भी लोग आपसे बात-चीत, घूमना-फिरना करते हैं, वे सभी लापता हो जायेंगे। आप जब भी अपना बिज़नेस प्लान देखने के लिए आमंत्रित करेंगे, वे गायब हो जाएंगे और उनका मोबाइल नॉट रीचबल हो जायेगा। क्योंकि ज्यादातर लोगों की राय नेटवर्क मार्केटिंग को लेकर सही नहीं है। अभी भी लोग इसे चिट-फण्ड ही समझते हैं। तो कृपया करके ऐसी बेवकूफी न करें।

4) किसी दूसरी कंपनी या उनके प्रतिनिधियों या उनके उत्पाद को बदनाम न करें

एक दूसरे की पार्टी को गालियां देना, बदनाम करना, नीचा दिखाना ये सब राजनेताओं का काम है। इस प्रकार की राजनीति का नेटवर्क मार्केटिंग में कोई स्थान नहीं है।

मैंने अक्सर देखा है कि कुछ लोग जिस कंपनी में हैं, वे दूसरी कंपनियों के विषय में बुरा-भला कहते है। उनके उत्पाद को, बिज़नेस प्लान को और लोगों को गलत साबित करने के पीछे अपना कीमती समय बर्बाद कर देते हैं।

आपसे अनुरोध है कि अगर कोई कंपनी, उत्पाद या प्लान या लोग आपको अच्छे नहीं लगें तो इसे अपने आप तक ही सीमित रखें। कुछ लोग तो ऐसे भी होते हैं जो दूसरी कंपनी ज्वाइन करते ही पहली कंपनी की बुराई शुरू कर देते हैं और साथ ही उनके उत्पादों की बुराई भी करने लगते हैं। आप ऐसा बिल्कुल न करें।

<u>खुद की पहचान बनायें</u>

नेटवर्क मार्केटिंग व्यवसाय ऐसे - ऐसे सिद्धांतों पर आधारित है जिसे अपनाकर आप अपने जीवन में एक अद्भुत व्यक्तित्व के धनी इंसान बन जाते हैं। आप में एक अद्भुत आत्मविश्वास पैदा हो जाता है और यही आत्मविश्वास जब आपके चेहरे पर झलकने लगता है तो लोग खुद-ब-खुद अपने आपको आपसे दूर नहीं रख पाते हैं। वो आपक साथ जुड़कर काम करना चाहेंगे। जो लोग आपके साथ जुड़ेंगे वे भी खुद पर फक्र महसूस करेंगे।

क्या आप जानते हैं कि इस व्यवसाय का असली प्रोडक्ट क्या होता है?

इस व्यवसाय का असली प्रोडक्ट आप खुद होते हैं। इसके लिए आपका एक पहचान होना जरुरी होता है। श्री अमिताभ बच्चन जी की लगातार कई फिल्मों के फ्लॉप होने के बाद जब ज़ंजीर सुपरहिट हुई, तब लोग अमिताभ बच्चन को जानने लगे थे।

दुनिया में हर इंसान दर्शक चाहता है क्योंकि ये बात सोलह आने सच है कि दर्शक के बिना कोई मशहूर नहीं हो सकता। आपको भी जरूरत है अपनी खुद की पहचान बनाने की। एक "ब्रांड" बनाने की। क्योंकि लोग ब्रांड देखते हैं। जैसे हमलोग वस्त्रों का चुनाव करते है या भोजन सामग्री लाते हैं या कोई भी अपनी जरूरत का सामान खरीदते हैं तो ब्रांड देखते हैं और यही नियम सभी जगह लागू होता है।

कोई इंसान ब्रांड कैसे बनता है?

सीधी सी बात है, आपके काम और उसे करने के तरीके से आप एक ब्रांड बनते हैं। इस बात पर आप गौर कीजिये कि कोई व्यक्ति दिखने में हैंडसम है या उनके बात करने के तरीके निराले हैं या वे निःस्वार्थ भाव से लोगों की मदद करते हैं तो लोग उनकी तारीफ़ करते हैं। यानि आपको हर हाल में लोगों के बीच आना होता है और खुद को सही तरीके से पेश करना होता है।

ये युग संचार का युग है, इसलिए हमें भी संचार के माध्यम को चुनना पड़ेगा और उसके साथ - साथ कई और चीजों को करना पड़ेगा जो जरूरी है। जैसे—

- आप अपनी संगति हमेशा अच्छे लोगों के साथ कीजिये क्योंकि संगति के कारण एक पहचान आपका होता है, जिसका वर्णन मैं पहले भी कर चुका हूँ।

- आपको हमेशा तैयार रहना पड़ेगा किसी भी सवाल का सही तरीके से जवाब देने के लिए। लेकिन आप जब भी जवाब दें। शब्द कम हो चलेगा लेकिन उन शब्दों में भरपूर ताकत होनी चाहिये।

- लोगों से अच्छा सम्बन्ध स्थापित करें और अच्छा सम्बन्ध तब होता है जब कोई आप पर विश्वास करता है। वैसे भी ये सारी कायनात विश्वास/भरोसा पर ही टिकी हुई है। लोग एक अटूट विश्वास के साथ ही पत्थर को भी पूजते है। कभी भी लोगों के विश्वास के साथ खिलवाड़ न करें क्योंकि लोगों का आप पर विश्वास ही आपको सफल बना सकती है।

- अपने किये हुए वादे को हमेशा पूरा करें। एक कहावत भी है— "प्राण जाय पर वचन न जाय"। यानि वचनबद्ध बनें। श्री रामचरित मानस में भी गोस्वामी श्री तुलसीदास जी ने कहा है कि— "रघुकुल रीत सदा चली आयी, प्राण जाइ पर वचन न जाइ"। श्री रामचंद्र जी ने अपने पिता के वचन को निभाने और साकार करने के लिए 14 वर्षो का वनवास खुशी-खुशी स्वीकार किया था। इसलिए अपने वचन पर हमेशा अडिग रहें।

- जो लोगों को मदद की जरूरत हों उनकी मदद अवश्य करें। जो लोग दूसरों की मदद निःस्वार्थ भाव से करते हैं उनकी एक अलग ही छवि तैयार हो जाती है और छवि जितनी अच्छी होगी उतने ही लोग आपके पास आना चाहेंगे।

- हमेशा आप लोगों से हँसते हुए और मुस्कुराते हुए मिलें। चाहे कितनी भी तकलीफ क्यों न हों पर मुस्कुराने के लिए और खुश रहने के लिए किसी भी तरह के पैसों की जरूरत नहीं होती है। सुख-दुख होना ये मन की अवस्था हैं। जब आप अंदर से खुश होते हैं तो आपका चेहरा चमकने लगता है और ऐसा देखकर लोग आपकी तरफ आकर्षित होते हैं। कोई भी व्यक्ति दुःखी और मायूस चेहरा देखना पसंद नहीं करता है।

- आजकल सोशल मीडिया एक बहुत ही अहम भूमिका निभा रही है। उसका उपयोग करना सीखें। व्हाट्सएप, फेसबुक जैसा जो भी साधन आप इस्तेमाल करते हैं उसमें आपका प्रोफाइल पिक्चर हमेशा मुस्कराहट के साथ होना चाहिए। लोग अपने सोशल मीडिया में कुछ भी पिक्चर लगा लेते हैं। सोशल मीडिया जैसी कई और तकनीक है जिसके माध्यम से आप पूरी दुनिया तक पहुंच सकते हैं लेकिन इसका इस्तेमाल बड़ी ही सावधानी के साथ करें।

किसी भी गलत चीजों को शेयर, लाइक, सब्सक्राइब न करें, सिर्फ अपने काम से काम रखें। अगर आप एक व्यवसायी हैं और आप अपनी एक पहचान बनाना चाहते हैं तो ऐसी कोई भी पोस्ट जो आपके व्यवसाय के साथ संबंधित नहीं है उसे शेयर या लाइक बिल्कुल न करें। आप रोज एक पोस्ट जरूर करें लेकिन वो पोस्ट ऐसा होना चाहिए जिससे लोगों को अच्छी चीजों के विषय में जानकारी मिलें या लोग अच्छी चीज सीख पाएं। इससे आपकी छवि लोगों के मन में एक सकारात्मक सोच उत्पन्न करेगी।

इस बात का हमेशा ध्यान रखिये कि आपके कंपनी का नाम, बिज़नेस प्लान, प्रोडक्ट के दाम और आपका काम कभी भी किसी के साथ शेयर न होने पाये। साथ ही इस तरह की बातें फोन पर किसी को न बताएं। आप सिर्फ वही पोस्ट करें जिससे लोगों के मन में एक जिज्ञासा उत्पन्न हो जो आपके लिए कई दरवाजे खोल सकती है।

80% लोग जो इस बिज़नेस में आते हैं वे सबसे पहले यही गलती करते हैं। लग जाते हैं फोन पर ही लोगों को समझाने और सोशल मीडिया के माध्यम से अपना बिज़नेस प्लान तक शेयर कर देते हैं। फेसबुक पर कुछ भी पोस्ट कर देते हैं। अपने व्हाट्सएप, फेसबुक पर इनका खुद का कोई पिक्चर नहीं होता है, ये लोग कुछ भी लगा लेते हैं। आपको ऐसा बिल्कुल भी नहीं करना है।

सोशल मीडिया जहां आपके लिए हितकर हो सकता है वहीं आपके लिए अहितकर भी हो सकता हैं। इनका उपयोग ध्यान से करें, दिमाग से करें और कोई भी चीज सोशल मीडिया में शेयर करने के पहले अच्छी तरह देख लें। अपनी और अपने टीम के अचीवमेंट्स को शेयर करें।

आप यूट्यूब का उपयोग कर सकते हैं। अपना एक चैनल बनायें और जिस भी विषय में आपकी पकड़ मजबूत हो उस विषय को लेकर आप अपना वीडियो अपलोड कर सकते हैं। और अपनी बात लोगों तक पंहुचा सकते हैं। लेकिन फिर वही कहना चाहूंगा कि इसका इस्तेमाल सही दिशा में करें। अपना ब्लॉग बनायें, वेबसाइट डिज़ाइन करें लेकिन इन सब चीजों को करने से पहले इसके विषय में किसी एक्सपर्ट की सलाह जरूर लें, बिना सोचे समझे कुछ भी न करें।

- आप हमेशा आगे बढ़ने वाली गतिविधियों का पालन करें। नित्य व्यायाम करें और अपने शरीर को फिट रखें। संतुलित मात्रा में भोजन करें। शरीर में पानी की मात्रा को बरकरार रखें। अपने ज्ञान को हमेशा बढ़ाते रहें और साथ ही अच्छी-अच्छी पुस्तकें पढ़ें।

- सबसे महत्वपूर्ण चीज है— आपका पहनावा और आपका लुक। आप गोरे हों, काले हों, लम्बे हों, नाटे हों, दुबले हों या फिर मोटे हों, इससे कोई फर्क नहीं पड़ता है। फर्क इस बात से पड़ता है कि आपका पहनावा और आपका लुक कैसा है। हर पेशेवर लोगों को उनके पहनावे से समझ में आता है कि वे क्या करते हैं। डॉक्टर, पुलिस, वकील, पंडित, छात्र इन लोगों के पहनावे से पता चलता है कि ये कौन हैं और क्या करते हैं।

- नेटवर्क मार्केटिंग का भी एक ड्रेस कोड होता है, लाइट शर्ट, डार्क पैंट, सूट, टाई, जूते। आप जब भी वस्त्रों का चयन करें, उसमे सावधानी बरतें। आपका वस्त्र आपकी छवि में चार चाँद लगाने का कार्य करती है। जब भी

आप मीटिंग या प्रोग्राम में या फिर अपने व्यवसाय से सम्बंधित किसी भी जगह जाए तो हमेशा अपने चेहरे का भी ध्यान रखें। हल्के परफ्यूम का इस्तेमाल जरूर कीजिये। अपने वस्त्र हमेशा साफ-सुथरे पहने। आपके शरीर से या वस्त्र से किसी प्रकार की दुर्गन्ध न निकले उसके लिए सचेत रहें। जीन्स, टी-शर्ट पहन कर किसी व्यवसाय सम्बंधित प्रोग्राम में न जाएं।

महिलाओं के लिए भी यही नियम लागू होता है। आजकल सूट भी महिलाओं का एक फैशन का हिस्सा हो चुका है। इसलिए हो सके तो अपने लिए सूट का प्रयोग करें। ऐसा नहीं की पड़ोस में जाना है तो नाइटी या नाईट ड्रेस पहन कर ही चल दिये। जब भी आप घर से बाहर निकलें आप हमेशा तैयार रहें।

जब लोग आपको देखते हैं कि आप हमेशा तैयार रहते हैं यानी हर समय रेडी, तो वे लोग आपके नजदीक आना चाहते हैं।

- अपने लिए विजिटिंग कार्ड या बिज़नेस कार्ड जरूर बनवाएं और इसका उपयोग करें। जब आप अपने जेब से विजिटिंग कार्ड निकाल कर देते हैं तो आप एक आम इंसान नहीं रहते हैं, एक खास तरह के इंसानो में आपकी गिनती होन लगती है। व्यवसाय जगत में या प्रोफेशनल लोगों के लिए बिज़नेस कार्ड एक बहुत ही ज्यादा महत्वपूर्ण भूमिका अदा करती है। एक अच्छा कार्ड लोगों के मन में एक सकारात्मक छवि उत्पन्न करती हैं।

- जब भी किसी से मिलें तो अपने शिष्टाचार का पालन अवश्य करें। लोगों से हाथ मिलाएं, हाथ जोड़कर नमस्ते करें, लोगों का सलाहकार बनें, लोगों का मार्गदर्शन करने वाला बनें, दूसरों की परेशानियों को समझ कर उसे सही रास्ता दिखाने का काम करें। भाषण देने वाला न बनें, एक अच्छा श्रोता बनें।

मैंने कुछ बिंदुओं पर चर्चा की है जिसका पालन करके आप अपने लिए एक अच्छी छवि का निर्माण कर सकते हैं। लोगों के मन में हमारी छवि कैसी होगी ये सब हम पर ही निर्भर करता है। अगर हम सिर्फ ये समझ गए फिर आगे कुछ समझने की जरूरत ही नहीं पड़ेगी।

संवाद करना और सम्बन्ध स्थापित करना

संवाद करना

नेटवर्क मार्केटिंग व्यापार के लिए "संवाद" एक बहुत ही महत्वपूर्ण विषय है। ये व्यापार अपनेपन को महसूस करने का व्यवसाय है। इस व्यवसाय में दीर्घकालीन सफलता की कुंजी है— संवाद और अच्छे सम्बन्ध स्थापित करना।

एक अच्छा सम्बन्ध तभी स्थापित होता है जब निरंतर अपने टीम में संवाद बना रहे। अपने टीम के सदस्यों के साथ प्रभावी ढंग से संवाद करने के लिए आपको अच्छे संचार कौशल और एक ठोस गेम प्लान की आवश्यकता होती है। आप अपने आप को सक्रिय बनायें रखें और दूसरे व्यक्ति के दृष्टिकोण से चीजों को देखें और दूसरे व्यक्ति को महत्वपूर्ण महसूस करें।

मैं नीचे कुछ युक्तियाँ बता रहा हूँ जिसके माध्यम से आप अपने टीम के साथ प्रभावी ढंग से संवाद कर सकते हैं। मुझे ये विश्वास है कि आप इसे समझ कर व्यवहार में लाकर अपने संवाद कौशल को और निखार पाएंगे—

1) अपलाइन और डाउनलाइन के बीच संवाद

यदि कभी भी आपको कोई नकारात्मक चीजें परेशान कर रही है या आप कभी भी मायूसी और उदासी महसूस कर रहे हैं, तो आपको एक बात ध्यान देने की जरुरत है, वो है कि अपने समस्याओं और नकारात्मक चीजों के विषय

में हमेशा अपने अपलाइन से बात करें, डाउन लाइन से नहीं। यदि आप उस विषय में अपने डाउन लाइन से बात करते हैं तो आप नकारात्मक बातें अपने ही टीम में फैला रहे हैं। ऐसा होने पर आपकी टीम धीरे - धीरे सुस्त हो जाएँगी, जो आपके व्यवसाय के लिए बिल्कुल ही सही नहीं होगी। आप हमेशा अपने टीम में एक सकारात्मकता बनायें रखें और अगर आपके कुछ समस्या है तो उसे सिर्फ अपने अपलाइन से साझा करें। जिससे आपका अपलाइन आपको हर समस्या का समाधान बताएगा और उससे आप सीखकर अपने टीम में किसी दूसरे की समस्याओं को हल कर पाएंगे।

2) उम्मीदों को निर्धारित करें

जब आप अपने व्यवसाय में किसी नये डिस्ट्रीब्यूटर को लाते हैं तो आप उसे अवश्य बतायें कि आप कैसे संवाद करना पसंद करते हैं। उन्हें बतायें कि आपतक पहुंचने का सबसे अच्छा तरीका क्या है। कॉल करने का समय बतायें। आप उन्हें आश्वासन दें कि कोई भी समस्या आये तो आप हमेशा उनके साथ रहेंगे। उन्हें ये भी बतायें कि अगर उनको कोई प्रश्न परेशान कर रहा है तो वो आपको तुरंत कॉल कर सकते हैं। ताकि आप उनके प्रश्नों का सही जबाब देकर उनकी उम्मीदों पर खड़ा उतर सकें। जो भी आपके साथ जुड़ते हैं उनको आपसे काफी उम्मीदें होती हैं इसलिए कभी भी उनका भरोसा न तोड़ें और हर उस चीज की जानकारी दें जो उनके काम को आगे बढा पाए।

3) सक्रिय लोगों से बातचीत का साप्ताहिक दिन निर्धारित करें

आपको अच्छी तरह से पता होना चाहिए कि आपकी टीम में कौन सक्रिय है और कौन निष्क्रिय। ज्यादातर देखा जाता है कि लगभग दस प्रतिशत लोग ही सक्रिय रहते है और अपने काम को सही तरीके से करते हैं। सप्ताह में कम से कम एक दिन इन लोगों के साथ बैठक जरूर करें और अपने

व्यवसाय को और आगे बढ़ाने के विषय में बातें करें। आप उनक हर संभव मदद के लिए हमेशा तैयार रहें।

4) अपनी टीम को साप्ताहिक संदेश भेजें

अपनी टीम में उत्साह बनाये रखने का सबसे अच्छा तरीका है कि कम से कम सप्ताह में एक बार अपने कंपनी के कार्यक्रमों, नए उत्पादों की लॉन्चिंग, ट्रेनिंग, प्रतियोगिता संबंधि या कोई अन्य अपडेट की जानकारी अपनी टीम के साथ साझा करें और उन्हें प्रोत्साहित करें।

5) मासिक समाचार पत्र बनायें

अपनी टीम को और ऊर्जावान बनाये रखने के लिए एक मासिक समाचार पत्रिका बनाये। जिसमे आप उन सभी लोगों के विषय में जानकारी दें, जिन लोगों ने उस महीने कुछ अचीव किया हो। और साथ ही अपनी पूरी टीम को उन्हें बधाई देने के लिए कहें। इससे आपकी टीम और भी मजबूती की तरफ अग्रसर होने लगेगी।

6) आमने - सामने की बातचीत

हर एक या दो महीनों में एक स्थान पर कोई छोटा मोटा मिलन समारोह का आयोजन करें और इसी बहाने सभी लोगों से मुलाकात करें। इस एक्टिविटी से आप उनलोगों के साथ ज्यादा समय बिता सकते हैं और जानकारी का आदान-प्रदान कर सकते हैं। जिसके फलस्वरूप आपके और उनलोगों के बीच के सम्बन्धों में और घनिष्ठता बढ़ेगी। नेटवर्क मार्केटिंग व्यवसाय सही मायने में एक संबंध स्थापित करने वाला व्यवसाय है।

7) सुलभ बनें और तुरंत जवाब दें

ऊपर दिए गये इन कौशलों में यह सबसे महत्वपूर्ण है। एक लीडर के रूप में आपकी जवाबदेही बढ जाती है और आपको किसी भी तरह के संदेशो का

जवाब तुरंत देने की आवश्यकता होती है। अगर आपके मोबाइल में कोई एसएमएस, व्हाट्सएप या ईमेल के माध्यम से मैसेज आता है और उसका जवाब देना जरुरी है तो उसमे *24* घंटे से ज्यादा समय न लें। अगर आपके मोबाइल में आपकी टीम से किसी का मिस्डकॉल आये तो उन्हें तुरंत कॉल करें और बातचीत के माध्यम से समझने और समझाने का प्रयास करें।

मैं एक और सुझाव देना चाहता हूँ कि आप अपने टीम के लिए व्हाट्सएप या फेसबुक पर एक ग्रुप बनाये ताकि आपकी कोई भी बात उनतक आसानी से पहुँच सके।

8) अपनी टीम को ऊपर उठाने का प्रयास करें

जब भी आप देखें कि आपका कोई डाउनलाइन बहुत मेहनत कर रहा है तो आप भी उनको ऊपर उठाने के लिए भरपूर कोशिश करें। लेकिन बेवजह आपको कोई स्टेप नहीं लेना है। आपको उनको आगे बढने के लिए प्रेरित करते रहना है क्योंकि यह एक व्यवसाय है। यहां एक-दूसरे का हाथ थाम कर चलना होता है और हमेशा अपने डाउनलाइन को ऊपर उठाते रहना होता है। पर सिर्फ उनको जो इसके काबिल हैं।

सारांश यह है कि यदि आप नेटवर्क मार्केटिंग में या अपने जीवन में कुछ भी अचीव करना चाहते है तो अच्छा संवाद करना बहुत ही महत्वपूर्ण होता है। आपको अपने विचारों को व्यक्त करने का सही तरीका पता होना चाहिए।

संबंध स्थापित करना

इस दुनिया का कोई भी व्यवसाय हो या रिश्ते नाते हों, वो सिर्फ अच्छे संबंधों के कारण टिके होते हैं। जब आप इस व्यवसाय में आते है और काम करना आरम्भ करते हैं उस समय आप विभिन्न व्यावसायिक लोगों के संपर्क में आते हैं। जिनमें ग्राहक, सेवा प्रदाता, वकील, चार्टर्ड अकाउंटेंट, डॉक्टर इत्यादि शामिल हो सकते

हैं। लेकिन प्रश्न यह उठता है कि— आप उन लोगों से जुड़ते कैसे हैं? और एक मजबूत और दीर्घकालीन संबंध कैसे बनाते है?

किसी व्यक्ति को बातचीत में शामिल करने के लिए *FORM* विधि का प्रयोग करें :-

F-Family: जब भी आप किसी से अपने व्यवसाय सम्बन्धी बातचीत के लिए मिलते है तो अचानक से उन्हें अपना बिज़नेस प्लान नहीं दिखाना चाहिए। आप हमेशा याद रखें कि एक अच्छा संबंध ही अच्छा व्यवसाय होता है। सबसे पहले आपको उनसे बातचीत करन चाहिए। जैसे- आप कैसे हैं? घर पर सबलोग कैसे हैं? इत्यादि...। यानी बातचीत करने का पहला नियम है परिवार से जुड़े प्रश्नों को पूछना और बताना।

O-Occupation: अब उनके काम-काज के संबंध पर बात करें। किसी से उनके काम के बारे में पूछना इस बात पर निर्भर करता है कि आप किसके साथ बातचीत कर रहे हैं और आप उनके बारे में क्या जानते हैं। मान लीजिये, आप सामने वाले व्यक्ति के विषय में कुछ भी नहीं जानते है कि वे क्या करते हैं। तो आप उनसे पूछ सकते है कि— "आप क्या करते हैं?"

अगर सामने वाला व्यक्ति का पेशा नौकरी है या कुछ और तो आप खुद से उसकी तुलना कीजिए। यानि आप दोनों क्या एक जैसा ही काम करते हैं। उनसे कहिये कि मैं भी नौकरी करता था या करता हूँ। आप खुद में और उनमें समानताएं खोजें और उसी हिसाब से मुस्कुराहट के साथ बातचीत का सिलसिला आगे बढ़ायें।

R-Recreation: यह बिंदु बहुत ही महत्वपूर्ण है यानी आपको यहाँ ताल-मेल बिठाना है। अब आपको ये पता लगाना है कि सामने वाला व्यक्ति अपने खाली समय में क्या करते है या क्या करना पसंद करते हैं। फिर उसी हिसाब से आपको यह पता करना है कि उनका पैशन किस चीज में है। आपको ये भी पता करना है कि वे किस चीज के विषय में भावुक हैं। अगर आप सही विषय पर हिट करते हैं

जिसके बारे में वे भावुक हैं तो आप अपना ध्यान उसमे केंद्रित करें क्योंकि यही वो जगह है, जो आपको उनके अंदर तक पहुंचाने में मदद करेगी।

M-Motivation: सबसे अंतिम और सबसे महत्वपूर्ण अंश है *Motivation,* जब F, O और R से निकलते है यानी आपको वो बटन मिल गया जिसे दबाने से गाड़ी स्टार्ट हो जाएगी, तो M' आपका सबसे शक्तिशाली बिंदु है। इसका इस्तेमाल बहुत ही ध्यान से कीजिये। आप उनसे पूछिए— "अगर कहीं से आपको *1* करोड़ रूपए मिल जाये तो आप अपने कौन - कौन से सपने सबसे पहले पूरे करेंगे, या उन पैसों का आप क्या करेंगे*?"*

अब आपको यह जान कर हैरानी होगी कि लोग अपने जीवन में क्या चाहते हैं। अपने लिए और अपने परिवार के लिए।

जब सामने वाला व्यक्ति आपके सवाल का जवाब देता है तो आप समझ सकते हैं कि आपने सामने वाले के साथ एक कनेक्शन बना लिया है। आपने उनके दिल को छू लिया है।

एक चीज याद रखिए, आपकी बातचीत का तरीका एकदम सही हो। सामने वाले को चुभने वाली बातें बिल्कुल नहीं करनी है। इस FORM का प्रयोग आप HOT, WARM और COLD श्रेणी के लोगों के साथ किस प्रकार करना है, चलिए उसे जानने की कोशिश करते हैं —

Hot Category: आप इसके बाद से अपने व्यवसाय के विषय में बात कर सकते हैं लेकिन बिज़नेस प्लान शो करने से पहले कुछ और काम है वो मैं आपको आगे बताऊंगा।

Warm *और* Cold Category: इस प्रकार के लोगों को इससे ज्यादा अभी न छेड़े। ऐसे लोगों को आपको HOT लिस्ट में कैसे लाना है मैं वो आपको बताता हूँ। इन श्रेणी के लोगों को आपके बातचीत से तबतक पता नहीं चलना चाहिए कि आप

एक नेटवर्कर हैं, जब तक ये हॉट कैटगॉरी में न आ जाये। अगर उन्हें पता चल गया तो ऐसे लोग धारणाओं के चलते आपसे दूर हो जायेंगे।

इन सभी लोगों से अपना संबंध आगे बढ़ाएं

1) उनसे संपर्क बनाये रखें

आप अपने संभावित ग्राहक या प्रॉस्पेक्ट के साथ अक्सर फोन, ईमेल, सोशल मीडिया के माध्यम से अच्छे संपर्क बनाये रखें, अगर ऐसा करने में असफल होते हैं तो आपकी सभी मेहनत बेकार चली जायेगी।

एक बात और ध्यान रखिये, केवल अपने उत्पाद या अवसर को बढ़ावा देने के लिए किसी से संपर्क न करें बल्कि आप साधारण तरीके से रहें। लोग आपके साथ इसलिए जुड़ते हैं क्योंकि वे इस बात को समझ लेते हैं कि आप उनके जीवन को मूल्यवान बना सकते हैं। यह सुनिश्चित करें कि आप उनके इस अपेक्षा को पूरा कर रहे हैं।

2) उन्हें उपहार भेजें

जब आप लोगों के साथ अच्छे संबंध बनाना शुरू करते हैं तो आपको यह हमेशा ध्यान रखना चाहिए कि आप उनकी दिल से मदद करना चाहते हैं। इसलिए बीच-बीच में उन्हें कुछ ऐसी चीजें दें जो आप अपने नाम पर प्रिंट करवा सकते हैं। यह आपके लिए एक टूल की तरह काम भी कर सकता है। उन्हें व्हाट्सएप (whatsapp) पर अच्छे-अच्छे पोस्ट भेज सकते है और प्रोत्साहित कर सकते हैं। जब कोई किसी को गिफ्ट देता है तो अक्सर उन लोगों को अच्छा लगता है।

3) दूसरों की बातों को सुनें

जब आप किसी की बातों को ध्यान पूर्वक सुनते हैं तो आप केवल उनके द्वारा कहे शब्दों को ही नहीं सुनते बल्कि आप उनके विचारों, उनके विश्वासों और

भावनाओं को भी सुनते हैं। ये सब सुनना, समझना आपके मार्ग को उतना ही सरल और आसान बनाता चला जाता है। हमेशा सामने वाले की बातों को ध्यान पूर्वक सुनें और उनके बात के संदर्भ और दृष्टिकोण को समझने की कोशिश करें। आपको उनके दृष्टिकोण के हिसाब से जवाब देना है। उन्हें समझने की कोशिश करें क्योंकि जब तक आप उन्हें अच्छे तरीके से समझ नहीं पायेंगे तब तक आप उन्हें समझा नहीं पायेंगे। जब भी आपको कोई प्रश्न पूछना हो तो ज्यादा घुमा फिरा के प्रश्न न पूछें।

याद रखें कि आप एक अच्छे वक्ता तभी हो सकते हैं जब आप एक अच्छे श्रोता होते हैं।

मैं आपको आगे के कुछ अध्याय में समझाने की कोशिश करूंगा कि किस तरह से लोगों के साथ अच्छे संबंध बनाकर उन्हें इस व्यवसाय में लाया जा सकता है। इस पुस्तक को ध्यान से पढ़ते रहें और सीखना जारी रखें।

समस्याओं को सुलझाने के कौशल

नेटवर्क मार्केटिंग की प्रणाली कुछ ऐसे सिद्धांतों के आधार पर बनाया गया है जिसमे आप लोगों की समस्यों को समाधान में बदल सकते हैं। हमेशा याद रखिये, जीवन में वही व्यक्ति सफलता की बुलंदियों को छू पाता है, जो दुनिया को उसके जरूरत के हिसाब से दे सकता है। वैसा इंसान ही जीवन में कुछ कर पाता है।

यह संसार कभी किसी को कुछ देता नहीं है बल्कि सिर्फ लौटाता है। यानी अगर आप इस संसार से कुछ पाना चाहते हैं तो आपको "देना" सीखना होगा। जो भी आप संसार को देते हैं, वो कई गुना होकर आपको वापस मिल जाता है। इसलिए हमेशा देने का भाव बना कर रखिये, न कि पाने का। ऐसा कभी मत सोचिये कि वो व्यक्ति मेरे व्यवसाय में आ जाये, इतने का सामान खरीद ले तो मेरे को ये-ये लाभ

होगा। जो भी लोग इस व्यवसाय में नए हैं या अभी तक नहीं आये हैं उन्हें उनकी समस्याओं का समाधान देते रहिये।

जब आप अपनी टीम के किसी व्यक्ति के समस्याओं का समाधान करते हैं तो उनके चेहरे में एक अलग खुशी छा जाती है। वे आप पर पूरा भरोसा करने लग जाते हैं और आपके द्वारा बताये हुए रास्ते पर चलना शुरू कर देते हैं।

आज लोगों की ज़िन्दगी में जो भी समस्याएं आ रही हैं वो ज्यादातर पैसे को लेकर है। कोई नौकरी करने वाला इंसान अपनी सैलरी से खुश नहीं है। तो कोई छोटा-मोटा व्यवसायी किसी और कारण से परेशान है। हर किसी की समस्या अलग होती है। कोई किसी पेशे से जुड़ा है तो वो किसी न किसी परेशानी से जूझ रहा होता है। सिर्फ आपको ये सीख लेना पड़ेगा कि किस तरह व्यक्ति के साथ किस तरह की बात की जा सकती है। लोगों को रास्ता बतायें, उनका मार्गदर्शक बनें। यही नेटवर्क मार्केटिंग का खास उदेश्य है। आज लोग उद्देश्यहीनता की तरफ जा रहे हैं। पैसों की तंगी, परिवार को समय न दे पाना इत्यादि। यहाँ लोगों की अतिरिक्त समस्याओं और नेटवर्क मार्केटिंग सुझावों की आंशिक सूचि दी गई है —

- बच्चों के भविष्य की चिंता
- परिवार में पोषण की कमी
- पारिवारिक छुट्टियां मनाने के लिए धन की कमी
- सपने धुएं में उड़ रहे हैं
- लोगों की शारीरिक समस्याएं
- लोन के चक्रव्यूह में फंसना
- रोजगार कम होना
- अपने परिवार से दूर रहकर मज़बूरी में काम करना
- अपने शौक को पूरा न कर पाना
- केवल जरूरतों को ही पूरा कर पाना
- बीमारियों का ईलाज न करवा पाना

- घर की मरम्मत न करवा पाना
- किराये के मकान में रहना
- वाहन न खरीद पाना
- बदतर हालात से गुजरना

लोगों की समस्याएं बहुत है, इसलिए नेटवर्क मार्केटिंग का उद्देश्य है कि आपकी हर समस्याओं का निवारण हो सके और आप यहाँ से कम समय में अच्छा-खासा पैसा बना पायें।

फिक्स क्या है ?

क्या आप जानते हैं कि नेटवर्क मार्केटिंग इतना पैसा कैसे बना पाती है?

— लोगों की समस्याओं को हल करके।

आम लोगों को खास कैसे बनाया जा सके, इसपर नेटवर्क मार्केटिंग काम करती है। इसलिए नेटवर्क मार्केटिंग इतना पैसा बनाती है कि आपकी सारी समस्या हमेशा के लिए खत्म हो जाये।

नेटवर्क मार्केटिंग व्यवसाय के टूल्स के साथ, संभावित ग्राहकों की समस्याओं को हल करने में, हमारी तरफ से की जा रही मदद को उन तक पहुंचाने के लिए हम उन्हें कैसे तैयार करते हैं। उसे जानने के लिए चलिए, संभावित लोगों के दिमाग के अंदर चलते हैं।

जब हम किसी प्रॉस्पेक्ट या कस्टमर से पहली बार मिलते है तो उनके दिमाग के अंदर ये संकेत जाता है (यदि वो आपको नहीं जानते हैं तो) —

- आप कौन हैं और क्या चाहते हैं?
- क्या मैं आप पर विश्वास कर सकता हूँ?
- क्या आप जो करते हैं, उसमे मेरी दिलचस्पी है?

- मुझे ये चाहिये या नहीं?
- अगर मैं यह चाहता हूँ, ठीक है, मुझे विवरण दें?

जब सामने वाला व्यक्ति अपनी जुबान से या शरीर के हाव-भाव से आपको विवरण देने का संकेत देते हैं। यही वह जगह है जहाँ हम उनकी समस्याओं का समाधान बताते हैं। अंतिम निर्णय ग्राहकों और प्रॉस्पेक्ट्स पर निर्भर करता है। आपके प्रेजेंटेशन दिखने के पहले ही वे अपना अंतिम निर्णय ले चुके होते हैं कि आपके साथ जुड़कर इस व्यवसाय को किया जाये अथवा नहीं। लेकिन जो अच्छे नेटवर्कर्स होते हैं उन्हें पता होता है कि क्या करना है और क्या नहीं करना है। वे उनकी चुनौतियों को समझते हैं और उसे पूरा भी करते हैं।

शब्दों का सही इस्तेमाल करना ('न' से 'हाँ' तक पहुंचना)

अपनी प्रस्तुति के पहले "हाँ" तक पहुंचना ही एक कला है। जिसे मात्र कुछ शब्दों के सही तरीके से इस्तेमाल से अचीव किया जा सकता है। नेटवर्क मार्केटिंग का उद्देश्य केवल समस्याओं को हल करना नहीं है बल्कि लोगों को प्रस्तुति से पहले और देखने-सुनने से पहले ही हमारे उत्पाद और सेवाओं के समाधान के लिए "हाँ" कहलवाना है। मैं नीचे एक उदहारण प्रस्तुत कर रहा हूँ, आपको समझाने के लिए—

आप ऐसे शुरुआत न करें जिससे आपके संभावित ग्राहक पहले ही "न" कह सकता है।

- क्या आप एक बहुत ही अच्छे अवसर के बारे में मेरी प्रस्तुति में दिलचस्पी लेंगे?
- क्या आप किसी ऐसी कंपनी के बारे चर्चा करने में दिलचस्पी लेंगे जो लोगों को एक के बजाय एक महीने में चार तनख्वाह देने में मदद करती हो?

- क्या आप (कोई भी शारीरिक समस्या) वजन घटाने, एंटी एजिंग, स्पोर्ट्स इत्यादि के लिए हमारे उत्पादों को खरीदने में दिलचस्पी लेंगे?

जब आप इन सवालों को पूछ रहे होते हैं तो क्या आप यह महसूस करते हैं कि इसका उत्तर "न" में भी हो सकता है? यानी आपके इस तरह के प्रश्नो में "न" की संभावना भी होती है। अगर आप इस तरह के सवाल पूछते हैं तो लोग विवसता महसूस करते है, क्योंकि इन शब्दों में उत्साह नहीं है, मायूसी है।

आपको क्या करना चाहिए?

आपको इसी सवाल को अलग तरीके से पूछना चाहिए और अपने सवालों में ये पांच शब्द जोड़ना चाहिए— "**क्या यह अच्छा होगा यदि**"

- अगर हम शाम को चाय पर मिलें, तो क्या यह अच्छा होगा यदि हम एक नये अवसर के विषय में बात करेंगे?
- क्या यह अच्छा होगा यदि हमलोग एक महीने में चार पूर्णकालिक तनख्वाह दे सकने वाली कंपनी के बारे में चर्चा करने के लिए मिले?
- क्या यह अच्छा होगा यदि हम इस बात पर चर्चा कर सकें कि हम 40 साल तक काम करने के बजाय 5 साल काम करके ही रिटायर कैसे हो सकते हैं?

इन सवालों से आपको क्या महसूस हो रहा है?

"न" के जगह "हाँ"।

केवल शब्दों को बदल कर हम पहले ही "हाँ" तक पहुंच जाते हैं और इस प्रश्नों में एक उत्साह भी है। आप पूरे उत्साह और जोश के साथ बात करें ताकि सामने वाला व्यक्ति आपकी प्रस्तुति को उत्साह के साथ देखे और सुने। उन्हें ये लगना चाहिए कि वाकई में आपके पास उनकी समस्याओं का हल है।

जब हमें सामने से अपनी प्रस्तुति के लिए हरी झंडी दिख जाये तो अपनी कंपनी के टूल्स का उपयोग करें (जैसे अपनी अचीवमेंट या अपने अपलाइन की अचीवमेंट, कंपनी की कुछ वीडियो, ऑडियो, प्रोडक्ट डेमो इत्यादि)। जब आपकी प्रस्तुति समाप्त हो जाये तो सामने वाले व्यक्ति को कल्पना करवाना जरुरी है। आपकी बातों से उनके मस्तिष्क में तस्वीर बननी चाहिए।

अगर आप उनको समाधान दिखा पाते है तो सौदा पक्का हो जाता है। हमारा काम ही है लोगों को समाधान दिखाना, जिन समस्याओं से वे लोग घिरे हुए हैं।

मुश्किलें केवल बेहतरीन लोगों के हिस्से में ही आती है, क्योंकि वही लोग उसे बेहतरीन तरीके से अंजाम देने की ताकत रखते हैं।

सीखना कभी भी बंद न करें

समय को सबसे बड़ा बलवान कहा जाता है और समय ही सबसे बड़ा गुरु भी होता है। क्योंकि जो समय सिखा सकता है वो कोई और नहीं सिखा सकता। समय हर पल हमलोगों को कुछ न कुछ सिखाता ही रहता है। लेकिन ये हम पर निर्भर करता है कि हम कितना सीख पाते हैं।

सीखना यानी बढ़ना, सीखते रहना यानि निरंतर विकास की ओर अग्रसर होते रहना। एक बच्चा जब जन्म लेता है तो सबसे पहले वो दूध पीना सीखता है। धीरे-धीरे वह पलटी मारना सीखता है, फिर धीरे-धीरे बैठना सीख जाता हैं। उसके कुछ दिनों बाद वो खड़ा होना सीखता है। फिर चलना सीखता है, दौड़ना, पढ़ाई करना, अच्छे-बुरे की पहचान करना। इस तरह वह बड़ा होता चला जाता है और सालों-

साल बीत जाते हैं। वो सीखता रहता है, चलता रहता है और एक दिन ऐसा आता है जब वो दूसरों को सिखाना शुरू करता है। और इस तरह समय हर पल उसे सिखाता रहता है और एक दिन वो इस दुनिया से अलविदा कह देता है।

ज़िन्दगी में निरंतरता अति आवश्यक है और अगर आप समय के साथ नहीं चल पाये तो आपमें स्थिरता आ जाएगी यानि यदि आप इस जीवन में सीखना बंद कर देंगें तो आपका ज्ञान सीमित हो जायेगा।

आपने शोले फिल्म तो देखा ही होगा। उसमे एक डायलॉग है—

"बुराई ने बंदूक चलाना सिखा दिया, अब नेकी हल चलाना सिखा देगी"

ये बात सौ टके सही है कि अगर आप किसी कार्य को करने की ठान लेते हैं, तब हमारा सबसे बड़ा गुरु "समय", आपको अपने आप सिखाना शुरू कर देगा। लेकिन आप कभी भी यह न सोचें कि इतनी उम्र हो गई अब सीख कर क्या करूँगा।

ज़िन्दगी में ऐसी कोई भी परिस्थिति नहीं आती है जिसमे आप कुछ सीख नहीं पाते। हमें कुछ न कुछ सिखाने के लिए समय ही इन परिस्थितियों को हमारे पास भेजता है। चाहे वो परिस्थिति— अनुकूल हो या प्रतिकूल। अगर हम सीखने की इच्छा को बरक़रार रखते हैं तो हर एक परिस्थिति से सीख सकते हैं। समय हमेशा परिवर्तनशील है। जो समय पहले था, जो परिस्थितियाँ पहले थी, जो चीज हमने सीखे थे वो अब पुराने हो चुके हैं और अगर हम आगे बढ़ना चाहते हैं तो हमें नई चीजों को सीखना ही पड़ेगा।

अपने ज्ञान को बढ़ाना ही पड़ेगा। हम पुरानी सीखी-सिखायी बातों को लेकर अभी नहीं चल सकते। दुनिया बदल रही है, लोगों का रहन-सहन बदल रहा है। क्या हम इनसे कुछ भी नहीं सीख रहे हैं?

जो इंसान एक अंतराल के पश्चात् सीखना बंद कर देता है, वो स्थिर हो जाता है। उसके मस्तिष्क के दरवाजे बंद हो जाते हैं और वो पुराने ज़माने के ख्यालों में ही

बंदी बन कर रह जाते हैं। आज के समय में बहुत सी ऐसी सुविधाएँ मौजूद है जिनके माध्यम से हम बहुत कुछ सीख सकते हैं।

अगर आप ये सोचते हैं कि आपको और कुछ सीखने की जरुरत नहीं है तो माफ़ कीजियेगा, ये आपकी गलतफहमी है। आप अपने आप को एक दायरे में सीमित कर रहे हैं और जब आपके ही मित्र जो सीखना बंद नहीं किये, वे आसमान में अपनी कामयाबी का झंडा फहरा रहे होते हैं तब आप तालिया बजाने के अलावा कुछ नहीं कर पाते।

ज़िन्दगी जीना भी एक कला है। जब आप अपने आप को एक दायरे में बांध लेते हैं तो आप एक गुलामी की ज़िन्दगी जीना शुरू कर देते हैं। अगर अपनी ज़िन्दगी हम दूसरों के इशारों पर जीते रहेंगे तो यहाँ ये बात साफ़ हो जाएगी कि आप किसी नई चीजों के विषय में जानना ही नहीं चाहते हैं। जो वक़्त हाथ से निकल जाता है, वो कभी लौट कर नहीं आता।

नेटवर्क मार्केटिंग में अपने ज्ञान को बढ़ाना यानी आगे बढ़ना है। आप जितना ज्ञान अर्जित करते हैं, आप में उतना ही आत्मविश्वास पैदा होत है। जितना आत्मविश्वास पैदा होत है उतने ही आप अपने कार्य में कौशलता प्राप्त करते चले जाते हैं। और जितना कौशल बढ़ता जाता है आपके नेटवर्क उतने बढ़ते जाते हैं। जितना आपका नेटवर्क बढ़ता जाता है उतनी आपकी आमदनी भी लगातार बढ़ती जाती है। इसलिए जितनी आपकी आमदनी बढ़ती जाएगी आप और आगे बढ़ते जायेंगे।

आज दुनिया में जो भी नामचीन व्यक्ति हैं, उन्होंने कभी भी सीखना बंद नहीं किया होगा। ज्ञान का कोई अंत नहीं है, यह एक अथाह सागर है जिसको कोई पार नहीं कर पाया। इसकी गहराई को कोई माप नहीं पाया। हमारे मस्तिष्क की भी कोई सीमा नहीं है कि हम कितना ज्ञान अर्जित कर पाएंगे।

सीखते रहना यानी अपनी कुल्हारी को तेज करते रहना होता है। लेकिन केवल अपने कुल्हारी की धार को तेज करना ही सबकुछ नहीं होता है बल्कि अगर हम उसका उपयोग सही तरीके से नहीं करेंगे तो इसमें जंग लगने में देर भी नहीं लगेगी।

अगर आप किसी ऑफिस में या कहीं भी नौकरी करते है तो जाहिर है आप अकेले नहीं होंगे। आपके साथ और भी लोग होंगे। तो क्या सभी लोगों को एक ही सैलरी मिलती है? जी नहीं, हर व्यक्ति जिस विषय में जितना ज्ञान रखता है वो उतना ही महत्वपूर्ण होता है और उसके ज्ञान की वजह से ही उसे सैलरी मिलती है। इसलिए ये कहा जाता है कि— ज्ञान = पैसा। जितना आपके पास ज्ञान है आप उतना कमा सकते हैं। अब आपको समझ आ ही गया होगा कि अगर आप अपनी आमदनी बढ़ाना चाहते हैं तो आपको अपने ज्ञान को भी बढ़ाना होगा। इसके लिए आपको निरंतर सीखते रहना होगा।

हमारा शरीर जिन पाँच तत्वों से मिलकर बना है, क्या आप जानते हैं इनका क्या महत्व है —

पृथ्वी : पृथ्वी यानी मिट्टी, हमें सिखाती है अपने जिम्मेदारियों को निभाने का महत्व।

जल : जल हमें सिखाता है दूसरों की उम्मीदों और उनके विचारों से स्वयं को अप्रभावित रखना।

अग्नि : अग्नि हमें सिखाता है खुद की रक्षा करना।

वायु : वायु हमें सिखाती है विभिन्न दृष्टिकोण को अपनाना और उनमे संतुलन बनाये रखना।

आकाश : आकाश हमें सिखाता है स्थिर रहना, अडिग रहना, दृढ़ रहना, शांत रहना।

प्रकृति ने हमलोगों को सबकुछ दिया है। हमें सिर्फ उन शक्तियों को उजागर करना है। ये हमारे अंदर ही मौजूद है। आप इस पुस्तक के माध्यम से बहुत कुछ सीख पाएंगे और जो मैं नहीं भी सिखा पा रहा हूँ वो आप कहीं न कहीं से सीख ही जाएंगे।

एक आम इंसान खास तभी होता है जब वह अपने क्षेत्र में माहिर हो जाता है। और माहिर होने के लिए सीखते रहने की जरूरत होती है - सिखाते रहने की जरूरत होती है और साथ ही निरंतर आगे बढ़ते रहने की जरूरत होती है।

ऐक्शन लें

आपकी ज़िन्दगी की गाड़ी तब तक आगे नहीं बढ़ सकती जब तक आप ऐक्सेलरैटर नहीं दबायेंगे।

ये विषय सबसे महत्वपूर्ण है क्योंकि इसके बिना कुछ भी संभव नहीं है। आपने अब तक बहुत कुछ पढ़ा और सीखा है लेकिन जब आप उस सीखे हुए चीज पर क्रियान्वयन नहीं करेंगे तो आपके सीखे-सिखाये पर मिट्टी पलीद हो जायेगा।

आज बहुत से लोग नेटवर्क मार्केटिंग की तरफ खींचे चले आ रहे हैं लेकिन सफलता उन्हीं लोगों को मिलेगी जो अपने ढूंढे हुए रास्ते पर चलते हैं।

मान लीजिये आपने एक कार खरीदा और कार को कैसे चलाया जाता है उसका प्रशिक्षंण भी ले लिया है। उससे जुड़ी सारी जानकारी भी ले ली है। जैसे- ब्रेक कैसे लगता है, गियर कैसे बदलता है, ऐक्सेलरैटर क्या होता है, वह कैसे काम करता है इत्यादि.. यानी सारा कुछ सीख लिया है आपने। गाड़ी का दरवाजा खोलकर बैठ गए लेकिन गाड़ी को चलाने की कोशिश ही नहीं की तो क्या फायदा। आप गाड़ी

के विषय में जानकारी तो ले लिए पर गाड़ी को कभी स्टार्ट ही नहीं किया। तो क्या आप कभी गाड़ी चलाना सीख पाएंगे?

कुछ लोग हैं जो कहते हैं कि— "ये बिज़नेस सही नहीं है। मैंने भी किया था लेकिन सफल नहीं हो पाया।"

बात ये है कि इन लोगों ने कभी अपनी गाड़ी को रास्ते में चलाया ही नहीं है। सिर्फ गराज़ से गाड़ी निकाली और अपने घर के चारो तरफ एक चक्कर लगाकर गाड़ी को फिर से गराज़ में खड़ा कर दिया। अगर आप गाड़ी को लेकर रास्ते में नहीं निकलेंगे, भीड़-भाड़ वाली जगहों में नहीं चलाएंगे तो आप कभी भी गाड़ी नहीं चला पाएंगे। आप गाड़ी चलाने में माहिर तभी हो सकते हैं जब आप भीड़-भाड़ वाली जगहों में गाड़ी को चलाएंगे न कि खाली सड़कों पर।

कुछ लोग इस बिज़नेस में आते हैं और 4-6 महीनों में गायब हो जाते हैं। कुछ लोग तो ऐसे हैं जो घर में बैठे रहते है और इंतजार करते रहते हैं कि जब रास्ते की सारी सिग्नल हरी हो जाएगी तब मैं अपनी गाड़ी लेकर निकलूंगा। लेकिन क्या ये संभव है? — नहीं। ज्यादातर लोगों का ये सवाल होता है कि— इस बिज़नेस को कैसे किया जाये? तो मैं सबसे पहले ये पूछना चाहूंगा कि आप इस बिज़नेस को क्यों करना चाहते हैं? ये जो शब्द है "WHY" यानी क्यों, इसी में छुपा होता है "HOW" यानी कैसे।

एक उदाहरण देता हूँ—

क्या आपने कभी किसी कुत्ते को किसी तालाब में या नदी में तैरते हुए देखा है? अगर देखा है तो आप समझ ही गए होंगे कि मैं क्या कहना चाहता हूँ। एक कुत्ता जो कभी पानी में नहीं जाता है और अगर कोई उसे किसी तालाब या नदी में फेंक दे तो वो कुत्ता तैरता हुआ किनारे आ जाता है। कुत्ते ने तो कभी तैराकी नहीं सीखी या उसके मम्मी-पापा उसे कभी नहीं सिखाया। तब वो पानी में कैसे तैर गया।

ज़िन्दगी ऐसे जियें कि आप कल ही मरने वाले हैं और आपके लिए समय बस आज तक ही है। क्या अब भी आपको लगता है कि बिज़नेस कैसे करना है।

नहीं, सबसे पहले तो आप ये समझें कि इस बिज़नेस को क्यों करना है। अगर आपने ये सीख लिया तो कैसे करना है ये भी समझ आ जायेगा। जब आपका WHY मजबूत हो जायेगा तब आपके अंदर एक आग उत्पन्न होगी जिसे कहते हैं— "BURNING DESIRE" (ज्वलंत अभिलाषा)। ये डिजायर ही आपको सिखा देगा कि कैसे करना है। मैंने कभी नहीं सोचा था कि मैं एक दिन पुस्तक लिखूंगा। मुझे लिखना नहीं आता था यानी उचित शब्दों का प्रयोग करना नहीं आता था। अगर कभी एक पेज की चिट्ठी भी लिखना होता था तो हांथो में दर्द हो जाता था। अब 1997 में मैंने पढ़ाई छोड़ी फिर सारी ज़िन्दगी कंप्यूटर के कीबोर्ड के माध्यम से ही सारा काम करता था। हाथ से लिखने से हाथो में दर्द होता था, ज्यादा देर तक कलम नहीं पकड़ पाता था। लेकिन आप सोच सकते हैं कि कैसे मैंने एक महीने के अंदर इस पुस्तक को लिखा होगा। फिर कंप्यूटर में हिंदी टाइप की और रोजाना ऑफिस भी जाता हूँ। केवल इतना ही किया कि अभी एक महीने से मैं कोई मीटिंग या प्रोग्राम नहीं कर रहा हूँ क्योंकि मैंने ये संकल्प लिया था कि इस पुस्तक को मैं एक महीने में लिखूंगा और मैं अपने संकल्प पर दृढ़ हूँ।

मुझे मेरा WHY मिल चुका था और मैंने शुरुआत कर दी थी। ज़िन्दगी में अगर आप अपने आप को एक सही मुकाम पर देखना चाहते हैं तो बस उस मुकाम पर अपनी दृष्टि को बनाये रखिये और कूद जाइये जी-जान लगाकर कि इस मुकाम को हासिल करके ही रहना है।

यदि सिर्फ पढ़ाई करे, डिग्रियां ले लें तो क्या काम चलेगा?

—नहीं,

उन्हें अभ्यास करना होगा। एक वकील तबतक एक अच्छा वकील नहीं बन पाता है जबतक वो अभ्यास नहीं करता है। एक चार्टर्ड अकाउंटेंट तबतक एक अच्छा C.A. नहीं बन सकता जबतक वो अभ्यास नहीं करता है। अभ्यास यानी प्रैक्टिस।

"असली सिपाही युद्ध के मैदानों में बनते हैं, न कि अपने घरों में"

- शिव नाथ साव

यानी अगर आपको इस जंग को जीतना है तो आपको मैदान में उतरना ही पड़ेगा। गिर जाने के डर से अगर आप खड़ा होना नहीं सीखते तो शायद आप दौड़ नहीं पाते।

कविवर वृन्द का एक दोहा याद आ गया—

"करत-करत अभ्यास के, जड़मति होत सुजान, रसरी आवत जात ते, सिल पर देत निसान"।

निरंतर परिश्रम करते रहने से कठिन सा प्रतीत होने वाला कार्य भी सहज हो जाता है। इस दोहे का सम्पूर्ण अर्थ ये है कि निरंतरता और बार-बार प्रयास करने से एक जड़ बुद्धि समझा जाने वाला व्यक्ति भी, बहुत कुछ करने के लायक हो जाता है। जिस तरह एक रस्सी को भी अगर बार-बार एक पत्थर पर रगड़ा जाये तो उस पत्थर में भी निशान बना सकता है।

उठो, जागो और तब तक मत रुको, जब तक लक्ष्य की प्राप्ति न हो जाये

- स्वामी विवेकानंद जी

नेतृत्व विकास

मैं शेरों की उस सेना से नहीं डरता हूँ, जिसे कोई भेड़ नेतृत्व करता है।

मैं भेड़ों के उस झुंड से डरता हूँ, जिसे कोई शेर नेतृत्व करता है।

- महान सिकंदर

एक सच्चे लीडर में अकेले खड़े होने का आत्मविश्वास होता है,

कठिन निर्णय लेने का साहस होता है और

दूसरों की जरूरतों को समझने की काबिलियत होती है

- Douglas MacArthur

कभी हार मत मानो, आज कठिन है, कल और भी बदतर होगा,

लेकिन परसों धूप जरूर खिलेगा

- Jack Ma

हम सभी अपने कार्य के माध्यम से दुनिया में वो सब कुछ हासिल करना चाहते हैं जो हमारे लिए जरूरी है और उसे हासिल करने के लिए नेटवर्क मार्केटिंग के सभी सिद्धांतों के साथ-साथ "लीडरशिप" यानी "नेतृत्व" सीखना जरूरी है। नेतृत्व एक ऐसा मानसिक गुण या क्षमता है जिसे हम जब क्रियान्वित करते हैं तो सारी दुनिया उस लीडर के पीछे-पीछे चल देती है। एक सही लीडर वही होता है जो सबसे आगे चलता है और अपने टीम को सही रास्ता दिखाता है। नेटवर्क मार्केटिंग में एक

अच्छी उपलब्धि हासिल करने के लिए आपको एक लीडर बनना ही पड़ेगा और अपने टीम को भी एक लीडर बनाने की फैक्ट्री बनाना पड़ेगा।

ऊपर वाले ने हर इंसान को एक जैसा बनाया है लेकिन अपने-अपने कौशल के हिसाब से लोग अपनी उपलब्धि पाते हैं। कोई भी जन्म से लीडर नहीं होता बल्कि लीडर हमेशा से तैयार किये जाते हैं। अगर आप इस इंडस्ट्री में आये हैं तो आपको लीडरशिप की इस परिभाषा को और कुछ बहुत ही महत्वपूर्ण गुणों को अपने अंदर विकसित करना पड़ेगा। आप अपने टीम को दो गुना, चार गुना, दस गुना तभी बढ़ा पाएंगे जब आप खुद में वो सारे गुण अच्छी तरह से विकसित करेंगे।

आपको बरगद के उस पेड़ की तरह बनना पड़ेगा जिसके नीचे आपकी टीम राहत महसूस कर पाये। आपके टीम को आपके ऊपर फक्र महसूस होना चाहिए कि वाकई में हमलोग एक ऐसे लीडर के पीछे हैं जो शेर के सामान लीड करता हो। एक कुत्ता अपने बच्चे को सिर्फ पालता है लेकिन एक शेर अपने बच्चे की परवरिश करता है। पालना और परवरिश करने में बहुत अंतर होता है।

एक सफल और कुशल लीडर बनने के लिए आपको स्वयं को तैयार करना पड़ेगा। और इस लायक बनने के लिए मैं हर कदम पर आपका साथ दूंगा। आपको वह सारी जानकारी दूंगा जिससे आप खुद को और अपनी टीम को अच्छी तरह से लीड कर पाएंगे और अपनी टीम क हर सदस्य को भी एक अच्छे लीडर बनने के पथ पर ला सकेंगे।

क्या आप तैयार हैं?

एक अच्छा लीडर बनने के लिए नीचे दिये गए बातों को समझें और अपनी ज़िन्दगी में लागू करने की कोशिश करें—

ईमानदारी (Honesty)

अंग्रेजी में एक कहावत है— **"Honesty is the Best Policy"**। किसी भी काम को अच्छे तरीके से करने के लिए या किसी भी व्यवसाय को अच्छी तरह से

विकसित करने के लिए "ईमानदारी" अति आवश्यक है। अपने कंपनी के प्रति, अपने उत्पाद के प्रति, अपने टीम के प्रति ईमानदार बनें। एक सच्चे लीडर की पहली पहचान है— ईमानदारी। इस दुनिया में ऐसे-ऐसे लोग है जो थोड़े से पैसों की मोह-माया में पड़कर अपने ईमान को बेच देते हैं, जिसकी वजह से सारी दुनिया बुरी तरह से प्रभावित होती है। इस इंडस्ट्री में पैसे का लेन-देन एकदम सही रखें क्योंकि जो काम आपकी टीम आपको करते देखेगी वही काम वो खुद भी सीखेगी।

दायित्व का बोध (Sence of Resposibility)

एक अच्छे लीडर की दूसरी ताकत होती है— दायित्व का बोध होना और उसे हर हाल में निभाना। आपकी टीम को एचीवर्स बनाना ये आपका दायित्व है, जिसे आपको हर हाल में निभाना पड़ेगा। अपने हर रोज की गतिविधियों को लिखित रूप से तैयार कर लें। आने वाले कल के दिन आपको क्या करना हैस उसकी सूची आज रात सोने से पहले कर लें। ऐसा न हो कि कल का कोई महत्वपूर्ण कार्य आप इस सूची के अभाव में भूल जायें।

हमेशा ये ध्यान रखिये कि आपकी टीम तभी आपके साथ रहेगी जब आप अपने दायित्व को निभायेंगे। आपके टीम को सही जानकारी प्रदान करना, ट्रेनिंग करवाना, टूल्स किस तरह उपयोग करना है इसकी जानकारी देना, समय-समय पर उनलोगों के साथ साप्ताहिक या महीने में दो बार मीटिंग्स करना, उनकी समस्याओं को समझना और उसे दूर करने का प्रयास करना, हर वो काम जो आप करते हैं उसे अपनी टीम को करवाना।

आत्मविश्वास (Self Confidence)

ये एक बहुत ही महत्वपूर्ण बिंदु है, इसकी कमी के कारण लोग पलायन करते हैं। आपको खुद के साथ-साथ अपनी टीम के अत्मविश्वास को हमेशा जगा कर रखना है। जिसके लिए जरूरी है, आपका आपके टीम के साथ हमेशा जुड़े रहना।

इस इंडस्ट्री में मैने अक्सर देखा है कि लोग आगे नहीं बढ़ पाते हैं क्योंकि उनका आत्मविश्वास हल्का होता है। थोड़ी सी तेज हवा से लोग भागना शुरू कर देते हैं। ये आत्मविश्वास ही है जो आँधियों में भी डटकर खड़े रहने का साहस प्रदान करती है। कभी भी अपने टीम को ऐसा न कहें कि, "अरे, तुमसे नहीं होगा", बल्कि ये कहें कि, "तुम इसे जरूर कर सकते हो, तुम आगे बढ़ो मैं तुम्हारे साथ हूँ।" अपने टीम को आत्मविश्वास से भर दीजिये।

प्रेरणा देना (Motivation)

जिस तरह बारूद के ढेर को एक चिंगारी लगने की देर होती है, उसी तरह लोगों को प्रेरित करना और खुद को भी प्रेरित रखना इस व्यवसाय के लिए जरूरी सामग्री है।

अपनी टीम को अच्छे प्रेरणादायक वीडियो, ऑडियो या आर्टिकल प्रदान करते रहें। महान लोगों की बायोग्राफी पढ़ने के लिए प्रेरित कीजिये, हमेशा अपनी टीम को मोटिवेट करें क्योंकि अगर आप अपनी टीम के किसी भी मेंबर को डिमोटिवेट करते हैं तो वो बात आपकी टीम में आग की तरह फ़ैल सकती है। आप खुद भी प्रेरणादायक पुस्तकों को पढ़ें और कंपनी की तरफ से होने वाले मीटिंग्स या सेमिनार में पूरे टीम के साथ जायें और वहां से उस आग को लेकर लौटें, जिससे आपकी टीम हमेशा सुपर चार्ज रहे।

बातचीत बनाये रखें (Keep the Conversation)

यह एक ऐसा कौशल है जिसके माध्यम से आप अपने टीम को एक गोंद की तरह चिपका कर रख सकते हैं। अपने टीम के सभी सदस्यों से हमेशा बातचीत बनाये रखें, कभी किसी से नाराजगी न रखें, अगर कोई सदस्य अपना काम सही तरीके से नहीं कर पा रहे हैं तो उनको अपने पास बैठायें और उनके कार्य करने के तरीके को समझें। जहाँ आपको लगे कि ये सही तरीका नहीं है, तो उसे सही तरीका भी बताएं। अपने टीम में कभी-कभी हँसी-मजाक भी जरूरी है ताकि सभी को काम

करने का मजा भी मिले। कभी-कभी अपने टीम के साथ लंच या डिनर पार्टी भी करें। लोगों से खुलकर बात करें।

वचनबद्ध बनें (Be Committed)

वैसे भी आपने और मैंने बहुत सारी बेवफाई के किस्से और गाने सुने और फ़िल्में भी देखे हैं।

"वफ़ा ना रास आई, तुझे ओ हरजाई"

जो लोग वफ़ा यानी अपने किये हुए वादे को नहीं निभाते हैं, उन्हें ये दुनिया बेवफा के नाम से पुकारती है। जब आप लोगों से वादे करते हैं, तो उसे अंत तक निभाना जरूरी होता है। किसी भी संबंध में "वादा" करना यानी सिर्फ कह देना नहीं होता, उसे निभाना भी जरूरी होता है।

हिन्दू रिवाजों के अनुसार शादी के समय सात फेरे लिए जाते हैं, वहाँ होता क्या है? यहाँ पति-पत्नी दाम्पत्य जीवन को सहर्ष स्वीकार करते हैं। उस समय अग्नि को साक्षी मान कर सात फेरों के साथ सात वादे किये जाते हैं और ज़िन्दगी भर उन वादों को निभाने की कसमें खाये जाते हैं। लेकिन ज्यादातर लोगों को तो पता ही नहीं होता कि ये सात वादे होते क्या हैं।

खैर, मैं नेटवर्क मार्केटिंग की बात कर रहा हूँ, यहाँ शादी की शहनाई बजाकर कोई लाभ नहीं है। वैसे भी जो गलतियां हमलोगों ने कर ही लिए हैं तो उसके विषय में बार-बार याद करके क्यों तकलीफ पायें। चलिए बात करते हैं— नेटवर्क मार्केटिंग की।

हर इंसान, उस इंसान को बेहद पसंद हैं, जिनमे वादे निभाने का गुण होता है। इस इंडस्ट्री में मैंने देखा है, जब किसी को इस इंडस्ट्री में लाया जाता है तो उससे बड़े-बड़े वादे किये जाते हैं। जैसे— मैं ये कर दूंगा, वो कर दूंगा, तुम्हारे नीचे इसको डाल दूंगा, उसको डाल दूंगा, ये ..... वो....., लेकिन होता क्या है? वही ढाक के

तीन पात। जब आप अपने किये हुए वादे को निभा नहीं पाते, तब आपके डाउन लाइन आपको गलियां नहीं देंगे तो क्या आपकी आरती उतारेंगे।

मैं चाहता हूँ कि आप अपनी छवि को बनाएं और उसे बरक़रार रखें। आप लोगों से वही वादा कीजिये जिसे आप निभा पाएं, नहीं तो आपके टीम के लिए घातक सिद्ध हो सकता है। आज मैं बहुत मूड में हूँ, इसलिए इस टॉपिक पर मजे ले रहा हूं और मजे लेते-लेते एक और गाना याद आ गया

"मिलने की तुम कोशिश करना, वादा कभी ना करना,

वादा तो टू जाता है"।

जब भी, जहाँ भी आप किसी को वादा करें तो उसे जरूर निभाएं। चाहे बरसात हो, बिजलियाँ चमके, तूफान आ जाये। आप एक ऐसे इंसान बनें, जो कुछ भी हो जाये अपने किये हुए वादे से पीछे नहीं हटें। ऐसा नहीं कि आज तो बरसात हो रही है और अगले को फोन कर दिया कि, "यार आज तो बरसात हो रही है, या तबियत ख़राब है मैं कल आऊंगा, या आप कल आइये।" ऐसा बिल्कुल न करें। कभी भी अपने काम को कल पर नहीं टालें, क्योंकि बड़े-बुजुर्गों ने भी कहा है कि, "कल कभी भी नहीं आता" और यही चीज आपके नीचे होती चली जाएगी और आपकी टीम सुस्त मुर्गे की तरह बैठ जायेंगी। जरूरत पड़े तो कल के काम को आज ही सलटा दीजिये।

लचीला बनें (Be Flexible)

लचीलापन एक ऐसा गुण है जिसका अर्थ है— हमेशा तैयार रहना और अपनी व्यव्हार में सौम्यता बनाये रखना। आपको एक अच्छा लीडर बनने के लिए इस गुण को विकसित करने की भी आवश्यकता है। आपका व्यवहार कोमल होना चाहिए न कि कठोर। जैसे— आपको अपनी टीम को अच्छी तरह से काम करवाने के लिए अपने शब्दों को कठोर न बनाकर नरम और कोमल बनाइये, जिससे आपके प्रति लोगो के दिल में इज्जत बनेगी और यही चीज आप अपने टीम में विकसित करें।

एकदम नारियल की तरह बन जाएँ। समय के पाबंद रहें। अपने काम को करने में आलस्य न दिखाएँ।

अपने आपको इस तरह बना लें कि आप बहुत सारे कामों को जितना जल्दी पूरा कर पाएं और वो भी सही तरीके से। अगले दिन की तैयारी आज ही कर लें और यह भी सुनिश्चित कर लें कि कल और क्या किया जा सकता है। अपने आपको एकदम अपने काम के प्रति समर्पित कर देने से ये गुण आपमें उजागर हो जाएगी।

रचनात्मकता (Creativity)

यह एक ऐसा गुण है जिसके उपयोग करके आप न सिर्फ एक अच्छे लीडर बनते हैं बल्कि आपके टीम को बूस्ट करने में भी लाभ प्रदान करता है। रचनात्मक बुद्धि को विकसित करने के लिए आपको सरल और नये-नये आईडिया की जरूरत होती है। हमारे दिमाग की असीम क्षमता है, उसे जगाने के लिए, आप जो भी काम कर रहे हो उसमे आनंद महसूस करें, यदि आप अपने काम को आनंदित होकर करते हैं तो यही चीज आपके टीम में भी विकसित होगी।

जब आप किसी कार्य को पूर्ण विश्वास के साथ करते हैं और आपको पता होता है कि यही वो कार्य है जिसके माध्यम से आप सफलता की उस सर्वोच्च शिखर तक पहुँच सकते हैं। आपके अंदर एक आनंद का वास होता है, नये-नये विचार उत्पन्न होते हैं और यही विचार आपके व्यवसाय का सृजन करती है। क्रोध, कामना और लोभ से मुक्त होकर ही आनंद की अनुभूति होती है। आपका मन शुद्ध होता है, शांत होता है। अपने और अपनी टीम की किसी भी समस्या को अलग-अलग नजरिये से देखेंगे तो आपको समाधान भी नज़र आएगा। जिसका उपयोग करके आप एक अच्छे लीडर की भूमिका निभा पाएंगे।

प्रतिक्रिया (Feedback)

व्यवसाय जगत में प्रतिक्रिया अनिवार्य है क्योंकि इसी से पता चलता है कि आपके व्यवसाय में कोई भूल, कोई त्रुटि है या सही है या उसे और निखारने की या कुछ बदलाव की जरूरत है।

आप लोगों से अपने लिए प्रतिक्रिया जरूर लें ताकि आप जो भी गलती कर रहे है उसे ठीक कर पाएं और अपनी टीम में भी अगर कोई अच्छा काम कर रहे हैं तो उसे और प्रोत्साहित करें, एक अच्छी प्रतिक्रिया देकर, उन्हें फोन करके या व्यक्तिगत रूप से मिलकर या स्टेज परफॉरमेंस करवाकर उसे और प्रोत्साहित करें। अपनी टीम में अगर कोई अच्छा प्रदर्शन कर रहा है तो उसे गिफ्ट जरूर दें, वो भी एक मीटिंग बुलाकर। ताकि बाकि के टीम मेंबर्स को भी इससे प्रोत्साहन मिले। अपने काम का भी प्रतिक्रिया अपने अपलाइन से लें ताकि आप और भी अपने आपको निखार पायें।

समर्पण (Dedication)

सभी अच्छे लीडर्स में यह एक गुण होता है कि वे अपने व्यवसाय के प्रति, अपने कार्य के प्रति हमेशा 100% समर्पित होते हैं। नेटवर्क मार्केटिंग इंडस्ट्री में जब आपके टीम मेंबर्स ये देखते हैं कि उनका लीडर 100% समर्पण की भावना से काम करता है तो उनमें भी वही चीज विकसित होती है। जब तक आप किसी कार्य को करने में अपना 100% समर्पण नहीं देते हैं तब तक सफलता आपसे कई कोस दूर रहती है। इसमें 0.1% की कमी होने पर आप सफल नहीं हो पाते हैं और न ही अपने टीम को अपने जैसा लीडर बना पाते हैं।

आज दुनिया में जितने भी बड़े-बड़े लीडर्स हुए हैं या जितने भी लोगों ने इस दुनिया में अपना नाम कमाये हैं ये सभी लोग अपने काम के प्रति अपना पूरा जीवन न्योछावर कर दिया। अपना पूरा का पूरा 100% अपने काम को दिया। इसलिए

100% समर्पण की भावना जब आपके दिल में उत्पन्न हो जाती है तो कोई आपको रोक ले, ये संभव ही नही है।

व्यवसाय का मेरुदंड – प्रतिलिपिकरण

प्रतिलिपिकरण का अर्थ होता है— डुप्लीकेशन यानी दोहरीकरण। डुप्लीकेशन नेटवर्क मार्केटिंग का मेरुदण्ड होता है। वैसे तो हमलोग कॉपी करने में माहिर होते हैं, लेकिन जरा सी भी गलती करने पर यही गलतियों का डुप्लीकेशन होते-होते गलत ट्रैक पर गाड़ी चलनी शुरू कर देती है और जहाँ पहुंचना चाहिए था वहां न जाकर कहीं और चली जाती है।

डुप्लीकेशन का सही अर्थ है— दूसरों को खुद की तरह बनाना, लेकिन ज्यादातर लोग अपना ज्यादा दिमाग लगाकर इस काम को सही तरीके से कर नहीं पाते हैं। डुप्लीकेशन कुछ नहीं भी है, लेकिन बहुत कुछ है। हर काम को करने का एक सरल और सुलभ तरीका होता है, एक नियम होता है और उसी नियम के अनुसार आपको काम करना होता है, बिना अपना ज्यादा दिमाग लगाये।

जब मैं इस इंडस्ट्री में आया था तो मैंने भी वही गलतियां की जो गलतियां मेरे अपलाइन कर रहे थे। मैंने देखा मेरा अपलाइन दूसरी-दूसरी कंपनियों के डिस्ट्रीब्यूटर्स को तोड़कर अपने टीम में लाने की कोशिश करता रहता था। मैं जब भी बात करता था वो हमेशा कहता था इसका 1000 लोगों का टीम है, उसका 2000 लोगों का टीम है, उसको मैं अपने टीम में कन्वर्ट करूँगा और मेरे कुछ और अपलाइन थे जो ये कहते रहते थे मैं ये प्रोडक्ट लेकर फुट पर बैठकर चिल्ला-चिल्ला कर बेचूंगा, ये थोक व्यापारी को पकड़ूंगा, इस दुकान में अपना प्रोडक्ट को बेचूंगा।

मेरे दिमाग का एंटीना खड़ा हो जाता था कि यार ये कैसा काम है, दुकान में सप्लाई करना, दूसरी टीम को तोड़कर अपने टीम में शामिल करना, लोगों के घर-घर जाकर प्रोडक्ट बेचना। खैर मुझे पता नहीं था तो मैंने भी अपने अपलाइन का डुप्लीकेट करना शुरू कर दिया। लेकिन मैंने देखा कुछ भी डेवलप नहीं हो रहा है। तब मुझे समझ आया कि ये जो डुप्लीकेशन करने में गलती हो रही है और ये गलती ऊपर से होती आ रही है।

अब आप ही सोचिए कि अगर आप सिस्टम को समझ कर काम नहीं करेंगे तो आपसे भी वही गलतियां होंगी और यही गलती आपके टीम में भी होगी। फिर आप सोचेंगे की ये व्यवसाय ही सही नहीं है। ये तो वही कहावत हो गई कि, "नाच न जाने और आँगन टेढ़ा"। इसलिए ये अति आवश्यक है कि आप पहले इस व्यवसाय के विषय में समझें, इसके नियमों का पालन सही तरीके से करें, इसके सिद्धांतों को अपने जीवन में उतार लें ताकि आपसे कोई भी गलती न हो।

जब आपसे कोई गलती नहीं होगी तो आपके टीम भी सही तरीके को अपनाएगी। आज पूरी दुनिया में जितने भी नेटवर्कर्स हैं उनमे से मात्र 1% लोग ही शिखर तक पहुंच पाए हैं। क्योंकि वे लोग सिस्टम को समझकर, सभी सिद्धांतों और नियमों को पालन करके ही उस शिखर पर जा बैठे हैं, जिन्हें आज पूरी दुनिया सलाम करती है। लोग अपने आप ही उनकी तरफ खिंचे चले जाते हैं। अगर आपको भी 1% में आना है तो सीधी सी बात है कि जो 99% लोग करते हैं उसे न करें। नैतिकता का पालन करें, आचार-विचार, सिद्धांतों के आधार पर और इस इंडस्ट्री का जो भी नियम है उन्हें 100% पालन करें, आप भी 1% की गिनती में आ सकते हैं।

इस व्यवसाय को किस तरह किया जाना चाहिए, इसके ऊपर बहुत से अच्छे लीडर्स हैं और मेरे भी आइडियल हैं, मैं उनका नाम नहीं लूंगा, लेकिन अगर गौर करें तो आपको, नियम, सिद्धांत, काम करने के तरीके इत्यादि, प्रायः सभी ने एक ही कहा

है। हाँ, ये बात अलग है कि उनलोगों के समझाने या बताने का अंदाज अलग-अलग है। मैं भी आपको कोई अलग नहीं बताऊंगा, लेकिन मेरा अंदाज भी निराला है।

मैं आपको इस तरह सिखाऊंगा जिस तरह एक छोटे बच्चे को सिखाया जाता है। एकदम आपका हाथ पकड़कर एक-एक कदम के साथ और आप अपनी टीम को भी एकदम वही स्टेप करवाते जाइये, आप खुद ही महसूस करे पाएंगे।

सकारात्मक सोच

मनुष्य वो प्राणी है, जो अपने विचारों से बना होता है,

वह जैसा सोचता है, वैसा ही बन जाता है

- महात्मा गाँधी

आज हम जो कुछ भी हैं, वो सिर्फ और सिर्फ अपने सोच की वजह से ही हैं। किसी ने सच ही कहा है कि "हमें बनाने वाला कोई और नहीं, सिर्फ हमारी सोच ही है"। ये जानना बहुत ही जरूरी है कि सकारात्कम सोच और नकारात्मक सोच का हमारे जीवन में क्या प्रभाव होता है।

यह जीवन निरंतर बहने वाली एक प्रवाह की तरह है जहाँ सुख और दुःख, नदी के दो किनारे हैं। कभी हमारी नाव सुख की लहरों में बहती हैं तो कभी दुःख के थपेड़े भी देती है। कभी हम खुशी से उछलते हैं तो कभी दुःख के कारण गर्त में समां जाते हैं। ये एक निरंतर चलने वाली, कभी न ख़त्म होने वाला चक्र है और यही वजह है कि हमारे मस्तिष्क में सकारात्मकता और नकारात्मकता का प्रभाव पड़ता है। सुख के बाद दुःख और दुःख के बाद सुख, यही चक्र है। लेकिन खुद को इन परिस्थितियों से आद्यात्मिक और भावनात्मक सहारे की मदद से बचाकर इस नकारात्मकता को

सकारात्मकता में परिवर्तित किया जा सकता है और इसका एकमात्र विकल्प है—अपने दृष्टिकोण को सकारात्मक बनाये रखना।

अगर हम अपने जीवन में ढेर सारी खुशियां चाहते हैं तो हमें सिर्फ सकारात्मक विचार ही अपनाने होंगे वर्ना नकारात्मक विचार न सिर्फ दुःख देती है बल्कि पूरी ज़िन्दगी ही तबाह कर देती है। हम अपने मस्तिष्क में जो भी बीज बोते हैं वह हमारे आने वाली परिस्थितियों का कारक होता है। अगर हम अपने आपको सकारात्मकता के आधार पर ढाल लेते हैं तो कैसी भी परिस्थिति उत्पन्न हो जाये वो हमपर अपना प्रभाव नहीं बना पायेंगी और कड़ी धूप में भी छांव की तरह काम करेगी। ये सारी चीजें अपने-अपने दृष्टिकोण पर ही निर्भर करता है। हम जैसा दृष्टिकोण रखते हैं वैसे ही विचार हमारे मन में उत्पन्न होते हैं और हम उसी के अनुसार कार्य करते हैं।

सकारात्मकता क्या है? लोगों में अच्छाई की तलाश करना, अच्छे विचारों का पालन करना, किसी अच्छे कार्य जिससे किसी का अहित न हो, किसी की मदद करना, सेवा करना, सत्य का साथ देना, अभिमान से रहित होना, दंभ न पालना, अपने आपको ही श्रेष्ठ न समझना, अपनी गलतियों को स्वीकार करना, किसी की गलतियों को क्षमा करना, लोभवश कोई कार्य न करना, किसी की बुराई न करना और न ही किसी के बारे में गलत सोचना या कहना, हमेशा नेकी के राह पर चलना, ईश्वर में विश्वास रखना, भूखे को भोजन, प्यासे को पानी देना, दूसरों के विषय में गलत धारणायें न बनाना, ईर्ष्या न करना, लोगों में गुणों को देखना न कि अवगुणों को, अपने कार्य को सही तरीके से करना, लोगों को अच्छे काम करने के लिए प्रोत्साहित करना, यही है सकारात्मकता और इसके जो भी विपरीत होता है वह सभी नकारात्मक होते हैं।

ये दुनिया आपको कैसे देखती है, ये महत्वपूर्ण नहीं है,

महत्वपूर्ण तो ये है कि आप खुद को कैसे देखते हैं।

क्या ऐसा करें कि आप दिनभर सकारात्मक बने रहें? जब भी आप सुबह सो कर उठें, आईने के सामने खड़े होकर ये करें—

पूरे दिल से मुस्कुराइये और कहिये "आज मेरा दिन है"

मुझे पता है मैं अपने पसंदीदा जगह पर हूँ

मैं विजेता हूँ

मैं अपने कर्मों का जिम्मेदार खुद हूँ

मैं अपने लक्ष्य तक पहुँच कर रहूँगा

मैं सब कुछ कर सकता हूँ

मेरे जीवन में कोई परेशानी ठहरती नहीं है

सभी लोग मुझे चाहते हैं

मैं सभी लोगों को चाहता हूँ

मैं आजाद हूँ

मैं अपने वचन पर अडीग हूँ

सभी लोग अच्छे हैं

ये प्रक्रति कितनी अच्छी है

मैं ऊपरवाले को इस जीवन के लिए शुक्रिया अदा करता हूँ

मैं हर चुनौती स्वीकार करूँगा

मैं कभी नहीं रुकूंगा

मैं अपने समय को बर्बाद नहीं करूँगा

मैं अपनी टीम की मदद हमेशा करूँगा

मैं चूहा नहीं हूँ, मैं शेर हूँ

आप ऊपर लिखे वाक्य को रोज सुबह उठने के साथ पढ़ें, कम से कम 30 दिनों तक, मेरा दावा है कि आपके अंदर जो भी नकारात्मक सोच है वो बाहर भाग जाएगी।

इस बात की पुष्टि करने के लिए एक कहानी सुनाता हूँ।

एक दिन की बात है, शाम हो चुकी थी और एक घर में पाँच दीये जल रहे थे। थोड़ी देर के बाद पहले दीए ने कहा कि मैं इतना जलता हूँ, लोगों को रौशनी प्रदान करता हूँ लेकिन कोई मेरी कदर नहीं करता, तो बेहतर यही होगा कि मैं बुझ जाऊँ। वह दिया खुद को व्यर्थ समझकर बुझ गई, क्या आप जानते हैं वो दीया कौन था, वह दीया था "उत्साह" का प्रतीक।

ये सब देख और सुनकर दूसरा दीया जो शांति का प्रतिक था, कहा मुझे भी बुझ जाना चाहिए क्योंकि मेरे निरंतर रोशनी देने के बावजूद लोग हिंसा कर रहे हैं और शांति का दीया बुझ गया।

तीसरे दीये ने जब देखा, जो "हिम्मत" का दिया था, कि ये दोनों दिये बुझ गये है, उसने भी अपना हिम्मत खो दिया और बुझ गया।

उत्साह, शांति और हिम्मत के दीये को देखकर चौथा दीया जो "समृद्धि" का था, वो भी बुझ गया। लेकिन पाँचवा दिया जलता रहा। हालाँकि पांचवा दिया छोटा था लेकिन जलता रहा।

कुछ देर बाद एक लड़के ने उस उस घर में प्रवेश किया तो देखा कि सिर्फ एक दीया जल रहा था। वह ख़ुशी में झूम उठा। वह लड़का इस बात पर दुःखी नहीं हुआ कि चार दीये बुझ गये है, बल्कि यह सोचकर खुश हुआ कि कम से कम एक दिया तो जल रहा है। उसने तुरंत उस पाँचवे दिये को उठाया और बाकी के चारों दीये को फिर से जला दिया।

क्या आप जानते हैं वो पाँचवा दिया कौन था?

वह था— "उम्मीद " का दीया, सकारात्मकता का दीया।

इसलिए अपने घर में, अपने मन में हमेशा उम्मीद का दीया जलाये रखिये। भले ही सारे दिए बुझ जाये लेकिन उम्मीद का दीया नहीं बुझना चाहिए। ये एक ही दीया काफी है बाकि के सभी दीयों को जलने के लिए। आपकी सकारात्मक सोच सदैव बनी रहे।

एक बीज से पेड़ में रूपांतरण - सफलता की सीढ़ी

नेटवर्क मार्केटिंग एक ऐसा व्यवसाय है जो थोड़ा समय लेकर बढ़ता है। इसलिए जरूरत है धैर्य से काम लेने की। वैसे भी देखा जाता है कि कोई भी कार्य, एक समय लेकर ही बढ़ता है, खासकर जब बात करते हैं बड़े व्यापार की। हर बड़े व्यापार में सफलता प्राप्त करने में लगभग 5 वर्षों का समय लग जाता है। ऐसा कभी नहीं होता कि आप कोई व्यापार शुरू करते हैं और अचानक से सफलता प्राप्त कर लेते हैं।

जब कोई कार्य धीरे-धीरे आगे बढ़ता है तो वो मजबूती के साथ बढ़ता है। लेकिन जब लोग नेटवर्क मार्केटिंग के व्यवसाय में अपना कदम रखते हैं तो सोचने लगते हैं कि अब कल से ही पैसे की बरसात शुरू हो जाये। तो ऐसा कतई संभव नहीं होता। क्योंकि अगर आप ऐसा फलदार पेड़ लगाना चाहते हैं जो लगातार 200 सालों तक फल देता रहे, तो आपको धैर्य से काम लेना होगा। इस बात को सही तरीके से बताने के लिए मैं एक उदाहरण देता हूँ, जिससे आपको समझने में आसानी होगी।

सफलता की बीज बोने के लिए, विफलता का मौसम सर्वोत्तम समय है, क्योंकि विफलता के बाद, सुनियोजित होकर किया गया प्रयास ही सफलता लेकर आता है।

एक बीज कैसे पेड़ बन जाता है? चलिए जानने की कोशिश करते हैं कि एक बीज आखिर कैसे पेड़ बन जाता है। सबसे पहले आपको यह सुनिश्चित करना होगा कि आप उस बीज को कहाँ रोपना चाहते हैं, मिट्टी में या अपने घर के छत पर। जाहिर सी बात है, छत में तो वो बीज अंकुरित ही नहीं होगा। तो आप सबसे पहले उस

जगह को साफ़ करते हैं, जिस जगह आप उस बीज को रोपना चाहते हैं। उसके बाद, एक छोटा सा गड्ढा बनाते हैं और या सुनिश्चित करते हैं की मिट्टी सही है या नहीं, इसके आस-पास कोई गन्दगी तो नहीं है। उसके बाद आप उस बीज को उस गड्ढे में डाल देते हैं और ऊपर से मिट्टी से ढंक देते हैं, उसके बाद उसपर थोड़ा पानी का छिड़काव करते हैं ताकि बीज को नमीयुक्त वातावरण मिल सके।

अब उसे आप हर दिन थोड़ा-थोड़ा पानी देते हैं। इसके बाद वो बीज मिट्टी से नमी, ऑक्सीज़न और उपयुक्त बातावरण पा कर कुछ दिनों बाद अंकुरित होती है और धीरे-धीरे मिट्टी को ठेलते हुए बाहर निकलते हैं। उसके बाद वो हर रोज थोड़ा-थोड़ा करके बढ़ने लगता है। उसका एक भाग मिट्टी के निचे रहता है जिसे हम जड़ कहते हैं। ये जड़ ही है जो उस पेड़ को सींचता है। फिर वो नन्हा सा पौधा जैसे-जैसे बड़ा होता जाता है, बहुत सारी समस्याएं आनी शुरू हो जाती है। लेकिन जब-जब समस्याएं आती है, वो पौधा अपनी जड़ों को और मजबूती के साथ विकसित करने लगती है। कभी कीड़े लग जाते हैं, कभी तेज हवा के झोंकों को सहन करती है, कभी तेज बारिश के कारण जमीन में सो जाती है, तेज धूप को सहन करती है। इस तरह तमाम मुसीबतों के वावजूद वह हार नहीं मानती है। जब-जब उसके जीवन में समस्याएं आती है, वो अपनी जड़ों को मजबूत बनाती चली जाती है और चार-पांच साल बाद वही छोटा सा पौधा एक विशाल वृक्ष में परिवर्तित हो जाता है।

उसके बाद उसके जीवन में वो दिन आता है जब वो फलने और फूलने लगता है और उसके बाद हर मौसम में बिना आपके कुछ किये ही, आपको और आपके आने वाली पीढ़ियों के लिए हमेशा फल तैयार रखता है और जब तक वह पेड़ जीवित रहता है, आपको फलों की चिंता करने की कोई जरूरत नहीं होती है।

जब वो एक छोटा पौधा था, आप नियमित रूप से उसमे पानी देते थे। क्यारियां लगाते थे ताकि कोई उसे नुकसान न पंहुचा सके। जब भी बारिश होती थी आप उसकी सुरक्षा करते थे। लेकिन जब वो एक विशाल वृक्ष हो गया, तब क्या उसकी

देखभाल करने की जरूरत है? आपने पांच साल इस वृक्ष का ख्याल रखा और पूरी निष्ठा के साथ उसकी देख-भल की, अब समय आ गया कि वो वृक्ष आपको छाया प्रदान कर सकती है। गर्मी के दिनों में वो वृक्ष आपको राहत देती है, मौसम आने पर आपको फल भी देती है और लगातार 200 साल तक आपको अपने फलों से खुश और संतुष्ट रखेगा।

नेटवर्क मार्केटिंग व्यापार इसी तरह का एक विशालकाय वृक्ष में परिणित हो सकता है, बशर्ते इसके लिए आपको खुद में धैर्य और विश्वास बनाये रखना होगा।

3-5 साल आप इस व्यवसाय को पूरे तन-मन से कर लीजिये। जब भी आपको लगे कि आपसे नहीं हो रहा है तो आप हार मत मानिये। क्योंकि असफलता ही सफलता की सीढ़ी होती है। हर असफलता आपको कुछ सीखा कर जाएगी। समस्याएं आएँगी, तभी तो आप अपने जड़ों को और भी मजबूत कर पाएंगे।

जिस प्रकार कठोर बीज के गर्भ से कोमल पौधे का जन्म होता है, उसी प्रकार, अनुकूल परिस्थितियां पाते ही विफलता के गर्भ से सफलता का जन्म अवश्य होता है।

कंपनी के विषय में जानें

सही कंपनी का चुनाव कैसे करें

भारत एक ऐसा देश है जिसमे बहुत ज्ञानी और बुद्धिमान लोग निवास करते हैं। विदेशों में जितने साइंटिस्ट और टैलेंटेड लोग काम करते हैं उनमे भारतीय ज्यादा हैं। लेकिन ये कैसी विडम्बना है कि इतने टेलेंटेड और बुद्धिमान लोगों के होते हुए भी हमारा भारत पिछड़े हुए देशों में गिना जाता है। एक से बढ़कर एक हैकर्स भारतीय हैं लेकिन न जाने क्यों कुछ लोग अपनी टैलेंट को देश की उन्नति में न लगाकर अवन्नति में लगा रहे हैं, इसका एकमात्र कारण है— स्वार्थ की भावना।

स्वार्थ मनुष्य को अंधा बना देती है जिसके कारण उसकी बुद्धि मलिन हो जाती है और लोगों को गलत तरीकों से लूटना शुरू कर देती है। इतना प्यारा देश है हमारा, इतने सारे मजहब, इतनी सारी भाषा होने के बावजूद हम भारतीय कहलाते हैं। क्या हमारा कोई फर्ज नहीं बनता, क्या सारे फर्ज हमारे देश के जवान ही निभायेंगे।

आज भारत में कई दशकों से नेटवर्क मार्केटिंग इंडस्ट्री चल रही है। प्रतिशत की दर के हिसाब से हमारा देश सबसे पीछे है। बहुत ऐसे कारण है जिसके वजह से भारत में नेटवर्क मार्केटिंग अच्छी तरह से अपनी पकड़ और विस्तार नहीं कर पा रही है।

शुक्र है कि अभी भारत में जबसे Guidelines (यानी दिशा निर्देश) लागु हुए हैं तब से थोड़ी राहत मिली है। लेकिन अभी भी इतने बुद्धिमान लोग हैं जो इस सिस्टम को बदनाम कर रहे हैं। जिस समय भारत में Guideline लागू हुआ था उस समय मात्र 126 कम्पनियाँ नेटवर्क मार्केटिंग के माध्यम से अपना व्यापार कर रही थी। लेकिन आज ऐसा हाल है कि रोज एक कंपनी पैदा होती है। ज्यादातर कम्पनियाँ

इस मंशा से आ रही है कि 4-5 साल लोगों को बेवकूफ बनाकर, पैसे का लालच देकर अपनी कंपनी में भर्ती करना है और हवा हो जाना है। ज्यादातर कम्पनियाँ Gudelines को सही तरीके से पालन नहीं कर रही है, जिसकी चर्चा मैं इस पुस्तक के अंत में करूँगा।

फिल्हाल मैं यहाँ ये बताने जा रहा हूं कि कैसे आप एक बेहतर कंपनी का चुनाव करें। एक अच्छी कंपनी चुनने के लिए आपको कुछ बातों की जानकारी लेनी चाहिए।

1) कंपनी का बैकग्राउंड और प्रोफाइल क्या है

यह सबसे महत्वपूर्ण बिंदु है कि ये कंपनी कितनी पुरानी है और इस कंपनी के डायरेक्टर्स, CMD, CEO का बैकग्राउंड क्या है। कंपनी का Authorised Capital और Paidup Capital कितना है। क्या कंपनी पहले से ही पारम्परिक तौर से व्यवसाय कर रही थी, लेकिन आज नेटवर्क मार्केटिंग के माध्यम से अपनी उत्पाद का वितरण कर रही है या कंपनी कई वर्षों से लगातार नेटवर्क मार्केटिंग व्यवसाय में है, तो सही है। कंपनी की प्रतिष्ठा कैसी है? कंपनी का बुनियादी ढांचा कितनी विकसित है? कंपनी का मिशन और विज़न क्या है? कंपनी का मोटो क्या है? कंपनी MCA (यानी Ministry of Corporate Affairs और Ministry of Consumer Affairs) में लिस्टेड है नहीं। कंपनी के क़ानूनी दस्तावेज देखें। कंपनी का टर्नओवर देखें। अगर ये सभी चीजें सही है तो दूसरी बिंदु पर नज़र डालें।

2) कंपनी का बिज़नेस प्लान

नेटवर्क मार्केटिंग इंडस्ट्री में दो तरह के बिज़नेस प्लान होते हैं और दोनों ही लीगल है—

a) बाइनरी प्लान

b) युनीलेवेल प्लान

ज्यादातर कंपनियां बाइनरी प्लान में काम कर रही है। लेकिन यहाँ समझने वाली बात ये है कि अगर कम्पनियाँ बाइनरी प्लान में काम कर रही है तो आपको इनकम किस प्रकार दे रही है। कहीं ऐसा तो नहीं कि आप कम पैसे में जोइनिंग के लालच में आकर इनलोगों के जाल में फंस कर अपनी छवि को ही ख़राब कर रहे हैं। बाइनरी प्लान में ज्यादातर एक बार ही अपने ID को ग्रीन करना होता है। जो भी हजार-दो हज़ार रूपए के सामान सिर्फ एक बार ही लेने होंगे, उसके बाद कुछ भी नहीं है, कोई Repurchase नहीं होता है। उस प्लान में देखिये कि आपका जो पेआउट बनेगा वो किसके आधार पर बनेगा। क्या प्रोडक्ट सेल के ऊपर जो लाभ होगा, कंपनी उसमे से आपको पेमेंट करती है या नहीं, अगर "हाँ" तो सही है। अगर ऐसा है आप 2000 देकर ज्वाइन करते हैं और जब आप कुछ लोगों को जोइनिंग करवाते है तो उनके पैसे से ही आपको पेआउट दिया जाता है, अगर ऐसा है तो ये सही नहीं है। ये कंपनी Money Circulation कर रही है, यानी Illegal है, ऐसे कंपनियों को ज्वाइन न करें।

युनीलेवेल प्लान ऐसा होता है कि इसमें प्रोडक्ट सेल और जोइनिंग के आधार पर आपका पेआउट होता है।

दोनों ही प्लान सही है लेकिन ज्यादातर घपले बाइनरी प्लान में ही होती है और ज्यादातर लोग बाइनरी प्लान में ही इंटरेस्टेड होते है। खैर ये अपना अपना पसंद है।

मैं निचे एक स्ट्रक्चर दे रहा हूँ, ताकि आप बाइनरी और युनीलेवेल प्लान को समझ सकें—

बाइनरी प्लान

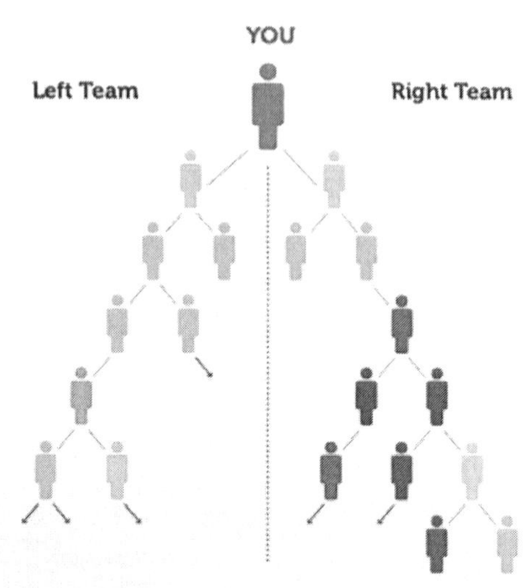

युनीलेवेल

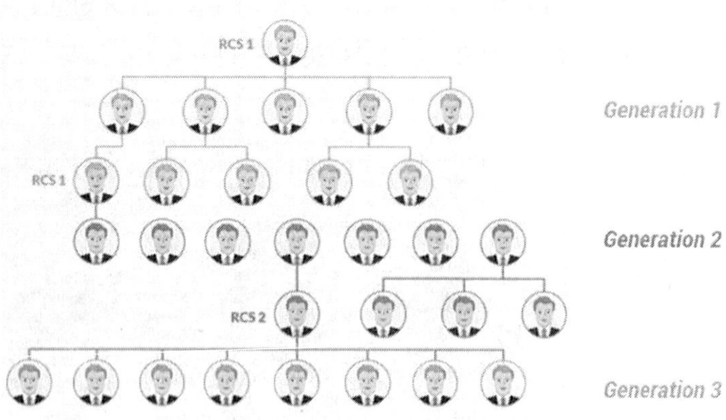

इस बात पर भी ध्यान दीजियेगा कि क्या कंपनी एक ही प्लान पर कई सालों से काम कर रही है, अगर ऐसा है तो सही है और अगर कंपनी कपड़े बदलने जैसा प्लान भी बदलती रहती है तो ये कंपनी सही नहीं है।

3) कंपनी का प्रोडक्ट

कंपनी का प्रोडक्ट बहुत ही महत्वपूर्ण है। कुछ कम्पनिया हैं जिनका खुद का एक भी प्रोडक्ट नहीं है। ये कम्पनियाँ ज्यादातर लोकल मार्किट से प्रोडक्ट को लेकर, ज्यादा दामों में बेचती है, तो ऐसी कम्पनियाँ बिलकुल भी सही नहीं है।

कुछ कम्पनियाँ हैं जिनका सारा प्रोडक्ट खुद का होता है। प्रोडक्ट के पैकिंग में बाकायदा प्रिंटेड होता हैं, इन कंपनियों का खुद का मैन्युफैक्चरिंग प्लांट होता है, तो ये सही चुनाव होगा।

कुछ कंपनियों का थोड़ा प्रोडक्ट खुद का होता है और कुछ दूसरी कंपनियों के साथ टाइअप करके करती है लेकिन इनका प्रोडक्ट ब्रैंडेड होता है, तो ये भी सही है।

आज ज्यादातर कंपनियों में एक जैसा प्रोडक्ट होते हैं। हाँ ये बात अलग है की गुणवत्ता में फर्क होता है। ज़्यदातर प्रोडक्ट होते हैं, Healthcare, Skin Care, Hair Care, Cosmetics, Colour Cosmetics, Wearable, Agri Product, Organic Foods इत्यादि।

अब आपको चुनना है की कौन सा प्रोडक्ट आपके लिए सही है। मैं हमेसा से रेकमेंड करता हूँ यूनिक प्रोडक्ट, जो किसी के पास नहीं, लेकिन आपके पास हो।

4) कंपनी का ट्रेनिंग और सपोर्ट सिस्टम

अगर कोई कम्पनी एकदम नयी है तो जाहिर सी बात है कंपनी में ट्रेनिंग सिस्टम सभी जगहों पर नहीं हो पाएंगे, लेकिन जहाँ कंपनी का ऑफिस है क्या वहां या अलग-अलग जगहों में ट्रेनिंग होता भी है या नहीं, ये जान लीजिये। घपले वाली

कंपनियों में ट्रेनिंग नहीं होता है। वहां केवल आपको कहा जायेगा तुम दो को ले आओ, वे लोग दो-दो को ले आएंगे और इसी तरह हम करोड़ पति, तो ऐसे कंपनियों से दुरी बनाये रखें।

और अगर कंपनी पुरानी है, तो जाहिर बात है की कंपनी का ऑफिस भी विभिन्न शहरों में होगा, तो वहां जाइये और देखिये वहां का ट्रेनिंग सिस्टम कैसा है। क्योंकि बिना ट्रेनिंग के नेटवर्क मार्केटिंग में सफलता पाना संभव नहीं है और आपके लीडर्स की सपोर्ट सिस्टम कैसा है वो भी ध्यान दीजिये। अगर कंपनी का ट्रेनिंग होता है, सपोर्ट सिस्टम सही है तो वो कंपनी बिलकुल सही है, तुरंत ज्वाइन करें।

5) कंपनी के लोग और लीडर्स कैसे हैं

कंपनी के लोग कहने का तात्पर्य है की आपके अपलाइन या उनके अपलाइन इस कंपनी में कितने दिनों से हैं? कहीं ये लोग मंकी लीडर्स तो नहीं है। क्योंकि इन लोगों का काम ही है एक डाल से दूसरे डाल में कूदना और इसी तरह कूदते ही रहते हैं और अगर आप भी कूदना चाहते हैं तो इन लोगों को ज्वाइन कर सकते हैं।

जब आप पूछेंगे की सर आप कितने दिनों से नेटवर्क मार्केटिंग कर रहे हैं तो कोई कहेगा मैं 5 साल से कर रहा हूँ, तो कोई कहेगा मैं 20 साल से कर रहा हूँ लेकिन इन लोगों की हालात देखकर आपको पता चल जायेगा। ये लोग दस-दस कंपनियों में अपना ID लगाते हैं और जब आप पूछेंगे की आपने ये कंपनी क्यों छोड़ी तो आपको या तो कंपनी की बुराई करेंगे या प्रोडक्ट की या इसी तरह की। तो आप खुद ही सोचिये, जो आदमी 10-10 साल से नेटवर्क मार्केटिंग कर रहा ही, उसकी माली हालत इतना ख़राब है की अपनी कार की जगह पैदल या बाइक में बैठकर प्रोग्राम करने जाते हैं। कुछ मंकी लीडर्स के वजह से कंपनी बदनाम होती है, तो जरा ध्यान से। इन मंकी लीडर्स के बदले किसी अच्छे लीडर को ज्वाइन करें।

कंपनी की पंजीकरण प्रक्रिया

जब आप किसी कंपनी में ज्वाइन करने का निर्णय लेते हैं तो आपको अपना कुछ डॉक्यूमेंट देना पड़ता है जैसे ID Proof, PAN Card, Bank Passbook, Nominee Details, Mobile No. Email इत्यादि।

हर अच्छी कंपनी एक सिस्टम फॉलो करती है। सबसे पहली चीज है कंपनी का जोइनिंग फॉर्म। ज्यादातर कम्पनियाँ फॉर्म ही नहीं रखती है, बस जिसको ज्वाइन करना होता है उनका डाक्यूमेंट्स का फोटो उठाकर Whatsapp के माध्यम से भेज दिया जाता है, वैसे ये जरूरी नहीं भी है लेकिन पहला काम फॉर्म को फिलप करवाना और फिर डॉक्यूमेंट लेना।

जैसे ही आपका रजिस्ट्रेशन होता है साथ-साथ आपके मोबाइल में आपका एक यूनिक ID और पासवर्ड आता है और इस तरह आपका रजिस्ट्रेशन पूरा हो जाता है और ये बिलकुल फ्री होता है।

कंपनी के वेबसाइट और एप्प का इस्तेमाल करना

जैसे ही आपका रजिस्ट्रेशन हो जाता है और आपको ID और पासवर्ड मिल जाता है, आप तुरंत वेबसाइट को हैंडल करना सिख लें और सबसे पहले अपना पासवर्ड को चेंज कर लें। पासवर्ड ऐसा दें ताकि वो स्ट्रांग हो।

अगर आपकी कंपनी का कोई एप्प है तो उसे डाउनलोड करे लें और उसे ऑपरेट करना सिख लें ताकि आप अपना बिज़नेस, पेआउट और बाकि सभी चीजों की जानकारी खुद ले पाएं।

कंपनी के पेआउट सिस्टम को समझें

आप जिस कंपनी में ज्वाइन करने जा रहे हैं, इस बात की जानकारी अवश्य लें की आपकी कंपनी आपको पेआउट किस तरह देती है और एक महीने में कितनी बार देती है। क्या कंपनी आपका पेआउट डायरेक्ट आपके बैंक अकाउंट में NEFT के माध्यम से भेजती है, तो सही है। लेकिन कुछ कम्पनियाँ आपको पेआउट देती है किसी वॉलेट के माध्यम से। यानी आपका पेआउट कंपनी के ही डिज़ाइन किये हुए वॉलेट में आती है जहाँ से आप ऑनलाइन यूटिलिटी बिल वगैरह पेमेंट कर सकते हैं और यहाँ से अपने बैंक अकाउंट में भी ट्रांसफर कर सकते हैं।

आज के समय में वॉलेट ज्यादा लोकप्रिय हो रहा है लोग डिजिटल पेमेंट भी करने लगे हैं लेकिन इस मामले में थोड़ी सतर्कता बरतनी जरूरी है।

अभी भी हमारे देश में डिजिटल पेमेंट ज्यादा सिक्योर नहीं है तो मैं यही कहूंगा, यहाँ सावधान रहिये।

ट्रेनिंग जरूरी है

किसी कंपनी में ज्वाइन होने के बाद, जरूरी है सही से ट्रेनिंग लेना फिर काम शुरू करना। लेकिन ज्यादातर लोग यही पहले काम में गलती करते हैं। उन्हें जो बिज़नेस प्लान दिखाया गया था, वे समझते हैं कि वे तो अब बिज़नेस प्लान को देख लिए और समझ लिए, अब वे भी दूसरों को प्लान दिखाकर तुरंत ज्वाइन कर सकते हैं। अगर ये इतना ही आसान होता तो नेटवर्क मार्केटिंग भारत में इतने सालों से घिस-घिस कर नहीं चल नहीं रही होती और अब तक करोड़ो लोग बिज़नेस को कर रहे होते।

ये बिज़नेस है और इसे एक घंटे या एक दिन में न तो समझा जा सकता है और न ही किया जा सकता है। इस बिज़नेस को करने के लिए सीखना सबसे ज्यादा जरूरी है और इसके लिए जरूरी है सही से ट्रेनिंग लेना।

कभी-कभी ऐसा हो सकता है कि आपकी कंपनी अच्छी है और नई-नई नेटवर्क मार्केटिंग में आयी है तो जाहिर सी बात है कि हर शहर में कंपनी ने अपनी ब्रांच अभी खोली नहीं होगी। तो घबराने की बात बिल्कुल नहीं है। आप अपने अपलाइन या उनके अपलाइन के साथ बैठकर 10-15 दिनों तक इसे अच्छे तरीके से सीखें कि इस बिज़नेस को कैसे सही तरीके से करना चाहिए। क्योंकि Earning तभी होगी जब आप इसके सामने 'L' को लगाएंगे यानी 'Learning' और यही वो वजह है कि कुछ लोग बिना सही तरीके से ट्रेनिंग लिए ही निकल पड़ते हैं लोगों को ज्वाइन करवाने। ये तो वही हाल हुआ कि आपने गाना गाने के विषय में थोड़ी जानकारी ली, थोड़ा गुनगुनाया और अब चले लोगों को गाना सिखाने के लिए। क्या ऐसा हो सकता है? लोग तो शुरू के दिन ही आपको दरवाजे का रास्ता दिखाएंगे। तो ऐसा कभी न करें, पहले सीखें, फिर सिखायें। पहले खुद समझें फिर समझायें।

आपकी कंपनी की तरफ से एक समय अंतराल में सेमिनार होती होगी। आप वहां जरूर जाएँ और जितना हो सके वहां से सीखने की भरपूर कोशिश कीजिए।

मेरे इस पुस्तक को लिखने का मकसद ही ये है कि मैं आपको बिज़नेस को ग्रो करने के बारे में वो सब सिखाऊँ जो आपको कोई नहीं सिखा पा रहा है। इसके लिए मैं हमेशा आपके साथ हूं।

सही रणनीति के 786 नियम

7 नियमित कार्य

- **सूची बनाना**

सूची यानी लिस्ट तैयार करना इस व्यवसाय की नींव है। आपकी सूची की संख्या बताएगी कि आप इस व्यवसाय में कितनी जल्दी सफलता पाएंगे। सूची आपको हिम्मत प्रदान करती है। सूची आपको पीछे भागे नहीं देती है। सूची आपके संकल्प में दृढ़ता लाती है। जितनी बड़ी आपकी सूची होगी उतनी ही बड़ी आपको सफलता मिलेगी।

सूची बनाने के कारण

सूची क्यों बनानी है? मुझे तो सारे दोस्तों, रिश्तेदारों, मोहल्लेवालों सबका नाम मालूम है। मोबाइल के कांटेक्ट नंबर भी हैं। मेरे दिमाग में तो सब कुछ है।

इसलिए तो कहता हूँ कि जो भी दिमाग में है और मोबाइल में है, उसे जब तक खाली नहीं करेंगे तब तक नये लोगों का नाम कैसे आयेगा। जब आपका दिमाग पूरी तरह से खाली हो जायेगा तभी तो नए नामों को दिमाग में बिठा पायेंगे। इसलिए पहले जितने नाम दिमाग में आये उसे दिमाग से निकल कर एक डायरी में लिख लें।

सूची बनाने के लाभ

- सूची बनाने के कई लाभ है। इसमें पहला लाभ ये है कि मान लीजिये आपके मोबाइल में 500 लोगों के नंबर है, अब 500 मोबाइल नंबर याद रखना तो किसी के लिए सहज नहीं है तो ये एक बेस्ट उपाय है। ताकि अगर कभी आपका मोबाइल

ख़राब भी होता है तो आपके पास उनके नंबर पहले से ही लिखित रूप में मौज़ूद हैं।

- दूसरा फायदा, जब आप लोगों के नाम और बाकि की सारी जानकारी अपने डायरी में लिखते हैं, तो आपको सही-सही मालूम होता है कि कौन लोग कहाँ रहते हैं, क्या करते है इत्यादि। इससे होता ये है कि जब आप अपने काम पर फोकस करते हैं तब आपके दिमाग में नाम के जगह काम होता है और इसके वजह से आपके दिमाग में प्रेशर नहीं पड़ता है कि यार इसको तो भूल ही गये।
- तीसरा और जबरदस्त फायदा यह है कि जब आपकी लिस्ट लम्बी होती है तब आपके अंदर एक अलग सा आत्मविश्वास बनता है और यही आत्मविश्वास आपको इस कार्य में अंदर से एक ताकत प्रदान करता है। अगर कुछ लोग आपको मना भी कर देते है तो आपका हिम्मत नहीं टूटता और आपको यह विश्वास होता है कि अभी बहुत लोग हैं आपके लिस्ट में। मान लीजिये आपकी लिस्ट में 300 लोगों के नाम हैं और इनमे से ज्यादा से ज्यादा यानी 90% लोगों ने इस बिज़नेस में आने से मना कर देते हैं तो घबराने की बात नहीं है, यहाँ औसत का नियम काम करता है, जैसे — 10:6:3:1

  यानी अगर आप 10 लोगों को अपना बिज़नेस प्लान दिखाते हैं और यदि आपकी प्रस्तुति अच्छी होती है तो उनमे से 6 लोग इस बिज़नेस को करने के लिए तैयार हो जाते हैं। लेकिन उनमे से 3 लोग ही फॉर्म भरते हैं। पर अंत में कोई एक ही इस बिज़नेस को शुरू करते हैं। यानी ये अनुपात हुआ 10:1 का। अगर आपके लिस्ट में 300 लोगों के नाम हैं तो उस हिसाब से 30 लोग आपके साथ जुड़ कर काम करते हैं और आगे चलकर उनमे से अगर 10% लोग ही पूरे जुनून के साथ काम करते हैं। (यानी 300 लोगों में से सिर्फ 3 लोग - यानी 1%) तो आपका बिज़नेस 1 से 2 साल के भीतर आसमान छूने लगेगा।

अब आप सोच रहे होंगे कि इतनी मेहनत करने के बाद मात्र 1% लोग ही सही से काम करेंगे, तो मैं आपको बताना चाहूंगा ये 99% लोग भी आपके साथ जुड़ेंगे और काम भी करेंगे लेकिन कुछ समय के पश्चात। जब ये लोग आपकी तरक्की को देखेंगे तब आपके पीछे-पीछे दौड़े कर आएंगे। ये 99% लोग केवल आपको फॉलो करेंगे और आपका भी काम होगा उन्हें फॉलो करवाना।

- चौथा फायदा, जब हम लिस्ट तैयार करते हैं तो उस समय हमारा दिमाग सक्रिय रहता हैं, लोगों के नाम और बाकि के जानकारी ढूंढ-ढूंढ कर लाता है। बाद में आपको कोई ये बोल न सके कि तुम तो स्वार्थी निकल गये मुझे बताया नहीं इस बिज़नेस के बारे में। तो आपको शर्मिंदा न होना पड़े और दूसरी बात ये है कि अगर आपने उन्हें अपने लिस्ट में शामिल नहीं किया और कोई दूसरी कंपनी के लोग उन्हें अपना प्लान दिखा कर ज्वाइन करवा लिया तो आपको भी बुरा लगेगा। इसलिए लिस्ट बनाना जरूरी है।
- पांचवा फायदा, आज भारत में बहुत सारी कंपनियां खड़-पतवार की तरह उग रही है और लोग धरल्ले से काम करना शुरू कर दिए हैं। अब मान लीजिये आप किसी के पास जाते हैं और उन्हें पहले भी किसी ने प्लान और बिज़नेस के लिए बताये थे तो उनको ये स्मरण हो आएगा कि अरे उसने भी मुझसे इस बिज़नेस के बारे में बताया था, यानी एक पत्थर पर कई लोग पहले ही दो-चार बार हथौड़ा चला चुके हैं और अब बारी आपकी है। चूँकि आपके संबंध सामने वाले से अच्छे हैं तो वो व्यक्ति तुरंत आपके साथ जुड़ जायेगा और आपको ज्यादा परेशानी भी नहीं होगी।

तो ये रहे मेरे हिसाब से लिस्ट बनाने के कुछ फायदे। अब मैं आता हूँ अगले पड़ाव में।

सूची बनाने के नियम

- पहली बात, लिस्ट तैयार करने में थोड़ा वक़्त लगता है इसलिए आपके दिमाग को कम से कम एक या दो घंटे का समय दीजिये और शांत मन से और ये सोच कर बैठिये कि इन दो घंटों में आप और कुछ भी नहीं सोचेंगे।
- दूसरी बात, कभी भी हरबड़ी में लिस्ट न बनायें, क्योंकि ऐसा करने से आप अपनी लिस्ट को सही से बना नहीं पायेंगे।
- तीसरी बात, लिस्ट बनाते समय TV या Video या किसी तरह के मनोरंजन के माहौल में न रहें और अपने माहौल को शांत करें।
- चौथी बात, लिस्ट बनाते समय घर में जो भी आपसे बड़े हों या माता-पिता जो भी हों उन्हें अपने साथ लेकर बैठें, क्योंकि उन्हें पता होता है कि कौन रिश्तेदार कहाँ रहते हैं, जिससे आपको एक बड़ी लिस्ट बनाने में मदद मिल सके।
- पाँचवी बात, लिस्ट बनाते वक़्त आपके घरवालों के अलावा आपका कोई और रिश्तेदार या कोई दोस्त नहीं होना चाहिए, नहीं तो ये लोग आपका काम बनने के पहले ही बिगाड़ने की प्रक्रिया शुरू कर देंगे।
- छठी बात, लिस्ट बनाने का सही समय या तो रात को भोजन के उपरांत करें या सुबह को थोड़ा जल्दी उठें जिस समय आपका दिमाग शांत रहता हैं।
- सातवीं बात, लिस्ट बनाते समय ये बिल्कुल भी न सोचें कि वे आपके साथ जुड़ेंगे या नहीं, वो बाद की बात है क्योंकि अक्सर देखा जाता है कि आप जिनके विषय में गलत धारणा बना रखे थे, वे किसी और कंपनी में जुड़ चुके हैं और ये मेरे साथ भी हो चुका है। इसलिए लिस्ट में सभी का नाम होना चाहिए, एक भी नाम छूटना नहीं चाहिए।

सूची कैसे बनायें

कुछ लोगो को मैंने देखा है एक पर्ची या एक पॉकेट डायरी का इस्तेमाल करते हैं। मैंने पूछा ये लिस्ट बनाये हो या दुकान से सामान लाने के लिए इनका नाम लिखे हो। यानी 80% लोग तो कभी लिस्ट बनाते ही नहीं हैं और उनमे से भी ये खतरनाक दिमाग वाले लोग होते हैं। ये लोग बचपन से लिस्ट यानी सामान का लिस्ट ही देखे हैं, वे जब दुकानों में जाते हैं तो एक पर्ची में सारे सामानों का नाम लिख लेते हैं और दुकान से ले आते हैं। अब अगर इनको बोला जाये कि अपना लिस्ट बनायें तो इनके पास तो ये ही तरीका है लेकिन सही मायने में सही तरीके से लिस्ट तैयार करना यानी अपने बिज़नेस के लिए सही से नींव तैयार करना है, तो आइये मैं बताता हूँ—

अपने मोबाइल के कॉन्टैक्ट लिस्ट खोलिये और शुरू से लेकर अंत तक सभी नामों और कॉन्टैक्ट नम्बरों को लिख लीजिये। यदि आप कंप्यूटर के जानकार हैं तो आपके लिए बहुत ही आसान होगा लिस्ट तैयार करना और डिटेल मेन्टेन करना और अगर नहीं है तो कोई बात नहीं मैं नीचे एक चार्ट दे रहा हूँ, उसे फॉलो कीजियेः-

- पूरा नाम लिखें
- जितने मोबाइल नंबर हैं लिखें
- उनके साथ संबंध क्या है, लिखें
- पूरा पता लिखें
- क्या काम करते हैं लिखें
- टिप्पणी कॉलम में HOT, WARM या COLD लिखें

हो सकता है आप एक दिन में न भी कर पायें लेकिन इसे बनाने में दस दिन न लगायें। इस काम को जितनी प्राथमिकता देंगे उतनी ही आपकी सफलता सुनिश्चित होगी। एक से दो दिन के अंदर लिस्ट तैयार करें।

➢ श्रेणी और चयन प्रक्रिया

जब आपका लिस्ट तैयार हो जाता है, तब आपका काम है इन्हें विभिन्न श्रेणियों में बाँटना और सही लोगों का चयन करना। इसके लिए उसी लिस्ट में जो टिप्पणी का कॉलम है, उसमे आपको HOT, WARN और COLD लिखना है और इनमे से जो लोग HOT श्रेणी से हैं उनको ही पहले चयन करना है, ताकि आपका बिज़नेस प्लान दिखाने का प्रैक्टिस कर पायें।

ये HOT, WARM और COLD क्या है?

HOT: HOT का अर्थ है, ज्यादा गर्म, यानी इस श्रेणी में उन लोगों के नाम आते हैं जिनके साथ आप हमेशा समय बिताते हैं। यानी आपके घनिष्ठ मित्र, रिश्तेदार, ऑफिस के लोग, जिनके साथ आपके विचार मेल खाते हैं। करीब ३०-३५ लोग तो होते ही हैं सभी के सर्किल में। यहाँ संभावना ज्यादा होती है क्योंकि जब आप किसी चीज के विषय में इन्हें बताएँगे तो ये लोग उसे गंभीरता से लेंगे।

WARM: यानी हल्का गर्म, इस श्रेणी में वही लोग आते हैं जिनके साथ आपका जान-पहचान तो होता है लेकिन उठना-बैठना नहीं होता, बातचीत भी कभी-कभार होती है। आपके आस-पड़ोस के लोग हो सकते हैं, आपके बच्चे के स्कुल या किसी पार्टी या समारोह वगैरह में कभी कभार मिलना-जुलना होता है, आपके थोड़े दूर के रिश्तेदार हो सकते हैं। इस श्रेणी में आपके कुछ ऐसे लोग भी हो सकते हैं जिनके साथ आप सोशल मीडिया पर अक्सर बातें होती रहती हैं, शेयरिंग होती रहती हैं ।

COLD : जैसे कि इस श्रेणी का नाम ही है Cold यानी ठंडा। अब इसका मतलब ये न निकालें कि ठंडा यानी मरियल टाइप के लोग। यही वो जगह है जिसे आपको बहुत ही सावधानी के साथ अपने बिज़नेस में लाना पड़ता है और यही लोग आपको कामयाब बना सकते हैं। एक कहावत तो आप सुने ही होगे— "घर की मुर्गी दाल बराबर", यानी आप जिनके साथ उठते बैठते हैं, घूमते-फिरते हैं वे लोग आपकी बात को गंभीरता से नहीं लेते हैं। आपके साथ जुड़ तो जाते हैं लेकिन काम सही से

नहीं करते हैं। असली काम के लोग आपको इसी श्रेणी से मिलेंगे। इस श्रेणी में अक्सर दोस्त के दोस्त, दूर के रिश्तेदार, सोशल मीडिया के माध्यम से हुई दोस्ती, अनजान लोग इत्यादि।

➢ **संपर्क करना और अपॉइंटमेंट फिक्स करना**

A) किस श्रेणी के लोगों से कब और कैसे संपर्क करें

वैसे तो सभी श्रेणी के लोगों का अपना-अपना दृष्टिकोण होता है और उनके साथ किस तरह का संबंध है ये आप ही जानते हैं। जब आपका तीन श्रेणी तैयार हो जाये तो सबसे पहले बात करते हैं किस श्रेणी के लोगों के साथ आपको कब संपर्क करना चाहिए—

HOT : इस श्रेणी में ज्यादातर लोग आपके मित्र, रिश्तेदार, आपके ऑफिस या काम-काज के जगहों के लोग होते हैं जिनके साथ आपका गहरा संबंध होता है और इसी कारण सबसे पहले इन्हें ही संपर्क करना चाहिए और जितना जल्दी हो सके।

WARM : इस श्रेणी में जबकि लोग तो आपको जानते हैं लेकिन Hot श्रेणी की तरह नहीं होते तो सबसे पहले आपको जरूरत है इन लोगों से अच्छे संबंध स्थापित करना लेकिन ध्यान रहे अपने बिज़नेस के विषय में कोई भी जानकारी न दें। पहले इन्हें Hot श्रेणी में लाना होगा उसके बाद आगे बात कर सकते हैं।

COLD : जबकि इस श्रेणी के लोगों के साथ आपकी कोई खास जान-पहचान भी नहीं होती है, तो आपका पहला काम है इन लोगों से अपने जान पहचान बनाइये, अच्छे संबंध स्थापित करिये।

आजकल जान पहचान बनाने के लिए सोशल मीडिया अच्छा काम करेगी जैसे Whatsapp के माध्यम से 'सुप्रभात' भेजना या किसी पर्व-त्यौहार में बधाइयाँ देना, अच्छे-अच्छे विचारों को शेयर करना, लेकिन इन बातों का ध्यान रखिये, अपने बिज़नेस संबंधी कोई भी जानकारी न भेंजें। सबसे पहले इन्हें Warm फिर Hot तब

फिर संपर्क करना और अपॉइंटमेंट लेना चाहिए। किसी तरह की हड़बड़ी बिल्कुल न करें, कुछ समय लगते हैं तो लगे।

B) संपर्क करने के पहले कुछ विशेष बातों का ध्यान रखना

अक्सर कुछ लोग ऐसी-ऐसी गलतियां करते हैं कि अपॉइंटमेंट तो छोड़िये लोग बात तक करना बंद कर देते हैं। क्योंकि लोगों से बात करना भी एक कला है। ये जानना बहुत जरूरी होता है कि कौन सी बात, किस तरह से और कब करनी चाहिये। ज्यादातर लोग सोचते हैं अरे ये तो मेरा दोस्त है, तो मेरे भाई अगर ये लोग भले ही आपके साथ उठते बैठते हैं, रिश्तेदार हो लेकिन अगर आपका तरीका सही नहीं हुआ तो आपसे नाराज भी हो सकते हैं। इसलिए निम्नलिखित बातों का ध्यान रखिये—

- अपना आत्मविश्वास बनाए रखें।
- हमेशा फोन करके ही अपॉइंटमेंट लेना चाहिए, न कि Whatapp या SMS या email करके।
- बात करते समय अपने शब्दों का सही से इस्तेमाल करें।
- ज्यादा जानकारी फोन पर न दें।
- फोन पर अपना प्लान न बताएं और न ही सोशल मीडिया से कोई बिज़नेस प्लान भेजें।
- गलत शब्दों का प्रयोग न करें और न ही झूठ बोलकर अपॉइंटमेंट लें।
- जिस तरीके से आप साधारणतः बात करते हैं ठीक उसी तरीके से ही बात करें, ज्यादा बड़ा-चढ़ा कर न बोले।
- अपना फोन कॉल ३ से ५ मिनट तक ही रखें इससे ज्यादा नहीं।
- फोन पर लोगों को लगना चाहिए आप बहुत व्यस्त हैं इसलिए ज्यादा बात नहीं कर पा रहे हैं।

C) बात करते समय किस तरह की बातें करें

जैसा कि मैंने पहले कहा है कि बात करना भी एक कला है और अगर आप इसमें माहिर हो जाते हैं तो आप किसी की भी अपॉइंटमेंट आसानी से ले सकते हैं। आप बात कैसे शुरुआत करें और कैसे अंत, इसे जानते हैं—

- अपने मन में किसी भी प्रकार का दुविधा न पालें और जैसे साधारणतः आप लोगों से बात करते हैं उसी तरह से फोन करके सबसे पहले व्यक्तिगत बाते करें। जैसे- सुप्रभात, नमस्ते, कैसे हैं, घर में सब लोग कैसे हैं और इसी तरह करीब एक मिनट बात करें।
- उनके काम-काज संबंधी बात करें। जैसे- और काम-धाम कैसा चल रहा है, कोई परेशानी तो नहीं, इस तरह की कोई भी बात कर सकते हैं। बात करते समय अपने मन में किसी भी प्रकार की नकारात्मक बातें न रखें। एकदम मुस्कुराते हुए बातें करें और कुछ जोक्स भी कर सकते हैं और कोशिश करिये सामने वाला भी मुस्कुराये। आपकी हंसी सामने वाले को दिखाई देनी चाहिए।
- नीरस बात न करें, आपके बातों में रस होना चाहिए।
- अब आपको जानना जरूरी है कि वे फ्री कब रहते हैं, सुबह को या शाम के समय। ज्यादारतर लोग सुबह लेट से सोकर उठते हैं और इसके बाद अपने काम पर जाने की जल्दी में रहते हैं। तो आप समय का हिसाब उन्हें ही लगाने दें और कुछ प्रश्नों को साधारण तरीके से पूछना है, वो मैं आगे बताऊंगा।
- अक्सर लोग चाहते हैं कि हर कोई उसके तारीफ करे लेकिन किसी भी तरह की झूठी तारीफ बिल्कुल भी न करें। सामने वाले व्यक्ति को समझ आना चाहिए कि आप उसकी सच्ची प्रशंसा कर रहे हैं।
- करीब तीन-चार मिनट बात करने के बाद उनसे एक ही सवाल पूछना है वो मैं आगे बताऊंगा और सीधे अपॉइंटमेंट का तारीख और समय फिक्स करना हैं।

- मुस्कुराते हुए कॉल समाप्त करें और आप जब भी बात करें उन्हें लगना चाहिए कि आप व्यस्त हैं। इसलिए ज्यादा बात नहीं कर पा रहे हैं।
- बात करते समय अगर सामने वाला व्यक्ति दुखी या परेशान लगे तो उनके परेशानी का कारण पूछ लीजिये। ताकि जब मीटिंग हो तो उनका खुलासा हो सके और उनके समस्याओं का समाधार भी निकल जाये।
- एक चीज हमेशा ध्यान रखिये, आज हर एक इंसान किसी न किसी परेशानी में रहते हैं तो फोन पर उनके परेशानियों को हल करने की कोशिश न करें और कहें ठीक है चलो बैठकर बात करते हैं।

D) बात करते समय, सही प्रश्नों का प्रयोग करें

जब भी आप बात करें, अपने मन को एकदम साफ़ रखें। ये याद रखें आप किसी को जबरदस्ती इस बिज़नेस में नहीं ला सकते इसलिए आपके प्रश्न उनके दृष्टिकोण के हिसाब से होने चाहिए, जैसे अगर कोई समस्या है तो उनको लगना चाहिए कि आपके पास उस समस्या का समाधान है।

- साधारण बातचीत करने के बाद पूछें शाम को क्या कर रहे हैं (ये निर्भर करता है कि आप किससे बात कर रहे हैं) या "इस" दिन आप कहाँ रहेंगे। उसके बाद उनसे कहें आइये बैठकर कुछ जरूरी बातें करेंगे ताकि आपकी और मेरी जो भी समस्या है उसे मिलकर समाधान निकाल सकें।
- आप जब घर पर रहते हो तो क्या करते हो? ज्यादातर लोग या तो घर-परिवार के कामों में उलझे रहते हैं या TV देखने में और मनोरंजन में समय गवा देते हैं। तो उनसे कहिये मैं सोच रहा था क्यों न इस समय को नहीं गवा कर आपस में मिलकर कोई तरकीब निकालें जिससे अपना इनकम भी बन सके।
- अभी आप जो भी इनकम कर रहे हैं, क्या आपको लगता है कि ये प्रयाप्त है, क्या हमें कोई और रास्ता ढूंढ़ना चाहिए? तो क्या यह अच्छा नहीं होगा कि इस बात को बैठकर समझा जाये, तो आइये बैठकर बात करते हैं।

- अपने खाली समय में आपको कौनसा काम अच्छा लगता है (कोई TV देखना पसंद करते हैं, कोई सोशल मीडिया से चिपके रहना पसंद करते हैं, कोई अपने परिवार के काम में हाथ बटाना पसंद करते हैं) तो वे जो भी पसंद करते हैं, आप उनसे कहिये "तो आप मनोरंजन पसंद करते हैं", वे बोलेंगे "हाँ", तो कहिये "अच्छा", अगर मैं आपको ऐसा ही किसी काम के बारे में बताऊँ कि आप और मनोरंजन कर पाएं और साथ में एक अलग इनकम भी हो, तो क्या यह अच्छा नहीं होगा कि इस बात को बैठकर समझा जाये, तो आइये बैठकर बात करते हैं।

अगर कोई कहे कि मैं अपने परिवार के साथ समय बिताना पसंद करता हूँ, तो आप कह सकते हैं ये तो बहुत ही अच्छी बात है, मैं भी अपने परिवार को और ज्यादा समय देना चाहता हूँ, घूमना-फिरना चाहता हूँ, तो मैं ऐसे ही किसी काम को कर रहा हूँ, जहाँ मैं ज्यादा से ज्यादा समय अपने परिवार को दे पाता हूँ। आप ऐसा ही कोई काम क्यों नहीं करते, जिसमे अच्छा पैसा भी हो और आप अपने परिवार के साथ ज्यादा से ज्यादा समय बिता पायें। सामने वाला कहे कि कहाँ से ढूंढूं ऐसा काम, फिर आप कहिये मैं किस दिन काम आऊंगा, आइये इस दिन बैठ कर बात करते हैं।

कोई कह सकता है मुझे तो सोने में मजा आता है। तो जैसा मैंने ऊपर कहा ठीक उसी तरह से कहिये और साथ में ये भी कहिये क्या आप जानते हैं शेर भी दिन में 20 घंटे सोता है यानी आप शेर हैं। लेकिन शेर जो चार घंटे में करता है, क्या आप करते हैं, मैं करता हूँ, तो क्या ये अच्छा नहीं होगा कि आप भी उस काम के विषय में जाने, तो आइये इस दिन मिलकर बात करते हैं।

एक बात ध्यान रखियेगा सामने वाले व्यक्ति के किसी भी बात तो काटना या ताने मरना नहीं है। वो जिस चीज में ख़ुशी महसूस करते हों आपको वही तस्वीर उन्हें दिखाना है।

- क्या आपको पता है कि आज पहले से भी ज्यादा मौके हैं अपना इनकम बढ़ाने का? अब वो हाँ कहें या न, जीत आपकी पक्की है। जैसे- अगर हाँ कहे, आप कहिये, तो आप जानते हैं, तब तो मुझे आपसे मिलना पड़ेगा और अगर न कहे तो कहिये, आपको नहीं पता, कोई बात नहीं, अगर आप चाहते हैं अपना इनकम बढ़ाने का, तो मैं बताऊंगा आपको, लेकिन फोन पर नहीं, मिलकर बात करते हैं।
- कई व्यक्ति ऐसे भी होते हैं जो एकदम सुबह को निकलते हैं और रात को घर लौटे हैं। दिनभर परेशान रहते हैं और रविवार को आराम करते हैं। इनका एक ही कहना होता है— समय नहीं है, तो ऐसे लोगों के साथ आपको पहले समझना होगा कि इनकी समस्या क्या है, क्या ये अपने काम और ज़िन्दगी से खुश हैं या कुछ तलाश कर रहे हैं। तो इनसे आप यह कह सकते है— "तब तो आप अपने परिवार को समय ही नहीं दे पाते" वो कहेंगे— हाँ, तब आप कहिये— "कोई ऐसा काम क्यों नहीं करते ताकि आपको पैसे भी अच्छा मिले और घर से दूर जाकर काम भी न करना पड़े", "मैं तो ऐसा ही काम करता हूँ, तो क्या ये अच्छा होगा आप थोड़ा समय निकाल कर इस काम को देखें" तो मिलकर बात करते हैं, इस रविवार को आइये, साथ में चाय भी पियेंगे और आपकी समस्या का समाधान भी मिलकर करेंगे"।

  आप हमेशा ध्यान रखिये, आपको लोगों के मन के भाव को समझकर उनके मन के अनुसार ही बात करनी है तभी लोग आयेंगे आपसे मिलने। हमेशा लोगों की सराहना कीजिये, तभी आपका काम बनेगा।
- मुझे कुछ ऐसे लोगों की जरूरत है, जो एक अच्छा इनकम करना चाहते हैं और वो भी बिना अपने वर्तमान काम को कोई नुकसान किये, क्या आपके जान पहचान में कोई है? लोग खुद आपसे मिलने का समय पूछेंगे। अब या तो वो व्यक्ति खुद का नाम लेगा या किसी और का, जीत आपकी पक्की।
- मैंने एक व्यवसाय शुरू किया है और मैं चाहता हूँ आपके एरिया में इसका विस्तार करूँ जिसके लिए मुझे कुछ अच्छे लोग चाहिए। क्या आपके जान-पहचान में कोई

है? मैं चाहता हूँ आप दूसरों को रेफर करें, तो क्या ये सही होगा आप ये काम पहले देख लें और आप मेरे करीबी भी हैं, तो क्या यह अच्छा नहीं होगा कि इस बात को बैठकर समझा जाये, तो आइये बैठकर बात करते हैं।

- आप जो भी काम करते हैं, बिना उसे डिस्टर्ब किये, क्या आप नहीं चाहेंगे एक पार्ट टाइम काम करना ताकि आप थोड़ा और अपना इनकम बड़ा पायें।
- अब ऐसा भी हो सकता है कि कोई पूछे कि आप क्या करते हैं। तो उनसे कहिये मैं जो काम कर रहा था उसके साथ-साथ मैं लोगों के इनकम को बढ़ाने में मदद करता हूँ ताकि वे अपने इनकम को और ज्यादा बड़ा पायें और वो भी फ्री में।
- किसी के पूछने पर आप कह सकते हैं कि मैं उन लोगों को एक अच्छा रास्ता दिखता हूँ, जो लोग कुछ बड़ा करना चाहते हैं, अपने इनकम को दो गुणा, चार गुणा करना चाहते हैं।
- आप कह सकते हैं मैं एक ऐसा काम कर रहा हूँ जिसमे चार-पांच साल बाद मुझे और कुछ करने की जरूरत नहीं होगी, लेकिन पैसे लगातार आते रहेंगे।
- आप कह सकते हैं, मैं ऐसा ही कुछ काम कर रहा हूँ जिसमें वो सब कुछ है जिसे मैं पाना चाहता हूँ। पैसा भी अपने हिसाब से, समय भी अपने हिसाब से देता हूँ, विभिन्न शहरों में घूमने का मौका भी मिलता है और दो-चार साल में ही मैं वो सब कुछ पा सकता हूँ जो लोग 40-50 साल में भी नहीं कर पाते।
- मैं ऐसा काम करता हूँ कि जहाँ कोई किसी की टाँग नहीं खींचता बल्कि अनजाने लोग भी पूरी मदद करते हैं ताकि मैं अपने सपनों को पूरा कर सकूँ।
- मेरे लिए समय बहुत ही महत्वपूर्ण है क्योंकि मैं समय का गुणा करना जान गया हूँ। मैं जान गया हूँ कि टाइम = पैसा होता है और अगर समय को गुणा करना कोई इंसान सीख ले तो पैसे का भी गुणा अपने आप हो जाता है।

- अब आपको कुछ होशियारपुर वाले भी और घायल लोग भी मिल सकते हैं। आपसे पूछ सकते हैं अच्छा नेटवर्क मार्केटिंग कर रहे हैं, तो आप एक ही जबाब दीजियेगा "जैसा आप सोच रहे हैं वैसा नहीं है"।

  जब आप इस तरह के जवाब देते हैं तो सुनने वाला मोहित हो जाता है। उनके मन में जिज्ञासा उत्पन्न हो जाता है, अब आप टाइम नहीं पूछेंगे, वे खुद आपसे मिलना चाहेंगे, तो अपने हिसाब से टाइम सेट करें और उन्हें ये महसूस करवाइये कि आपका समय कीमती है।

  आपके बातों में सच्चाई होनी चाहिए, तभी ताकत अंदर से लगेगी। वर्ना लोग समझेंगे कि आप फेंक रहे हैं और वे आपका मजाक भी उड़ा सकते हैं।

  तो ये थे कुछ ऐसे प्रश्न जो आपको कॉल करते समय करने हैं। थोड़ा अपना भी दिमाग लगा लीजियेगा लेकिन दिमाग लगाने के साथ-साथ इस बात का भी ध्यान रखियेगा कि आपके प्रश्न अटपटे न हों या उनको बुरा न लगे या तकलीफ न पहुंचे। इस बात का हमेशा ध्यान रखियेगा कि आप लोगों के समस्याओं को बढ़ाने के लिए नहीं बल्कि समाधान के लिए हैं। आपके बात में आकर्षण होना चाहिए न कि फेंकने जैसा।

  5 मिनट से ज्यादा बात न करें। कभी भी काम क्या है इसकी जानकारी फोन पर न दें। आपके बात से अगले को लगना चाहिए कि आपसे मिलना बहुत जरूरी है। आप बस लोगों के अंदर से उनकी जरूरत को बाहर निकल लीजिये, वे खुद आपके पास समय से पहले आ जायेंगे।

➢ **व्यवसाय का प्लान शो करना :-**

  जब आपलोगों का मीटिंग फिक्स हो जाता है तो अब आगे के काम के विषय में समझना जरूरी है कि अपने प्रस्तुति को किस तरह से पेश किया जाये कि जो लोग मीटिंग में आएंगे, उनको ये न लगे कि ये सब बेकार है। वैसे आपको कुछ लोग मिलेंगे जो हर चीज में गलतियों को ढूंढेंगे और नेगेटिव बात करेंगे। लेकिन आपको

घबराने की जरूरत नहीं है। क्योंकि आप उनके प्रश्नों का उत्तर भी दे सकते हैं और उनके दिमाग से नेगेटिविटी को पूरी तरह से हटा भी सकते हैं। लेकिन एक बात ध्यान रखियेगा इस व्यवसाय में वही लोग काम करेंगे जिनके कुछ सपने हैं और वे उन सपनो को पूरा करना चाहते हैं। जो सकारात्मक विचारों को रखते हैं, जो लोग जीवन में कुछ करना चाहते हैं, बिल्कुल आपके जैसे। लोग छन कर आएंगे तो ही अच्छा है। आप घबराइये मत, 300 लोगों में से 3 लोग ही आपके साथ सही से काम करते हैं। तो आप खुद देख सकते हैं 3 का गुणा करके। एक कहावत भी है— सौ बेवकूफ मित्र से एक अक्लमंद शत्रु अच्छा होता है।

आप अपने व्यवसाय में ला तो सभी को सकते हैं लेकिन हर कोई सही से काम भी नहीं करेंगे। आपको उनमे से चुन कर बस कुछ लोगों को ही माहिर बना देना है और यही सिलसिला आगे चलेगा। तो आइये समझते हैं कि अपने बिज़नेस प्रस्तुति को दिखाने के तरीके कितने हैं।

A) एक या दो लोगों के साथ आमने-सामने की मीटिंग्स

B) ग्रुप मीटिंग

C) हॉल मीटिंग

हर मीटिंग को करने का एक अलग तरीका होता है, जगह होता है तो उसे समझना जरूरी है। आइये जानते हैं—

A) एक या दो लोगों के साथ आमने-सामने की मीटिंग्स

आप इस मीटिंग को खुद भी कर सकते हैं अथवा अपने अपलाइन के साथ कर सकते हैं। इस मीटिंग में आप HOT लिस्ट में से एक या दो व्यक्ति को ही बुलाएँ। यदि आप एकदम नये हैं तो किसी भी मीटिंग को करने से पहले कम से कम 5 - 6 बार आपको इसे देखना होगा यानी अपने अपलाइन या किसी अच्छे लीडर का हेल्प ले सकते हैं। इस तरह के मीटिंग के लिए कुछ जरूरी जानकारी आपको होनी चाहिए। जैसे—

सही स्थान का चुनाव

सही स्थान कहने का तात्पर्य है कि ऐसा स्थान जहाँ आप और आपके गेस्ट आसानी से पहुँच सके। अगर आपके घर में अलग कोई कमरा है जहाँ सहूलियत से बैठकर बात किया जा सके या कोई शांत माहौल का चयन कीजिये। लेकिन कभी भी आप अपने गेस्ट के घर में, ऑफिस में या किसी और के घर में जाकर मीटिंग न करें। ज्यादातर कोशिश करें उन्हें अपने पास बुलाने का, न कि उनके घर जाने का। इससे होगा ये कि जब आपके गेस्ट आएंगे तो वो एक अलग मनोदशा में आएंगे। आपने फोन पर जो कहा था वो बात उनके दिमाग में कई तरह के सवाल उत्पन्न कर रहे होंगे।

वे जानने के उद्देश्य से आते हैं। तो इससे फर्क ये पड़ता कि आप जब उन्हें अपना बिज़नेस प्लान दिखते हैं तो वे उस समय अपना ध्यान आपके ऊपर रखते हैं और समझने का प्रयास करते हैं और उनके काम करने की संभावना बनी रहती है। अगर आप उनके घरों में या ऑफिस में जाकर मीटिंग करते हैं तो जाहिर है वो अपने किसी काम - काज में व्यस्त हो सकते हैं और आपके बिज़नेस प्लान को सही से समझ न सके। जिसके कारण उनके मन में संशय उत्पन्न हो सकता है। लोग किसी के बात पर गुरुत्व तब देते हैं जब वे किसी के पास जाते हैं। मैं आपको एक सलाह दे सकता हूँ। आप किसी कॉफ़ी शॉप या रेस्टॉरंट में अपने गेस्ट को बुला सकते हैं या अपने अपलाइन से सलाह ले सकते हैं।

सही माहौल का होना

ये एक बहुत ही महत्वपूर्ण बिंदु है। नेटवर्क मार्केटिंग या कोई भी व्यवसाय में मीटिंग्स के लिए ऐसे स्थान का चयन करना चाहिए जहाँ शोर-शराबा या किसी का आना-जाना या बच्चों की चहल-पहल न हों, या TV चल रहा हो तो उसे बंद करें। ऐसा माहौल अगर आपके घर में हो सके तो ठीक है या आप अपने घर के आस-पास कोई रूम रेंट पर ले सकते हैं। लेकिन मैं आपको इस समय खर्च करने के

लिए नहीं कहूंगा। माहौल का ध्यान जरूर रखें नहीं तो आपका गेस्ट का मन बार-बार डिस्ट्रक्ट होगा और वे आपके मीटिंग में शामिल तो होंगे लेकिन आपके व्यवसाय को समझ नहीं पाएंगे।

कौन सही है बिज़नेस प्रस्तुति के लिए

अक्सर इस तरह की गलतियां नये लोग करते है। जब भी कोई प्रस्तुति दिखाना होता है तो हमलोग चाहते हैं ऐसे किसी व्यक्ति को बुलाना यानी अपलाइन को ताकि प्रस्तुति सही से दिखाया जा सके। तो मैं आपको एक मशवरा दूंगा कि जब तक आप खुद पर विश्वास नहीं करेंगे, तबतक आप बिज़नेस प्रस्तुति किसी को दिखा नहीं पाएंगे। लेकिन अगर आप एकदम नये हैं और आपको जानकारी कम है तो 5-6 मीटिंग्स में अपने अपलाइन की मदद ले सकते हैं, लेकिन इससे ज्यादा नहीं, नहीं तो आप आत्मनिर्भर नहीं बन पाएंगे।

जैसा की मैंने कहा था कि मेरा अपलाइन मुझसे 200km की दूरी पर रहता था, तो मेरे लिए ये एक बहुत बड़ी चुनौती बन कर खड़ी हो गयी। लेकिन मैंने हिम्मत नहीं हारी और कुछ दिन मीटिंग्स न करके मैं अपने ज्ञान को बढ़ाने में लग गया और शुरू से ही मैं अपने बिज़नेस प्लान खुद हो दिखाते आया हूँ और आज दूसरे-दूसरे राज्यों और शहरों में जाकर मीटिंग्स करता हूँ। तो इस व्यवसाय में आप जितनी जल्दी खुद को तैयार कर लेते हैं, आप उतनी ही जलती कामयाबी की तरफ बढ़ते चले जाते हैं। मैंने बार-बार गलतियां की और हमेशा ये देखता रहा कि मैं कहाँ गलतियां कर रहा हूँ और उन गलतियों को सुधारते हुए आगे बढ़ता गया।

गेस्ट के साथ अपलाइन का परिचय

किसी भी मीटिंग में ये एक महत्वपूर्ण विषय है कि मीटिंग्स शुरू होने से पहले ही आप अपने गेस्ट के साथ अपने अपलाइन का परिचय जरूर करवायें। ताकि आपने अपलाइन को बिज़नेस प्रस्तुति दिखाने में या बातचीत करने में सुविधा हो। परिचय कैसे करवाना है? आप अपने गेस्ट से कहिये कि आप इनसे मिलिए, इनका नाम ये

है, ये मेरे सीनियर बिज़नेस पार्टनर हैं और इस बिज़नेस में इतने दिनों से हैं, आज ये इस रैंक पर हैं, इतने जल्दी समय में इन्होने ये-ये अचीव किये हैं। मुझे इन्होंने ही इस बिज़नेस में लाया और इन्ही की छत्र-छाया में मैं इस बिज़नेस को सीख रहा हूँ... इत्यादि। अब अपने अपलाइन से कहिये ये मेरे मित्र या जो भी हैं उन्हें बताइये, वे क्या करते हैं, कहाँ रहते हैं, आपके साथ कैसा संबंध है बताइये।

परिचय करवाने का कारण ये होता हैं कि आपके अपलाइन और आपके गेस्ट को जब एक दूसरे के विषय में मालूमात हो जाती है तो आपके अपलाइन के लिए बहुत ही आसान हो जाता है, बातचीत के सिलसिले को आगे बढ़ाने में और एक सही दिशा देने में, जिससे आपका मीटिंग सफल हो सकें।

मीटिंग के लिए समय का निर्धारण

जब भी कोई गेस्ट आपके पास आते हैं, तो ये सोच कर ही आते हैं कि चलो आधा-एक घंटा लगेगा या अगर आपने ही फोन पर कहा हो कि आइये घंटे भर का समय निकालिये इसे समझने में, तो कभी भी इससे ज्यादा समय न लगाएं और एक घंटे की जगह दो घंटे न लगाएं। हाँ, ऐसा होता है कि आपके गेस्ट को कोई बात समझ में नहीं आ रही है और आप देख रहे हैं कि एक घंटा होने को है तो बातचीत को एक बार रोककर ये कहें कि मुझे लगता है आप इसे और अच्छे से समझना चाहते हैं तो थोड़ा और समय लग सकता है और अगर आपको आपत्ति न हो तो बात आगे बढ़ाया जाय? तो आपका गेस्ट कभी भी न नहीं कहेंगे। अगर ये मीटिंग आपके अपलाइन के साथ हो रही है तो आप शांत रहें आपका अपलाइन संभाल लेंगे।

खुद को तैयार करें

एक बच्चा अगर हमेशा अपने पिता की अँगुलियों को पकड़ कर ही चलेगा तो वो अच्छी तरह चलना नहीं सीख पायेगा। ठीक इसी तरह आप शुरू के कुछ मीटिंग्स अपने अपलाइन को लेकर कर सकते हैं लेकिन जितना जल्दी हो सके खुद तैयार हो जायें और अभ्यास करते रहें, समय का ध्यान रखें।

किताबें पढ़ें, अपनी कंपनी के विषय में, उत्पाद के विषय में, प्रस्तुति के विषय में अच्छे से अपनी ज्ञान को बढ़ा लें ताकि जब आपके अपलाइन आपको मदद करते हैं तो आपके जो भी गेस्ट आपके साथ जुड़ते हैं तो आपका दायित्व बढ़ जाता है। इसलिए जितना जल्दी हो सके इस काम को करना सीखें।

उत्साहित रहें और धैर्य रखें

इस व्यवसाय को वही लोग सही तरीके से कर पाते हैं जिनमे भरपूर उत्साह रहती है और धैर्य बना रहता है। अक्सर देखा जाता है कि आपने 10-15 लोगों से मीटिंग्स की और कोई भी बंदा आपके व्यवसाय में आना नहीं चाहा। तो हतोत्साहित बिल्कुल भी न हों क्योंकि मैंने पहले की कहा था कि यदि 300 लोगों को अपना प्लान दिखाते हैं और उनमे से सिर्फ 3 लोग ही आपके साथ जुड़कर अच्छे से काम करते हैं, तो यही 3 से 3000 बन सकते हैं। इसलिए अपने उत्साह को कभी गिरने न दें और एक बात हमेशा याद रखें एक सफल इंसान होने के लिए धैर्य का होना अतिआवश्यक है अगर आप इस बिज़नेस में धैर्य और विश्वास के साथ बने रहते हैं तो यकीन कीजिये जीत आपकी ही होगी।

जहाँ-तहाँ लोगों को प्लान न दिखायें

ये भी एक महत्वपूर्ण विषय है। मैंने भी ऐसी गलतियां की है, बाजार में किसी में मिला तो वहीं शुरू हो गया, या घर पर कोई गेस्ट आये तो मुझे लगा चलो बिना बुलाये ही मेहमान आ गए और लगा उनको बिज़नेस समझाने। तो एकदम गलत हैं कभी भी न करें। अगर आपने भी यही गलती की है तो आपको भी पता होगा कि आपका परम हितैसी मित्र भी आपसे दूर हो जाता है।

अपने छवि, अपनी पर्सनालिटी को ध्यान रखिये, ये बिज़नेस है कोई छोटा-मोटा काम नहीं हैं। आप अपने आपको किसी के सामने झुकाइये मत। बिना अपॉइंटमेंट फिक्स किये किसी से भी इस बिज़नेस के विषय में बातें न करें, इससे आपका

गुडविल ख़राब होगा। सही तरीके से लोगों को आमंत्रित करें और सही तरीके से काम करें।

अपने आप को बढ़ा-चढ़ा कर न दिखाएं

कभी-कभी हमारे मन में ऐसा होता है कि अगर मैं ये कहूं कि मैं अभी इस रैंक पर हूँ या इतना कमाता हूँ, तो ये सब कुछ बिल्कुल भी न करें। आप हमेशा सच्चाई के साथ रहेंगे तो सत्य हमेशा आपका साथ देगी क्योंकि आज आप किसी को झूठ बोलकर ले आते हैं और अगर बाद में उन्हें सच्चाई पता चलता है कि आपने झूठ या गलत कहा था तो आपकी छवि बर्बाद हो जाएगी। इसलिए किसी भी बात को बढ़ा-चढ़ा कर न कहें और जितना आसान तरीके से बात करेंगे उतनी ही आसानी उनको भी होगी चीजों को समझने में।

फिजूल खर्च न करें

ये कहने का तात्पर्य है कि अगर आप किसी गेस्ट को अपने घर या बाहर किसी जगह बुलाते हैं तो सिर्फ चाय-पानी तक ही रखें। खाना खिलाना, नास्ता करवाना, ये सब न करें। क्योंकि व्यवसाय में ये सब मायने नहीं रखते। बड़े-बड़े लोगों के मीटिंग्स में भी लोग पानी और चाय/कॉफ़ी तक ही सीमित रखते हैं।

अगर आपको किसी को खाना खिलाना हो, नास्ता करवाना हो तो दूसरे किसी दिन करवाइये। लेकिन उस दूसरे दिन फिर से बिज़नेस की बातें करें। अपने व्यवसाय के तौर तरीकों को जितना छोटा और आसान रखेंगे उतना ही अच्छा होगा। क्योंकि अगर आप खाना खिलाएंगे, नास्ता करवाएंगे, तो आपके गेस्ट को यही लगेगा कि अब उन्हें भी ये सब खर्च को उठाना पड़ेगा और ये भी सोचेंगे कि यार मैं यहाँ इनकम समझने आया हूँ और ये मुझे खर्च की बात दिखा रहा है। आपका गेस्ट तभी खुश होगा जब उसे लगेगा की हाँ इस काम में दम है तो इस तरह की फिजूल खर्च न करें।

सकारात्मक और आनंद का वातावरण बनाये

नकारात्मक विचार तो हमलोगों ने बचपन से अपने दिमाग में ठूंस-ठूंस कर भर रखे हैं और कोई भी समस्या आते ही हमारा चेहरा लटक जाता है। तो जरूरी है मीटिंग्स के दौरान अपने आस-पास एक सकारात्मक वातावरण तैयार करें। नकारात्मक बातों को न कहें और हमेशा आनंद के साथ ख़ुशी के साथ मीटिंग करें।

अच्छे वस्त्र पहनें और निर्धारित समय पर पहुंचे

कोई भी मीटिंग हो, सेमिनार हो या आप कहीं भी जाते हैं तो अपने वस्त्रों का चयन सही से करें और हमेशा निर्धारित समय पर या 5 मिनट पहले पहुंचें। ताकि आप दूसरों को भी सिखा पाए कि समय कितना मूल्यवान है। वस्त्रों के विषय में मैंने पहले भी कहा है, इसलिए खासकर बिज़नेस मीटिंग में आपका पहनावा ही आपका पहला मार्केटिंग टूल्स है। कोई भी इंसान अगर किसी को देखकर उसके विषय में धारणा बना लेते हैं तो वह है एक मात्र उसके पहनावे के कारण।

अंग्रेजी में एक कहावत भी है— **"Your first impression is the last impression"**

इसलिए अपने पहनावे पर विशेष ध्यान रखें।

हाथ मिलाना और अभिवादन करना

हाथ मिलाना आजकल फैशन हो गया है। लोग अलग-अलग तरीके से हाथ मिलते हैं। लेकिन आप सिम्पल तरीके से और एक कड़क तरीके से हाथ मिलाएं, जब आपके गेस्ट आपसे मिलाने आये। अगर सामान लिंग है तो गले भी मिल सकते हैं और अभिवादन जरूर करें।

मैं जब भी किसी एक या दो व्यक्ति से मिलता हूँ तो हमेशा गले लगता हूँ ताकि इससे अच्छी फीलिंग हार्ट तो हार्ट ट्रांसफर होती है। इसलिए जो उस समय सही

हो वो करें। जब मीटिंग समाप्त हो जाये तबभी आप उसी तरह अपने गेस्ट को विदा करें। इससे रिश्ते और मजबूत बनते हैं।

B) ग्रुप मीटिंग

एक-दो लोगों से मीटिंग की जगह मैं इस ग्रुप मीटिंग को ज्यादा प्रभावशाली समझता हूँ। इसके बहुत सारे लाभ हैं तो मैं बताऊंगा। इस मीटिंग्स में 3 या उससे ज्यादा यानी 20-30 लोगों को एक साथ आमंत्रित करके बुलाना और अपना बिज़नेस प्लान दिखाना आसान होता है, लेकिन इसके लिए तैयारी भी उसी तरह करनी पड़ती है।

ग्रुप मीटिंग से लाभ

अक्सर ये देखा जाता है कि जब आप एक या दो लोगों को मीटिंग के लिए बुलाते हैं तो हो सकता है किसी कारणवश लोग नहीं आ पाते, जिससे आपका समय भी नष्ट होता है और आप उस समय में किसी और को बुला भी नहीं पाते। तो आप एक और काम कर सकते हैं वो है— ग्रुप मीटिंग। इस मीटिंग की खासियत ये है कि आप जितने लोगों को आमंत्रित करते हैं अगर सभी नहीं भी आये तो भी कुछ लोग तो आते ही हैं जिससे होता ये है कि आपका बहुत सा समय बर्बाद नहीं होता और समय की कीमत हम सभी को पता है।

इस मीटिंग से और भी लाभ ये होता है कि कुछ लोग इस मीटिंग के समाप्ति के साथ ही ज्वाइन भी कर लेते हैं।

सही स्थान का चुनाव

अगर आप 3 से 5 लोगों को एक साथ बुलाकर मीटिंग करते हैं तो इसके लिए किसी बड़े जगह की जरूरत नहीं होती है। आप अपने घर पर ही या किसी कॉफ़ी शॉप में जहाँ शोरगुल नहीं होता हो, तो आप आराम से कर सकते हैं।

अगर आप 10-20 या 30 लोगों को एक साथ आमंत्रित करते हैं तो आपको एक छोटे हॉल की जरूरत होगी। अगर आपके घर के आस-पास कोई रूम 2 घंटे के लिए रेंट पर मिल जाती है तो सही होगा। आप आसानी से ग्रुप मीटिंग कर सकते हैं।

ये एक बड़ा बिज़नेस बन सकता है और इसके लिए छोटे-मोटे खर्चों को एक इन्वेस्टमेंट की तरह अपने मन में रखियेगा। ऐसा बिल्कुल न सोचें की खर्च होगा। आज आप इस बिज़नेस में जो भी निवेश करेंगे ये एक बहुत बड़ा रिटर्न होकर आपको ही मिलेगा।

प्रस्तुति के लिए सही व्यक्ति को चुने

अगर आप इस बिज़नेस में नए हैं तो आपको अपने अपलाइन या एक अच्छे लीडर को प्रस्तुति दिखाने के लिए आमंत्रित करना चाहिए ताकि प्रेजेंटेशन अच्छा हो और ज्यादा से ज्यादा अच्छे रिजल्ट मिल सकें।

अगर आप इस व्यवसाय में खुद एक अच्छे परफ़ॉर्मर हैं तो आप अपने गेस्ट के साथ-साथ अपने टीम के लोगों को भी बुला सकते हैं। ताकि वे भी इस तरह की मीटिंग्स से कुछ सीख पाए। लेकिन ऐसा तभी करें जब आप एक साथ ज्यादा लोगों को बुलाते हैं। अगर 4-5 लोगों के साथ ग्रुप मीटिंग करते हैं तो आप सिर्फ अपने अपलाइन या एक अच्छा लीडर की सहायता ले सकते हैं।

ग्रुप मीटिंग के लिए लोगों को आमंत्रित कैसे करें

जैसा की मैंने पहले कहा था, आप शुरू के कुछ प्रश्नो का प्रयोग कर सकते हैं लेकिन कुछ खाश प्रश्न हैं जो ग्रुप मीटिंग के लिए सही बैठते हैं।

- पहले हाल-समाचार पूछें फिर कहें— "मैंने एक व्यवसाय शुरू किया है जिसमे कुछ लोगों को मैं मौका देना चाहता हूँ, जिसके लिए मैंने कुछ लोगों को इतने तारीख को, इतने बजे, इस जगह एक मीटिंग में बुलाया है। तो मैंने सोचा क्यों न ये

मौका आपको भी दूँ। नहीं तो आप बाद में मुझे कहेंगे कि आपको नहीं बताया, तो क्या यह सही होगा आप अपने पत्नी या पति को लेकर पहुंचें।"

- क्या आपके लिए ये सही होगा कि आप अपने खाली समय को इस्तेमाल करके कुछ एक्स्ट्रा इनकम करें। क्योंकि मैं कुछ लोगों को मौका दे रहा था, जिसके लिए मैंने कुछ लोगों को इतने तारीख को, इतने बजे, इस जगह एक मीटिंग में बुलाया है तो मेरे मन में आपका भी ख्याल आया तो मैंने सोचा क्यों न ये मौका आपको भी दूँ। नहीं तो आप बाद में मुझे कहेंगे कि आपको नहीं बताया। तो क्या यह सही होगा आप अपने पत्नी या पति को लेकर पहुंचें।
- क्या आपके लिए ये सही होगा कि बिना अपने वर्तमान काम को छोड़े आप एक और बड़ी इनकम कर पाये ताकि आपको एक मजबूत आर्थिक सहारा मिल सके। तो इसके लिए मेरी कंपनी ने एक मीटिंग रखी है और चाहती है कुछ अच्छे लोगों को ये मौका मिले। अगर आप सही में कोई मौका तलाश रहे हैं तो ये आपके लिए बेहतर होगा। तो क्या मैं आपको मीटिंग का दिन, समय और स्थान के विषय में SMS या Whatsapp करूँ? आप अपने साथ किसी और को भी ला सकते हैं।
- आप ऐसे मौके की तलाश जरूर कर रहे होंगे जहाँ से कुछ और इनकम हो पाए। वैसे तो कोई भी कंपनी दस काम करवाने के एक ही पैसे देती है। लेकिन हमारी कंपनी एक ही काम के कई तरह के इनकम देती है और वो भी क़ानूनी तरीके से यानी काम एक और इनकम दस। और इसी सिलसिले में मैंने कुछ लोगों को बुलाया है। तो क्या यह सही होगा कि आप भी इस मीटिंग का हिस्सा बने और अगर चाहें तो अपने साथ किसी को भी ला सकते हैं। तो क्या मैं आपको मीटिंग का दिन, समय और स्थान के विषय में SMS या Whatsapp करूँ?
- क्या आपके लिए ये सही होगा कि आप भी जाने कि सही तरीके से काम करके बहुत बड़ा इनकम किया जा सकता है, वो भी अपने वर्तमान काम को कोई नुकसान किये बिना। कुछ लोग हैं जो ये जानना चाहते हैं इसलिए मैंने एक मीटिंग रखा है।

तो क्या मैं आपको मीटिंग का दिन, समय और स्थान के विषय में SMS या Whatsapp करूँ?

मीटिंग से एक दिन पहले के कार्य

- जिस दिन आपने मीटिंग सुनिश्चित किया है उसके एक दिन पहले, इन बातों का जायजा लें—
- आपने जिन लोगों को मीटिंग में बुलाया है उनको एक बार याद दिलाना। आप ये मत पूछिए कि वे कल आ रहे हैं या नहीं, बल्कि ये पूछिए— तो कल आप कैसे आ रहे हैं। जिससे आपको उनके आने का पता चल सके। या आप कितने बजे तक पहुंच जायेंगे, देर मत करियेगा नहीं तो मीटिंग शुरू हो जाएगी और आप शुरू के बातों को जान नहीं पाएंगे। या आप कल अकेले आ रहे हैं या किसी को लेकर आ रहे हैं, या आपको रास्ता तो मालूम हैं न या बता दूँ।
- जहाँ मीटिंग की व्यवस्था किए हैं वहां लाइट, पंखा, या **AC** और चाय-पानी की व्यवस्था सब सही है या नहीं।
- रूम साफ़ सुथरे होने चाहिए।
- एक वाइट बोर्ड का बंदोबस्त करें या प्रोजेक्टर हो तो और भी अच्छा होगा, ताकी बिज़नेस प्रस्तुति अच्छी हो सके।
- ऐसे जगह का चुनाव करें ताकि लोगों की उसे ढूंढ़ने में दिक्कत न हों।
- सभी लोगों के बैठने के लिए चेयर आदि की व्यवस्था जाँच लें।
- अपने अपलाइन या लीडर के स्वागत के लिए भी तैयारी करें। ताकि एक गरम वातावरण तैयार हो सके। लोग देखेंगे कि यहाँ लोगों को कितनी इज्जत दी जाती है।
- जिस जगह मीटिंग होने को है, उस जगह कोई गन्दगी न हों या दुर्गन्ध का वातावरण न हों। एक हल्का सा **रूम** फ्रेशनर इस्तेमाल करें।

- जोइनिंग फॉर्म और प्रोडक्ट का बंदोबस्त सही तरीके से हो।

प्रस्तुति के तरीके

- सबसे पहले दिल से सभी लोगों का स्वागत करिये।
- अपने अपलाइन या लीडर का स्वागत करिए।
- अपने लीडर का इंट्रोडक्शन करवाइये और उनके विषय में कुछ अच्छी बातों को बताएं। उनके उपलब्धियों के विषय में लोगों को बताएं और ये भी बताएं कि वे इस बिज़नेस को कितने दिनों से कर रहे हैं और कितनी जल्दी अपनी उपलब्धियों को हासिल किये, और साथ ही उनके इनकम के विषय में भी बताएं। अगर ये मीटिंग आप खुद कर रहे हैं तो अपने विषय में जरूर बताएं। लेकिन हम बड़ाई से बचें।
- उसके बाद लोगों को इस बिज़नेस के विषय में जानकारी दें। इस बिज़नेस को करने के लाभ के विषय में बताएं और फिर प्लान, प्रोडक्ट के विषय में बताएं।
- एक महत्वपूर्ण घोषणा करें कि आज जो लोग इस बिज़नेस को ज्वाइन करेंगे उनको विशेष छूट दिया जायेगा।
- हैप्पी एंडिंग करें

कुछ लोग इस मीटिंग में न आये तो क्या करें

मान लीजिये आपने 30 लोगों को आमंत्रित किया था लेकिन उनमे से आधे लोग नहीं आये। बहुत ही आसान है, पहली बात बुरा न माने और अगले मीटिंग के लिए आमंत्रित करें, लेकिन तरीका अलग होगा—

जो लोग मीटिंग में नहीं आये थे उन लोगों को नोट करें और मीटिंग के दूसरे दिन फोन करें और पहले ये न पूछें कि मीटिंग में क्यों नहीं आये। बल्कि उन्हें बताये कि सिर्फ वे ही नहीं बल्कि कुछ और लोग मीटिंग में नहीं आ पाए थें। शायद कोई जरूरी काम होगा। तो हमारी कंपनी ने ये निर्णय लिया है कि जो लोग नहीं आ पाए थे उनको एक और मौका क्यों न दिया जाये ताकि वे इस काम को समझ सकें।

इसलिए अगले हफ्ते या इस दिन एक और मीटिंग का बंदोबस्त किया गया है। तो क्या आप आना नहीं चाहेंगे, ताकि आपके हाथ से ये मौका निकल न जाये।

इस तरह 2 या 3 बार ही उन्हें बुलाये। ज्यादा खुशामद करने की जरूरत नहीं है, नहीं तो ये लोग सोचेंगे ये लोग अपने मतलब के लिए बुला रहे हैं। लेकिन हाँ, इन सभी लोगों से अच्छे संबंध जरूर बना कर रखें। क्योंकि आज नहीं तो कल सभी लोग आएंगे।

अगर आप ग्रुप मीटिंग से अच्छे रिजल्ट चाहते हैं तो कम से कम हफ्ते में 2 बार ग्रुप मीटिंग जरूर करें। एक लक्ष्य बना लें कि इस महीने कितने ग्रुप मीटिंग करने हैं। मीटिंग के रिजल्ट जो भी हों आप सामान्य बने रहें और आगे बढ़ते जाएँ।

C) हॉल मीटिंग

इस तरह के मीटिंग्स ज्यादातर होटल, ऑडिटोरियम या कंपनी के खुद के ऑफिस में होता है। यहाँ लोग ज्यादा संख्या में होते है। इस तरह की मीटिंग्स कंपनी खुद ही व्यवस्था करती है। आपको सिर्फ दिन और समय मालूम होने चाहिए। आप अपने गेस्ट को डायरेक्ट बुला हैं। इस तरह के मीटिंग बहुत ही प्रभावशाली होते हैं। मीटिंग के बहुत फायदे हैं—

- आपको किसी तरह के खर्च उठाने की जरूरत नहीं होती है। कोई व्यवस्था करने की झंझट नहीं होती है। सिर्फ अपने गेस्ट को सही दिन और समय बताकर आमंत्रित करना होता है।
- अगर आपके कंपनी का विभिन्न शहरों में या आप जहाँ रहते हैं वहीं अगर कंपनी का ऑफिस है तो वहां नियमित रूप से इस तरह की मीटिंग्स होती रहती है।
- जब आप अपने पूरे टीम के साथ इस मीटिंग में हैं तो आपका व्यवसाय तेजी के साथ बढ़ना शुरू हो जाता है, लोग ऊर्जा से भर जाते हैं।

- इस तरह के मीटिंग में अनुभवी लीडर्स आते हैं जो अपने अनुभवों को शेयर करते हैं। अपनी इनकम और सफलता के विषय में बताते हैं जिससे आपके गेस्ट बहुत ज्यादा प्रभावित होते हैं और तुरंत ही ज्वाइन करना चाहते हैं।
- आप इस मीटिंग में नये गेस्ट के साथ साथ उन लोगों को भी लेकर आ सकते हैं जिनके साथ आप पहले भी मीटिंग कर चुके हैं। लेकिन हो सकता है वे लोग अभी आपके साथ जुड़े न हों। यह मीटिंग उन लोगों के मन में एक सकारात्मक प्रभाव डालेगी और लोग तुरंत ज्वाइन करेंगे।
- वहां आपके गेस्ट के मन में जो भी सवाल होगी उन सभी सवालों का जबाब उन्हें वहां मिल सकेगा और आप अपने गेस्ट का अपने सीनियर लीडर्स के साथ परिचय भी करवा पाएंगे। जिससे आपके गेस्ट बहुत ही प्रभावित होंगे।

यह मान कर चलिए कि इस तरह के मीटिंग्स में आने के बाद शायद ही कोई लोग होंगे जो आपके साथ जुड़कर काम न करना चाहें।

हॉल मीटिंग्स से मन चाहा परिणाम कैसे पाएं

इस तरह के बड़े मीटिंग्स या सेमिनार से आप बेहतर परिणाम पा सकते हैं लेकिन आपको निम्नलिखित बिंदुओं को ध्यान रखना होगा—

- अपने गेस्ट को जब भी निमंत्रण दें आपके बात में दम होना चाहिए लेकिन ध्यान रहे झूठ या बढ़ा-चढ़ा का न बोलें।
- मीटिंग से एक दिन पहले अपने गेस्ट से स्वीकृति जरूर लें, लेकिन ये न पूछें कि कल आ रहे हैं या नहीं बल्कि ये पूछें आप कैसे आ रहे हैं या आपके साथ और कौन आ रहे हैं।
- यदि आप इस बिज़नेस में बहुत दिनों से हैं तो जाहिर सी बात है कि आपके कुछ न कुछ टीम भी होंगे। तो उन्हें भी अपने गेस्ट को आमंत्रित करने को कहें और यह

सुनिश्चित करें कि कितने लोग आ रहे हैं उनके टीम से ताकि आपको सही जानकारी होती रहे।

- मीटिंग में आप एक घंटे पहले पहुंचे और सभी लोगों को संपर्क करें।
- अपना पहनावा सही रखें।
- मीटिंग ख़त्म होने के बाद आप साथ-साथ फॉलोअप जरूर करें और या जानने की कोशिश जरूर करें कि क्या अब भी उनके मन में कोई सवाल हैं।
- हो सके तो कुछ भी एडवांस रूपए लेकर नये लोगों की जोइनिंग सुनिश्चित करें या फ़ॉलोअप के लिए एक डेट जरूर लें।

तीनो मीटिंग के विषय में समझने के बाद मेरी राय ये है कि यदि आप एकदम नये हैं तो शुरू-शुरू में आपको अपनी तैयारी अच्छे से करना हैं और कम से कम 30 दिनों तक आप आमने-सामने की मीटिंग से शुरू करें जिससे आपके बातचीत करने ही क्षमता में वृद्धि होगी। उसके बाद धीरे-धीरे हफ्ते में एक-दो बार ग्रुप मीटिंग वो भी 4-5 लोगों को एक साथ बुलाकर करें। इसी तरह एक या दो महीनो के बाद आप 10-15 या 20-30 लोगों के साथ ग्रुप मीटिंग करें। फिर धीरे-धीरे ज्यादा लोगों के साथ मीटिंग करें और साथ-साथ अपने सभी लोगों को लेकर हॉल मीटिंग और सेमिनार जरूर अटेंड करें।

मुझे यहाँ कबीर दास जी की एक पंक्ति याद आ गई है—

धीरे-धीरे रे मना, धीरे सबकुछ होय,

माली सींचे सौ घड़ा, ऋतु आये फल होय।

धैर्य के साथ धीरे-धीरे कदम बढ़ाते रहिये, कोई आये न आये, कोई काम करे न करे, आप न रुकें, निरंतर आगे बढ़ते रहें, जो लोग छूट गए हैं, वे लोग आपको ढूंढ़ते हुए आएंगे आपके पद चिन्हों को देखते-देखते, यह निश्चित सिद्धांत है।

- **न से हाँ तक पहुंचना**

ये प्रसंग आमने-सामने के मीटिंग के लिए सही है।

जब आपके गेस्ट आ जाये और आराम से बैठ जाये और परिचय वगैरह हो जाये। तो आपको जरूरत है उस बिंदु की तलाश करना और पहुंचना, जहाँ से आप समझ पाएंगे कि सामने वाला व्यक्ति क्या चाहते हैं। ज़िन्दगी किस तरह से गुजारना चाहते हैं। उनके कुछ सपने हैं या नहीं, या बस जी रहे हैं और अपने हालात पर ऊपरवाले को कोश रहे हैं।

यहीं से शुरू होता है कि आप उनको समझें और समझ कर उन्हें रास्ता दिखाएं। देखिये, यहाँ मैं एक बात बताना चाहूंगा कि हो सकता है आप जो भी रास्ता उन्हें दिखाते हैं, ये जरूरी नहीं है कि वे उन रास्तों पर चलने के लिए तैयार हों। अगर कोई इस व्यवसाय को समझ कर आपके साथ जुड़ते हैं तो सही है वर्ना जबरदस्ती या जैसे भी हो उन्हें ज्वाइन करवाके आपको कोई फायदा नहीं होगा। मैं बातचीत के माध्यम से जब यह देखता हूँ कि सामने वाले व्यक्ति के कोई सपने ही नहीं है, वे जीवन में कुछ करना ही नहीं चाहते हैं तो मैं उन्हें अपना प्लान ही नहीं दिखता हूँ और बातचीत करके विदा कर देता हूँ। लेकिन हाँ, इनलोगों के साथ संबंध अच्छा रखता हूँ, क्योंकि मुझे पता है कि आज नहीं तो कल ये लोग अपने आप ही आएंगे।

खैर, आप जब बातचीत का सिलसिला आरम्भ करने जा रहे हैं तो F. O. R. M. विधि का प्रयोग करें। यानी कुछ प्रश्न ऐसे हैं जो उन्हें प्रश्न न लगे जैसा मैंने पहले बताया है, यानी पहले कुछ व्यक्तिगत प्रश्न, फिर काम-काज के विषय में, फिर ताल-मेल बैठाना फिर उनके अंदर से उन बातों को निकलना कि वे क्या चाहते हैं।

जब ये सब बातें चल रही हो तो आप पूरे ध्यान से उनकी बातों को सुनें और समझें और जितना हो सके सामने वाले व्यक्ति को बोलने दें, ताकि उनके अंदर से सारी बात निकल जाये। क्योंकि जबतक उनके अंदर से चीजें बाहर नहीं निकलेगी तबतक आप नई चीजों को डाल नहीं पाएंगे और वो लौट आएगी।

बातचीत के दौरान जब आपको यह समझ आ जाये कि सामने वाले व्यक्ति को क्या पसंद है यानी उनके सपने, उनकी रुचि तब आप कुछ ऐसे सवाल पूछ सकते हैं—

1) यदि उनके कुछ सपने हैं जिन्हें वे पूरा करना चाहते हैं तो आप पूछ सकते हैं—

- क्या आपके पास ऐसा कोई विकल्प है, जिससे आप अपने सपनों को पूरा कर पाएं?

उत्तर का इंतजार कीजिये (ज्यादातर लोगों के पास कोई विकल्प नहीं है)

- क्या यह अच्छा होगा कि आप एक ऐसी विषय को समझे जिससे आप अपने सपनो को पूरा कर पाएं?

उत्तर का इंतजार कीजिये (बंद दरवाजे की चाबियों का प्रयोग करें)

2) यदि सामने वाला व्यक्ति अपने रोजमर्रा की ज़िन्दगी से परेशान हैं तो आप पूछ सकते हैं—

- मुझे लगता है आप अपने वर्तमान काम से खुश नहीं हैं?

उत्तर का इंतजार करें

- क्या आपके पास इससे छुटकारा पाने का कोई विकल्प है?

उत्तर का इंतजार करें

- क्या ये अच्छा होगा कि आप एक ऐसी विषय में समझें जिसमे आपकी समस्याओं का समाधान मिल पाए?

उत्तर का इंतजार कीजिये (बंद दरवाजे की चाबियों का प्रयोग करें)

3) यदि सामने वाला व्यक्ति अपने परिवार को भरपूर समय नहीं दे पाने की वजह से परेशान हैं और वे चाहते हैं अपने परिवार के साथ घूमना-फिरना, समय बिताना, तो आप ये पूछ सकते हैं—

- क्या आपके पास ऐसा कोई विकल्प है जिससे आप ये सब कुछ कर सकें?

उत्तर का इंतजार करें

- मुझे लगता है कि आप ऐसी ही कुछ काम की तलाश में हैं जिससे आप अपने परिवार के साथ भरपूर समय बिता पाए, आनंद ले पाएं और साथ में बढ़िया इनकम भी हो?

उत्तर का इंतजार कीजिये (बंद दरवाजे की चाबियों का प्रयोग करें)

4) यदि सामने वाला व्यक्ति नाम कमाना चाहता हो, बहुत पैसे कामना चाहता हो, तो आप ये पूछ सकते हैं—

- क्या आपके पास कोई ऐसा तरीका या विकल्प है जिससे आप कम समय में दौलत-सोहरत हासिल करे पाए?

उत्तर का इंतजार करें

- मुझे लगता है आप यह जरूर जानना चाहेंगे कि ऐसे भी कुछ काम हैं, जिसके माध्यम से आप 4-5 सालों में वो सब कुछ पा सकते हैं?

उत्तर का इंतजार कीजिये (बंद दरवाजे की चाबियों का प्रयोग करें)

5) कुछ लोग आपको ऐसे भी मिल सकते हैं, जो जीवन भर दूसरों की सेवा करना चाहते हों, तो आपका प्रश्न ये होना चाहिए—

- क्या आपके पास ऐसा कोई सुझाव है जिससे लोगो की समस्याओं का समाधान हो सके**?** क्योंकि आजकल लोगों की सबसे बड़ी समस्या है पैसे को लेकर, लोग पैसे की कमी के कारण अपना या परिवार का जीवन भी दाँव पर लगा देते हैं, यानी आप जो भी बात करें उसमे इमोशन हो। आप तो देख ही रहे हैं कि आज लोग कितना विवश हो रहे हैं, आप क्या कहते हैं**?**

अब उन्हें कहने दीजिये.........

- हमारी कंपनी कुछ ऐसी ही काम करती है जिससे लोगों की तमाम समस्याओं का निवारण हो सके। तो मुझे लगता है आप ये जरूर जानना चाहेंगे कि कैसे आप लोगों की आर्थिक समस्याओं को मिटाने में मदद कर सकते हैं?

उत्तर का इंतजार कीजिये (बंद दरवाजे की चाबियों का प्रयोग करें)

6) कुछ लोग ऐसे होंगे जो अपने वर्तमान काम से खुश नहीं है और चाहते हैं एक बेहतर काम या कोई पार्ट टाइम काम, जैसे मैं चाहता था, तो आप इस तरह पूछ सकते हैं—

- क्या आप जानते हैं इस दुनिया में जितने लोग हैं वे अपने ज्ञान की वजह से ही कमा पाते हैं? आपके पास जितना ज्ञान है आप उतना ही कमा पाएंगे। तो आपके पास कोई ऐसा विकल्प है जिससे आप कोई अच्छी पार्ट-टाइम काम कर पाएं या किसी बड़ी कंपनी में चांस मिल सके?

उत्तर का इंतजार करें

- मुझे लगता है आप एक ऐसी प्रस्तुति में जरूर रुचि लेना चाहेंगे जिसमे आप एक अच्छी इनकम भी कर पाएंगे और आपके ज्ञान को बढ़ावा मिल पाए ताकि आप एक सफल इंसान बन पाएं और वो सब कुछ पा सकें जो आप चाहते हैं?

उत्तर का इंतजार कीजिये (बंद दरवाजे की चाबियों का प्रयोग करें)

एक बात ध्यान रखियेगा ज्यादातर लोग सकारात्मक सोच लेकर नहीं आते हैं, यानी हमेशा से ही उनके मन में 'ना' बसा है। तो ऐसे लोगों को प्लान दिखाने से पहले उन्हें 'हाँ' में लाना पड़ता है तभी वे आपको व्यवसाय के विषय में जानने को उत्सुक होंगे।

- **बंद दरवाजे की चाबियाँ**

  अब तक आपने जो किया वो ये थे—

- **आपने फोन करके अपने गेस्ट को आमंत्रित किया और उनके दिमाग में दस्तक दी।**
- **मीटिंग के दौरान आपने उनके दिमाग को पढ़ लिया कि वो क्या चाहते हैं।**
- **कुछ सवाल पूछकर आपने उन्हें प्रस्तुति देखने के लिए 'ना' से 'हाँ' तक लाये।**

अब आपको ये देखना है कि उनके मन का दरवाज़ा किस चाबी से खुलेंगा और यहाँ मैं आपको बताऊंगा उन चाबियों को इस्तेमाल कैसे करते हैं। इन चाबियों की वजह से आप एक फाइनल स्टेज पर पहुंचेंगे और जानेंगे कि सही मायने में सामने वाला व्यक्ति अपने जीवन में क्या पाना चाहते हैं।

अब आपको ये देखना है कि उनके मन के दरवाज़े की सही चाबी कौनसी है और उसे खोल कर अंदर प्रवेश करना। मैं आपको उन चाबियों के विषय में बताने जा रहा हूँ और अगर अब तक आपने इन सभी स्टेप्स का सही से पालन किया है तो तैयार हो जाइये उनके दिमाग में घुसने के लिए।

लेकिन इससे पहले की आप आगे बढ़ें, एक बार ये भी देख लें कि जिस जगह आप जा रहे हैं कहीं उनके दिमाग में पहले से ही कुछ जानकारी आपके व्यवसाय को लेकर है या नहीं। क्योंकि अब भारत में बहुत सारी कम्पनिया हो चुकी है, बहुत सारे लोग चोट खाये हुए भी हैं, तो आपको जानना जरूरी है कि आपसे पहले किसी ने ये व्यवसाय के विषय में बताया था या नहीं। तो आप सीधी-सीधे एक सवाल पूछें— "क्या आप नेटवर्क मार्केटिंग के विषय में जानते हैं?

अगर हाँ कहे तो आप उनसे पूछ सकते हैं— क्या आप बता सकते हैं कि लोग इस बिज़नेस में क्यों आना चाहते हैं? उत्तर का इंतजार करें और सुने हो सकता है सामने वाला व्यक्ति का अच्छा या बुरा अनुभव हुआ हो तो आपको वे उसी तरह बताएँगे।

जो भी कहें आप ध्यान से उनकी बातों को सुने और उनसे कहें की आपके मन में जो भी संशय है उनको मैं दूर कर दूंगा, तर्क न करें और उनसे कहें कि मैं आपको बताता हूँ। ये कहकर आगे का स्टेप फॉलो करें और अगर सामने वाला व्यक्ति 'ना' कहे तो आगे का स्टेप फॉलो करें।

आपका पहला काम अपने Dream List को अपने जेब से बाहर निकालें और सामने वाले व्यक्ति के हाथ में देते हुए कहें—

1) क्या आप जानते हैं कि आज के समय में यानी 21वीं सदी का सबसे बड़ा व्यवसाय क्या है? अगर उत्तर 'हाँ' है तो कहिये "मैं आपके मुँह से सुनना चाहता हूँ" और अगर उत्तर 'ना' है तो आप जबाब दीजिये "नेटवर्क मार्केटिंग"।

2) क्या आप जानते हैं कि लोग इस बिज़नेस को करने के लिए खिंचे चले आते हैं? अगर उत्तर 'हाँ' है कहिये "बताइये मैं सुनना चाहता हूँ" और अगर 'ना' है तो आप जवाब दीजिये "इस बिज़नेस में लोग इस '**Dream List**' के वजह से खिंचे चले आते हैं, क्योंकि एक ही प्लेटफार्म में उन्हें वो सारी चीजें मिल जाती है जो भी उन्हें चाहिए। एक मॉडर्न मॉल की तरह, हर चीज उपलब्ध है"।

3) वैसे आपकी रुचि क्या है**?** आप वो कौनसी तीन चीज है जो आपके लिए प्राथमिक हो**?**

   उत्तर का इंतजार करें

4) आपने इन तीनो को ही क्यों चुना**?** जबकि आप और भी चीजों को चुन सकते थे**?**

   उत्तर का इंतजार करें

5) अगर मैं कहूं कि इन तीनो में से आप किसी एक को पाना चाहेंगे, तो आप किसे चुनेंगे**?**

   उत्तर का इंतजार करें

6) इन सभी चीजों में आपके लिए सिर्फ ये इतना महत्वपूर्ण क्यों है**?**

उत्तर का इंतजार करें

7) अगर आप इसे नहीं पा सकें तो आपके लिए ये कितना दुखद हो सकता हैं?

उत्तर का इंतजार करें

अब आप देखेंगे कि उनके चेहरे का रंग उड़ने लगा है।

8) अब आप उन्हें दिलासा दें और उन्हें पूछें आप इन परिणामों से इतने चिंतित क्यों हो रहे हैं?

उत्तर का इंतजार करें

अब आप कहें, मैं आपसे ये उम्मीद करता हूँ कि आप इसके बिज़नेस प्लान को गंभीरता से देखेंगे और समझेंगे, जहाँ समझ में न आये, आप जरूर पूछें।

सबसे पहले उन्हें ये कहिये "क्या आप जानते हैं, जैसे ही लोगों को ये पता लगता है कि मात्र इतने रूपए का सामान खरीदकर वे एक बड़ा बिज़नेस शुरू कर सकते हैं, वे तुरंत ज्वाइन कर लेते हैं", क्या आपको चलेगा?

यानी आपने पैसे की बात पहले ही क्लियर कर दिया नहीं तो उनके दिमाग में ये चलता रहता है कि पैसे कितने लगेंगे। अब जब उनको पता चल गया तब उनका ध्यान खींचिये और उनसे कहिये— "मैं सिर्फ आपको ये बताऊंगा कि एक मामूली रकम का सामान खरीदकर जो आप दूसरी दुकानों से हमेशा खरीदते ही हैं", आप कैसे एक बड़ी इनकम बनाने का जगह बना सकते हैं।

बिज़नेस प्लान दिखाएँ इस तरीके से—

a) सबसे पहले आप डायरेक्ट सेलिंग और नेटवर्क मार्केटिंग कैसे काम करती है, बताइये।

b) आज भारत में नेटवर्क मार्केटिंग कितना विकसित हो रहा है, बताइये।

c) आने वाले समय में इस व्यवसाय का क्या महत्व होगा, बताइये।

d) सक्रिय आय और निष्क्रिय आय के विषय में बताइये।

e) आपकी कंपनी के विषय में बताइये।

i) कंपनी का पूरा नाम बताइये।

ii) कंपनी कब शुरू हुई और कितने सालों से नेटवर्क मार्केटिंग में हैं।

iii) क्या कंपनी पहले पारम्परिक तरीके से व्यवसाय करती थी, बताइये।

iv) कंपनी के CMD और मैनेजमेंट टीम के विषय में बताइये।

v) कंपनी या उनके CMD की कोई पहचान या उपलब्धि बताइये।

vi) कंपनी का ट्रेनिंग और सपोर्ट सिस्टम के विषय में बताइये।

f) कंपनी के प्रोडक्ट दिखाइये

i) कंपनी की प्रोडक्ट दिखाइए।

ii) प्रोडक्ट के इस्तेमाल करने के लाभ के विषय में बताइये।

iii) कोई डेमो कर सकते हैं तो दिखाइये।

iv) प्रोडक्ट की गुणवत्ता बताइये।

g) कंपनी पैसे कैसे देती है

आपकी कंपनी के जो भी बिज़नेस प्लान है उसे सही तरीके से दिखाएँ। ऐसा नहीं कि केवल मुँह से बोल दिए कि इतने पैसे लगेंगे। उनको ये फील करवाना होगा कि एक मामूली सी खरीदारी करके वे इस बिज़नेस को स्टार्ट कर सकते हैं। उनको पूरा स्ट्रक्चर बना कर दिखाइए, रूपए को लिखकर दिखाइए, कैलकुलेशन करके दिखाइए। उनको ये लगना चाहिए कि वो जो खरीदारी करेंगे वो मामूली रकम है और यहाँ से लाखों-करोड़ो कमा सकते हैं।

h) आप इस बिज़नेस में कैसे आये उन्हें बतायें

- ये व्यवसाय शुरू करने से पहले और अभी भी आप जो भी करते हैं, उन्हें बताइये।
- आपकी जो भी परिस्थति थी और आपने उन परिस्थितियों से निपटने के लिए इसे ही क्यों चुना, उन्हें बताइये।
- जब आप इस बिज़नेस को समझ रहे थे तो उस समय आपकी क्या मानसिकता थी, बताइये।
- आप उन्हें ये भी बताएं कि आपके हर प्रश्न का जबाब मिलने के तुरंत बाद आपने ज्वाइन किया।
- आप इस व्यवसाय के विषय में पहले क्या सोचते थे, बताइये।
- आप कितने दिनों से इस बिज़नेस को कर रहे हैं, बताइये।
- आपके क्या छोटे और बड़े लक्ष्य है, बताइये।
- आपको ट्रेनिंग और सपोर्ट कैसा मिला, बताइये।

मीटिंग समाप्त कैसे करें

इस व्यवसाय में हर चीज का ध्यान रखना जरूरी है। मीटिंग में आने से लेकर जाने का समय निर्धारित करना बेहद जरूरी है। अगर आप किसी को ये कह कर बुलाते हैं कि एक घंटे का मीटिंग है या अगर आप ये नहीं भी बताते हैं तो भी इस मीटिंग का समय 45 से 60 मिनट तक ही रखें नहीं तो आपका गेस्ट बोरिंग फील कर सकते हैं। क्योंकि एक घंटे लगातार किसी विषय में चर्चा करना ठीक है लेकिन इससे ज्यादा होने पर या तो आपके गेस्ट ये बोलकर उठ जायेंगे कि आज और नहीं बैठ सकता, दूसरे दिन मिलेंगे तो वो दूसरा दिन नहीं आएगा। यानी आपको हर हाल में एक घंटे के पहले ही धन्यवाद कहना पड़ेगा और साथ ही साथ कोशिश करना पड़ेगा कि वे आपके साथ जुड़े तो मैं यहाँ कुछ समय-सीमा बता रहा हूँ उसपर ध्यान दे—

FORM का प्रयोग	20 मिनट
चाबियों का प्रयोग	10 मिनट
कंपनी की जानकारी	5 मिनट
उत्पाद दिखाना	5 मिनट
प्लान दिखाना	5 मिनट
फ़ॉलोअप और सेल क्लोजिंग	15 मिनट
कुल समय	60 मिनट

- **अपनी प्रस्तुति को दमदार बनाना और सकारात्मक प्रभाव डालने की तकनीक**

जैसा कि मैंने पहले ही बताया है कि बात चित करना भी एक कला है और कुछ चीजों का वर्णन भी मैंने आगे किया है तो अपने बातचीत को और दमदार और प्रभावशाली कैसे बनाया जाए ताकि एक सकारात्मक वातावरण तैयार हो सके। इसके लिए निम्नलिखित बिंदुओं का उपयोग करें अपने बातचीत के दौरान—

उदाहरण का प्रयोग करें

जब आप बात कर रहे हों तो सिर्फ अपनी बातो को न कहें बल्कि उन्हें उदाहरण देकर समझाइये। जिससे उनको अच्छी तरह समझ आये कि आप क्या कहना चाहते हैं।

कोई एक प्रेरणादायक कहानी सुनाएं

लोगों को कहानियां बहुत अच्छी लगती है और अगर आप कोई छोटी कहानी के माध्यम से अपने बात को बताने का प्रयास करेंगे तो आपको एक आश्चर्यजनक और एक अच्छा रिस्पांस मिलेगा।

गेस्ट के बातों को ध्यान से सुनना

जब आपके गेस्ट आपसे बात कर रहे होते हैं तब आप सिर्फ उनकी बातों को सुने ही नहीं बल्कि पूरे दिल से महसूस करें। ऐसा नहीं कि आपके गेस्ट कब बोलना बंद करे और आप शुरू हो जाएँ। उनकी हर बातों को गंभीरता के साथ सुने।

जब आप अपने गेस्ट की बातों को सुन रहे है तो आपके गेस्ट को लगना चाहिए कि आप उनकी बातों को गंभीरता से सुन रहे हैं जिसके लिए आपको अपनी हाथों की उँगलियों को इस्तेमाल करना सीखना होगा। जब आपके गेस्ट कुछ बोल रहे हैं तो अपनी एक हाथ की तर्जनी अंगुली को अपने एक गाल पर रखें (उसी हाथ के तरफ के गाल) और उनकी आँखों में देखकर बातों को सुनें।

दूसरा तरीका, अपनी तर्जनी और अंगूठे से अपनी ठुड्डी को पकड़े रहें ताकि उनको लगे कि आप उनकी बातों को ध्यान से सुन रहे हैं।

अपनी बॉडी द्वारा भी बातें करें

जैसा मैंने पहले भी बताया था कि बात सिर्फ मुँह से नहीं होती है, आपके बॉडी के साथ तालमेल बैठाना जरूरी होता है। इसलिए बात करते समय अपने बॉडी का भी सही इस्तेमाल करें और अपने चेहरे का हाव-भाव भी अपनी बात के हिसाब से तालमेल बैठा कर करें।

अपने गेस्ट को जितना हो सके बोलने का मौका दें

आपके गेस्ट को आप जितना खुलकर बात करने देंगे उतना ही जल्दी आप उनको अपनी बातों को समझा पाएंगे और इस जगह आपको कुछ शब्दों का इस्तेमाल करना सीखना होगा, जैसे—

अच्छा ....

तब फिर क्या हुआ ....

और ....

तब आपने क्या किया ....

इसका मतलब है ....

यानी ....

जब आप इन शब्दों का इस्तेमाल करते हैं तो आपका गेस्ट और ज्यादा खुलकर बात करते हैं, जिससे आपका काम और आसान हो जाता है।

अपने गेस्ट की नकल करें

नकल करने का अर्थ ये नहीं है कि वे जैसे बोल रहे हैं आपको भी वैसा ही बोलना है। क्यूँकि अगर आपका गेस्ट हकलाता है और आप भी उसी तरह हकलाएँगे तो गड़बड़ हो जाएगी। नकल करने का अर्थ है आपके गेस्ट जैसे बैठे हैं आप उसी तरह बैठिये और जिस तरह वे अपने हाथों का इस्तेमाल कर रहे हैं आप भी कीजिये, लेकिन केवल सकारात्मकता को बनाये रखने की लिए।

अक्सर ये देखा जाता है कि जब दो लोग एक जैसे मुद्रा में खड़े होते हैं या बैठते हैं या बातचीत करते हैं तो उनलोगों तालमेल अच्छी बन जाती है और यही तो आपको चाहिए भी कि अपने शरीर से और बातों के माध्यम से अपने गेस्ट के साथ एक अच्छा तालमेल बैठाना।

आँखों को नियंत्रित करें

एक साइंटिफिक रिसर्च के अनुसार, ये पता चला है कि अगर कोई इंसान आँखों में आँखें डाल कर बात करता हो तो वहां उनकी बातों को बहुत आसानी से समझा जा सकता है और अपनी बात भी अगले के मन में पहुंचाया जा सकता है। आमने-सामने के बातचीत के दौरान आँखों का तालमेल बैठाना जरूरी होता है और इसका इस्तेमाल करने के विषय में मैंने पहले ही बताया है, जिसका आप उपयोग करें। आँखों को नियंत्रण करने के लिए एक कलम का उपयोग करें। जब आप अपना

बिज़नेस प्लान दिखाते हैं तो हो सकता है वे आपके प्लान को सही से देख नहीं रहे हैं तो आपको अपने कलम का इस्तेमाल करना सीखना होगा।

माल लीजिये आप आमने-सामने बैठे है और आप अपना प्लान समझा रहे हैं। तो अपने कलम को हाथ में पकडे हुए कभी-कभी दोनों लोगों के आँखों के मध्य (नीचे से ऊपर) ले जाकर रोके रखिये फिर उसे नीचे अपने प्लान के ऊपर इशारा करिये। यानी कलम की नोंक को अपने प्लान पर रखिये। इसी तरह दो या तीन बार करें। आप देखेंगे आपके कलम के साथ उनकी आँखें ऊपर-नीचे हो रही है, तब आप समझ सकते हैं आपने उनके आँखों को नियंत्रण कर लिया है। आप देखेंगे कि जब आप कलम को ऊपर अपनी आँखों की बीच ले जा रहे हैं तो वे भी ऊपर आपकी आँखों में देखेंगे और जब आप कलम को नीचे करके फिर कुछ बताएँगे तब वे फिर से नीचे देखेंगे। ये एक कला है इसे प्रैक्टिस करिये, जिससे आप अपनी बातों को आसानी से और सही तरीके से सामने वाले व्यक्ति के मस्तिष्क में डाल सकते हैं।

➢ **फ़ॉलोअप और सेल क्लोजिंग**

अब तक हमने सीखा कि लोगों को किस तरह आमंत्रित करना है और किस तरह से अपने बिज़नेस प्लान विभिन्न तरीकों से दिखाना है लेकिन अब अगर इस स्टेप को सही तरीके से नहीं किये तो आपका किया-कराया सब बेकार हो जाता है।

अक्सर ये गलती अच्छे-अच्छे लोगों से होती है। वे मीटिंग तो जमकर करते हैं लेकिन केवल मीटिंग कर लेने से ही लोग आपके साथ जुड़ जायेंगे और काम करना शुरू कर देंगे ऐसी बात नहीं है। अगर आपने इस स्टेप को अच्छी तरह सीख लिया तो आपके लिए बहुत ही लाभदायक होगा।

सबसे पहले ये समझें कि फ़ॉलोअप और सेल क्लोजिंग होता क्या है। फ़ॉलोअप आपके बिज़नेस प्लान का एक ऐसा पार्ट है जब आपके गेस्ट आपको प्रश्न पूछते हैं जो उनके मन में होती है, कुछ संकायें होती है, कुछ पूरी तरह जानने की इच्छा होती है और यहीं से आपका असली काम शुरू होता है। जब तक आप उनलोगों

के प्रश्नो को सही तरीके से नहीं बता पाएंगे तब तक आपको पैसे मिलेंगे नहीं और लोग भी नहीं जुड़ेंगे। जितनी देर मीटिंग होनी थी हो गई अब बारी है कि आपके गेस्ट आपसे कुछ साधारण से अक्सर पूछे जाने वाली प्रश्न ही पूछेंगे और आपको उनके प्रश्नो के उत्तर सही तरीके से संभलकर देना होता है।

फ़ॉलोअप दो तरह के होते हैं—

(i) मीटिंग के तुरंत बाद

(ii) मीटिंग के बाद लेकिन 24 से 48 घंटे के भीतर।

मीटिंग के तुरंत बाद

जब आप अपना बिज़नेस प्लान दिखा चुके होते हैं तब आपके गेस्ट के मन की बात को समझना जरूरी होता है और बहुत समय लोग बिज़नेस प्लान समझने के बाद मौन हो जाते हैं। तो क्या तरीका अपनाये कि आपके गेस्ट की मन की बात बाहर आ जाये। मन की बात कहने का तात्पर्य है कि आपके गेस्ट आगे क्या निर्णय लेंगे ये आपको जानना जरूरी है। तो मैं कुछ प्रश्नो की सूची आपको दूंगा और उनका जबाब भी।

ये फ़ॉलोअप ही मेन टर्निंग पॉइंट है। कोशिश करें कि मीटिंग के तुरंत बाद ही फ़ॉलोअप और सेल क्लोज करें। आपके गेस्ट के मन में जो भी शंका हो उसे क्लियर करें ताकि आपके साथ जुड़कर जल्द से जल्द काम करना शुरू कर पाये।

मीटिंग के बाद लेकिन 24 से 48 घंटे के भीतर

अगर बिज़नेस प्लान देखने के तुरंत बाद किसी कारणवश फ़ॉलोअप नहीं हो पाये तो कम से कम एक डेट जरूर ले लें। क्योंकि ज्यादातर लोग साथ-साथ कुछ पूछते नहीं है लेकिन जैसे ही घर पर जाते हैं, वे इस विषय में चर्चा करते हैं और बहुत सारे

प्रश्न उनके मन में उत्पन्न हो जाती है। लेकिन आप ये न समझे कि वे खुद आकर या फोन करके आपको पूछेंगे। इसलिए 24 से 48 घंटे के अंदर का एक अपॉइंटमेंट ले लीजिये और उनसे व्यक्तिगत रूप से जाकर मिलिए और फ़ॉलोअप को सही तरीके से कीजिये।

फॉलोअप करने के कुछ नियम

- कभी भी फोन पर फ़ॉलोअप न करें, ये बहुत ज्यादा खतरनाक है। भले ही आपके गेस्ट दूर से आये हो लेकिन फ़ॉलोअप हमेशा शारीरिक रूप से उपस्थित होकर होनी चाहिए, नहीं तो सारा किया-कराया चौपट।
- अच्छी तरह वस्त्र पहन कर जाएँ और अपनी मुस्कुराहट बनाये रखें।
- अपने साथ उत्पाद और जरूरी टूल्स जैसे- किताबें, कंपनी का फॉर्म, वीडियोस, ऑडिओस वगैरह साथ में रखें।
- जल्दबाजी न दिखाएँ, ऐसा नहीं कि आपको कहीं और जाना हो और आप सिर्फ पैसे लेने के लिए गए हैं।
- घर में सभी लोगों के साथ अच्छे से पेश आइये और उनके भी मन में अगर कोई प्रश्न हो तो अच्छी तरह समझकर उत्तर दीजिये।
- समय से पहुंचे, नहीं तो आपकी इज्जत नहीं होगी या आपका गेस्ट कहीं और चला जायेगा। कोशिश करें 10 मिनट पहले पहुंचे अगर आपका गेस्ट दूर रहता है तो सिर्फ फोन पर सूचित करें। लेकिन अगर आस-पास रहते हो तो कभी भी फोन करके न जाएँ। जो समय उन्होंने दिया है उससे 10 मिनट पहले पहुंचे लेकिन देर न करें।
- कभी कभी एक या दो फ़ॉलोअप से काम नहीं बनता। तो कम से कम 5 फ़ॉलोअप जरूर करें वो भी एक सप्ताह के भीतर। आये तो बेस्ट नहीं तो नेक्स्ट।

- अपने टूल्स का इस्तेमाल करें और मेरी ये पुस्तक साथ रखें। अगर आपको लगता है आपका गेस्ट थोड़ा भ्रमित है तो ये पुस्तक उन्हें दो दिनों के लिए पढ़ने के लिए दीजिये और कहिये इस पुस्तक के शुरुआत के कुछ अध्याय पढ़ें या जो भी अध्याय पसंद आये उन्हें पढ़ें। मैं आपका काम कर दूंगा, क्योंकि ये पुस्तक नहीं है ये मैं खुद आपके साथ हूँ।
- कभी भी ऐसी वादा न करें जो आप पूरे न कर पाये। यानी आप उन्हें अपने साथ जोड़ने के चक्कर में कोई ऐसे वादे न करें जो शायद आप पूरा न कर पायें।
- पैसे के मामले में उधारी या किस्त का कोई सिस्टम न रखें।
- अगर आपको कोई प्रश्न पूछने हों तो क्लोज एंडेड प्रश्न न पूछें बल्कि ओपन एंडेड प्रश्न पूछें, यानी ऐसे प्रश्न जो आपको सेल क्लोसिंग की तरफ ले जाये न कि आपको गेट के बाहर।
- अपने गेस्ट के साथ बहसबाजी बिल्कुल न करें इससे संबंध बिगड़ते हैं और हमारा काम है संबंध बनाना न कि बिगड़ना।
- हो सकता है कि कुछ लोग आपको सीधे न कह दें तो आप बुरा न माने। हमारा काम है मौके को शेयर करना। अगर लोग अभी आपको न कह रहे हैं तो वे इस बिज़नेस को न कह रहे है। लेकिन हो सकता है बाद में यही लोग आपके पीछे-पीछे आएंगे। उन लोगों को आप *6 - 8* महीने बाद ही फॉलो करें।

फॉलोअप का खेल यहीं खत्म नहीं हो जाता। यहीं से शुरू होता है प्रश्नों की बौछार यानी आपके गेस्ट आपसे या तो कुछ प्रश्न करते हैं या अपनी इच्छा व्यक्त करते हैं इस व्यवसाय को करने और न करने को लेकर।

अधिकतर लोग अपने जीवन को लेकर कंफ्यूज रहते हैं कि जीवन में कुछ करना भी है या नहीं। तो उस समय उनके दिमाग में यही बात चलती रहती है कि क्या पता ये बिज़नेस वे कर पाएंगे या नहीं या करना चाहते हैं या नहीं। मैं आगे के अध्याय में कुछ साधारण से प्रश्नो का उत्तर दूंगा और लोगों के कन्फ्यूजन को कैसे दूर किया

जाय ये बताऊंगा, जिसे जानकर और उपयोग कर आप उन्हें इस बिज़नेस में ला सकते हैं।

सेल क्लोजिंग

सेल क्लोजिंग क्या है?

नेटवर्क मार्केटिंग या किसी भी व्यवसाय के क्षेत्र में सेल क्लोजिंग वो होता है जब आपके गेस्ट या ग्राहक आपको पैसे देते हैं और सामानो को आपसे लेते हैं यानी जॉइनिंग करते हैं। अब आपके गेस्ट या तो आपको पैसे देंगे और अपना जो भी डाक्यूमेंट्स है वो देंगे या कोई प्रश्न करेंगे। एक सेल क्लोजिंग तब तक नहीं होता है जब तक आपके गेस्ट आपको पैसे नहीं दे देते। अगर आपके गेस्ट आपको पैसे देता है तभी आप उनका रजिस्ट्रेशन करते हैं और उनको जो भी प्रोडक्ट पसंद हो आपके कंपनी के, आप उन्हें दे देते हैं।

जब आप अपने गेस्ट के सभी सवालों का जबाब अच्छी तरह से दे दिए और उनके मन के संकाओं का निवारण हो गया तो आपका सेल यहीं क्लोज हो जाता हैं।

लेकिन अगर एक चुप्पी का वातावरण बनें तब आप अपने विषय में यहाँ कुछ कह सकते हैं जैसे—

मैं जब इस बिज़नेस को अपने अपलाइन से समझ रहा था तो मेरे मन में बहुत सारे विचार उठे, बहुत सारे प्रश्न उठे और मैंने उन सभी सवालों के जवाब पाये। फिर मैंने कुछ सेमिनार और इवेंट्स में भाग लिए और तभी मैं सारी चीजों को समझ पाया कि वाकई में ये बिज़नेस सभी को करनी चाहिए। मैंने सोचा इतने साल तो नौकरी करके देख लिया लेकिन कुछ नहीं हो रहा था और मुझे अपनी ज़िन्दगी में बहुत कुछ करना था। मेरे कई सपने हैं जो आज मैं दृढ़ता के साथ कह सकता हूँ कि यही वो जगह है जिसकी मैं इतने दिनों से तलाश कर रहा था। मुझे बहुत अच्छा सपोर्ट मिला अपने सीनियर्स से जिन्होंने मुझे वो सभी कुछ सिखाया जो मैं शायद एक नौकरी करके कभी सीख नहीं पाता।

आज मुझे पूरा विश्वास हो गया है कि मैं अपने सपनो को इतने समय में पूरा कर लूंगा और आपसे भी यही कहूंगा कि आज आपकी जो मनोदशा है वो एक समय मेरा भी था। लेकिन मैंने इसके सिवा और कोई भी विकल्प नहीं देखा और मैंने तुरंत ज्वाइन कर लिया, ट्रेनिंग लिया और अपना काम शुरू कर दिया और आपसे भी मैं यही उम्मीद करता हूँ।

इस समय आप अपने गेस्ट को दिखा सकते हैं कि आप किस तरह से काम कर रहे हैं या आपने अबतक क्या अचीव किया है, आपके क्या अल्पकालीन और दीर्घकालीन लक्ष्य हैं, आप यहाँ से क्या पाना चाहते हैं। ये सारी बात पूरे आत्मविश्वास और उत्साह के साथ उनसे शेयर करें ताकि उनके मन में भी वही उत्साह और आत्मविश्वास पैदा हो सके और उनसे ये भी कहें कि आप हमेशा उनका साथ देंगे और उनको आगे बढ़ाने में पूरी मदद करेंगे। लेकिन पैसे के मामले में बिल्कुल भी नहीं। अगर उस दिन आपका सेल क्लोज नहीं हो पाया है तो कम से कम अगले मीटिंग का एक डेट ले लें। लेकिन वो डेट एक या दो दिनों के अंदर होना चाहिए।

कम से कम पांच फ़ॉलोअप कीजिये और अगर इन पांच फ़ॉलोअप में भी आपका गेस्ट राजी नहीं होता है तो छोड़ दीजिये लेकिन संपर्क बनाये रखें, उन्हें whatsapp पर अपडेट करते रहें।

एक बात याद रखियेगा, आप किसी भी तरह के बहस में मत जाइएगा और अपनी बातों को संयम के साथ और उनके विचारों का सम्मान करके करियेगा। जिससे उन्हें कोई ठेस न लगे और आपके लिए उनके दरवाजे खुले रहें। उन्हें ये लगना चाहिए कि आप एक सकारात्मक रिस्पांस पा सकते हैं।

➢ नये डिस्ट्रीब्यूटर्स को तैयार करना

अब तक आपने जो भी कार्य किये और उस कार्य के माध्यम से जब नए लोग आपके साथ बिज़नेस शुरू कर रहे हैं तो आपका काम यहीं से सही मायने में शुरू होता है। जैसा कि मैंने पहले भी बताया था कि लोग आपके साथ जुड़कर काम तो

शुरू करेंगे लेकिन अगर उन्हें सही तरीके से काम को नहीं सिखाया गया तो वे लोग कुछ दिनों बाद बैठ भी सकते हैं। तो ये सभी लोग जो आप पर विश्वास के माध्यम से जुड़ते हैं तो आपका परम कर्तव्य ये होता है कि उन लोगों के सपनो को पूरा करने के लिए आपको उन्हें अच्छे से तैयार करना पड़ेगा और ये आपका दायित्व भी बन जाता है। ऐसा बिल्कुल भी न करें कि लोग जुड़ गए और आपका काम खत्म। नहीं, यही से शुरू होता है आपका असली काम जिससे वे लोग अपने काम को सीखे और एक अच्छे लीडर बनें और इसके लिए जरूरी है कुछ चीजों का पालन करना ताकि ये लोग आपके साथ खड़े रहें और अपने सपनों को पूरा कर पाएं।

वैसे तो नए लोगों को एक लीडर बनने में समय लगता है लेकिन कम से कम 90 दिनों के अंदर उन्हें आपको तैयार करना होता है, वो सब कुछ सिखाना होता है जो आप सीखे हैं। तभी नए लोग इस बिज़नेस को सही तरीके से सीख पाएंगे और अच्छी तरह कर पाएंगे।

I. जरूरी जानकारी और उपकरण प्रदान करना

- जरूरी जानकारी कहने का तात्पर्य है कि आप उन्हें वो सब कुछ बताएं जो आपने शुरूआती दिनों में किया था। यानी कंपनी के विषय में, उत्पाद के विषय में, कंपनी के प्लान के विषय में इत्यादि और सुनिश्चित करें कि उनका रजिस्ट्रेशन सही से हो चुका हो, KYC वगैरह जो भी बाकी है उन्हें पूरा करें। उनको सारा उत्पाद मिल चुका है और उन उत्पाद को कैसे इस्तेमाल करना है ये जानकारी दें।
- अगर आपके शहर में कोई सेमिनार उस समय होना है तो उन लोगों को सेमिनार में ले जाएँ, अपने सीनियर अपलाइन से मिलाएं। हो सके तो कंपनी के ऑफिस ले जाएँ और वहां जो भी आपके सीनियर लीडर्स हैं उनसे मिलवायें।

- आपके पास कंपनी के बुकलेट, ब्रोशर, ऑडियो, वीडियो जो भी उपकरण हैं वो उन्हें दिलवाएं।
- उनके ट्रेनिंग का बंदोबस्त करें और उन्हें वो पुस्तक भी रेफर करें जो आप पढ़ते हैं ताकि उनका ज्ञान और बढ़े।
- लिस्ट कैसे तैयार करें ये सिखाएं, लोगों को प्रस्ताव करना, फोन करना सिखाएं, यानी हर वो जानकारी दें और काम करने के सही तरीकों को सिखाएं।
- अपने बिज़नेस प्लान को और प्रभावी तरीके से उन्हें दिखाएं।
- बिज़नेस के आचार-विचार सिखाएं और अगर आपको लगे कि ये पुस्तक उनको पढ़ना चाहिए तो उनको भी दिलवाएं ताकि इस पुस्तक के माध्यम से वे भी सभी चीजों को समझने में और करने में सक्षम हो सके।

II. लक्ष्य निर्धारण में सहायक बने

जिस तरह आपने अपने लक्ष्य बनाये हैं ठीक उसी तरह से आप उनको पूरी मदद करें और निम्नलिखित बिंदुओं पर अमल करें—

- उनके जो भी सपने हैं उन्हें आप नोट करवाएं और उन सपनो को पूरा करने से उन्हें क्या ख़ुशी होगी और नहीं कर पाने से क्या तकलीफ होगी वो लिखवाएं। ताकि उनके सपने और कारण हमेशा उनके आँखों के सामने रहे।
- उन्हें लक्ष्य निर्धारण करना सिखाएं यानी छोटे से बड़े की ओर। पहला लक्ष्य निर्धारण करवाए *3* से *4* महीनों के अंदर, दूसरा लक्ष्य *6* से *8* महीने के अंदर, तीसरा लक्ष्य *10* से *12* महीनों के अंदर। यानी एक साल के अंदर छोटे से बड़े की ओर लक्ष्य निर्धारण करवाएं। उसके बाद *2* साल और *5* साल के बाद के ***बड़े*** लक्ष्य निर्धारण करवाएं।

- आपकी कंपनी के जो भी रैंक वगैरह हैं उन्हें स्पष्ट करें और हर रैंक तक पहुंचने के लिए उन्हें क्या-क्या करना होगा वो सभी लिखित रूप से करवाएं।
- उन्हें ये भी लिखवाएं कि वे अगले *3* महीने में, *6* महीनों में, *1* साल में, *2* साल में, *3* साल में और *5* साल में यहाँ से कितनी आय उत्पन्न करना चाहते हैं। ताकि वे अपने सपनो को पूरे जोश और जुनून के साथ पूरा कर पाएं।
- अगर आपके कंपनी में कोई विशेष रूप से प्रतियोगिता चल रही है या होने वाली हो तो उन्हें जरूर उनमें भाग लेने को प्रोत्साहित करें और अचीवर बनवाएं। जिससे उनके मन में नयी उम्मीदों की लहर जाग सके।

III. काम करना शुरू करवायें

सबसे पहले एक बात मैं बताना चाहूंगा कि किसी भी तरह की कोई हड़बड़ी न करें। यहाँ आपका कोई ट्रेन नहीं छूट रहा है। जब आपको लगता है कि आपके नए लोग अच्छे से ट्रेनिंग वगैरह ले रहे हैं तो अब जरूरत है उन्हें काम को प्रैक्टिकल रूप देने की। यानी ठीक उसी तरह जिस तरह आपने शुरू किया था। लिस्ट बनवाना, चुनना, फोन करना, मीटिंग्स करवाना, इवेंट का आयोजन करना इत्यादि।

हर वो काम जिस तरह आप करते आये हैं, ऐसा नहीं कि जैसे ही नए लोग ज्वाइन कर लिए और एक हफ्ते के भीतर ही उनको कहते है कि अपने रिश्तेदारों को फोन करके बुलाओ। यहाँ डुप्लीकेशन को हमेशा ध्यान रखियेगा। कम से कम 15 से 20 दिनों तक उन्हें केवल काम से रिलेटेड ट्रेनिंग, किताब पड़ना, वीडियोस, ऑडिओस, लिस्ट बनाना, अच्छे से बातचीत करना सीखना, ड्रेसअप और अपनी हुलिया को सही रखने के तौर तरीके को समझाना। कंपनी के विषय में अच्छी तरह से जानकारी होना, बिज़नेस के प्लान को अच्छे से दिखा पाने में सक्षम बनाना, उत्पाद की जानकारी देना। यानी हर चीज पहले बहुत ही अच्छे तरीके से सिखाएं और उसके बाद काम करना शुरू करें।

➢ 100% प्रोडक्ट का इस्तेमाल करना

सही मायने में, मैं जब देखता हूँ तो ये सोचता हूँ कि इतने अच्छे प्रोडक्ट होते हैं डायरेक्ट सेलिंग कंपनी के और ये प्रोडक्ट बहुत ही अच्छी गुणवत्ता वाले होते हैं। मैं अपनी कंपनी के प्रायः सभी प्रोडक्ट्स का इस्तेमाल करता हूँ। क्योंकि मुझे पता है कि मार्किट में जो प्रोडक्ट उपलब्द्ध हैं, उससे कही ज्यादा अच्छी क्वालिटी के प्रोडक्ट आज हर डायरेक्ट सेलिंग कम्पनी के पास उपलब्ध हैं। आपके कंपनी में जो भी प्रोडक्ट हैं उसे आपको 100% इस्तेमाल में लाना चाहिए और अपने टीम में भी इस चीज को लागु करवानी चाहिए।

हर अच्छी कंपनी में पुनर्खरीद (यानी रिपर्चेस) का सिस्टम होता है और जो भी आपके जरूरत के सामान आप बाजार से खरीदते हैं वो सारा सामान आप सिर्फ अपनी कंपनी का इस्तेमाल करिये। कम से कम आप के कंपनी में जो भी प्रोडक्ट हो चाहे वो आयुर्वेदिक हो, त्वचा से सम्बंधित हो, या किसी भी क्षेत्र का हो। आपके कंपनी जो भी प्रोडक्ट बनाती है उसे आप खुद अपने परिवार में इस्तेमाल करें ताकि आपको देखकर आपके टीम में भी यही जागरूकता आ सके। जब आप और आपके टीम 100% प्रोडक्ट का इस्तेमाल करते हैं तो न सिर्फ आपकी आमदनी में वृद्धि होती है बल्कि आप अपने शरीर को भी स्वस्थ रख पाते हैं।

अक्सर मैंने ये देखा है कि लोग कंपनी तो ज्वाइन करते हैं लेकिन खुद वो प्रोडक्ट इस्तेमाल नहीं करके अपने टीम को केवल रिपर्चेस करवाते हैं। जो बिल्कुल ही गलत है। जब तक आप अपनी कंपनी के प्रोडक्ट का 100% इस्तेमाल नहीं करेंगे, तबतक आपकी टीम कहाँ से करेगी। खुद मार्किट का प्रोडक्ट इस्तेमाल करेंगे और दूसरों को कहेंगे हर महीने रिपर्चेस करना तो आपके टीम में एक नकारात्मक स्थिति उत्पन्न होगी जो आपके व्यवसाय के लिए बिल्कुल भी सही नहीं है। इसलिए आप अपनी कंपनी के प्रोडक्ट को 100% इस्तेमाल करें। कम से कम जो प्रोडक्ट

आपकी कंपनी तैयार करती है और उसी काम को आप अपनी टीम को करवा सकते हैं और इससे आपका व्यवसाय और बढ़ेगा।

एक चीज और ध्यान में रखिये, सिर्फ नए लोगों को बिज़नेस में लाने से नहीं होगा बल्कि प्रोडक्ट की बिक्री भी होना जरूरी है जो रिपर्चेस के माध्यम से होगी और कम समय में आप अपनी मंजिल तक पहुंच पाएंगे।

व्यवसाय बढ़ाने की 8 प्रक्रिया

- **कम समय में ज्यादा काम करें**

  आपको ये अच्छी तरह पता है कि नेटवर्क मार्केटिंग बिज़नेस में आप कम समय में ज्यादा चीजों को पा सकते हैं। लेकिन उसके लिए पूरे जोश और जुनून के साथ काम करना होगा और जितना हो सके कोशिश करते रहना होगा। कम समय में ज्यादा काम करना होगा। उसके कुछ क्रियाकलाप में दे रहा हूँ, उसपर ध्यान दीजिये।

  अपनी गति बढ़ाएं

  अगर आप एक दिन में एक या दो लोगों से मीटिंग करते हैं तो कोशिश करिये इसे बढ़ाने की। ये एक दृढ़ निश्चय आपको करना है कि आज दो लोगों को प्लान दिखाए हैं तो कल तीन और इसी तरह ज्यादा से ज्यादा लोगों से मिलिए और ज्यादा से ज्यादा सेल क्लोज करें। याद रखें, आपकी टीम भी उसे दोहराएगी। अगर आप एक हफ्ते में दो ग्रुप मीटिंग्स करते हैं तो उसे चार करें। ज्यादा से ज्यादा इवेंट्स का आयोजन करें।

अगले महीने के काम को इसी महीने संपन्न करें। नए-नए लोगों से संपर्क बनायें और जितनी जल्दी हो सके उन्हें warm और hot श्रेणी में लेकर आएं और मीटिंग्स अरेंज करें।

ये एक ऐसा बिज़नेस है जिसमे एक साधारण नौकरी से जितना पैसा आप एक साल में कमाते हैं, उतना आप एक महीने में कमा कर रख सकते हैं। जरूरत है अपने आपको पूरा का पूरा इस काम में झोंक देने की। ताकि आपको देखकर आपकी टीम पूरी तरह से उत्साहित रहें। आपका पेआउट देखकर आपकी टीम में और भी जागरूकता बढ़ेगी।

नए लोगों को जल्दी काम करना सिखाएं

जो भी लोग आपके साथ इस बिज़नेस में जुड़ते हैं उन्हें जितना जल्दी हो सके काम करने के तरीके को सिखाएं और उनसे भी उसी तरह काम करवाना शुरू करें। कोशिश ये करें कि आपके नए लोग जल्दी से जल्दी अपना काम खुद करना सीख लें ताकि आप और लोगों को भी जल्दी आगे बढ़ा पाएं।

आपके नए लोग जब आते हैं वे आप पर पूरा भरोसा करके आते हैं और आपका भी ये दायित्व बनता है उन्हें सब कुछ सिखाने का। कम से कम 5 से 6 मीटिंग्स आप अपने नए लोगों का करवाएं और कोशिश करिये दो-तीन सेल क्लोज करने का ताकि उनको भी अंदर से एक हिम्मत हो और वे काम को जल्दी सीख पाए और एक अच्छे आय की तरफ बढ पाएं।

प्रतियोगिता रखें

कम समय में ज्यादा अच्छे परिणाम पाने का ये एक अच्छा उपाय है। हर 10 दिनों का एक छोटा-छोटा प्रतियोगिता रखें। टीम को उस

प्रतियोगिता में भाग लेने को प्रोत्साहित करें जिससे आपके टीम के लोग छोटी-छोटी प्रतियोगिता जीतकर कम समय में ज्यादा काम करे पाए।

सौ दिनों का प्लेग्राउंड

- आप अपने काम करने के तरीके को दिनों के हिसाब से विभाजित करें कि आपको कितने दिनों के अंदर क्या कार्य करना है।
- पहले 30 दिनों के अंदर आप ज्यादा से ज्यादा लोगों को इस बिज़नेस में लाने की कोशिश करें।
- अगले 20 दिनों में उन नए लोगों को सही से ट्रेनिंग दें और काम करने के तरीके को सिखाएं।
- अगले 50 दिनों के अंदर अपने टीम में अचीवर्स और नए रैंक को पाने में अपनी टीम को पूरा सपोर्ट करें।

जब आपका सौ दिनों का कार्य समाप्त होता है तो अपने पूरे टीम को लेकर एक छोटीसी पार्टी का आयोजन करें और सभी के साथ मिलकर इसका आनंद लें। मस्ती करें और उसके बाद फिर से सौ दिनों का कार्यभार संभालें।

➢ नये - नये जगहों में व्यवसाय शुरू करें

आप एक व्यवसायी हैं और ये बात आप हमेशा याद रखें। एक व्यवसायी होने के नाते आपका काम सिर्फ सिमित क्षेत्र में नहीं होना चाहिए। इसलिए ये जरूरी है कि अपने सर्किल को बड़ा करना और अपने व्यवसाय को दिन-दूनी, रात चौगुनी करना। जब आप अपने व्यवसाय को अच्छी तरह करना शुरू कर देते हैं तो अब आपको जरूरत है अपने व्यवसाय की नींव दूसरे-दूसरे शहरों और राज्यों में रखना और उसे फैलाना। इस काम के लिए आपको अलग-अलग शहरों और राज्यों में

यात्रा करने की जरूरत है। लेकिन आप अलग-अलग शहरों में कैसे अपने व्यवसाय को स्थापित करेंगे इसे जानना जरूरी है।

- सबसे पहले आप ये देखें कि आपकी जान-पहचान के लोग किन-किन शहरों में है और किन-किन राज्यों में है। उन लोगों की एक अलग लिस्ट तैयार करें और यात्रा आरम्भ करें।
- यदि आपके जान-पहचान में कोई भी दूसरे शहरों या राज्यों में नहीं है तो कोई बात नहीं, आप अपनी टीम के सदस्यों को लेकर एक बैठक करें और उन लोगों को एक लिस्ट तैयार करने को कहिये जिनका दूसरे शहरों और राज्यों में कोई न कोई जान पहचान वाले रहते हैं।
- जब भी आप दूसरे शहरों में जाएँ तो सबसे पहले उन लोगों से मिलें और मिलकर उनको अपने टीम का हिस्सा बनाकर एक अच्छा सा दमदार इवेंट का आयोजन करें और उनके जितने भी जान-पहचान के लोग हैं उन सभी को आमंत्रित करें और जमकर प्रोग्राम करें।
- पहले एक शहर को चुने और उसके बाद इसी तरह एक-एक करके हर शहरों और राज्यों में इवेंट आयोजित करके तहलका मचा दें। जिससे आपका व्यवसाय विभिन्न शहरों में और विभिन्न राज्यों में फलना-फूलना शुरू हो जाए।
- हर महीने कम से कम एक या दो बार उन शहरों में नियमित रूप से जाएँ और इवेंट्स का आयोजन करें।
- जब आप अपने व्यवसाय को विभिन्न शहरों में स्थापित करने जा रहे हैं तो सबसे पहले जो शहर नजदीक पड़े वहीं से इसकी शुरुआत करें। शुरू-शुरू में ज्यादा दूर शहरों में न जाकर यानी

30km से 50km तक की रेडियस के हिसाब से काम करें। उसके बाद 50km से 100km और इसी तरह अपने दायरे को बढ़ाते चले जाएँ।

- जरूरी नहीं है कि हर शहरों में आपके ही जान-पहचान के लोग हों। आप अपनी टीम में किसी के भी लिंक के माध्यम से आगे बढ़ें।
- जिस शहरों में आप लोगों को इस बिज़नेस में लाते हैं, कोशिश करें वहां ज्यादा से ज्यादा लीडर तैयार करें। ताकि आपके ऊपर ज्यादा प्रेसर न पड़े और आपकी टीम खुद व खुद बढ़ती चली जाये।
- यदि किसी शहर में आपके कंपनी का कोई ऑफिस नहीं है तो आप ये कोशिश करें कि हर शहर में आप जहाँ भी लोगों को जॉइनिंग करवा रहे हैं वहां महीने में कम से कम चार दिन का ट्रेनिंग स्टार्ट करें। जिसके लिए अपने ही टीम के लीडर्स को ये जिम्मेदारी दें जिससे आपका टीम एक बेहतर जगह बनती चली जाएगी और आपका टीम एक सुपर टीम कहलाएगी।
- इन सभी कार्यों को विधिवत करने के लिए आपकी टीम में अच्छे-अच्छे लीडरों को तैयार करने की जरूरत है।

➢ अपनी टीम में ज्यादा से ज्यादा लीडर बनायें

वैसे नेतृत्व विकास के विषय में मैंने पहले भी कहा है लेकिन यहाँ मैं आपको बताऊंगा कि अपनी टीम में ज्यादा से ज्यादा लीडर कैसे तैयार करें। लेकिन कैसे तैयार करें का उत्तर देने से पहले ये समझना जरूरी

है कि "क्यों" तैयार करें। तो आइये इस “क्यों” का जवाब पहले जान लेते हैं।

क्या आपको याद है, आप अपने पिताजी और माताजी की ऊँगलियों पकड़कर चला करते थे। उस समय आप बच्चे थे, तो आपके माता-पिता आपका बहुत ही ख्याल रखते थे। नहा देते थे, खिला देते थे, कपड़े पहना देते थे, हाथ पकड़कर स्कूल ले जाना-ले आना, हाथ पकड़कर घूमना-फिरना, लेकिन जब आप अपने इन सभी कार्यों को स्वयं करने लगे तब आप आत्मनिर्भर बन गए और अगर आपके भी बच्चे हैं तो धीरे-धीरे वो सभी कुछ आप अपने बच्चे को भी करते होंगे। ये एक निरंतर चलने वाला चक्र है।

नेटवर्क मार्केटिंग इंडस्ट्री की यही खासियत है, सीखना-सिखाना और अपने जैसा तैयार करते चले जाना। आप सभी लोगों को जो आपकी टीम में हैं, लीडर नहीं बना सकते हैं क्योंकि आपकी टीम में बहुत ऐसे लोग होंगे जो अपने काम को सही तरीके से नहीं करते हैं लेकिन कुछ ऐसे भी लोग आपको मिलेंगे को इस बिज़नेस को पूरे दिल से करेंगे।

अक्सर मैंने सुना है कि लीडर बनाये जाते हैं। लेकिन क्या सभी को आप लीडर बना सकते हैं? नहीं, लीडर आप कुछ लोगों को ही बना सकते हैं। लेकिन उसे आपको पहचानना पड़ेगा। वैसे तो हम सभी प्रकृति की संतान हैं और जिसके कारण हम सभी में प्रकृति की तीनो गुणों का समावेश होता है—सात्विक, राजस और तामसिक। और किसी गुण की अधिकता या न्यूनता इस बात पर निर्भर करती है कि उस व्यक्ति का स्वभाव और चरित्र कैसा है।

लीडरशिप भी इन्हीं गुणों के कारण होती है। एक सच्चा लीडर वो होता है जो अपनी परवाह किये बगैर दूसरों को सही रास्ता दिखाते हैं। काम

को नैतिक रूप से संचारण करते हैं। मितवक्ता होते हैं और अपने काम के प्रति समर्पित होते हैं, डरते नहीं हैं। मेरे ख्याल से लीडर पहले ढूंढे जाते हैं और उसके बाद उन्हें और भी निखारने की प्रक्रिया शुरू की जाती है। तभी एक सच्चा और अच्छा लीडर उभर कर सामने आता है। आपको भी अपनी टीम में कुछ लोग मिलेंगे जो अपने कार्यों को सही तरीके से करते हैं। मैं आपको बताऊंगा कि एक सही लीडर की पहचान कैसे करें। क्योंकि शेर की खाल ओढ़ लेने से कोई शेर नहीं बन जाता—

- वो कौन है, जो आत्मनिर्भर है।
- वो कौन है, जो अपने काम को सही तरीके से करता है।
- वो कौन है, जो अपने काम को सही समय पर करता है।
- वो कौन है, जो हर मीटिंग अटेंड करता है।
- वो कौन है, जो हर चीज के विषय में जानने को उत्सुक रहता है।
- वो कौन है, जो किसी भी हालत में अपने सपनों को पूरा करना चाहता है।
- वो कौन है, जो आपके दिखाए हुए रास्ते पर चलता है।
- वो कौन है, जो परिस्थितियों के सामने घुटने नहीं टेकता है।
- वो कौन है, जो हमेशा अच्छे वस्त्रों में रहता है।
- वो कौन है, जो लोगों से अच्छी तरह बात करता है।
- वो कौन है, जिनके मन में कोई भी नकारात्मक विचार नहीं है।
- वो कौन है, जो सभी का सम्मान करता है।
- वो कौन है, जो दिल से लोगों की मदद करता है।
- वो कौन है, जो अपने लक्ष्य पर अडिग रहता है।

- वो कौन है, जो झूठ नहीं बोलता और हमेशा सत्य का साथ देता है।
- वो कौन है, जो कभी डरता नहीं है।
- वो कौन है, जो हार को गले नहीं लगाना चाहता है।
- वो कौन है, जो दुनिया में अच्छा नाम कमाना चाहता है।
- वो कौन है, जो किसी की बुराई नहीं करता है।
- वो कौन है, जो हर किसी को आगे बढ़ते हुए देखना पसंद करता है।
- वो कौन है, जो अपने निर्णय खुद लेता है।
- वो कौन है, जो लक्ष्य निर्धारण करके कार्य करता है।
- वो कौन है, जो हमेशा मुस्कुराता हुआ रहता है।
- वो कौन है, जो इस बिज़नेस के लिए समर्पित है।
- वो कौन है, जो असफलताओं के बीच में सफलता की उम्मीद रखता है।
- वो कौन है, जो पीछे नहीं भागता है।
- वो कौन है, जो नयी-नयी योजना के विषय में बात करता है।

ये सभी गुण कुछ अच्छे और सच्चे लोगों में पाए जाते हैं। बस आपकी निगाहें ढूंढ़ने की होनी चाहिए। आपके टीम में ऐसे कुछ लोगों को मार्क करिये और उन्हें और अच्छी तरह से सिखाइये। यही लोग एक अच्छे और सच्चे लीडर की भूमिका को निभा पाएंगे।

लीडर होने के फायदे

यदि आपने अपने टीम में कुछ ऐसे व्यक्तियों को ढूंढ लिया है, तो आपका काम है इन्हें और भी सशक्त बनाना। इससे आपके बिज़नेस में एक गति मिलेगी और जिसके कई लाभ हैं—

- आप उनके भरोसे किसी भी कार्य को संपन्न कर सकते हैं।
- आपके गैर-मौजूदगी में ये लोग आपके बिज़नेस को आगे बढ़ाते रहेंगे।
- जितने भी लोग आपके बिज़नेस में आएंगे, उन्हें ये लीडर्स काम को सिखा सकते हैं।
- आपके गैर-मौजूदगी में आपकी मीटिंग्स को पूरा सपोर्ट कर सकते हैं।
- जब आप अपने व्यवसाय को बढाने के लिए किसी दूसरे शहरों में जाते हैं तो ये लोग आपके क्षेत्र के व्यवसाय को संभाल सकते हैं।
- ये लोग अपने नीचे और भी ज्यादा लीडर्स को ढूंढ़कर अच्छे से तैयार कर सकते हैं।

लीडर्स को तराशना

जिस तरह हीरे की कीमत तब तक नहीं होती है जब तक वो जमीन के अंदर होता है। हीरे की कीमत का अंदाजा तब तक नहीं लगाया जा सकता जब वो जमीन के बाहर निकलता है। बल्कि एक हीरे की कीमत तब लगाई जाती है जब उसे तरासा जाता है और तरासने के बाद ही उसकी सही कीमत तय होती है। मै कुछ विशेष विधि बताऊंगा जिसका

उपयोग करके आप अपने लीडर्स को तराश सकते हैं और यह देख सकते हैं कि किसे किस तरह की जिम्मेदारी दी जा सकती है।

- छोटे-छोटे लक्ष्य निर्धारण करें और सभी लोगों को उस लक्ष्य को भेदने को कहें।
- इन लोगों से छोटे-छोटे ग्रुप मीटिंग करवाएं और हो सके तो माइक पकड़ कर कुछ बोलने की प्रैक्टिस करवाएं।
- दो-तीन मीटिंग करने के बाद इन्हें अपना काम खुद करने को कहें, लेकिन हाँ इनका ध्यान जरूर रखें।
- अपना और अपने टीम का बिज़नेस प्रेजेंटेशन इनसे करवाएं।
- गलती करने पर उन्हें अच्छे से समझाएं और सही तरीके को बताएं।
- लोगों से बातचीत करने के तरीके को और विकसित करें।
- प्रोडक्ट की ट्रेनिंग धीरे-धीरे इनसे करवाएं।
- इन्हें और आत्मनिर्भर बनायें और हमेशा इन्हें प्रोत्साहित करें।
- प्रतियोगिता रखें जिससे इनमे अच्छे से काम करने की इच्छा और मजबूत बना पाएं।
- इन लोगों को हमेशा ऊर्जावान बनाये रखने के लिए नेटवर्क मार्केटिंग के विभिन्न किताबों को पढ़ने, वीडियो, ऑडियो को देखने और सुनने को कहें।
- अपनी कंपनी के हर प्रोडक्ट की विस्तृत जानकारी दें।
- वैसे ये काम तो आपको सभी लोगों से करने को कहना है, लेकिन सही लीडर इन्हीं कामों को करते हुए आगे बढ़ते रहेंगे।

जब आप अपनी टीम में लीडर बनाने का काम अच्छी तरह से करते हैं तो यही लीडर्स अपने नीचे और लीडर्स तैयार करते जायेंगे और आपका बिज़नेस दिन-दूनी, रात-चौगुनी तरक्की करता जाएगा।

➢ अपनी रिकॉर्ड को मेंटेन करें

ये बिज़नेस निर्भर करता है कि आप अपने व्यवसाय से सम्बंधित जानकारी को कितने अच्छे तरह से रखते हैं। यानी लिखित रूप से क्योंकि हर चीजों को अगर आप अपने दिमाग में रखेंगे तो इससे आपका दिमाग उलझा हुआ महसूस होगा। तो बेहतर है हर एक जानकारी को लिखित रूप से रखना। मैं आपको कुछ उपाय बताने जा रहा हूँ जिसके माध्यम से आप हमेशा अपने रिकॉर्ड को सही रख पायेंगे और सही तरीके से काम भी कर पाएंगे और ठीक इसी तरह यही काम आपको आगे भी बढ़ाना है।

डायरी मेंटेन करें

एक अपॉइंटमेंट डायरी का इस्तेमाल करें या आजकल सभी के पास प्रायः स्मार्ट फ़ोन होता ही है, तो अपने मोबाइल में कोई अच्छा सा एप्प डाउनलोड करें और अपने नित्य कार्यक्रम को लिखित रूप से रखें। अगर आप लैपटॉप भी रखते हैं तो यहाँ और अच्छा होगा, अपने डाटा को तैयार करने में और सुरक्षित रखने में।

लेकिन मैं आपको एक सुझाव दूंगा कि यदि आप लैपटॉप या अपने घर के कंप्यूटर में ये रिकॉर्ड रखते हैं, तो हमेशा एक पेन ड्राइव में भी इसका बैकअप लेते रहें। क्योंकि इलेक्ट्रॉनिक चीजों का कोई गॉरन्टी नहीं कि कब क्या हो जाये तो बेहतर होगा कि आप एक डायरी भी मेंटेन करें।

पहले अपने डायरी में लिखें और उसके बाद मोबाइल या कंप्यूटर में स्टोर करें।

संभावित व्यक्तियों का रिकॉर्ड

ये आपका पहला रिकॉर्ड होता है जो आपके व्यवसाय की नींव है। इस रिकॉर्ड में अपने उन लोगों का रिकॉर्ड मेंटेन करें जिन्हें आपने अभी तक अपने बिज़नेस प्लान दिखाए नहीं हैं, लेकिन भविष्य में दिखाने वाले हैं। ये आपका खास रिकॉर्ड है जिसे आपको निरंतर बढ़ाते रहना है।

आप एक आदत बना लें कि हर दिन कम से कम एक संभावित व्यक्ति का नाम इसमें जोड़ना है। वो कोई भी हो सकता है। इस रिकॉर्ड को बढ़ाने लिए आपको अनजान लोगों से दोस्ती करनी होगी और उसके बाद बिज़नेस के बातें। आप जहाँ भी जाते हैं — बस स्टैंड, रेलवे स्टेशन, एयरपोर्ट या किसी भी पार्टियों में, हर जगह आप ऐसे अपने आप को ढाल लें कि हर दिन कोई न कोई आपसे फ्रेंडफिप करना चाहे।

नए मेंबर्स का रिकॉर्ड

आपने अब तक जिन लोगों को अपने बिज़नेस प्लान दिखाए हैं और जो लोग आपके साथ इस बिज़नेस को करना शुरू किये हैं, ये रिकॉर्ड उन लोगों के डिटेल मेंटेन करने के लिए ही है। इन सभी लोगों का नाम, आईडी नंबर्स, बिज़नेस ज्वाइन करने की तारीख और बाकी के डिटेल नोट रखें। जिससे आपको ये पता चलता रहेगा कि आपने एक सप्ताह में या एक महीने में कितने लोगों को अपने बिज़नेस प्लान शेयर किये हैं और उनमे से कितने लोग आपके बिज़नेस में आ चुके हैं। ताकी आपको इसे बढ़ाने में मदद मिल सके और इसके माध्यम से आप ये भी पता लगा सकते हैं कि आपका परफॉरमेंस कैसा है।

उदहारण के लिए — मान लीजिये आप एक सप्ताह में 20 लोगों को अपना बिज़नेस प्लान शेयर किये हैं और उनमे से मात्र 6 लोग ज्वाइन किये हैं, तो यहाँ आपका औसत आता है 10:3 का। अब अगले सप्ताह आपने 20 लोगों को प्लान दिखाया और उनमे 8 लोग जुड़ गए तो आपका औसत हुआ 10:4। यानी आप डेवलप कर रहे हैं। इसलिए इस रिकॉर्ड की आवश्यकता है ताकि आपको सही मालूम होता रहे कि आप आगे बढ़ रहे हैं या पीछे जा रहे हैं। इस रिकॉर्ड को आप साप्ताहिक बनायें।

फॉलोअप का रिकॉर्ड

ये रिकॉर्ड उन लोगों के नामों की है जिन्हें आप अपना बिज़नेस प्लान शेयर कर चुके हैं। लेकिन अभी तक इन लोगों का फ़ॉलोअप बाकी है या 2-3 बार फ़ॉलोअप कर चुके हैं। यानी आप जिन लोगों को अपना प्लान शेयर किये हैं, लेकिन वे लोग अभी आपके साथ बिज़नेस करने को तैयार नहीं हुए हैं। इस रिकॉर्ड के माध्यम से आप हमेशा अपने आपको अपडेट रख पाएंगे कि किन लोगों का फ़ॉलोअप हो चुका है या अभी कौन बाकी है। जिससे आप कोई फ़ॉलोअप करना न भूलें और ठीक समय पर आप फ़ॉलोअप करते रहें।

सक्रिय लोगों का रिकॉर्ड

इस व्यवसाय में बहुत ऐसे लोग आएंगे, आपके साथ जुड़ेंगे और काम भी करेंगे। लेकिन उनमे से कुछ लोग ऐसे होंगे जो अपने कामों को सही तरीके से नहीं करते हैं। आप बताएँगे एक लेकिन वे करेंगे एक, तो आपको ये जानना आवश्यक हैं कि टीम में कितने लोग सक्रीय हैं और कितने लोग सक्रिय नहीं है। ये इसलिए जानना जरूरी है ताकि आपके व्यवसाय में गति सक्रिय लोगों के वजह से आती है और आप खुद पाएंगे

कि आपका व्यवसाय बढ़ पा रहा है। यही लोग आपके लीडरशीप की भूमिका सही तरीके से निभा पाएंगे। इसलिए ये जानना अति आवश्यक है कि ये लोग अपना काम किस तरीके से करते हैं। आपको एक चार्ट इन लोगों को बनाने के लिए कहना पड़ेगा जिसमे आपके कुछ प्रश्न होने चाहिए और प्रश्न के कितने उत्तर "हाँ" में और कितने उत्तर "ना" में है ये देखना जरुरी है।

सबसे पहले इन प्रश्नो के उत्तर आप देंगे और देखेंगे कि आप अपने कार्यों को सही तरीके से कर रहे हैं या नहीं ताकि आप अपना भी मूल्यांकन कर सके और उसके बाद इन प्रश्नों को आप अपने टीम में भी दें। ताकि सभी लोग अपने मूल्यांकन कर पाए और इससे आप अपना एक रिकॉर्ड बना पाए जिनमे कितने लोग सक्रिय है और कितने लोग सक्रिय नहीं है।

प्रश्न है :-

क्या आप हमेशा ट्रेनिंग अटेंड करते हैं?

क्या आप इस बिज़नेस के तौर तरीकों से वाकिफ़ हैं?

क्या आप अपना लिस्ट तैयार किये हैं?

क्या आप अपने लिस्ट की संख्या को बढ़ा रहे हैं?

क्या आप खुद लोगों को फोन करके अपॉइंटमेंट लेते हैं?

क्या आप खुद लोगों को अपना बिज़नेस प्लान दिखते हैं?

क्या आप अपने कंपनी का हर उत्पाद का उपयोग करते हैं?

क्या आपका अगले सप्ताह का अपॉइंटमेंट फिक्स है?

क्या आप हर मीटिंग या प्रोग्राम में फॉर्मल कपड़ों में आते हैं?

क्या आप हर रोज कम से कम एक व्यक्ति को अपना बिज़नेस प्लान दिखते हैं?

क्या आप अपने हर फ़ॉलोअप को सही समय से कर रहे हैं?

क्या आप अपने घर पर प्रोडक्ट डिस्प्ले रखे हैं?

क्या आप हर दिन नियमित रूप से इस बिज़नेस से जुड़ी पुस्तकें पढ़ते हैं?

क्या आप हर सप्ताह कम से कम दो बार ग्रुप मीटिंग करते हैं?

क्या आप हर महीने कम से कम दो हॉल मीटिंग करते हैं?

इन सभी प्रश्नों का उत्तर देना नए लोगों के लिए संभव नहीं है लेकिन जो लोग इस बिज़नेस को 3-4 महीनों से ज्यादा कर रहे हैं वे लोग सही है इन प्रश्नों के उत्तर देने के लिए। इसके माध्यम से वे लोग भी अपना मूल्यांकन कर पाएंगे। जितने लोग इन सभी प्रश्नों के ज्यादातर उत्तर "हाँ" में देंगे, वे सभी आपके सक्रिय लोगों की सूची में आएंगे।

आपके ग्राहकों का रिकॉर्ड

इस रिकॉर्ड में आपके उन ग्राहकों के नाम और अन्य जानकारी होनी चाहिए जो लोग केवल आपके प्रोडक्ट का इस्तेमाल करते हैं। जिससे आपको पता चलता रहे कि आपके कितने ग्राहक हैं और निरंतर इनलोगों की संख्याओं को भी आपको बढ़ाते रहना है। ताकि आपका रिपर्चेस ज्यादा से ज्यादा हो सके। कभी-कभी इन ग्राहकों से भी कुछ लोग आपके साथ बिज़नेस करना चाहेंगे। तो नियमित रूप से उनलोगों को अपने प्रोडक्ट से संतुष्ट करते रहें।

➢ सप्ताह में दो दिन ग्रुप मीटिंग करें

आपके व्यवसाय में गति लाने के लिए जरूरी है साप्ताहिक और मासिक हिसाबों को रखना। जैसे- आप एक सप्ताह में कितने ग्रुप मीटिंग करते हैं, कितने आमने-सामने की मीटिंग करते हैं। इस व्यवसाय को एक

बेहतर गति प्रदान करने के लिए, एक सप्ताह में कम से कम दो ग्रुप मीटिंग जरूर करें और लोगों की संख्या एक मीटिंग में 10 से 15 रखें। अगर आप ग्रुप मीटिंग 15 लोगों के साथ करते हैं तो 30 लोग यानी महीने में आप 120 लोगों के साथ मीटिंग करते हैं। ये एक बेहतर काम है और कोशिश करें इसे छोटे-छोटे टुकड़ों में यानी 10-10 लोगों का ग्रुप मीटिंग एक सप्ताह में जितना ज्यादा हो सके। ग्रुप मीटिंग एक बेहतर रिजल्ट देता है। अगर आप इस मीटिंग में अपनी अच्छी पकड़ बना लेते हैं तो आप आसानी से अपने बिज़नेस को ऊपर की तरफ लेकर जा सकते हैं।

मैं जब भी ग्रुप मीटिंग्स करता हूँ, एक फॉर्म का प्रयोग करता हूँ। जिसमे कुछ आसान से प्रश्न होते हैं और इस फॉर्म को मैं मीटिंग खत्म होने के 10 मिनट पहले लोगों को देता हूँ और उनसे आग्रह करता हूँ कि इस फॉर्म को फिलअप करके मुझे लौटा दें। इस फॉर्म का मैंने नाम दिया है— "अंदर से बाहर की ओर"। इस फॉर्म में जो प्रश्न होते हैं, ये वही प्रश्न हैं जो लोग कभी अपने आपसे पूछते नहीं हैं और जब वे इन प्रश्नों का जबाब देते हैं, तब ये जबाब उनलोगों के अंदर से निकलता है। जिससे उनलोगों को ये एहसास होता है कि वे लोग आजतक क्या कर रहे थे और आगे क्या करना चाहते हैं।

नाम____

उम्र ______________

काम____

मोबाइल नंबर________________

आप किसके पसंद से भोजन करते हैं?

- अपने पसंद
- दूसरों की पसंद

आप किसके पसंद से कपड़े पहनते हैं?

- अपने पसंद
- दूसरों की पसंद

आप अपनी जरूरत की चीजों को अपनी पसंद से खरीदते हैं या दूसरों की?

आप आजादी पसंद करते हैं या गुलामी?

आप अपनी पसंद से जीवन जीना चाहते हैं या दूसरों की?

आपका कोई ऐसा सपना जो आप आज तक पूरा नहीं कर पाए, लेकिन करना चाहते हैं?

आपके सपने की पीछे क्या कोई मजबूत कारण है?

आप अपना खुद का मकान में रहना पसंद करते हैं या किराए पर?

आप जो भी काम करते हैं उसमें सबसे अच्छा क्या लगता है और सबसे बुरा क्या लगता है?

क्या आप खुद को और आपके परिवार को हमेशा स्वस्थ देखना पसंद करते हैं?

क्या आप लोगों को मदद करने की इच्छा रखते हैं?

क्या आप ऐसा काम करते हैं जिससे आपका नाम, पहचान और पैसा हो?

क्या आप ऐसा काम करते हैं जिससे आपके बाद भी आपके परिवार को हमेशा पैसा मिलता रहे?

क्या आप अपने परिवार के लिए भरपूर समय दे पाते हैं?

क्या आप अपने परिवार को अच्छा खान-पान, अच्छे कपड़े अच्छी जीवन शैली दे पाते हैं?

आप कैसा जीवन जीना पसंद करते हैं – गरीबी या अमीरी?

आपके हिसाब से आप कितना रूपए महीने का कामना चाहते हैं?

आप जो भी काम करते हैं, क्या आप हर महीने १० दिनों की छुट्टी ले पाते है?

अगर आपको मौका मिले तो क्या आप एक बार कोई बड़ा काम करना चाहते हैं?

आप कौन सा काम पसंद करते हैं- 50 साल काम करके 5 साल आराम करना या 5 साल काम करके 50 साल आराम करना?

क्या आप दूसरे लोगों के लिए आदर्श बनना चाहते हैं?

क्या आप हमेशा सीखने के लिए तैयार रहते हैं?

आपका मालिक कौन है आप खुद या कोई और?

आपका निर्णय कौन लेता है, आप खुद या कोई और?

क्या आप इस मीटिंग माध्यम से इस व्यवसाय को समझ पाए हैं या और अच्छे से समझना चाहते हैं?

क्या आपको ये नहीं लगता की ये व्यवसाय सभी को करना

चाहिए?

क्या आपको नहीं लगता कि ये व्यवसाय आपको करना

चाहिए?

क्या आपको नहीं लगता कि ये मौका छोड़ना नहीं चाहिए और

तुरंत ज्वाइन करना चाहिए ?

इस फॉर्म को आप एक कंप्यूटर में तैयार करें और इसका इस्तेमाल करें, आपको बेहतर परिणाम मिलेंगे।

➢ महीने में दो दिन हॉल मीटिंग करें

ग्रुप मीटिंग के अलावा जब आप हॉल मीटिंग करते हैं तो यहाँ आपको बहुत सारे फायदे मिलते हैं। जिसके विषय में मैं आगे भी चर्चा कर चुका हूँ और आपसे मैं यही कहना चाहूंगा कि हर महीने अगर चार हॉल मीटिंग कर पाए तो बेहतर है। अगर इतना नहीं कर पाते हैं तो कम से कम दो हॉल मीटिंग जरूर करें। जिससे आपके व्यवसाय को बढ़ाने में और लीडर्स को तैयार करने में भी मदद मिलती है।

जब आप एक अच्छे रैंक में चले जाते हैं और अपने व्यवसाय को बढ़ाने के लिए जब आप विभिन्न शहरों में जाते हैं तो छोटे-छोटे हॉल मीटिंग की व्यवस्था आप खुद भी कर सकते हैं। जहाँ 100 लोग आपके या आपके टीम के सभी लोग आ सके और आजकल इस तरह की बिज़नेस मीटिंग के लिए प्रायः हर शहर में आपको कुछ हॉल रेंट पर मिल जायेंगे जिसे आप बुक करके एक बड़े तरह के हॉल मीटिंग की व्यवस्था कर पाएंगे और इस मीटिंग से सभी नए लोग और पुराने लोग आ पाएंगे और

आप एक बेहतर प्रस्तुति देकर अपने व्यवसाय को मनचाहा तरीके से बढ़ा पाएंगे।

अगर हॉल मीटिंग की व्यवस्था आप खुद कर रहे हैं तो मैं आपको एक ही सलाह दूंगा कि हर शहर में जहाँ आप अपनी टीम को बढ़ा रहे हैं वहां महीने में एक बार कम से कम दो हॉल मीटिंग की व्यवस्था करें। जिससे आपके टीम के गेस्ट्स इस मीटिंग में आकर अच्छा महसूस करेंगे और जॉइनिंग भी तुरंत लगेगी। लेकिन इस तरह के हॉल मीटिंग में खर्च भी होता है तो सबसे पहले आप अपने बिज़नेस से कुछ अच्छा इनकम उत्पन्न करें फिर उनका उपयोग हॉल मीटिंग के लिए करें।

➢ कस्टमर बेस बनायें

नेटवर्क मार्केटिंग बिज़नेस में सफलता प्राप्त करने के पीछे दो तरह के कार्य होते हैं और दोनों ही महत्वपूर्ण हैं —

(i) अपना नेटवर्क बनाना

(ii) अपने प्रोडक्ट का सेल बढ़ाना

अपने प्रोडक्ट का सेल बढाने के लिए आपको अपने कस्टमर बेस बनाना जरूरी है। आप अपना 80% फोकस नेटवर्क बनाने में और 20% फोकस कस्टमर बेस बनाने में लगाएं। अगर आप किसी अच्छी कंपनी में हैं तो जाहिर है आपके कंपनी के कुछ प्रोडक्ट जरूर होंगे। नेटवर्क बनाने के साथ-साथ आप अपनी कंपनी के प्रोडक्ट की बिक्री पर भी ध्यान दें। लेकिन ऐसा न हो कि आप प्रोडक्ट को लेकर घर-घर बेचने चले।

किसी भी अच्छी नेटवर्क मार्केटिंग कंपनी का असल उदेश्य अपनी प्रोडक्ट की बिक्री होती है और इसी प्रोडक्ट की बिक्री पर ही आपका कमीशन तैयार होता है। उस प्रोडक्ट के बिक्री हेतु ही नेटवर्क बनाने की प्रक्रिया होती है। जिससे एक नेटवर्क के माध्यम से वो प्रोडक्ट सभी लोगों तक सीधे-सीधे पहुँच पाएं। जब आप लोगों को इस बिज़नेस में लेकर आते हैं तो कंपनी के नियम के अनुसार कुछ प्रोडक्ट को खरीदना अनिवार्य होता है और कम्पनियाँ रिपर्चेस का भी सिस्टम रखते हैं। ताकि आप उन प्रोडक्ट का इस्तेमाल भी कर पाएं और चाहे तो बेचकर अतिरिक्त आमदनी भी कर पाएं।

हर अच्छी नेटवर्क मार्केटिंग कंपनियों का प्रोडक्ट अच्छी गुणवत्ता के होते हैं और कीमत भी ज्यादा नहीं होती है। तो आप इन प्रोडक्ट के बिक्री के लिए क्या करेंगे जिससे आपको इसमें अतिरिक्त समय नहीं देना पड़े। इसके लिए मैं आपको कुछ उपाय दे रहा हूँ, इसका इस्तेमाल करें —

- आप खुद अपनी कंपनी के प्रोडक्ट का इस्तेमाल करें और अपने परिवार में भी सभी को करवाएं।
- जो भी प्रोडक्ट आपकी कंपनी बनाती है उस प्रोडक्ट के विषय में अच्छी जानकारी हासिल करें कि किस प्रोडक्ट की क्या विषेशता है और किस तरह से इसे इस्तेमाल करेंगे।
- कुछ प्रोडक्ट का डेमोंस्ट्रेशन भी दिया जा सकता है तो उसे जरूर सीख लें।
- जहाँ भी आपको मौका मिले अपने प्रोडक्ट के विषय में लोगों को बताएं। लेकिन आपके बातचीत से ये नहीं लगना चाहिए कि आप प्रोडक्ट को बेचना चाहते हैं बल्कि सामने वाले को आप अपने

प्रोडक्ट के गुणवत्ता के विषय में जानकारी देंगे नाकि उन्हें खरीदने को कहेंगे। आपकी बात इस तरह होनी चाहिए कि आप इस प्रोडक्ट को इस्तेमाल करके बहुत ही संतुष्टि का अनुभव कर पाते हैं।

- जब आप लोगों के साथ मीटिंग करते हैं तो उस मीटिंग के दौरान आप अपने प्रोडक्ट को लोगों को दिखा सकते हैं और उस प्रोडक्ट के इस्तेमाल करने से क्या फायदा होगा ये जरूर बताएं। आजकल जो भी प्रोडक्ट बाजार में उपलब्ध हैं उनमे रसायन का उपयोग अधिकतर होता है, जो इंसानों लिए खतरनाक है। लेकिन नेटवर्क मार्केटिंग कंपनियों का प्रोडक्ट रसायनयुक्त नहीं होती है और वो इंसानों के लिए उपयोग में लाने के लिए बेहतर होती है।
- एक अच्छी डायरेक्ट सेलिंग कंपनी के प्रोडक्ट बहुत तरह से लैब टेस्टेड होते हैं और प्रोडक्ट के पैकेट के ऊपर प्रिंटेड होते हैं। जैसे — GMP, HACCP, ISO, HALAL, D&B। इन चीजों का प्रिंटेड होने का मतलब है कि ये प्रोडक्ट बहुत ही अच्छी गुणवत्ता वाली होती है जो किसी तरह से हानिकारक नहीं है और रसायनयुक्त भी नहीं है।
- आप अपने घर पर प्रोडक्ट को डिस्प्ले करने की एक जगह बनायें जहाँ आप सारे प्रोडक्ट को इस तरह से रखें ताकि आपके घर आने-जाने वाले व्यक्तियों की नज़र इसपर सीधे पड़े और जब भी वो आपसे पूछे तो आपको सिर्फ अपने प्रोडक्ट की डिमांड को बढ़ाने लिए ही उस प्रोडक्ट की जानकारी दें। याद रखिये लोग खरीदना पसंद करते हैं लेकिन कोई उन्हें बेचे ये पसंद नहीं करते।

- अगर कोई प्रोडक्ट आप किसी को किसी खास उदेश्य के लिए देते हैं, तो उस प्रोडक्ट का जो भी कोर्स होता कि इतने दिनों तक इसे नियमित रूप से इस्तेमाल करना होगा और ये बातें ग्राहक को जरूर बताएं। भले ही वे इसका इस्तेमाल करें या न करें। अगर कोई प्रोडक्ट एक निश्चित कोर्स यानी समय सीमा पर परिणाम देगी तो उसे आप जरूर बताएं और कोर्स पूरा नहीं करने से परिणाम नहीं मिलेंगे, जिसके लिए आपके ग्राहक आपको या प्रोडक्ट को गलत नहीं कह पाएंगे।
- आप अपने ग्राहक को कभी भी कोई प्रोडक्ट गारंटी बोल कर न बेचें। क्योंकि गारंटी बोलकर कभी भी कोई भी प्रोडक्ट नहीं बिकती है। अगर आपके ग्राहक आपको पूछे कि इस प्रोडक्ट की क्या गारंटी है, तो आप एकदम साफ़ कहें कि आप बाजार से जो सामान खरीदते हैं क्या दुकानदार कोई गारंटी देता हैं, नहीं न। एक डॉक्टर भी अगर किसी को दवा देता है तो कोई गारंटी बोलकर नहीं देता है। आप सिर्फ इतना ही कहिये कि आजतक आप TV देखकर एक वस्तु का उपयोग करते हैं। लेकिन आप हमारे प्रोडक्ट का इस्तेमाल करके देख सकते हैं। कभी भी अपने प्रोडक्ट के बारे में बढ़ा चढ़ा कर ना बोलें।
- आपके जो भी ग्राहक आपका प्रोडक्ट इस्तेमाल कर रहे हैं उनसे आप फीडबैक लें और तसल्ली होने पर उन्हें और भी दूसरी प्रोडक्ट की भी जानकारी दें और कोशिश करें एक-एक करके आपके सारे प्रोडक्ट वे इस्तेमाल करें। जब आपके प्रोडक्ट पर लोगों का विश्वास बन जायेगा वे खुद दूसरे लोगों को रेफर करेंगे जिससे आपका कस्टमर बेस बढ़ता चला जायेगा।

- अगर आपके किसी ग्राहक से आपके प्रोडक्ट के विषय में सकारात्मक प्रतिक्रिया नहीं मिलती है, तो उनसे मिलें या अगर कहीं दूर रहते हों तो वीडियो कॉल के माध्यम से ये समझने प्रयास करें कि आपने जिस तरह उस प्रोडक्ट को इस्तेमाल करने को कहा था, क्या वे उसी तरह और उसी मात्रा में इस्तेमाल कर रहे हैं या नहीं। अगर उस तरह इस्तेमाल नहीं कर रहे हैं तो उन्हें सही तरीके फिर से बताएं और इस्तेमाल करने को कहें।
- जो भी आपके बंधे ग्राहक हों उन्हें बीच-बीच में अपने एक-दो प्रोडक्ट मुफ्त में जरूर दें ताकि उनलोगों को अच्छा लगे।
- आज मार्केट में बहुत सारी नेटवर्क मार्केटिंग से जुड़ी कम्पनियाँ हैं जो आयुर्वेदिक दवाइयां बना रही है। फूड सप्लीमेंट भी बना रही है। आपको यहाँ डॉक्टर बनने की जरूरत नहीं है। आप किसी को कोई गारंटी न दें कि ये दवा इतने दिन खाने से आप एकदम ठीक हो जायेंगे। इसके बदले आप ये कह सकते हैं कि आप इसे इतने दिनों तक इस्तेमाल करके देख सकते हैं, शायद कुछ फायदा हो और जबकि ये आयुर्वेदिक है तो आपको किसी तरह से नुकसान तो कम से कम नहीं करेगी। अगर कोई रोग से ग्रसित व्यक्ति है उन्हें आप केवल इस्तेमाल करके देखने लिए ही कहिये। न कि डॉक्टर बनकर उनका इलाज करना शुरू कर दें।
- जब भी आपके ग्राहक से किसी प्रोडक्ट की अच्छी प्रतिक्रिया मिले तो उसे आप अपने ग्रुप में शेयर जरूर करें। ताकि उस प्रोडक्ट का विज्ञापन भी हो जाये।
- अपने प्रोडक्ट्स की डिमांड बढ़ाने लिए आजकल सोशल मीडिया बहुत ही कारगार सिद्ध हो रही है। तो आप अपने प्रोडक्ट की

जानकारी सोशल मीडिया के माध्यम से लोगों को शेयर जरूर करें।

- आप जहाँ भी जाएँ, हमेशा अपने कुछ प्रोडक्ट साथ में रखें और उस प्रोडक्ट से जुड़ी सारे दस्तावेज अपने मोबाइल में या प्रिंट करके जरूर रखें, ताकि जरूरत पड़ने पर आप लोगों को दिखा पाएं।
- जो भी आपके नियमित ग्राहक हो चुके हैं उनसे आप दूसरे लोगों को अपना प्रोडक्ट रेफर करने के लिए जरूर कहें या उनसे रेफरेंस लें। ताकि आपका बेस और बढ़ता चला जाये। जब आपके ग्राहक आपके प्रोडक्ट से संतुष्ट होते हैं तो इन्हीं ग्राहकों में से बहुत लोग आपके साथ जुड़कर काम कर सकते हैं।
- आपकी कंपनी में जब भी कोई नई प्रोडक्ट लाँच होती है, तो अपने ग्राहकों को इसकी सूचना जरूर दें। ताकि वे लोग इस नई प्रोडक्ट को भी इस्तेमाल कर सकें।
- अपनी टीम में भी आप इसी तरह के कस्टमर बेस बनाने में मदद करें ताकि आपको एक और अलग इनकम या बिज़नेस में बढ़ोतरी हो सके।

बहुत समय ऐसा हो सकता है कि किसी महीने आपके टीम में नए लोग भर्ती नहीं हुए। लेकिन अगर आपका कस्टमर बेस बढ़िया है तो आपके प्रोडक्ट के सेल के माध्यम से भी व्यवसाय बढ़ता जायेगा।

➢ खुद के स्पॉन्सरिंग करें

नेटवर्क मार्केटिंग बिज़नेस लोगों का बिज़नेस है। आज ज्यादातर लोग इस बिज़नेस को 4-6 महीने करके गायब हो जाते हैं, जिसमे एक प्रमुख कारण है— लोगों पर निर्भर हो जाना।

मैंने भी जब इस बिज़नेस में अपना कदम रखा था तो मुझे यही सिखाया गया था कि अगर सभी चार-चार लोग ले आते हैं तो कुछ ही महीनों में हमारा एक बड़ा टीम होगा। मैंने भी वही गलती किया क्योंकि एक तो मुझे इस बिज़नेस की कोई जानकारी नहीं थी तो मुझे जो सिखाया गया मैं वैसे ही करने लगा। और एक समय मेरे नीचे के सारे लोग धीरे-धीरे करके बैठ गए। लेकिन जब मैं बाद में ये समझा कि मैं गलतियां कहाँ कर रहा हूं तब मुझे समझ में आया। उन गलतियों में से एक है खुद का स्पॉन्सरिंग न करना।

जब आप खुद के स्पॉन्सरिंग यानी आपके निजी लिस्ट में से नए लोगों को बिज़नेस में लाते रहेंगे आपका बिज़नेस रुकेगा नहीं। जब नए लोग इस बिज़नेस में आते हैं तो नए जोश और उत्साह के साथ काम करना शुरू करते हैं। जिससे आपका एक नहीं बल्कि अनेक टीम तैयार होती है और आपका बिज़नेस एक अच्छी गति के साथ आगे बढ़ती रहती है। और यदि आप चार-पांच लोगों को बिज़नेस में लाकर अपना खुद का स्पोंसरिंग बंद कर देते हैं, तो आप इन चार-पांच लोगों के ऊपर निर्भर हो जाते हैं और जब ये लोग अपना काम सही से नहीं कर पाते तब आप इनलोगों को दबाव डालते हैं। यही सिलसिला अगर आपके टीम में डुप्लीकेशन होता गया तो क्या होगा? हर कोई यही सोचेंगे कि चार-पांच

लोगों को ही तो लाना है और उनका काम खत्म। अगर आप भी यही गलती कर रहे हैं तो इसे अभी सुधार सकते हैं।

क्या करना चाहिए और इससे क्या लाभ हो सकता है, आइये जानते हैं—

- जब आप खुद के स्पोंसरिंग करते हैं तो इससे आपके कमीशन का अमाउंट ज्यादा होता है। आज जितने भी अच्छी नेटवर्क मार्केटिंग कम्पनियाँ हैं, वे खुद के स्पोंसरिंग से आपको ज्यादा लाभ देती है।
- जब नए लोगों को आप इस बिज़नेस में लाते हैं यानी आप बार-बार लोगों को इस बिज़नेस में लाकर जब उन्हें तैयार करते हैं तो आपका ज्ञान हमेशा बढ़ता रहता है और जब आपका व्यवसाय बढ़ता जाता है तो लोग खुद व खुद आपसे जुड़ना चाहते हैं।
- आपका क्षेत्र सीमित नहीं रहता है और आप सिर्फ चार-पांच लोगों पर निर्भर नहीं रहते हैं, बल्कि आपके अनेक टीम तैयार हो जाते हैं। जिससे एक ही समय में आपके अनेक टीम फील्ड में उतर कर काम करती है और आपका व्यवसाय बढ़ता जाता है।
- आप हर टीम में से कुछ लीडरों को तैयार करें और धीरे-धीरे उनको आजादी के साथ काम करने दें, इससे होगा ये कि उनलोगों में भी इसी चीज का डुप्लीकेशन होगा और जब सभी लोग इस खुद के स्पोंसरिंग को करना जारी रखेंगे तब आप एक स्थिरता का अनुभव कर पाएंगे और तभी आपका एक निष्क्रिय आमदनी उत्पन्न करने के लिए जगह बन पाएंगे।
- आज जितने भी अच्छे और 1% वाले नेटवर्कर्स हैं वे इस तकनीक को हमेशा काम में लाते हैं और हर महीने ज्यादा से ज्यादा लोगों को खुद के स्पोंसरिंग में माध्यम से लाते हैं। यही एक प्रमुख कारण

है कि आज वे 1% में गिने जाते हैं। यदि आप भी उन 1% में आना चाहते हैं तो हर हफ्ते एक या महीने में दो लोगों को खुद के लिस्ट में से लेकर आएं और अगर ज्यादा हो सके तो और अच्छा।

मैंने एक अध्याय में 100 दिनों की तैयारी में बताया है, आप उसी विधि को खुद के स्पोंसरिंग में उपयोग कर सकते हैं और अलग अलग टीम में ज्यादा से ज्यादा लीडर्स तैयार कर सकते हैं।

मैं आपको यही सलाह दूंगा कि यदि आप अपने सारे सपनों को पूरा करना चाहते हैं तो खुद के स्पोंसरिंग कभी बंद न करें और यही चीज अपने पूरे टीम को करवाएं। ताकि आपका व्यवसाय अच्छी तरह से बढ़े और आप 1% के श्रेणी में आ जाये और तभी आपको एक निष्क्रिय आमदनी की असली छवि दिखाई देगी।

खुद को विकसित करने के 6 नियम

नेटवर्क मार्केटिंग बिज़नेस में आपको खुद को विकसित करना और रखना बेहद जरुरी है। जिसके लिए मैं कुछ बिंदुओं पर चर्चा करूँगा—

➢ अपनी सूची को बढ़ाते रहें

सूची, इस व्यवसाय की नीवं है और इस नीव को हम जितना ज्यादा मजबूत बनाते रहेंगे उतना ही हमारा व्यवसाय मजबूती के साथ आगे बढ़ता रहेगा। मैंने जो 6 रिकॉर्ड के विषय में अपने पिछले अध्याय में बताया है, उस रिकॉर्ड का आप निरंतर नए नामों से बढ़ाते रहें और जो

आपका सबसे पहला रिकॉर्ड है, उसे आप जितना बढ़ाएंगे, आप उतने ही सशक्त होते जायेंगे। आप अंदर से हमेशा ऊर्जा से परिपूर्ण महसूस कर पाएंगे और इसके लिए हर दिन कम से कम एक नाम अपने रिकॉर्ड में जोड़ते रहें।

➢ खुद का निरीक्षण करें

नेटवर्क मार्केटिंग बिज़नेस आपके खुद के कार्यों को समय समय पर निरिक्षण करते रहने पर चलती है। आप एक सप्ताह में, एक महीने में, एक तिमाही में कितने मीटिंग्स करते हैं, कितने ग्रुप मीटिंग्स करते हैं, कितने आमने-सामने की मीटिंग्स करते हैं, कितने हॉल मीटिंग्स करते हैं, दूसरे शहरों में आप कितनी इवेंट्स का आयोजन करते हैं, कितनी मीटिंग्स, कितनी ट्रेनिंग करते हैं, जिसका रिकॉर्ड को बनाये रखना और खुद के कार्यों को निरिक्षण करना बहुत जरूरी है। ताकि आपको हाथो-हाथ पता चल सके कि आप कितने तेजी के साथ बढ़ रहे हैं और ये निर्भर करता है लोगों की संख्यायों पर, कि कितने लोग आपके प्रोग्राम में आ रहे हैं। मैं नीचे एक चार्ट दे रहा हूँ जिसे आप कंप्यूटर में या अपने डायरी में अलग से तैयार कर पाएं और ये देख पाएं कि आप कितनी उन्नति कर रहे हैं और उसे कितना ज्यादा किया जाये—

<u>साप्ताहिक निरीक्षण</u>

पहला सप्ताह	**दूसरा सप्ताह**	**तीसरा सप्ताह**	**चौथा सप्ताह**

लोगों की संख्या

नए लोगों की भर्ती

किसके टीम से कितने लोग आये

ग्रुप मीटिंग

हॉल मीटिंग

आमने-सामने की मीटिंग

<u>तिमाही निरीक्षण</u>

	पहली तिमाही	**दूसरी तिमाही**	**तीसरी तिमाही**	**चौथी तिमाही**
लोगों की संख्या				
नए लोगों की भर्ती				

किसके टीम
से कितने
लोग आये

ग्रुप मीटिंग

हॉल मीटिंग

आमने-
सामने की
मीटिंग

दूसरे शहरों और राज्यों का निरीक्षण

	पहली तिमाही	दूसरी तिमाही	तीसरी तिमाही	चौथी तिमाही
स्थान का नाम				
लोगों की संख्या				
नए लोगों की भर्ती				
किसके टीम से कितने लोग आये				
ग्रुप मीटिंग				
हॉल मीटिंग				
सेमिनार/इवेंट				

इसी तरह से जिस जगह कंपनी के तरफ से जब कोई ट्रेनिंग नहीं हो पा रही है तो आपको वहां लोगों को इस बिज़नेस को सही तरीके से करने के लिए महीने में कम से कम तीन ट्रेनिंग प्रोग्राम करनी चाहिए। जिसमे दो बेसिक ट्रेनिंग प्रोग्राम और एक प्रोडक्ट ट्रेनिंग प्रोग्राम होनी चाहिए। जिससे लोग अच्छी तरह से काम को सीख पाए और कर पाए। इसके लिए भी आपको एक चार्ट की जरूरत होगी, ताकि आप एकदम अपडेट रहें—

	बेसिक ट्रेनिंग प्रोग्राम (1)	**बेसिक ट्रेनिंग प्रोग्राम (2)**	**प्रोडक्ट ट्रेनिंग प्रोग्राम**	**टिप्पणी**
दिनांक				
स्थान का नाम				
लोगों की संख्या				

जब भी आप बाहर जाएँ ट्रेनिंग के लिए तो कम से कम 3-4 दिनों के लिए जाएं। जिसमे आप एक दिन नए लोगों से मीटिंग करें, दो दिन बेसिक ट्रेनिंग दें और एक दिन प्रोडक्ट ट्रेनिंग दें। ताकि जब आप दूसरे शहरों में जाते हैं तो एक साथ इन तीनों कामों को करें और विभिन्न शहरों में स्टॉक पॉइंट या शॉपी का भी बंदोबस्त करवाएं ताकि लोगों को माल की आपूर्ति बनी रहे।

➢ अपने औसत को समझें और सुधारें

जैसा कि मुझे भी ये मालूम नहीं था कि ये बिज़नेस नंबरों का बिज़नेस है और आपको अपने औसत के नंबरों पर ध्यान रखना जरुरी है। ताकि आप इनमे नियमित रूप से सुधार ला सकें। ये औसत का नियम सभी जगह पर लागू होता है। लेकिन खासकर जब आप नेटवर्क मार्केटिंग बिज़नेस में हैं तो आपको हर गतिविधियों को नंबर के माध्यम से याद और रिकॉर्ड रखना पड़ेगा। ताकि आप खुद देख पाएं कि आप पहले से बेहतर हो रहे हैं या पीछे जा रहे हैं। तो आइये इस औसत को पहले समझते हैं फिर उसमे सुधर कर सकेंगे—

नए लोगों को बिज़नेस में लाने का अनुपात

यह अनुपात लगभग 10:6:3:1 का होता है।

10 लोगों को बिज़नेस प्लान दिखने की लिए आमंत्रित करते हैं

6 लोग ही आते हैं

3 लोग काम करने के लिए तैयार हो जाते हैं

1 ही आपके साथ जुड़ते हैं और काम शुरू करते हैं।

यानी सीधी सी बात है, अगर आप 10 लोगों को बुलाते हैं तो 1 व्यक्ति आपके साथ जुड़ते हैं।

सक्रिय लोगों का अनुपात

आपने जितने लोगों को इस बिज़नेस में ज्वाइन करवाए हैं उनमे कितने लोग सक्रिय है, इसका अनुपात भी लगभग एक जैसा ही होता है, लेकिन उससे थोड़ा अलग—

10 लोग ज्वाइन करते हैं

7 लोग कुछ दिन ट्रेनिंग लेते हैं

2 लोग आपके प्रोडक्ट का इस्तेमाल करते हैं

1 व्यक्ति सही तरीके से आपके साथ काम करते हैं

यानी ये अनुपात हुआ 10:7:2:1

अब आपको जरूरत है अपने औसत को सुधरने की। इस औसत को सुधारने का और कोई तरीका नहीं है। सिर्फ अपने आपको बेहतर बनाने के सिवा, आप अपने ज्ञान को बढाइये, नए-नए योजनाओं को अपनाइये और लोगों को ज्यादा से ज्यादा मदद करिये, अपनी पहचान बनाइये। जब आप अपनी एक पहचान और एक अच्छा एचीवर बन जायेंगे तो यही अनुपात उल्टा हो जायेगा। यानी आप एक-दो ढूंढेंगे, और आपके साथ 10 लोग काम करने के लिए तैयार हो जायेंगे। यानी आपकी उन्नति को देखकर लोग अपने आप आपके तरफ खींचे हुए चले आएंगे। इसके लिए मैं आपको एक सुझाव दूंगा, आप बिना कुछ सोचे और बिना कोई फ़िक्र किये अपना काम सही तरीके से करते जाएँ। योजना बनाकर काम करें और धीरे-धीरे आगे बढ़ते रहें। बस रुकना नहीं है। आप खुद देखेंगे कि आप कितने आगे बढ़ गए हैं।

यदि आप उड़ नहीं सकते, तो दौड़िये, यदि आप दौड़ नहीं सकते, तो चलिए,

और अगर आप चल भी नहीं सकते, तो कम से कम घिसटते रहिये,

एक न एक दिन आप अपनी मंजिल तक पहुँच ही जायेंगे।

बस अपने अंदर आत्मविश्वास को बनाए रखें और अपनी जोश और जुनून को कभी कम न होने दें।

➢ अपने आपको हमेशा अपडेट रखें

आप अपने काम में जितने भी व्यस्त क्यों न हों, लेकिन उनमे से कुछ समय अपने लिए और अपने परिवार के लिए जरूर निकालें और अपने आपको अपडेट करते रहें—

- यानी नई-नई पुस्तकों को पढ़ें।
- आपके नए प्रोडक्ट की कोई लॉन्चिंग है तो उसे अपने टीम में सभी को सूचित करें और उस नए प्रोडक्ट से जुड़ी सारी जानकारी प्राप्त करें।
- आपके व्यवसाय से जुड़ी हर तरह की गतिविधियों का निरिक्षण करते रहें।
- अपने अपॉइंटमेंट डायरी सही से मेंटेन करें।
- अपने सेहत का ख्याल रखें। कोई समस्या होने पर तुरंत उपचार करवाएं।
- अपने आपको हमेशा फिट और तरोताजा बनाये रखें।

➢ समयनिष्ठ और तैयार रहें

जैसा कि मैंने समय के महत्व के विषय में पहले भी बताया है, लेकिन यहाँ मैं आपको समय की इज्जत करने के लिए कह रहा हूँ। आपने शायद सुना होगा कि जो लोग किसी जगह लेट से पहुँचते हैं, उनका सम्मान ज्यादा होता है। लेकिन ये बात गलत है और एकदम गलत विचार है। लेट वही लोग होते हैं जो समय की इज्जत नहीं करते या उसकी परवाह नहीं करते। जिस दिन आप समय को इज्जत देना शुरू

कर देंगें, उसी दिन से समय भी आपकी इज्जत करने लगेगी। और जिस दिन समय आपको इज्जत करेगी उस दिन दुनिया आपको सलाम करेगी। इसलिए अपने सभी कार्यों को समय से करने की आदत डाल लें। ऐसा न हो कि आपको कहीं मीटिंग के लिए जाना है, जिसका आप एक समय निर्धारित किए हैं और वहां लेट पहुंच रहे हैं, और आपका गेस्ट आपका इंतजार कर रहे हैं। अगर आप किसी को समय देते हैं तो कोशिश करें कि आप उस जगह निर्धारित समय से 5-10 मिनट पहले पहुंचने। तभी लोग समझेंगे कि ये इंसान समय की कद्र करता है।

अगर आपका लेट-लतीफ होना एक आदत बन चुका है तो इसे सुधारा जा सकता है। लेट होना एक बुरी आदत है जिसे समय रहते सुधार लें।

अगर आपको कहीं जाना है तो आप ये देखें कि वहां पहुंचने में आपको कितना वक्त लगेगा। उसके 15 मिनट पहले आप निकलें ताकि अगर रास्ते में कहीं ट्रैफिक के वजह से कोई परेशानी भी हो तो आप समय पर पहुंच सकते हैं।

आज हम यही कहते हैं कि नेटवर्क मार्केटिंग वो जगह है जहाँ आप समय का गुणा कर पाते हैं और अगर आप इस समय का सदुपयोग नहीं करेंगे तो हाथ मलते रह जायेंगे।

अगर आपने किसी को अपने घर पर ही मीटिंग के लिए आमंत्रित करते हैं, तो आपको उनके आने के पहले ही सभी तैयारियां कर लेनी है और खुद भी अच्छे से तैयार हो जाना है। तैयारी के विषय में मैं इतना ही कहना चाहूंगा कि आप जब भी किसी भी मीटिंग या सेमिनार या किसी और काम से निकलते हैं तो हमेशा तैयार हो कर निकालिये।

अगर आप अपने जीवन में अनुशासन को महत्व देते हैं तो आपका काम पूरी तैयारी के साथ होता है। इस बिज़नेस जब नए-नए लोग आते हैं तो

उनके मन में कुछ न कुछ शंका अवश्य होती है। जैसे— क्या पता वो इस बिज़नेस को सही से कर पाएंगे या नहीं या वे इस बिज़नेस में सफल हो पाएंगे भी नहीं। तो शंका उनके मन में तभी होती है जब उनकी इच्छा शक्ति दृढ़ नहीं होती। लेकिन अगर आपकी इच्छा शक्ति दृढ़ है, आप अनुशासन में रहते हैं, आप अपने काम के प्रति समर्पित हैं, तो जो भी मुश्किलें आपके रास्ते में आएँगी आप उन्हें आसानी से पार कर पायेंगे।

जब आप नेटवर्क मार्केटिंग बिज़नेस में आते हैं तो इस बात से कोई लेना-देना नहीं होता कि आप अपना काम कैसे करते थे। लेकिन फर्क इस बात से पड़ेगा कि नेटवर्क मार्केटिंग में आने के बाद आप अपने कार्य को कैसे करते हैं। जब भी आप किसी मीटिंग या सेमिनार में जा रहे है तो घर से निकलने के पहले सभी चीजों का एक बार जायजा ले लें कि आपने सभी चीजों को जो आपके मीटिंग के दौरान आपको जरूरत होगी, आपने लिया है या नहीं। ऐसा नहीं हो कि आप कोई जरूरी चीज भूल गए। भूल जाना भी एक बहुत ही बुरी आदत है। अगर भूलना स्वभाव बन चुका है तो इसे ठीक करें और लिखित रूप से हर चीजों को रखने की कोशिश करें।

तैयारी कैसे करें? इस बात की मैं पुष्टि करता हूँ—

- अपने आत्मविश्वास को बनाये रखें।
- हमेशा याद रखें आप किसी के समस्या का समाधान बनने जा रहे हैं, ना कि कोई नई समस्या उत्पन्न करने।
- हमेशा अपने चेहरे पर एक मधुर मुस्कान रखें।
- बाल, नाख़ून सही से कटे होने चाहिए।
- बात करते समय मुँह से कोई दुर्गन्ध न निकले

- बिना स्नान किये न जाएं।
- फॉर्मल कपड़े पहने।
- जो भी प्रोडक्ट हैं उसे साथ रखें।
- कंपनी से सम्बंधित सभी जानकारियां, वीडियो, ब्रोशर बगैरह साथ में रखें।
- एक डायरी और एक अच्छी सी कलम साथ रखें।
- हल्का सा परफ्यूम इस्तेमाल करें।
- जूते पोलिश किये हुए होने चाहिए।

जब आप पूरी तैयारी के साथ जाते हैं, आपमें एक अलग तरह का आत्मविश्वास झलकता है और इसी आत्मविश्वास को हमेशा बनाये रखें।

➢ पुनः निवेश करें

पुनः निवेश करने का अर्थ ये नहीं है कि आपको इस व्यवसाय में बहुत बड़ा कुछ निवेश करना है, लेकिन ये व्यवसाय जब आपका है तो कुछ ऐसे खर्च होते हैं जिन्हें आपको एक निवेश मान कर चलना पड़ता है।

यदि, आप अपने बिज़नेस को बढ़ाना चाहते हैं तो आप जो भी आय इस बिज़नेस में माध्यम से कर रहे है, उन्हें अन्य किसी चीजों में खर्च न करके अपने बिज़नेस को आगे बढ़ाने के लिए करें। आप किस चीजों में निवेश करें ताकि आपका बिज़नेस और आगे बढ़ता रहे—

- सबसे पहला निवेश अपने ज्ञान को बढ़ाने के लिए करें। जैसा कि आपने इस बिज़नेस को अच्छे से समझने के लिए ये पुस्तक लिए हैं तो मैंने इस पुस्तक के अंत में कुछ पुस्तकों को रेफर किया है।

उन्हें एक साथ खरीदना की जरूरत नहीं है। आप एक-एक करके इन पुस्तकों को खरीदें और उसका अध्ययन करें।

- आपकी कंपनी में कोई ट्रेनिंग प्रोग्राम या सेमिनार वगैरह होती है और वहां टिकट का बंदोबस्त होता है। तो इसमें पीछे न हटें और कोशिश करें कि आपको सामने का ही टिकट मिल जाए।
- कुछ प्रोडक्ट हमेशा अपने घर पर स्टॉक करके रखें ताकि अगर किसी को जरूरत पड़े तो आप तुरंत उन्हें दे सकें।
- जो भी ग्रुप मीटिंग्स या छोटे-मोटे कोई इवेंट आप आयोजन करते हैं तो आप जरूर करें, ये आपके बिज़नेस बढ़ोतरी के मार्ग पर है जिसे आपको वहन करना चाहिए।
- कभी-कभी आप कोई छोटा-मोटा अनुष्ठान जरूर रखें जिससे आपके टीम को भी अच्छा लगे और वे लोग और अच्छे से इस काम को करेंगे।
- जब आप अपने लक्ष्य को प्राप्त करने के लिए कटिबद्ध हैं तो कुछ खर्चे प्रतियोगिता के रूप में करें। ये आपके बिज़नेस को आसानी से ऊपर की ओर ले जा सकती हैं।
- जब आप दूसरे शहरों में जाते हैं तो जाने-आने का खर्च, होटल रेंट, खान-पान ये सब जरुरी है, इन्हें जरूर करें।

ऊपर लिखे ये सभी खर्चों को आप एक निवेश की तरह सोचें न कि खर्च की तरह। ये निवेश आपके व्यापार को और बढ़ा सकती है जिससे आपके आय में और ज्यादा वृद्धि होगी।

कुछ लोग तो ऐसे होते हैं कि 100-200 रूपए बचाने के चक्कर में सेमिनार और ट्रेनिंग में भी भाग नहीं लेते हैं। ऐसे लोग कभी भी किसी तरह का व्यवसाय नहीं कर सकते। अगर आप इन छोटे-मोटे खर्चों से डरते हैं तो आप अपने व्यवसाय के मालिक नहीं बन पाएंगे। आप अपने व्यवसाय के मालिक हैं और एक मालिक की तरह ही आपको सोचना है।

ड्रीम लिस्ट

आज जितने भी लोग इस दुनिया में हैं उन सभी लोगों के भी कई सपने हैं। लेकिन उनमें से कुछ उसे पूरा कर पाते हैं तो कुछ उसे अपनी पूरी ज़िन्दगी में भी पूरे नहीं कर पाते और अपने सपनो का गला घोंट कर ज़िन्दगी जी लेते हैं। आप इस बिज़नेस में आते हैं अपने सपनों को पूरा करने के लिए। मैंने इस चार्ट का नाम दिया है— "DREAM LIST"। नीचे मैं जानकारी दे रहा हूँ कि कौन-कौन से सपने आप नेटवर्क मार्केटिंग के माध्यम से पूरे कर सकते हैं और इस चार्ट को प्रिंट करवाकर आप हमेशा अपने पास रखें। जब आप लोगों को अपना बिज़नेस प्लान दिखाते हैं, ये कार्ड आपकी सहायक होगी—

1. खुद का बॉस होना
2. निष्क्रिय आमदनी
3. अमीर होना
4. सुरक्षा भविष्य की
5. हर सपनों को पूरा करें। जैसे— गाड़ी, मकान, अंतरराष्ट्रीय छुट्टियां
6. मंच में प्रदर्शन करना
7. अपनी पहचान और प्रतिष्ठा
8. अपने अनुसार जीवन जीना
9. अपने व्यक्तित्व का विकास
10. अपने समाज और देश के विकास में योगदान
11. कम उम्र में सेवा से निवृति
12. परिवार के साथ भरपूर समय बिताना
13. आर्थिक रूप से स्वतंत्र होना
14. खुद का सामाजिक चक्र विकसित करना
15. लोगों की मदद करना

पैसे की समझ विकसित करें

आज लोगों की जो भी समस्याएं हैं, उसका कुछ हद तक कारण पैसे की समझ को लेकर भी है और साथ ही पैसों का सही तरीके से इस्तेमाल करना। आज जितने भी लोग एक गरीबी के दलदल से उठकर अमीरी की ज़िन्दगी जी रहे हैं, वह एक मात्र पैसे की सही समझ के कारण ही है और पैसों को सही जगह निवेश के कारण ही है। जैसा कि मैंने पहले भी बताया है कि ज्यादातर लोग गरीब इसलिए रह जाते हैं क्योंकि वे दिखावे में जाते हैं। लेकिन अगर आपको अमीर बनना है तो आपको सही जानकारी होनी चाहिए कि आप जब इस बिज़नेस से ज्यादा धन कमा रहे है तो इसे कहाँ और किस तरह इस्तेमाल करें। ताकि ये और भी धन उत्पन्न करता रहे। आप अपने शौक को जरूर पूरा करें और आपके इस जिन्दगी में जो भी सपने हैं उसे जरूर पूरा करें। लेकिन उससे पहले इन पैसों से आप और क्या-क्या कर सकते हैं, इसे जानते हैं—

- यदि आपका घर का खर्च वगैरह इस बिज़नेस से चलता है तो आप इसे नियंत्रण में रखें। अक्सर ये देखा जाता है कि जब लोगों की आय बढ़ती है तो वे अपने खर्चों को भी बढ़ा लेते हैं। जिसमे हो सकता है आपकी जरूरत के हिसाब से हो और कुछ फिजूल के खर्च बढ़ जाते है, तो आपको अपने फिजूल के खर्च को नियंत्रण करना है और जहाँ जरूरत हो वहां खर्च करने से पीछे मत हटिये।
- अपनी आय का 50% (यदि आप ज्यादा आय करते हैं तो, नहीं तो कम से कम 20%) शुरू में ही अलग करें और कोशिश करें किसी ऐसी चीजों में निवेश करना जिसमे 0% या कम रिस्क हो। जैसे— कोई जमीन हो सके तो लेते रहें और उसे खली न छोड़े क्योंकि खाली जमीन आपके लिए धन उत्पन्न

नहीं कर सकती है। कोशिश करिये उस जमीन का भरपूर उपयोग करने की, जिससे और कुछ निष्क्रिय आमदनी की जा सके।

- आप कुछ दुकानों को बनवाकर उसे रेंट में डाल सकते हैं, गोडाउन रेंट पर डाल सकते हैं।
- आप मैरज हॉल या बिज़नेस मीटिंग्स के हॉल बनवाकर या रेडीमेड खरीद कर उसे रेंट पर लगा सकते हैं।
- जब भी आप कोई प्रॉपर्टी बनवाएं तो हमेशा उसका इन्सुरेंस जरूर करवाए।
- शेयर और म्यूचुअल फंड में निवेश करने को मैं आपको मशवरा नहीं दे सकता क्योंकि बिना इसके सही जानकारी के इसमें कदम बढ़ाना उचित नहीं है।
- आप किसी अच्छे फाइनेंसियल सलाहकार से इस विषय में बात कर सकते हैं।

मेरे कहने का मतलब ये है कि जो भी आप कमाते हैं, सिर्फ उसे खर्च न करें बल्कि उन पैसों को भी काम में लगाएं और कोशिश करें पैसे को काम करवाने की। तभी आप एक नियमित और निष्क्रिय आमदनी उत्पन्न कर पाएंगे।

एक बात और, कभी भी ज्यादा लोन-वोन के चक्कर में न पड़े। खासकर होम लोन, पर्सनल लोन इत्यादि। इस तरह के लोन लेकर आप अपने सर पर बोझ न बनायें। जरूरत पड़ने पर सोच समझ कर ही फैसले लें ताकि बाद में पछताना न हो।

आज-कल बाजार में ऐसी बहुत सारी फाइनेंसियल कम्पनियाँ खुल रही है जो आपको छोटे-बड़े लोन के लिए फोन तक करते हैं। आज ज्यादातर लोग छोटी-छोटी 20-25 हजार के लोन को लेकर भी इन कंपनियों को मजबूत कर रही है और खुद बरबाद हो रही है। लेकिन अगर इन पैसों का आप सही तरह से एवं सही जगह निवेश करते हैं तो ठीक है नहीं तो इसे बिल्कुल न करें। आप अपने किसी

भी जरूरत की चीजों को लोन के माध्यम से न खरीदें। कोशिश करें कि अगर इन चीजों की इतनी ही जरूरत है तो पूर्ण राशी दे कर ही खरीदें।

अपने आय को बढ़ाने के दो-तीन रास्ते और बनाइये ताकि उन्हीं पैसों से आप अपनी जरूरत की चीजों को खरीद पाएं। कोई भी बड़ा कदम उठाने के पहले अपने परिवार में और किसी अच्छे फाइनेंसियल सलाहकार की मदद जरूर लें।

लोगों की आपत्तियों को संभालने में दक्ष बनें

सबसे पहले मैं आपको बताना चाहता हूँ कि आप जिन लोगों के साथ मीटिंग और फ़ॉलोअप कर रहे हैं, क्या वे लोग इस बिज़नेस के विषय में पहले से कुछ जानते हैं या बिल्कुल ही नहीं जानते हैं। उनके कुछ सवाल भी उसी तरीके के होते हैं और उनके सवालों को सही तरीके से समझ कर जवाब देना ही "आपत्तियों को संभालना" या "Objection Handling" कहलाता है। और अगर आप इसमें माहिर हो जाते हैं तो फिर क्या ही कहना।

कुछ लोगों के तो साधारण से पूछे जाने वाले सवाल होते हैं। वहीं कुछ होते हैं इस बिज़नेस को न करने के बहाने। तो उसमे फर्क तो आसानी से किये जा सकते हैं कि कौन आपसे प्रश्न पूछ रहे हैं और कौन इस बिज़नेस को न कर पाने के कारण बता रहे हैं। इन दोनों अवस्थाओं में आपको संयम से काम लेना होगा।

तो आइये समझते हैं कि लोग सवाल क्या पूछते हैं या कारण क्या बताते हैं—

IV. क्या मैं इस बिज़नेस को कर पाउँगा ? (ये उन लोगों के मन का एक भ्रम है)

V. मैं लोगों को समझा नहीं पाउँगा। (ये उनके मन की कमजोरी है)

VI. मेरे पास पैसे नहीं है (ये एक बहाना है)

VII. मेरे पास समय नहीं है (ये एक बहाना भी है और ये वे लोग है जो अपने समय को प्रबंध नहीं कर पाते)

VIII. मुझे अपने घरवालों से पूछना पड़ेगा (ये इस बिज़नेस को समझ नहीं पाए हैं और डिसिजन भी नहीं ले पा रहे हैं)

IX. पिताजी से पूछ कर बताऊंगा (ये इस बिज़नेस को समझ नहीं पाए हैं और डिसिशन भी नहीं ले पा रहे हैं)

X. क्या कोई इस बिज़नेस को करके सफल हो पाए हैं? (ये उनके मन का संदेह है)

XI. क्या मैं इस बिज़नेस में सफल हो पाऊँगा? (ये आत्मविश्वास की कमी के कारण है)

XII. कंपनी पैसे लेकर भाग गई या कंपनी बंद हो गई तो? (पहले भी धोखे खा चुके हैं या इस बिज़नेस को समझ नहीं पाए हैं)

XIII. मुझे नहीं लगता इस बिज़नेस को कोई करने को तैयार होगा। (ये उनकी ग़लतफ़हमी है)

XIV. ये मेरे टाइप का काम नहीं है। (ये इस काम को बेकार लोगों का काम समझ रहे हैं)

XV. इस काम में इज्जत नहीं है। (थोड़ी जानकारी इनको हो सकती है, लेकिन पूरी जानकारी नहीं है)

XVI. मेरी उम्र हो चुकी है, क्या मैं इस काम को कर पाउँगा? (ये अपनी मज़बूरी बता रहे हैं)

XVII. मैं ज्यादा पढ़ा-लिखा नहीं हूँ। (ये अपनी मजबूरी बता रहे हैं)

बाकी जो प्रश्न हैं वे आपके कंपनी से रिलेटेड हो सकती है, जो आप जानते ही हैं।

अब मैं आपको बताऊंगा कि इन आपत्तियों को कैसे संभाला जाये। ताकि लोग इस बिज़नेस को समझ कर ज्वाइन करें। सबसे पहले आपको ये समझना होगा कि सामने वाला व्यक्ति जो भी बोल रहा है ये उनका विचार है, तो उनके विचार को काटना नहीं है। इस जगह आपको तीन तरह के तकनीक को मैं बताऊंगा। उसमे सबसे पहले चर्चा करता हूँ "FEEL, FELT, FOUND" तकनीक के विषय में—

1) FEEL, FELT, FOUND

FEEL : यानी अपने गेस्ट के कहे हुए बातों को दिल से महसूस करना।

FELT : यानी आप भी इसे पहले महसूस किये थे, जब आप इस बिज़नेस में आये थे।

FOUND : तब आपने क्या पाया या आप क्या समझ कर इस बिज़नेस में आये।

ये जो तकनीक हैं, ये आज दुनिया भर के जितने भी मार्केटिंग से जुड़े लोग हैं, ये इनका उपयोग करते हैं।

उदाहरण के लिए—

जैसे, आपसे किसी गेस्ट ने कहा, "मुझे नहीं लगता है, मैं इस बिज़नेस में सफल हो पाउँगा"। तो आपको जवाब इस तरह से देना है— "मैं आपके दिल की बात को महसूस कर सकता हूँ (यानी आप FEEL कर रहे हैं)। मैं भी जब इस बिज़नेस को पहली बार समझ रहा था तो मैंने भी यही सोचा था (यानी आप FELT कर रहे थे), लेकिन जब मैंने इसकी अच्छी तरह से जानकारी ली, कुछ अच्छे लीडरों से मिला, कंपनी के सेमिनार में गया और इनलोगों के ट्रेनिंग को देखा तो मुझे पूरा यकीन हो गया कि ये एक ऐसी जगह है जहाँ लोग दिल से एक दूसरे की मदद करते हैं। तब मैंने तुरंत ज्वाइन किया (यानी आप FOUND किये)।

2) सराहना करना

जब आपके गेस्ट आपसे कोई सवाल पूछें या इस बिज़नेस को न करने के पीछे कारण बताये तो आपको पहले उन्हें सराहना करना होगा। यानी "आप वाकई में बुद्धिमान हैं", "मैं आपकी बातों से सहमत हूँ", "आप एकदम सही

बोल रहे हैं", "मैं तो इसी सवाल का इंतजार कर रहा था", "शुक्रिया इस सवाल को पूछने के लिए", "मेरे बताने से पहले ही आपने पूछ लिया, बहुत बढ़िया"।

जब आप अपने गेस्ट की बातों का या पूछे गए सवालों का सराहना करते हैं तो उन्हें एक ख़ुशी महसूस होती है। उनको यही लगेगा कि आप उन्हीं के पक्ष में ये बोल रहे हैं और उसके बाद जब आप कहेंगे तो उनको भी आपकी बात को मानना पड़ेगा।

उदाहरण के तौर पर—

"मुझे नहीं लगता है कि मैं इस बिज़नेस में सफल हो पाउँगा", अब आपको कहना है— आप बिल्कुल सही कह रहे हैं। मेरे बताने के पहले ही आपने कह दिया कि ये बिज़नेस सभी लोग नहीं कर पाते। लेकिन मैं आपको यही कहूंगा कि मैं भी पहले यही सोचता था, लेकिन इस बिज़नेस के नियम के अनुसार चलकर ही सफलता पायी जा सकती है। ज्यादातर लोग इस बिज़नेस को सामान्य नियमों का पालन नहीं करते इसलिए विफल हो जाते हैं। लेकिन अगर आप इस बिज़नेस के नियमों के हिसाब से करेंगे, जो आपको ट्रेनिंग के माध्यम से सिखाया जायेगा तो, मैं जानता हूँ आप जरूर सफल होंगे।

3) प्रश्न का जवाब प्रश्न से

इसका मतलब है सवालों का जवाब को सवालों से देना। यानी आपके गेस्ट आपसे कुछ सवाल पूछते हैं खासकर इस बिज़नेस को नहीं कर पाने का कारण जब आपको बताते हैं तो उनके सवालों को आप खुद एक सवाल बनाकर पूछते हैं।

उदाहरण के तौर पर—

"मुझे नहीं लगता है कि मैं इस बिज़नेस में सफल हो पाउँगा", तो अब आपको यह कहना पड़ेगा— "क्या आप मुझे ये बता सकते हैं कि आप अभी जो भी

काम कर रहे हैं, उसमे सफल पहले हुए, तब काम करना शुरू किये या काम करने के बाद उसमे सफल हुए हैं?"

आपको क्या लगता है, आपके गेस्ट क्या जवाब देंगे?

अब वे जो भी जवाब देंगे उसी में उनके सवालों का भी जवाब है।

तो आपके गेस्ट जवाब देंगे कि काम को करते-करते सफल हुए हैं। अब आप कहेंगे तो यहाँ आप उल्टा कैसे सोच रहे हैं? काम को अच्छे से, नियमों के साथ करेंगे और सही से ट्रेनिंग लेंगे और अगर सपोर्ट आपको मिले तो क्यों नहीं सफल होंगे?

इन तकनीकों को जानने और समझने के बाद, अब आपको इसे कब और कहाँ इस्तेमाल करना है ये आपके ऊपर निर्भर करता है। लेकिन मेरे हिसाब से तीनो ही सही है। आप पहले उनके कहे हुए बातों को समझें और अपने समझ के हिसाब से उत्तर दे सकते हैं।

अब आइये मैं कुछ प्रश्नों के उत्तर आपको बताता हूँ—

1) **क्या मैं इस बिज़नेस को कर पाउँगा?**

   मैं आपके बात से बिल्कुल सहमत हूँ और आपकी मनोदशा को समझ सकता हूँ। मैं भी जब इस बिज़नेस को पहली बार समझ रहा था तो बिल्कुल आपके जैसे ही मेरे मन में ये बात आयी थी कि क्या मैं इस बिज़नेस को कर पाउँगा। लेकिन जब मैंने ये विचार किया कि हर इंसान कोई न कोई काम, कभी न कभी शुरू तो करते ही हैं और अगर मैं अपने आप पर विश्वास करूँगा तभी तो मैं कोई काम कर पाउँगा। और मेरा आत्मविश्वास ये सोच कर बढ़ गया कि इस बिज़नेस का सिस्टम कमाल का है। आज दुनियां में कोई भी काम इस काम के जैसा नहीं है। जो मेरे सपनो को पूरा करने के लिए कोई गैर लोग, जिसे मैं जानता तक नहीं हूँ, मेरी इतनी मदद करेंगे और मैंने साथ-साथ इस बिज़नेस को करने का निश्चय कर लिया।

मैं आपको ये आश्वासन देता हूँ कि इस बिज़नेस को सीखने और करने में मैं आपकी पूरी मदद करूँगा। तो समय बिल्कुल न गवाएं और तुरंत ज्वाइन करें।

2) **मैं लोगों को समझा नहीं पाउँगा?**

आप बिल्कुल सही बोल रहे हैं। मुझे पता है कि आप ऐसा क्यों बोल रहे हैं। आपको लगता है आप तो इस बिज़नेस के विषय में कुछ जानते नहीं है तो आप लोगों को कैसे बताएँगे। ये आपका एकदम सही प्रश्न है। मैं भी शुरू-शुरू कहाँ ये सब जानता था। आपके जैसा ही 10 से 6 तक का ड्यूटी बजता था। लेकिन जब मैंने इसके ट्रेनिंग सिस्टम को देखा तो मैं अचंभित रह गया और कुछ दिनों के ट्रेनिंग के दौरान मैंने वो सभी कुछ सीखा जो शायद मैं किसी और जगह सीख नहीं पाता। मैंने इस काम को पूरे दिल से सीखा और आज मैं ये कह सकता हूँ कि आप भी जब इस काम को 8-10 दिन देखेंगे तो आपके अंदर एक गजब का आत्मविश्वास उत्पन्न हो जाएगा। एक बात मैं आपको कहता हूँ कि हमलोग किसी को समझाते नहीं हैं बल्कि उन्हें एक अच्छा और मजबूत रास्ता दिखते हैं।

आप मुझे बताइये क्या कोई काम बिना सीखे किया जा सकता है? क्या आपने कभी कुछ नहीं सीखा और इतने दिनों से आप बिना सीखे ही किसी काम को कर पा रहे हैं? नहीं न, इस दुनिया में कोई भी इंसान कुछ सीख कर पैदा नहीं होता है। वो जैसे-जैसे आगे बढ़ता जाता है, सीखता जाता है और मैं आपको ये आश्वासन देता हूँ कि मैं इस काम को सीखने में आपको पूरी मदद करूँगा। अब देर न करें, क्योंकि ऐसा मौका हर किसी को नहीं मिलता है।

3) **मेरे पास पैसे नहीं है?**

मैं इसलिए तो आपके पास आया हूँ। अगर आप करोड़पति होते तो क्या मैं आपके पास आता। मैं जानता हूँ कि आप और मैं जो भी काम इतने दिनों से

करते आ रहे थे उससे सिर्फ आजीविका ही चल सकती है। हम अपनी छोटी-छोटी ख्वाहिसों को पूरा करने में सक्षम नहीं होते। जैसा कि आप अभी कह रहे हैं कि आपके पास पैसे नहीं है। ऐसा ही ठीक मुझे भी लगता था। मैं भी जब इस बिज़नेस को ज्वाइन करने को राजी हुआ था उस समय मेरे पास भी पैसे नहीं थे। फिर मैंने सोचा कि पैसे नहीं है, यही तो समस्या है और इसी समस्या के कारण मैं कब तक अपने बॉस के सामने हाथ फैलाते रहूँगा। मुझे ये काम करना चाहिए ताकि मैं अपने परिवार के सामने अपने आप को लाचार नहीं साबित करना चाहता था। मैं अपने परिवार को वो सारी खुशियां देना चाहता था जो मैंने शायद न पायी हो।

जब मैं इस बिज़नेस को करीब से देख रहा था तब मुझे समझ में आया कि ये एक ऐसी जगह है जहाँ से मैं अपने इच्छा के अनुसार जितना चाहूँ उतना कमा सकता हूँ। तब मुझे ये जो जॉइनिंग का रूपए है ये बहुत ही थोड़ा लगा और मैंने एक दिन का समय लेकर पैसों का बंदोबस्त किया और ज्वाइन करके, ट्रेनिंग ली फिर अपना काम को शुरू कर दिया।

मैं आपको ये आश्वासन देता हूँ किअगर आप इस बिज़नेस को नहीं करने का जो कारण बता रहे है, इसे ही वो वजह बना लीजिये कि आपके पास पैसे क्यों नहीं है, यानी आप इतने दिनों तक जिस काम के माध्यम से रोजगार कर रहे थे उससे आपके सिर्फ जरूरतों को ही पूरा कर पाए वो भी पूरी तरह से नहीं और आज आप इतने मजबूर हैं कि एक सामान्य सी दिखने वाली राशी आपको परेशान कर रही है। तो आप आगे भी ऐसे ही रह जायेंगे कि आपको कोई समस्या हुई या ऐसा कोई बड़ा संकट सामने आ गया तब तो आपके पास पैसे नहीं होने की वजह से क्या हो सकता है, ये आप समझ रहे होंगे।

आप कहते हैं आपके पास पैसे नहीं है। मान लीजिये आपको कुछ ऐसा हो जाता है कि या तो आप इस दुनिया से चले जाते हैं या अपंग हो जाते हैं, तो

आपको उस समय पैसे कैसे आएंगे? कैसे आपका घर चलेगा? ये अगर आप आज नहीं सोचेंगे तो कब सोचेंगे? क्या आप नहीं चाहते कि ये पैसे की समस्या को हमेशा के लिए मिटा देनी चाहिए? ताकि आप कभी ये न कहें कि आपके पास पैसे नहीं है। मैने ऐसे-ऐसे परिवार को तबाह होते देखा है मात्र पैसे की कमी के कारण। मैं आपको सिर्फ यही कहूंगा कि इस बिज़नेस में आने के बाद और सिर्फ आपका ही नहीं, आप रहें या न रहें, या आप अपंग भी हो जाएँ, तो आपको एक रेगुलर इनकम मिलती रहेगी जो आपके इस छोटे से जॉइनिंग अमाउंट से बहुत बड़ी होगी। आजतक आप केवल सक्रिय आय कर रहे थे इसलिए आप कह रहे हैं आपके पास पैसे नहीं हैं, लेकिन जिस दिन से आपकी निष्क्रिय आय शुरू हो जाएगी, आप कभी ये नहीं कहेंगे कि आपके पास पैसे नहीं है। आपके पास पैसे नहीं है, इसे आप अपनी कमजोरी मत बनाइये, बल्कि इसे अपनी ताकत बनाइये कि अब नहीं कमाएंगे तो कब कमाएंगे।

4) **मेरे पास समय नहीं है?**

आप बिल्कुल सही बोल रहे हैं, मुझे भी पहले यही लगता था, जब मैं इस बिज़नेस को देख रहा था। क्यूँकि मैं भी आप ही की तरह जिस काम में युक्त था सुबह को निकलता था और रात को घर वापस आता था। और ठीक आपकी तरह ही मैं भी यही कहता था कि यार समय नहीं है। लेकिन क्या आप मेरे कुछ प्रश्नों का जवाब देंगे? आज दुनिया में जितने भी लोग हैं, क्या समय उनके पास है? नहीं..., समय किसी की संपत्ति नहीं है और ये किसी का इंतजार नहीं करती हैं। सही मायने में समय किसी के पास नहीं होता लेकिन अगर हम किसी काम को जब महत्वपूर्ण समझते हैं तब हमें इन 24 घंटो में से उस समय को निकालना पड़ता है ताकि उस महत्वपूर्ण काम को कर सकें।

अगर सही से देखा जाये तो हम लोग या तो समय के महत्व को नहीं समझते हैं या इसका सही से इस्तेमाल करना नहीं जानते हैं। जब मैं इस बिज़नेस से जुड़ा और ट्रेनिंग ली तो वहां हमलोगों को एक ऐसी चीज के विषय में सिखाया गया जिसे सीखकर अब मैं नहीं कहता हूँ कि समय नहीं है। बल्कि ये कहता हूँ कि मैनेज कर लूंगा। हमें समय प्रबंधन सिखाया गया जिसे सीखने के बाद हम अपने सभी कार्यों को सही तरीके से और सही समय में पूरा कर पाते हैं।

अब आप कहिये, जबकि आपका कहना है कि आप इस बिज़नेस को सिर्फ इसलिए छोड़ रहे हैं क्योंकि आपके पास समय नहीं है। यानी आप बहुत व्यस्त हैं, तो आप अपने परिवार के लिए कैसे समय निकालते हैं या अपने परिवार को आप प्यार ही नहीं करते हैं। क्योंकि हर परिवार के लोग यही चाहते हैं कि उनके पिता-माता जो भी आज बाहर काम करते हैं, वो अपने परिवार के लिए भी समय निकालें, परिवार के साथ घूमे-फिरें नहीं तो ये जीवन में तो आनंद ही खत्म हो जाएगी। आपके बच्चे इंतजार करेंगे कि आप उन्हें कब टूर पर ले जायेंगे, कब उनके साथ ज्यादा से ज्यादा समय बिता पाएंगे।

क्या हम लोग इसलिए इतनी मेहनत करते हैं कि सिर्फ अपने समय को नौकरी में लगाकर पैसा कमा सकें। क्या इसके अतिरिक्त और कुछ नहीं है। मैं मानता हूँ कि आपके पास समय नहीं है आप अपने काम में व्यस्त रहते हैं। मैं आपको बताना चाहूंगा कि ये काम उन लोगों के लिए नहीं है जो खाली बैठे रहते हैं, ये काम है उन व्यस्त लोगों के लिए ही है जो अपने समय को बर्बाद नहीं करते और चूंकि आप व्यस्त हैं तो ये काम आप कर सकते हैं। इस व्यस्तता को आप कारण मन बनाइये इस काम को नहीं करने का, बल्कि इसे वो वजह बनाइये ताकि आप अपने परिवार के लिए ज्यादा-से-ज्यादा समय निकाल पाएं और पैसे भी कमा पाएं।

आप इस बिज़नेस के माध्यम से अपने समय का ऐसा गुणा कर पाते हैं कि आप 24 घंटे में 2,000 घंटे से भी ज्यादा काम करते हैं। आपको तो पता ही है कि TIME = MONEY कहा जाता है। यानी आप अगर अकेले पूरी ज़िन्दगी भी नौकरी या आपका जो भी काम है, आप पूरी ज़िन्दगी में 1,00,000 घंटे से ज्यादा काम नहीं कर पाते हैं। आइये आपको कैलकुलेशन करके बताता हूँ।

मान लीजिये आप 20 साल की उम्र में कोई नौकरी करते हैं और महीने के 30 दिन यानी पूरे साल में 365 दिन काम करते हैं और 40 साल तक काम करते हैं। यानी 60 साल के बाद या तो आप रिटायर हो जाते हैं या आपके शरीर में वो क्षमता नहीं रह जाती है कि आप और काम कर पाएं। तो कुल मिलाकर आप कितने घंटे काम किये और पूरे 40 साल में आप कितने रूपए कमा पाएंगे, इसका एक छोटा सा गणित आपको दिखता हूँ।

8 घंटे प्रतिदिन x 365 दिन x 40 साल = 1,16,800 घंटे

और आपका इनकम = मान लीजिये आप 30,000/- प्रति माह कमाते हैं तो साल का हो जाता है 3,60,000/- रूपए और पूरे 40 साल में आप कमाते हैं 1,44,00,000/- इसे पूरा 2 करोड़ पकड़ लेता हूँ। यानी आपके 1 घंटे की कीमत होती है 171/- रूपए (मैंने सभी खर्चों को हटा दिया)

अब नेटवर्क मार्केटिंग में क्या होता है—

मान लीजिये आप एक-दो साल सही से काम करके 500 लोगों का टीम बना लिए और सभी लोग सिर्फ एक घंटे रोज का समय देते हैं यानी

500 लोग x 1 घंटे = एक दिन में 500 घंटे

500 घंटे x 30 दिन = एक महीने में आपका 15,000 घंटे काम होता है

तो 1 साल में कितने घंटे हुए = 1,80,000 घंटे

यानी आप जितना 40 साल में भी काम नहीं कर सकते, उससे ज्यादा काम आपका एक साल में होता है तो अब आप समझ ही गए होंगे कि जितना आप 40 साल में कमाएंगे उतना तो आप एक साल में ही कमा कर रख देंगे।

इस बिज़नेस में समय का गुणा इतना अच्छा होता है कि आप सिर्फ एक या दो घंटे का समय देकर यहाँ से महीने का कितना ज्यादा कमा सकते हैं और 4-5 साल बाद आप आराम से रिटायर होकर भी हर महीने की उतनी ही राशि घर बैठे कमा सकते हैं।

क्या ऐसा सिस्टम आपको अपने मौजूदा काम में मिलेगा। ये एक टीमवर्क है और जहाँ टीमवर्क होता है वहां काम बंट जाते है और कम समय में बहुत ज्यादा काम किये जा सकते हैं।

मैं आपको ये आश्वासन देता हूँ कि इस बिज़नेस को अगर आप सही तरीके से सीखकर दो साल भी मेहनत कर लेते हैं तो आप खुद देख सकते हैं कि समय का गुणा करके आप किस तरह पैसे का भी गुणा कर सकते हैं। आजतक हमलोग गणित में जो भी सीखे है उसमे केवल जोड़ और घटाव का ही इस्तेमाल करते आये हैं। लेकिन इस बिज़नेस में हम समय का गुणा और काम को विभाजन करना सीखते हैं। जो हमें एक बहुत बड़ी आय की तरफ ले जाती है।

इसलिए ये मौका अब आपके पास है। क्या आप सारी ज़िन्दगी जोड़ और घटाव ही करेंगे या गुणा और विभाजन भी करना चाहेंगे। यदि आप इस काम को अभी शुरू करेंगे तो मैं 2 घंटे दिन का समय अभी निकाल सकता हूँ आपके समय में से।

5) **मुझे अपने घरवालों से पूछना पड़ेगा?**

आप वाकई में बहुत अच्छे इंसान हैं। मुझे आपसे मिलकर बहुत ख़ुशी हुई ये जानकर कि आप कोई भी कार्य अपने घरवालों से पूछे बिना नहीं करते हैं। तो क्या वाकई में आप हर काम और अपने हर फैसले अपने घर वालों से पूछ कर ही करते हैं? आप मुझे ये बताइये, आपके घरवालों को इस काम के विषय में कोई अच्छी जानकारी है? क्योंकि अगर नहीं है तो वे आपको कैसे बताएँगे कि ये काम करना चाहिए या नहीं?

अब एक बात का मुझे जवाब दीजिये, आप एक फिल्म देखने गए और पूरे 2.5 घंटे का फिल्म देखकर जब आप घर आते हैं तो आप उस फिल्म को अपने घरवालों को कितने समय के अंदर बता देते हैं? 5 मिनट, 10 मिनट, 15 मिनट, इससे ज्यादा नहीं। तो क्या वो फिल्म आपके घरवाले पूरी तरह से दृष्य कर पाएंगे? नहीं न। ठीक उसी तरह आप यहाँ जो भी देख या सुन रहे हैं पूरे 1 घंटे में, क्या आप ठीक उसी तरह अपने घरवालों को बता पाएंगे? नहीं, आप संक्षिप्त में बताएँगे और अब आप खुद ये सोचिये कि जो चीज आपको एक घंटे में साफ़ नहीं हुआ, तो क्या आप उसे 5-10 मिनट में बता पाएंगे, ये संभव ही नहीं है। लेकिन मैं आपको एक बात पूछना चाहता हूँ कि आप अपने घरवालों से पूछेंगे क्या? आप यही पूछेंगे कि ये काम करना चाहिए या नहीं? तो ये निर्णय तो आपको ही लेना है। क्या आप अपने निर्णय खुद नहीं ले पाते? मैं आपसे यही कहूंगा कि अपने निर्णय खुद लीजिये। आपके मन में जो भी शंका है उसे सिर्फ मैं ही साफ़ कर सकता हूँ, आपके घरवाले नहीं। क्योंकि उन्हें इस काम से जुड़ी कोई भी जानकारी नहीं है।

मैं आपको ये आश्वासन देता हूँ कि ये काम करके आप वो सभी कुछ कर पाएंगे जो आजतक आपके सिर्फ सपने ही थे और आपको ये निर्णय खुद लेने हैं कि क्या आप अपने सपनों को पूरा करने के लिए प्रतिबद्ध होना चाहते हैं

या अपने सपनों का गाला घोंट कर एक आम इंसान की ज़िन्दगी ही जीना चाहते हैं।

मैंने अपने निर्णय खुद लिए थे, तभी आज मैं अपने सपनों को पूरा करने के राह पर हूँ और बहुत जल्दी मैं अपने सपनों को पूरा कर पाउँगा। क्योंकि इस काम से बेहतर आज दुनिया में और कोई काम नहीं है, ये मैं जान गया हूँ।

6) **पिताजी से पूछ कर बताऊंगा?**

आपसे मिलकर वाकई में मैं बहुत खुश हुआ। मुझे तो ये पता ही नहीं था कि आपके पिताजी एक बड़े नेटवर्कर हैं। अब आपके गेस्ट कहेंगे नहीं-नहीं वो तो ये काम करते हैं, उन्हें इस काम की कोई जानकारी नहीं है। तो आप कहिये, आश्चर्य है मैंने तो सोचा !!.....!!, अच्छा मुझे एक बात बताइये, जब आप बीमार पड़ते हैं तो आप किसके पास जाना पसंद करेंगे? डॉक्टर के पास या वकील के पास? आपको अगर किसी कानूनी सिलसिले में बात करनी हो तो आप किसके पास जायेंगे? डॉक्टर या वकील के पास? यानी बीमार पड़ने पर आप डॉक्टर के पास जाते हैं और क़ानूनी बातचीत के लिए आप एक वकील के पास जाते हैं। क्योंकि आपको पता होता है कि ये आपकी समस्यांओ का समाधान कर सकते हैं। क्योंकि ये लोग अपनी काम के जानकार हैं। आपको सही सलाह देंगे और नेटवर्क मार्केटिंग के विषय में जब आपके पिता/पति को कोई ज्ञान ही नहीं है तो आप समझ सकते हैं कि आप सही सलाह नहीं पाएंगे। अब आप बताइये, क्या आप सही सलाह पाएंगे?

आप बताइये आपके सपनों को आप कैसे पूरा करेंगे? 10 से 6 की ड्यूटी करके ये कर पाना क्या संभव है? नहीं..। तो आपके लिए यही सही होगा कि बिना अपने वर्तमान काम को छोड़े आप एक या दो घंटे इस काम को देकर, सभी कुछ यहाँ से पा सकते हैं। क्योंकि ये एक टीमवर्क है और जहाँ टीमवर्क

होता है वहां आप कम समय में ज्यादा लाभ पाते हैं। अब अगर जरूरत पड़े तो समय का कैलकुलेशन इन्हें दिखाइए।

मैं आपको ये आश्वासन देता हूँ कि मैं और आप मिलकर अपने सपनों को पूरा कर पाएंगे, एक दूसरे को मदद करके।

7) **क्या कोई इस बिज़नेस को करके सफल हो पाए हैं?**

मैं आपके प्रश्न से बहुत खुश हुआ, वाकई में आप बुद्धिमान व्यक्ति हैं।

क्या आप जानते हैं, आज नेटवर्क मार्केटिंग दुनिया में कितनी फैल रही है। हमारे देश के अलावा अन्य देशों का तो ये मेन बिज़नेस बनता जा रहा है। क्यूँकि ये कमाल का सिस्टम है, कि यहाँ सिर्फ कुछ पैसों का सामान खरीदकर आप एक बहुत बड़े बिज़नेस को कर पाते हैं। और रही बात सफलता की तो हर इंसान इस दुनिया में सफल हो सकते हैं। अपने सपनों को पूरा कर सकते हैं। आज केवल विदेशों में ही नहीं हमारे देश में ही बहुत लोग इस बिज़नेस के माध्यम से सफलता की सीढ़ी चढ़ चुके है और कितने ही उस राह में हैं। अगर आप Google करें या Youtube में सर्च करें तब आपको पता चलेगा।

इस काम में हर वो इंसान सफल हो पाएंगे जिनमे आत्मविश्वास होता है, जो दृढ़निश्चयी होते हैं और अगर आपमें किसी चीज की कमी होगी तो यहाँ का ट्रेनिंग सिस्टम के माध्यम से आप वो सभी कुछ सीख पाएंगे जो आपको सफल होने के लिए चाहिए।

नेटवर्क मार्केटिंग २१ वीं सदी का व्यवसाय है यानी अभी का व्यवसाय जो टीमवर्क के माध्यम से काम करती है। ये आपके लिए एक ऐसा मौका है जो अगर आपने छोड़ दिया तो आपको इसके लिए बाद में बहुत पछतावा भी हो सकता है। क्योंकि इसकी ताकत को मैं समझ पा रहा हूँ और जब आप इस व्यवसाय को करेंगे तब आप भी समझ पाएंगे और मुझे आप धन्यवाद कहेंगे।

जरूरत पड़े तो समय और इनकम का कैलकुलेशन दिखाइए।

8) **क्या मैं इस बिज़नेस में सफल हो पाऊँगा?**

मैं आपके मनोभाव को अच्छी तरह समझ सकता हूँ क्योंकि मैंने जब इस बिज़नेस को ज्वाइन किया था तब यही प्रश्न मेरे मन में भी उठा था लेकिन जब मैंने इसके विषय में पूरी जानकारी ली, सही से ट्रेनिंग लिया, मेरा आत्मविश्वास बढ़ गया और मैं आज चिल्ला कर कह सकता हूँ कि मैं इस बिज़नेस में जरूर सफल होऊंगा।

आपके मन में जो ये विचार उत्पन्न हुआ है ये सिर्फ आपके आत्मविश्वास की कमी के कारण है। दरसअल हम लोग वही काम करना चाहते हैं जो हमें आसान लगती है। अब आप मुझे एक बात बताइये क्या आप फ्रेंच भाषा या अन्य किसी भाषा में बात कर पाएंगे? नहीं न, लेकिन अगर इसे आप सीख लें तो? तब तो कर पाएंगे, जरूर कर पाएंगे।

यानी आप किसी भी काम को सीखने के बाद ही कर पाते हैं और जब आप उस काम को अच्छे से करने लगते हैं तो आप सफलता प्राप्त कर पाते हैं। इस दुनिया में कोई भी काम आसान और मुश्किल नहीं होती है, सिर्फ अपने-अपने दृष्टिकोण का फर्क है। मैंने इस काम को सीखा, इसलिए ये मेरे लिए आसान है और आपने अभी इसे नहीं सीखा इसलिए ये आपके लिए अभी मुश्किल लग रही है।

आप हमारे ट्रेनिंग सिस्टम के माध्यम से एक आम इंसान से एक खास इंसान बन जाते हैं और ये एक टीमवर्क है जिसमे आपको अपने पूरे टीम का सपोर्ट मिलता है, जिससे आपके काम आसान हो जाते हैं।

9) **कंपनी पैसे लेकर भाग गई या कंपनी बंद हो गई तो?**

मैं आपके बात से बिल्कुल सहमत हूँ। इस दुनियां में हर तरह के लोग होते हैं। मैं भी जब इस बिज़नेस को देख रहा था तो मेरे मन में भी यही सवाल

उत्पन्न हो गया था। लेकिन जब मैंने देखा कि क्या मैं इस बिज़नेस में कोई निवेश कर रहा हूँ, नहीं, ये तो शून्य निवेश बिज़नेस है और जहाँ निवेश शून्य होता है, वहाँ कैसा डर। केवल कुछ सामान ही तो खरीदने पड़ते हैं, जो हम अक्सर किसी अन्य जगहों से खरीदते ही हैं।

मैं आपको एक बात और बताना चाहूंगा कि हमारी कम्पनी आज इतने वर्षों से भारत में काम कर रही है इतने लोग काम कर रहे हैं और हम सभी लोगों का पेआउट समय पर मिलता है। तो क्या आपके लिए कंपनी अपनी साख को बरबाद करना चाहेगी या आपसे कोई निजी दुश्मनी है कि कंपनी आपके मेहनत के पैसे आपको नहीं देगी। ऐसी बात नहीं है, ये बस आपके मन में बैठा हुआ डर है और कुछ नहीं, तो इस डर को निकालिये, यहाँ ऐसा कुछ भी नहीं होता है।

और अगर मैं आपकी बात मान भी लूँ कि अगर कंपनी भाग गयी तो, तो क्या होगा? आपको कोई नुकसान हुआ क्या? आपने जितने पैसे दिए उससे ज्यादा का सामान आपको मिल गया। यानी आप किसी दुकान में गए, सामान लिया, पैसे दिए और उसके बाद उस दुकान में आग लग गई तो आपका कोई नुकसान हुआ क्या? नहीं न, तब फिर डर कैसा?

10) **मुझे नहीं लगता इस बिज़नेस को कोई करने को तैयार होगा?**

मैं आपके बात से बिल्कुल सहमत हूँ। शुरू-शुरू मुझे भी ये लगा था लेकिन मैंने देखा ये मेरे विचार हैं, लोगों का नहीं और मैंने जब इस बिज़नेस के सिस्टम को देखा तो मैं आश्चर्य में पड़ गया। क्योंकि जब मैंने इस बिज़नेस को करने के तरीके के विषय में जाना तो मैं दंग रह गया कि ये बिज़नेस तो हर किसी के लिए है। लेकिन हर कोई इसे कर भी नहीं पाता और जिस सही ट्रैक पर हमें चलना होता है, बहुत लोग गलत ट्रैक में चलना शुरू कर देते हैं।

सबसे पहले आप लोगों की छोड़िये, क्या आप इस बिज़नेस को करना चाहते हैं या आपके मन में जो भी शंका है उसे मैं अभी आपको साफ़ कर देता हूँ और मैं आपको बताना चाहूंगा कि इस बिज़नेस का पता ज्यादातर लोगों को नहीं है कि ऐसा भी कोई बिज़नेस हो सकता है।

अब आप मुझे ये बताइये जब धीरे-धीरे लोगों को अब इस बिज़नेस के ताकत के विषय में पता चल रहा है तो आने वाले समय में कितना आसान हो जायेगा आपके और मेरे लिए कि हमलोगों को इस बिज़नेस के विषय में लोगों को बताना ही नहीं पड़ेगा, लोग अपने आप आते जायेंगे। क्योंकि आज इस बिज़नेस को भारत सरकार की तरफ से हरी झंडी मिल चुकी है। आज हर दिन बहुत लोग इस बिज़नेस में जुड़ रहे हैं। आज पूरे भारत में 300 से भी ज्यादा कम्पनिया नेटवर्क मार्केटिंग के माध्यम से काम कर रही है और क्यों न करे, एक पारम्परिक बिज़नेस में कितने किस्म के झमेले होते हैं। विज्ञापन का खर्च जो एक बहुत बड़ा खर्च होता है। आज बहुत सारी कम्पनियां अपने प्रोडक्ट को डायरेक्ट सेलिंग और नेटवर्क मार्केटिंग के माध्यम से आसानी से लोगों तक पंहुचा पा रही है और जो खर्च कंपनी विज्ञापन में करती थी वही हमें दे रही है यानी खाओ भी और कमाओ भी तो क्या ये गलत है।

आप बाजार जाते हैं, पैसे देते हैं, सामान खरीदते हैं और खाते हैं। लेकिन अगर आपको ये मौका मिलता है कि आप खाते भी हैं और कमाते भी हैं और आपके रेफरेन्स से जितने लोग खाते हैं उसमे भी आप कमाते हैं, तो है न ये कमाल का बिज़नेस और यही चीज जब हम और आप लोगों को बताएँगे तो लोग क्यों नहीं करेंगे। सभी करेंगे, बसर्ते कोई साथ-साथ करेंगे या कोई कुछ दिन बाद करेंगे, पूरा भारत करेगा।

आपके पास ये एक अनोखा बिज़नेस को करने का मौका आया है। तो भी सोच रहे हैं। ये सोचने का समय नहीं है, जितना आपने सोचना था आपने सोच

लिया अब करने का समय है। क्योंकि सिर्फ सोचने से कभी किसी को कुछ भी हासिल नहीं होता है। उसे हासिल करने के लिए कुछ करना होता है। आइये हम एक टीम बनाकर इस बिज़नेस को अभी शुरू करते हैं।

11) **ये मेरे टाइप का काम नहीं है?**

आप सही बोल रहे हैं, ये किसी टाइप का काम नहीं है। लेकिन हर टाइप के लोग इस काम को कर सकते हैं। क्या आप मुझे बताएँगे कि आपके टाइप का काम क्या है ?

आप वर्तमान समय में जो भी काम करते हैं क्या आप बता सकते हैं कि किसी कंपनी में पैसा किस डिपार्टमेंट से आती है। जी हाँ, सेल्स यानी मार्केटिंग डिपार्टमेंट से। और जिस जगह से कंपनी में पैसा आती है क्या वो कोई छोटा टाइप का काम होता हैं? जी नहीं, क्योंकि पूरी कंपनी डिपेंड होती है सेल्स पर, लोगों का सैलरी और अन्य सभी खर्चों को एक मात्र सेल्स से ही पूरा होता है। तो ये काम कोई छोटा-मोटा काम नहीं है, ये नेटवर्क मार्केटिंग एक अपने बिज़नेस बनाने की जगह है इसे कम न आंकें और रही बात सेल्स की तो हम लोग पैदायशी सेल्स पर्सन हैं। दुनिया में कोई ऐसा काम नहीं जहाँ आदान-प्रदान नहीं होती है और जहाँ आदान-प्रदान होती है वहां सेल्स ही होता हैं।

अब रही बात इस बिज़नेस की, तो इस बिज़नेस के असली स्वरुप को आप देखने के लिये आपको हमारे सेमिनार में शामिल होनी चाहिए। आज ये बिज़नेस डॉक्टर, चार्टर्ड अकाउंटेंट, वकील, इंजीनियर, उच्च शिक्षित लोग, निम्न शिक्षित लोग, टीचर्स, प्रोफेसर्स सभी इस बिज़नेस की ओर भागे-भागे आ रहे हैं। क्योंकि आज सभी को ये पता चल रहा है इस बिज़नेस के अच्छाई के विषय में। यहाँ हमलोग किसी को लात मार कर आगे नहीं बढ़ सकते हैं। यहाँ हम एक दूसरे के हाथ पकड़ कर ही आगे बढ़ सकते हैं। दुनियां में यही एक बिज़नेस है जो पूर्णतः जीत-जीत के सिद्धांतों पर आधारित है।

अब आपको ये सोचना है कि क्या आप किसी एक टाइप के काम में ही रुचि रखते हैं या एक नयी चीज का आनंद भी उठाना चाहते हैं। आप अपनी मौजूदा काम से कितना कमाते हैं ये महत्वपूर्ण नहीं है, महत्वपूर्ण तो ये है कि आप कमाते कैसे हैं यानी आपको यहाँ एक निष्क्रिय आय उत्पन्न करने की जगह है और सिर्फ आय ही नहीं, यहाँ का ट्रेनिंग सिस्टम ऐसा होता है, जिससे आपमें असीमित क्षमताओं को जगा देगी।

12) **इस काम में इज्जत नहीं है?**

आप सही कह रहे हैं। लेकिन क्या आप मुझे ये बता सकते हैं कि आज दुनिया में कौन से ऐसे काम है जहाँ आपको इज्जत की गारंटी मिलती है। आप खुद ही ये समझने का प्रयास कीजिये, अभी आप जो भी काम करते हैं क्या आपका बॉस आपको कभी भी आपके गलती पर बुरा-भला नहीं कहते हैं। किसी काम में इज्जत होती नहीं है, उसे बनानी पड़ती है और जब आपके काम में समर्पण, निष्ठा, नैतिकता, आत्मविश्वास, इत्यादि चीजों का समावेश होता है। तभी आप उस काम से इज्जत पाते हैं। लेकिन अगर आप किसी को बुरा-भला कहेंगे, दूसरों को इज्जत नहीं करेंगे, अपने काम को सही तरीके से नहीं करेंगे तो क्या लोग इज्जत करेंगे। बड़े-बुजुर्गों हमेशा कहते हैं कि किसी को इज्जत देने से ही इज्जत मिलती है और इस नेटवर्क मार्केटिंग बिज़नेस में हम सभी लोग एक दूसरे को सम्मान करते हैं, पुरस्कृत करते हैं और एक साथ कदम से कदम मिलकर, हाथों में हाथ डालकर एक ही रास्ते पर चलते हैं। कभी किसी को गिरने नहीं देते हैं और अगर आप हमारे सेमिनार में आएंगे तब आप खुद देखेंगे कि यहाँ कोई छोटा सा भी अचीवमेंट करते हैं तो उन्हें कितनी इज्जत मिलती है।

नेटवर्क मार्केटिंग एक ऐसा मंच है जहाँ किसी को भी असम्मान नहीं किया जाता है। यहाँ सभी को सम्मान की दृष्टि से देखा जाता है। यहाँ कोई सीनियर

या जूनियर नहीं होता, यहाँ हम सभी एक दूसरे के सहायक होते हैं। मैं आपको आश्वासन देता हूँ कि इस बिज़नेस से जितनी इज्जत आपको मिलेगी वो शायद कहीं और संभव नहीं है।

अब अगर आपका कोई अचीवमेंट या सेमिनार का वीडियो है तो उन्हें दिखाइए, वे तुरंत ज्वाइन करेंगे।

13) **मेरा उम्र हो चुका है, क्या मैं इस काम को कर पाउँगा ?**

मैं आपकी बात से सहमत हूँ। हर इंसान किसी न किसी समय उम्र हो जाने के वजह से बहुत से ऐसे काम हैं जो नहीं कर पाते लेकिन आप इस बात से तो सहमत होंगे कि जब लोग बेबस होते हैं तो कैसे भी करके अपना गुजरा करते हैं। आज मैं और आप बहुत लोगों को देखे होंगे कि अपने निवृति के बाद भी कोई न कोई छोटा मोटा काम करते हैं ताकि वे किसी के ऊपर बोझ न बनें।

आज इस बिज़नेस में बहुत ऐसे लोग हैं जो 60 के ऊपर हैं, लेकिन इस काम को पूरे जज्बा के साथ कर रहे हैं। क्योंकि ये एक मात्र ऐसा काम है, जिसमे उम्र की कोई सीमा नहीं होती। यानी 18+ के बाद हर कोई इस काम को अच्छी तरह सीखकर कर सकते हैं। जबकि ये काम ज्यादातर निर्भर करता हैं मन की शक्ति पर और उम्र अगर ज्यादा हो भी जाये तो इससे कोई फर्क नहीं पड़ता। सिर्फ फर्क इस बात से पड़ता है कि आप इस बिज़नेस को कितना महत्व देते हैं। आपका आत्मविश्वास ही आपको इस बिज़नेस को करवा सकती है। आपने शायद KFC का नाम सुना होगा जो आज दुनिया के दूसरे सबसे बड़े फ्रैंचाइज़ी बिज़नेस है और उसके मालिक कर्नल सैंडर्स 65 साल के उम्र में इस बिज़नेस की शुरुआत की और 88 साल के उम्र में अरबपति बन गए।

मैं आपको ये आश्वासन देता हूँ कि जबकि ये एक टीमवर्क है हम सभी आपके साथ हैं और यदि आप 2 से 5 साल भी इस बिज़नेस को सही तरीके से करते हैं तो आप अपने वो सभी सपने पूरे कर पाएंगे जो आजतक आप नहीं कर पाए। और मैं भी यही चाहता हूँ की आप अपने सपनों को अधूरा न छोड़े और एक कोशिश जरूर करें, मुझे पूरा विश्वास है आप इसे जरूर कर सकते हैं।

14) **मैं ज्यादा पढ़ा-लिखा नहीं हूँ या बिल्कुल भी पढ़ा-लिखा नहीं हूँ, क्या मैं ये काम कर पाउँगा?**

सबसे पहले मैं आपके विचार से सहमत हूँ और आपके शब्दों को महसूस कर सकता हूं। लेकिन क्या आप जानते हैं आज दुनिया में जितने भी आमिर लोग हैं या महान सइंटिस्ट हो चुके हैं, उनमे से कई कम पढ़े-लिखे थे और कुछ तो कभी स्कूल ही नहीं गए। आपने शायद सर आइंसटाइन का नाम सुना होगा। जिन्हें स्कूल से इसलिए निकाल दिया गया था क्योंकि बचपन में वे मंदबुद्धि थे, लेकिन आज ये दुनिया उनको एक महान साइंटिस्ट के रूप में जानती है।

आपने बिल गेट्स, स्टीव जॉब्स और उसी तरह कई आमिर लोगों को जानते होंगे। जिन्होंने अपनी पढ़ाई बीच में ही छोड़ दी लेकिन आज दुनिया के सबसे अमीर लोगों में उनकी गिनती होती है। पूरी दुनिया इस तरह के लोगों से भरी परी है जिन्होंने किसी कारणवश ज्यादा पढ़ाई नहीं कर पाए या कभी पढ़ ही नहीं पाए, लेकिन आज दुनिया इनलोगों को सलाम करती है।

आमिर होने के लिए स्कूली शिक्षा नहीं बल्कि वित्तीय शिक्षा की जरूरत होती है। जो आज कहीं नहीं सिखाया जाता है। लेकिन नेटवर्क मार्केटिंग एक ऐसी जगह है जहाँ इस तरह की शिक्षा को दिया जाता है, जिसे जानकार आप भी आमिर बन सकते हैं, आप भी अपने सपनों को पूरा कर सकते हैं।

इसलिए नेटवर्क मार्केटिंग बिज़नेस में सभी तरह के लोगों का स्वागत किया जाता है। इससे कोई मतलब नहीं हैं, कि आप क्या करते हैं, आप पढ़े लिखे हैं या नहीं, इससे कोई फर्क नहीं करता की आप क्या जानते हैं और क्या नहीं जानते हैं। फर्क इस बात से पड़ता है कि आपमें अगर कुछ कर दिखाने का सोचा है तो उसे आप कर सकते हैं। हमारे ट्रेनिंग के दौरान आप इतना सशक्त हो जायेंगे कि आपको देखकर और आपसे बात करके कोई ये नहीं कहेंगे कि आप पढ़े-लिखे हैं या नहीं हैं।

ये एक टीमवर्क है यहाँ आप अकेले नहीं है। यहाँ आपको एक बहुत अच्छा सपोर्ट मिलता है। आपको वो सभी चीज सिखाई जाती है जो आज दुनिया के किसी स्कूलों में सिखाई नहीं जाती है। ये एक गजब का प्लेटफार्म है, जहाँ आपकी कमी को ही आपका ताकत बना देती है। मैं और मेरा टीम आपके साथ हैं और अब आपको ये निर्णय लेना है कि आप अपनी कमजोरी के कारण पीछे रह जाना पसंद करते हैं या उस कमजोरी को ताकत बनाकर आगे बढ़ेंगे।

कुछ प्रेरणादायक कहानियां

आप हाथी नहीं इंसान हैं !

एक आदमी कहीं से गुजर रहा था, तभी उसने सड़क के किनारे बंधे हाथियों को देखा, और अचानक रुक गया। उसने देखा कि हाथियों के अगले पैर में एक रस्सी बंधी हुई है। उसे इस बात का बड़ा अचरज हुआ कि हाथी जैसा विशालकाय जीव, लोहे की जंजीरों की जगह बस एक छोटी सी रस्सी से बंधा हुआ है। ये स्पष्ठ था कि हाथी जब चाहता तब अपने बंधन तोड़ कर कहीं भी जा सकता था। पर किसी वजह से वो ऐसा नहीं कर रहा था।

उसने पास खड़े महावत से पूछा कि भला ये हाथी किस प्रकार इतनी शांति से खड़ा है और भागने का प्रयास क्यों नही कर रहा है ?

तब महावत ने कहा, " इन हाथियों को छोटे उम्र से ही इन रस्सियों से बाँधा जाता है। उस समय इनके पास इतनी शक्ति नहीं होती कि इस बंधन को तोड़ सकें। बार-बार प्रयास करने पर भी रस्सी न तोड़ पाने के कारण उन्हें धीरे-धीरे यकीन हो जाता है कि वो इन रस्सियों को नहीं तोड़ सकते और बड़े होने पर भी उनका ये यकीन बना रहता है, इसलिए वो कभी इसे तोड़ने का प्रयास ही नहीं करते।"

आदमी आश्चर्य में पड़ गया कि ये ताकतवर जानवर सिर्फ इसलिए अपना बंधन नहीं तोड़ सकते क्योंकि वो इस बात में यकीन करते हैं।

इन हाथियों की तरह ही हममें से कितने लोग सिर्फ पहले मिली असफलता के कारण ये मान बैठते हैं कि अब हमसे ये काम हो ही नहीं सकता और अपनी ही बनायी हुई मानसिक जंजीरों में जकड़े-जकड़े पूरा जीवन गुजार देते हैं।

याद रखिये असफलता जीवन का एक हिस्सा है। निरंतर प्रयास करने से ही सफलता मिलती है। यदि आप भी ऐसे किसी बंधन में बंधे हैं जो आपको अपने सपने सच करने से रोक रहा है तो उसे तोड़ डालिए। आप हाथी नहीं इंसान हैं।

ग्लास को नीचे रख दीजिये

एक प्रोफ़ेसर ने क्लास की शुरुआत अपने हाथ में पानी से भरे एक गिलास को पकड़ कर किया। उन्होंने उस ग्लास को ऊपर उठा कर सभी छात्रों को दिखाया और पूछा—

"आपके हिसाब से इस ग्लास का वज़न कितना होगा?"

छात्रों ने उत्तर दिया— "50gm, 100gm या 125gm।"

प्रोफ़ेसर ने कहा— "जब तक मैं इसका वज़न न कर लूँ कोई मुझे इसका सही वज़न नहीं बता सकता"।

पर मेरा सवाल है— "यदि मैं इस ग्लास को थोड़ी देर तक इसी तरह उठा कर पकडे रहूँ तो क्या होगा?"

छात्रों ने कहा— "कुछ नहीं"।

प्रोफ़ेसर ने फिर से पूछा— "अच्छा, अगर मैं इसे मैं इसी तरह एक घंटे तक उठाये रहूँ तो क्या होगा?"

उनमें से एक छात्र ने कहा— "आपके हाथों में दर्द होने लगेगा"।

प्रोफेसर ने उस छात्र से कहा, तुम सही हो और सभी से फिर पूछा— "अच्छा अगर मैं इसे इसी तरह पूरे दिन उठाये रहूँ तो का होगा?"

उनमें से किसी छात्र ने कहा कि— आपका हाथ सुन्न हो सकता है। आपके मांशपेशियों में भारी तनाव आ सकता है। लकवा मार सकता है और पक्का आपको हॉस्पिटल जाना पड़ सकता है।"

ऐसा सुनकर बाकी सभी छात्र हंस पड़े।

प्रोफेसर ने कहा "बहुत अच्छा, और पूछा— "पर क्या इस दौरान गिलास का वज़न बदला?"

उत्तर आया— "नहीं"

"तब भला हाथ में दर्द और मांशपेशियों में तनाव क्यो आया?"

छात्र अचरज में पड़ गए।

फिर प्रोफ़ेसर ने पूछा— "अब दर्द से निजात पाने के लिए मैं क्या करूँ?"

छात्र ने कहा— "ग्लास को नीचे रख दीजिये"।

"बिल्कुल सही!" — प्रोफ़ेसर ने कहा।

हमारे जीवन की समस्याएं भी कुछ इसी तरह होती हैं। इन्हें कुछ देर तक अपने दिमाग में रखिये और लगेगा की सब कुछ ठीक है। उनके बारे में ज्यादा देर सोचिये और आपको पीड़ा होने लगेगी। इन्हें और भी देर तक अपने दिमाग में रखिये और ये आपको अपंग करने लगेंगी और आप कुछ नहीं कर पायेंगे।

अपने जीवन में आने वाली चुनातियों और समस्याओं के बारे में सोचना ज़रूरी है, पर उससे भी ज्यादा ज़रूरी है दिन के अंत में सोने जाने से पहले उन्हें नीचे रखना। ऐस करने से आप स्ट्रेस्ड नहीं रहेंगे, आप हर रोज़ मजबूती और ताज़गी के साथ उठेंगे और सामने आने वाली किसी भी चुनौती का सामना कर सकेंगे।

तितली का संघर्ष

एकबार की बात है। एक आदमी अपने बगीचे में टहलते हुए किसी टहनी से लटकता हुआ एक तितली का कोकून देखता है। अब हर रोज़ वो आदमी उसे देखने लगता है। एक दिन उसने गौर किया कि उस कोकून में एक छोटा सा छेद बन गया है। उस दिन वो वहीं बैठ गया और घंटो तक उसे निहारता रहा। उसने देखा कि तितली उस खोल से बाहर निकलने की बहुत कोशिश कर रही है पर बहुत देर तक प्रयास करने के बाद भी वो उस छेद से नहीं निकल पा रही है। फिर वो बिल्कुल शांत हो गयी मानो उसने हार मान ली हो।

इसलिए उस आदमी ने निश्चय किया कि वो उस तितली की मदद करेगा। उसने एक कैंची उठायी और कोकून की मुँह को इतना बड़ा कर दिया कि वो तितली आसानी से उस कोकून से बाहर निकल सके। तितली बिना किसी परिश्रम और संघर्ष के आसानी से उस कोकून से बाहर तो निकल आई पर उसका शरीर पूरी तरह से सूजा हुआ था और पंख सूखे हुए थे।

वो आदमी तितली को देखता रहा कि कब वो उठेगी और अपने पंख फैला कर उड़ने लगेगी। पर ऐसा कुछ भी नहीं हुआ। इसके विपरीत बेचारी तितली कभी उड़ ही नहीं पाई और उसे अपनी बाकी की ज़िन्दगी इधर-उधर घिसटते हुए बितानी पड़ी।

वो आदमी अपनी दया और जल्दबाजी में ये नहीं समझ पाया कि दरअसल कोकून से निकलने की प्रक्रिया को प्रकृति ने इतना कठिन इसलिए बनाया है ताकि ऐसा करने से तितली के शरीर में मौजूद तरल पदार्थ उसके पंखों में पहुंच सके और वो छेद से बाहर निकलते ही उड़ सके।

वास्तव में कभी-कभी हमारे जीवन में संघर्ष ही वो चीज होती जिसकी हमें सचमुच आवश्यकता होती है। यदि हम बिना किसी संघर्ष के सब कुछ पाने लगे तो हम भी

अपंग के सामान हो जायेंगे। बिना परिश्रम और संघर्ष के हम कभी उतने मजबूत नहीं बन सकते जितनी हमारी क्षमता है। इसलिए जीवन में आने वाले कठिन पलों को सकारात्मक दृष्टिकोण से देखिये। वो आपको कुछ ऐसा सिखा जायेंगे जो आपकी ज़िन्दगी की उड़ान को संभव बना पायेंगे।

बाज की उड़ान

एक बार की बात है। एक बाज का अंडा मुर्गी के अण्डों के बीच आ गया। कुछ दिनों बाद उन अण्डों में से चूजे निकले। बाज का बच्चा भी उनमे से एक था। वो उन्ही के बीच बड़ा होने लगा। वो वही करता जो बाकी चूजे करते। मिट्टी में इधर-उधर खेलता, दाना चुगना और दिन भर उन्ही की तरह चूँ-चूँ करता। बाकी चूजों की तरह वो भी बस थोड़ा सा ही ऊपर उड़ पाता और पंख फड़फड़ाते हुए नीचे आ जाता। फिर एक दिन उसने एक बाज को खुले आकाश में उड़ते हुए देखा। बाज बड़ी शान से बेधड़क उड़ रहा था।

तब उसने बाकी चूजों से पूछा कि, "इतनी उचाई पर उड़ने वाला वो शानदार पक्षी कौन है?"

तब चूजों ने कहा कि, "अरे वो बाज है। पक्षियों का राजा। वो बहुत ही ताकतवर और विशाल है। लेकिन तुम उसकी तरह नहीं उड़ सकते क्योंकि तुम तो एक चूजे हो।"

बाज के बच्चे ने इसे सच मान लिया और कभी उसके जैसा बनने के लिए कोई कोशिश ही नहीं किया। वो ज़िन्दगी भर चूजों की तरह रहा और एक दिन बिना अपनी असली ताकत को पहचाने ही मर गया।

हममें से बहुत से लोग उस बाज की तरह ही अपनी असली क्षमता को जाने बिना एक-दूसरे दर्जे की ज़िन्दगी जीते रहते हैं। हमारे आस-पास की मध्यस्थता हमें भी मध्यस्थ बना देती है। हम ये भूल जाते हैं कि हम आपार संभावनाओं से पूर्ण एक प्राणी हैं। हमारे लिए इस जग में कुछ भी असंभव नहीं है पर फिर भी बस एक औसत जीवन जी कर हम इतने बड़े मौके को गँवा देते हैं।

आप चूजों की तरह मत बनिए। अपने आप पर और अपनी काबलियत पर भरोसा कीजिए। आप चाहे जहाँ भी हों, जिस परिवेश में हों, अपनी क्षमताओं को पहचानिए और आकाश की ऊँचाइयों पर उड़कर दिखाइए। क्योंकि यही आपकी वास्तविकता है।

विजेता मेंढक

बहुत समय पहले की बात है। एक सरोवर में बहुत सारे मेंढक रहते थे। सरोवर के बीचों-बीच एक बहुत पुराना धातु का खम्भा भी लगा हुआ था जिसे उस सरोवर को बनवाने वाले राजा ने लगवाया था। खम्भा काफी ऊँचा था और उसकी सतह भी बिल्कुल चिकनी थी।

एक दिन मेंढकों के दिमाग में आया कि क्यों न एक रेस करवाई जाए। रेस में भाग लेने वाले प्रतियोगियों को खम्भे पर चढ़ना होगा और जो सबसे पहले इसके ऊपर पहुच जाएगा वही विजेता माना जाएगा।

रेस का दिन आ पंहुचा। चारो तरफ बहुत भीड़ थी। आस-पास के इलाकों से भी कई मेंढकों ने इस रेस में हिस्सा लेने के लिए वहां तक का सफ़र तय किया। माहौल में सरगर्मी थी, हर तरफ शोर ही शोर था।

रेस शुरू हुई। लेकिन खम्भे को देखकर भीड़ में एकत्र हुए किसी भी मेंढक को ये यकीन नहीं हुआ कि कोई भी मेंढक ऊपर तक पहुंच पायेगा। हर तरफ यही सुनाई देता।

"अरे ये बहुत कठिन है", "वो कभी भी ये रेस पूरी नहीं कर पायंगे", "सफलता का तो कोई सवाल ही नहीं, इतने चिकने खम्भे पर चढ़ा ही नहीं जा सकता" और यही हो भी रहा था। जो भी मेंढक कोशिश करता, वो थोड़ा ऊपर जाकर नीचे की तरफ गिर जाता। कई मेंढक दो-तीन बार गिरने के बावजूद अपने प्रयास में लगे हुए थे। पर भीड़ तो अभी भी चिल्लाये जा रही थी, "ये नहीं हो सकता, असंभव", और वो उत्साहित मेंढक भी ये सुन-सुनकर हताश हो गए और अपना प्रयास छोड़ दिया।

लेकिन उन्ही मेंढकों के बीच एक छोटा सा मेंढक था, जो बार-बार गिरने पर भी उसी जोश के साथ ऊपर चढ़ने में लगा हुआ था। वो लगातार ऊपर की ओर बढ़ता रहा था और अंततः वह खम्भे के ऊपर पहुंच गया और इस रेस का विजेता बना।

उसकी जीत पर सभी को बड़ा आश्चर्य हुआ। सभी मेंढक उसे घेर कर खड़े हो गए और पूछने लगे, "तुमने ये असंभव काम कैसे कर दिखाया, भला तुम्हे अपना लक्ष्य प्राप्त करने की शक्ति कहाँ से मिली। ज़रा हमें भी तो बताओ कि तुमने ये विजय कैसे प्राप्त किया?"

तभी पीछे से एक आवाज़ आई, "अरे उससे क्या पूछते हो, वो तो बहरा है"।

अक्सर, हमारे अन्दर अपना लक्ष्य प्राप्त करने की काबीलियत होती है, पर हम अपने चारों तरफ मौजूद नकारात्मकता की वजह से खुद को कम आंक बैठते हैं। हमने जो बड़े-बड़े सपने देखे होते हैं उन्हें पूरा किये बिना ही अपनी ज़िन्दगी गुजार देते हैं। आवश्यकता इस बात की है कि हम हमें कमजोर बनाने वाली हर एक आवाज के प्रति बहरे हो जाएं और ऐसे हर एक दृष्य के प्रति अंधे हो जाएं। तब हमें सफलता के शिखर पर पहुँचने से कोई नहीं रोक पायेगा।

सबसे कीमती चीज

एक जाने-माने स्पीकर ने हाथ में पांच सौ का नोट लहराते हुए अपनी सेमीनार शुरू की। उस हॉल में बैठे सैकड़ों लोगों से उसने पूछा, "ये पांच सौ का नोट कौन लेना चाहता है?"

— हाथ उठना शुरू हो गया।

फिर उसने कहा, "मैं इस नोट को आपमें से किसी एक को दूंगा पर उससे पहले मुझे ये कर लेने दीजिये"। ऐसा कहकर उसने नोट को अपनी मुट्ठी में चिमोड़ना शुरू कर दिया और फिर उसने पूछा, "कौन है जो अब भी यह नोट लेना चाहता है?"

— फिर भी कई लोगों ने अपने हाथों को ऊपर उठाना शुरू कर दिया।

उसने कहा— "अच्छा, अगर मैं ये कर दूं तो?"

ऐसा कहकर उसने नोट को नीचे गिराकर पैरों से कुचलना शुरू कर दिया। उसने नोट उठाई, वह बिल्कुल चिमुड़ी और गन्दी हो गयी थी।

"क्या अभी भी कोई है जो इसे लेना चाहता है?" — स्पीकर ने कहा।

— एकबार फिर से हाथों के उठने का सिलसिला शुरू हो गया।

आप लोगों ने आज एक बहुत महत्त्वपूर्ण पाठ सीखा है। मैंने इस नोट के साथ इतना कुछ किया पर फिर भी आप इसे लेना चाहते थे क्योंकि ये सब होने के बावजूद नोट की कीमत घटी नहीं, उसका मूल्य अभी भी 500 ही था।

जीवन में कई बार हम गिरते हैं, हारते हैं। हमारे लिए हुए निर्णय हमें मिट्टी में मिला देते हैं। हमें ऐसा लगने लगता है कि हमारी कोई कीमत नहीं है। लेकिन आपके साथ चाहे जो भी हुआ हो या भविष्य में जो भी हो, आपका मूल्य कम नहीं होता। आप स्पेशल हैं, इस बात को कभी मत भूलिए।

कभी भी बीते हुए कल की निराशा को आने वाले कल के सपनो को बर्बाद मत करने दीजिये। याद रखिये आपके पास जो सबसे कीमती चीज है, वो है आपका जीवन।"

आज ही क्यों नहीं ?

एक बार की बात है कि एक शिष्य अपने गुरु का बहुत आदर-सम्मान किया करता था। गुरु भी अपने इस शिष्य से बहुत स्नेह करते थे। लेकिन वह शिष्य अपने अध्ययन के प्रति आलसी और स्वभाव से दीर्घसूत्री था। सदा स्वाध्याय से दूर भागने की कोशिश करता तथा आज के काम को कल के लिए छोड़ दिया करता था। अब गुरूजी कुछ चिंतित रहने लगे कि कहीं उनका यह शिष्य जीवन-संग्राम में पराजित न हो जाये। आलस्य में व्यक्ति को अकर्मण्य बनाने की पूरी सामर्थ्य होती है। ऐसा व्यक्ति बिना परिश्रम के ही फलोपभोग की कामना करता है। वह शीघ्र निर्णय नहीं ले सकता और यदि ले भी लेता है, तो उसे कार्यान्वित नहीं कर पाता। यहाँ तक कि अपने पर्यावरण के प्रति भी सजग नहीं रहता है और न भाग्य द्वारा प्रदत्त सुअवसरों का लाभ उठाने की कला में ही प्रवीण हो पाता है। उन्होंने मन ही मन अपने शिष्य के कल्याण के लिए एक योजना बना ली।

एक दिन एक काले पत्थर का एक टुकड़ा उसके हाथ में देते हुए गुरु जी ने कहा— "मैं तुम्हें यह जादुई पत्थर का टुकड़ा, दो दिन के लिए दे कर, कहीं दूसरे गाँव जा रहा हूँ। जिस भी लोहे की वस्तु को तुम इससे स्पर्श करोगे, वह स्वर्ण में परिवर्तित हो जायेगी। पर याद रहे कि दूसरे दिन सूर्यास्त के पश्चात मैं इसे तुमसे वापस ले लूँगा।"

शिष्य इस सुअवसर को पाकर बड़ा प्रसन्न हुआ। लेकिन आलसी होने के कारण उसने अपना पहला दिन यह कल्पना करते-करते बिता दिया कि जब उसके पास बहुत सारा स्वर्ण होगा तब वह कितना प्रसन्न, सुखी, समृद्ध और संतुष्ट रहेगा। इतने नौकर-चाकर होंगे कि उसे पानी पीने के लिए भी नहीं उठाना पड़ेगा। फिर दूसरे दिन जब वह प्रातःकाल जागा तो उसे अच्छी तरह से स्मरण था कि आज स्वर्ण पाने का दूसरा और अंतिम दिन है। उसने मन में पक्का विचार किया कि आज वह

गुरूजी द्वारा दिए गये काले पत्थर का लाभ ज़रूर उठाएगा। उसने निश्चय किया कि वो बाज़ार से लोहे के बड़े-बड़े सामान खरीद कर लायेगा और उन्हें स्वर्ण में परिवर्तित कर देगा। दिन बीतता गया, पर वह इसी सोच में बैठा रहा कि अभी तो बहुत समय है। कभी भी बाज़ार जाकर सामान लेता आएगा। उसने सोचा कि अब तो दोपहर का भोजन करने के पश्चात ही सामान लेने निकलूंगा। पर भोजन करने के बाद उसे विश्राम करने की आदत थी और उसने बजाये उठ के मेहनत करने के थोड़ी देर आराम करना उचित समझा। पर आलस्य से परिपूर्ण उसका शरीर नीद की गहराइयों में खो गया और जब वो उठा तो सूर्यास्त होने को था। अब वह जल्दी-जल्दी बाज़ार की तरफ भागने लगा। पर रास्ते में ही उसे गुरूजी मिल गए उनको देखते ही वह उनके चरणों पर गिरकर उस जादुई पत्थर को एक दिन और अपने पास रखने के लिए याचना करने लगा। लेकिन गुरूजी नहीं माने और उस शिष्य का धनी होने का सपना चूर-चूर हो गया।

पर इस घटना की वजह से शिष्य को एक बहुत बड़ी सीख मिल गयी। उसे अपने आलस्य पर पछतावा होने लगा। वह समझ गया कि आलस्य उसके जीवन के लिए एक अभिशाप है और उसने प्रण किया कि अब वो कभी भी काम से जी नहीं चुराएगा और एक कर्मठ, सजग और सक्रिय व्यक्ति बन कर दिखायेगा।

जीवन में हर किसी को एक से बढ़कर एक अवसर मिलते हैं। पर कई लोग इन्हें बस अपने आलस्य के कारण गवां देते हैं। इसलिए मैं यही कहना चाहता हूँ कि यदि आप सफल, सुखी, भाग्यशाली, धनी अथवा महान बनना चाहते हैं तो आलस्य और दीर्घसूत्रता को त्यागकर अपने अंदर विवेक, कष्टसाध्य श्रम और सतत् जागरूकता जैसे गुणों को विकसित कीजिये। और जब कभी आपके मन में किसी आवश्यक काम को टालने का विचार आये तो स्वयं से एक प्रश्न कीजिये— "आज ही क्यों नहीं?"

बदलाव

एक दिन बूढ़े दादा जी को उदास बैठे देख बच्चों ने पूछा— "क्या हुआ दादा जी? आज आप इतने उदास बैठे क्या सोच रहे हैं?"

दादा जी बोले— "कुछ नहीं, बस यूँही अपनी ज़िन्दगी के बारे में सोच रहा था।"

बच्चों ने ज़िद्दद की और उनसे पूछा— "जरा हमें भी अपने जीवन के बारे में बताइये न"।

दादा जी कुछ देर सोचते रहे और फिर बोले— "जब मैं छोटा था, मेरे ऊपर कोई जिम्मेदारी नहीं थी। मेरी कल्पनाओं की भी कोई सीमा नहीं थी। मैं दुनिया बदलने के बारे में सोचा करता था।

जब मैं थोड़ा बड़ा हुआ, बुद्धि कुछ बढ़ी तो सोचने लगा ये दुनिया बदलना तो बहुत मुश्किल काम है। इसलिए मैंने अपना लक्ष्य थोड़ा छोटा कर लिया और सोचा दुनिया न सही मैं अपना देश तो बदल ही सकता हूँ।

पर जब कुछ और समय बीता, मैं अधेड़ होने को आया। तो लगा ये देश बदलना भी कोई मामूली बात नहीं है। हर कोई ऐसा नहीं कर सकता है। चलो मैं बस अपने परिवार और करीबी लोगों को बदलता हूँ।

पर अफ़सोस मैं वो भी नहीं कर पाया और अब जब मैं इस दुनिया में कुछ दिनों का ही मेहमान हूँ तो मुझे एहसास होता है कि बस अगर मैंने खुद को बदलने का सोचा होता तो मैं ऐसा ज़रूर कर पाता। और हो सकता है मुझे देखकर मेरा परिवार भी बदल जाता और क्या पता उनसे प्रेरणा लेकर ये देश भी कुछ बदल जाता और तब शायद मैं इस दुनिया को भी बदल पाता।

ये कहते-कहते दादा जी की आँखें नम हो गयीं और वे धीरे से बोले, "बच्चों ! तुम मेरी जैसी गलती मत करना। कुछ और बदलने से पहले खुद को बदलना,, बाकि सब अपने आप बदलता चला जायेगा।"

हम सभी में दुनिया बदलने की ताकत है पर इसकी शुरुआत खुद से ही होती है। कुछ और बदलने से पहले हमें खुद को बदलना होगा। हमें खुद को तैयार करना होगा। अपने कौशल को मजबूत करना होगा। अपने दृष्टिकोण को सकारात्मक बनाना होगा। अपने दृढ़ संकल्प को फौलाद करना होगा और तभी हम वो हर एक बदलाव ला पाएंगे जो हम सचमुच लाना चाहते हैं।

इसी बात को महात्मा गांधी जी ने बड़े प्रभावी ढंग से कहा है— "खुद वो बदलाव बनिए जो आप दुनिया में देखना चाहते हैं"।

तो चलिए आज से हम खुद वो बदलाव बनने की तरफ अग्रसर होते हैं जो हम दुनिया में देखना चाहते हैं।

भगवान और किसान

एक बार एक किसान भगवान से बड़ा नाराज हो गया। कभी बाढ़ आ जाये, कभी सूखा पड़ जाए, कभी धूप बहुत तेज हो जाए, तो कभी ओले पड़ जाये, हर बार किसी न किसी कारण से उसकी फसल थोड़ी ख़राब हो जाया करती थी।

एक दिन तंग आ कर उसने भगवान से कहा— देखिये प्रभु, आप परमात्मा हैं, लेकिन लगता है आपको खेती-बाड़ी की ज्यादा जानकारी नहीं है। एक प्रार्थना है कि एक साल मुझे मौका दीजिये। जैसा मै चाहू वैसा मौसम हो। फिर आप देखना मै कैसे अन्न के भण्डार भर दूंगा। भगवान मुस्कुराये और कहा ठीक है। जैसा तुम कहोगे वैसा ही मौसम दूंगा, मै दखल नहीं करूँगा।

किसान ने गेहूं की फ़सल बोई। जब उसे धूप की जरूरत हुई, उसे धूप मिलने लगा, जब पानी की जरूरत पड़ी तब पानी मिल गया। तेज धूप, ओले, बाढ़, आंधी तो उसने आने ही नहीं दिये। समय के साथ फसल बढ़ी और किसान की ख़ुशी भी। क्योंकि ऐसी फसल तो आज तक नहीं हुई थी। किसान ने मन ही मन सोचा अब पता चलेगा भगवान को कि फ़सल कैसे करते हैं। बेकार ही इतने बरस हम किसानो को परेशान करते रहे।

फ़सल काटने का समय भी आ गया। किसान बड़े गर्व से फ़सल काटने गया। लेकिन जैसे ही फसल काटने लगा, एकदम से छाती पर हाथ रख कर बैठ गया। गेहूं के एक भी बाली के अन्दर गेहूं नहीं था। सारी बालियाँ अन्दर से खाली थी।

बड़ा दुखी होकर उसने भगवान से कहा— प्रभु, ये क्या हुआ?

तब भगवान बोले— ये तो होना ही था। तुमने पौधों को संघर्ष का ज़रा सा भी मौका नहीं दिया। न तेज धूप में उनको तपने दिया, न आंधी ओलों से जूझने दिया। उनको किसी प्रकार की चुनौती का अहसास जरा भी नहीं होने दिया। इसलिए सब पौधे

खोखले रह गए। जब आंधी आती है, तेज बारिश होती है, ओले गिरते हैं तब पौधा अपने बल से ही खड़ा रहता है। वो अपना अस्तित्व बचाने का संघर्ष करता है और इस संघर्ष से जो बल पैदा होता है वही उसे शक्ति देता है, उर्जा देता है, उसकी जीवटता को उभारता है। सोने को भी कुंदन बनने के लिए आग में तपने, हथौड़ी से पिटने, गलने जैसी चुनोतियों से गुजरना पड़ता है, तभी उसकी स्वर्णिम आभा उभरती है और उसे अनमोल बनाती है।

उसी तरह ज़िन्दगी में भी अगर संघर्ष न हो, चुनौती न हो तो आदमी खोखला ही रह जाता है। उसके अन्दर कोई गुण नहीं आ पाता। ये चुनोतियाँ ही हैं जो आदमी रूपी तलवार को धार देती हैं। उसे सशक्त और प्रखर बनाती हैं। अगर प्रतिभाशाली बनना है तो चुनोतियाँ तो स्वीकार करनी ही पड़ेंगी। अन्यथा हम खोखले ही रह जायेंगे। अगर ज़िन्दगी में प्रखर बनना है, प्रतिभाशाली बनना है, तो संघर्ष और चुनौतियों का सामना तो करना ही पड़ेगा।

जीवन का मूल्य

एक दिन एक लड़के ने अपने दादाजी से पूछा कि, "दादाजी, जीवन का मूल्य क्या है?"

इसपर दादाजी ने उस लड़के को एक पत्थर दिया और कहा, "तुम इसे लेकर बाज़ार जाओ और इसकी कीमत का पता लगाओ, लेकिन ध्यान रहे कि तुम्हे केवल कीमत पता करनी है, इसे बेचना नहीं है।"

वह लड़का उस पत्थर को लेकर बाजार गया। सबसे पहले उसे एक सब्जी बेचने वाले से कहा कि, "तुम इस पत्थर के बदले मुझे क्या दे सकते हो?"

उस सब्जी वाले ने कहा कि, "मैं तुम्हें इस पत्थर के बदले एक बोरी आलू दे सकता हूँ।"

वो लड़का आगे बढ़ गया। इस बार वो एक दुकानदार के पास गया और उससे इस पत्थर की कीमत के बारे में जानना चाहा। दुकानदार ने बोला, "इसके बदले मैं अधिक से अधिक 500 रूपये दे सकता हूँ, देना हो तो दो नहीं तो आगे बढ़ जाओ।"

वो लड़का इस बार एक सोनार के पास गया। सोनार ने पत्थर के बदले 20 हज़ार देने की बात कही। फिर वह हीरे की एक प्रतिष्ठित दुकान पर गया। वहां उसे पत्थर के बदले 1 लाख रूपये का प्रस्ताव मिला और अंत में युवक शहर के सबसे बड़े हीरा विशेषज्ञ के पास पहुंचा और बोला— "श्रीमान, कृपया इस पत्थर की कीमत बताने का कष्ट करें।"

विशेषज्ञ ने ध्यान से पत्थर का निरीक्षण किया और आश्चर्य से युवक की तरफ देखते हुए बोला— "यह तो एक अमूल्य हीरा है, करोड़ों रूपये देकर भी ऐसा हीरा मिलना मुश्किल है।"

यदि हम गहराई से सोचें तो ऐसा ही मूल्यवान हमारा मानव जीवन भी है। यह अलग बात है कि हममें से बहुत से लोग इसकी कीमत नहीं जानते और सब्जी बेचने वालों की तरह इसे मामूली समझकर तुच्छ कामों में लगा देते हैं।

आइये हम प्रार्थना करें कि ईश्वर हमें इस मूल्यवान जीवन को समझने की सदबुद्धि दें और हम हीरे के विशेषज्ञ की तरह इस जीवन का मूल्य आंक सकें।

मेरी पसंदीदा और अनुशंसित पुस्तकें

वैसे तो मार्केट में बहुत सारी पुस्तकें हैं, जिन्हें आप पढ़ सकते हैं। लेकिन मैने नीचे कुछ पुस्तकों की लिस्ट दी हैं जो मुझे काफी पसंद है। पढ़ने का यह सिलसिला यहां पर आकर ही खत्म नहीं होता। आप चाहें तो और भी पुस्तकों को एक-एक करके पढ़ सकते हैं। जिससे आपके ज्ञान का विस्तार होता रहे—

1) रिच डैड पुअर डैड - लेखक रॉबर्ट टी. कियोसाकी

2) बिज़नेस स्कूल - लेखक रॉबर्ट टी. कियोसाकी

3) २१वीं सदी का व्यवसाय - लेखक रॉबर्ट टी. कियोसाकी

4) कैशफ्लो क्वाड्रंट - लेखक रॉबर्ट टी. कियोसाकी

5) अति प्रभावकारी लोगों की 7 आदतें - लेखक स्टीफन आर कवी

6) अल्केमिस्ट - लेखक पाओलो कोएलो

7) रहस्य - लेखक रोंडा बायरन

8) सन्यासी जिसने अपनी संपत्ति बेच दी – लेखक रॉबिन शर्मा

9) लोक व्यवहार - लेखक डेल कारनेगी

10) सोचिये और अमीर बनिये - लेखक नेपोलियन हिल

11) आपके अवचेतन मन की शक्ति – लेखक डॉ. जोसेफ मर्फी

12) सीक्रेट्स ऑफ़ द मिलियनेअर माइंड - लेखक टी. हार्व एकर

13) सबसे मुश्किल काम सबसे पहले - लेखक ब्रयान ट्रेसी

14) सवाल ही जवाब है - लेखक एलन पीज

अभिस्वीकृति

ये पुस्तक मेरे जीवन की सबसे बड़ी उपलब्धि है। मैंने कभी भी ये नहीं सोचा था कि मैं एक दिन एक पुस्तक लिख सकूंगा। वो भी सिर्फ 30 दिनों के अंदर। और सबसे हैरत करने वाली बात यह है कि यह पुस्तक मैने अपने सभी कामों को करने के बाद लिखा है। हिंदी में लिखना और कंप्यूटर में टाइप करना, वाकई में मैंने कभी नहीं सोचा था कि इस पुस्तक के माध्यम से मैं इस दुनिया को एक बेहतरीन भेंट दे पाउँगा। इसके लिए मैं सर्वप्रथम उस जगत पिता और जगत माता को आभार प्रकट करता हूँ, जिन्होंने इस पूरे ब्रह्मांड की रचना की और प्रथम पूज्य श्री गणेश जी की असीम कृपा का पात्र मानता हूँ जिन्होंने मुझे ये दिशा निर्देश दिया कि **"तू कुछ लिख"**। ये तीन शब्द मेरे कान में उस समय पड़े जब मैं अपने मंदिर में बैठ कर ध्यान कर रहा था।

वैसे मैं वर्षों से ईश्वर में अटूट आस्था रखता हूँ और हमेशा से यही मानता हूँ कि इस ब्रह्मांड में जो कुछ भी घटित होता है, उसकी इच्छा के अनुसार ही होता है। ये तीन शब्द सुनने के बाद मैं सोच में पड़ गया कि ये किसने कहा। जबकि मैं ईश्वर वंदना सूर्योदय के पूर्व करता हूँ तो उस वक्त सभी घरवाले और मोहल्ले वाले सो रहे होते हैं। तो मैंने सोचा कि हो न हो ये एक संकेत है। पर मैं क्या लिखूं, मुझे कुछ समझ नहीं आ रहा था। जब मैं पूजा से उठकर घर में प्रवेश किया तो एक पुस्तक (नेटवर्क मार्केटिंग की) जो मेरे मेज पर खड़ी अवस्था में रखी हुई थी, वो गिरा। ये मेरे लिए दूसरा संकेत था। फिर भी मैं कुछ समझ नहीं पाया लेकिन जब तीसरा संकेत मैंने पाया यानी सुबह-सुबह मेरे एक मित्र ने मुझे Whatsapp पर एक मेसेज भेजा। जिसमे लिखा था **"ये दुनिया आपको कुछ देती नहीं है, बल्कि लौटाती है, आपने दुनिया को क्या दिया"**।

ये तीसरा संकेत पाते ही मैं समझ गया कि उस परम पिता परमेश्वर की मर्जी है। मैंने सोचा नेटवर्क मार्केटिंग पर एक ऐसी पुस्तक की संरचना करूँगा जो सभी के काम आये पर क्या लिखूं, कैसे लिखूं, सब कुछ अँधेरे में था। ये घटना 1 जुलाई 2019 के सुबह की है। उसके बाद मैं अपने अवचेतन मन की ताकत का इस्तेमाल किया। इसे तो सब पता है कि क्या और कैसे करना है और मुझे रास्ता मिल गया। तब मैंने अपना लक्ष्य बनाया कि इस पुस्तक को मैं 31 जुलाई, 2019 तक लिखकर पूरा करूँगा। इन तीस दिनों में मैं कभी न रुकने वाले कार्य का आरम्भ किया और अपने लक्ष्य को पूरा किया। उसके बाद इसे हिन्दी में टाइप किया और नवरात्रि के दिन को निर्धारित किया जब ये पुस्तक मार्किट में आएगी।

मैं आभार प्रकट करता हूँ मेरे पिता स्वर्गीय अमर नाथ साव और मेरी माता शान्ति देवी साव के प्रति, जिन्होंने मुझे जन्म दिया और उनके आशीर्वाद के बिना ये संभव ही नहीं था। मैं कृतज्ञ हूँ मेरे दोनों बड़े भाइयों भोला नाथ साव और बैज नाथ साव का जिन्होंने अनुकूल-प्रतिकूल परिस्थितियों में मेरा साथ दिया। मैं कृतज्ञ हूँ मेरी बड़ी दीदी शारदा साव का जिन्होंने मुझे बचपन से लेकर आजतक सबसे ज्यादा प्यार दिया। मैं कृतज्ञ हूँ मेरी धर्म पत्नी रेखा साव का जिसने हमेशा मेरा साथ दिया। मैं अपनी दोनों बेटियों मनीषा और कृतिका का कृतज्ञ हूँ जिसने मुझे ढेर सारी प्यार दिया। मैं कृतज्ञ हूँ मेरे पूरे टीम का जिन्होंने इन दिनों मेरे काम को संभाला। मैं कृतज्ञ हूँ उनलोगों का जो मुझे नेटवर्क मार्केटिंग में लेकर आये। मैं कृतज्ञ हूँ उन अनुकूल-प्रतिकूल परिस्थतियों का जिसके माध्यम से मैंने बहुत कुछ सीखा और डटे रहा, अडिग रहा वर्ना गिरना-संभलना किसे कहते हैं ये नहीं जान पाता।

मैं कृतज्ञ हूँ इस प्रकृति देवी का जिन्होंने हमें जीने के लिए सभी कुछ दिया। मैं कृतज्ञ हूँ उन पंच तत्वों का जिससे ये शरीर निर्मित हुआ और मैं मनुष्य शरीर धारण कर पाया।

मैं आप लोगों को ये बताना चाहता हूँ कि इस पुस्तक का नाम **"BE YOUR OWN BOSS"** रखने के पीछे वजह क्या है?

हमारा भारत जो हमेशा से ही कृषि प्रधान देश रहा है, व्यवसाय का क्षेत्र रहा है, राजाओं - महाराजाओं का गढ़ रहा है लेकिन कई दशकों से ये देखकर बहुत दुःख हो रहा है कि हमारा देश आजाद होने के बावजूद, लोग गुलामी की ज़िन्दगी जी रहे हैं। आज भारत में हर साल 30 लाख बच्चे ग्रेजुएट होकर निकलते हैं और सीधे भागते हैं नौकरी की ओर। मैं ये नहीं कह रहा हूँ कि नौकरी करना गलत है। लेकिन जरा ये तो सोचिये कि आज नौकरी में सुरक्षा कहाँ है। कहाँ से हर साल सरकार 30 लाख नौकरी दे पाएंगे ये संभव ही नहीं है। लेकिन क्या नौकरी के अलावा और कोई रास्ता नहीं है ? जरूर है, और वो है नेटवर्क मार्केटिंग जो अभी का व्यवसाय है। मेरा उदेश्य है आप सभी को नौकर नहीं बल्कि मालिक बनाना।

मैं आपको सिर्फ मिलेनियर और बिलेनियर नहीं बनाना चाहता हूँ, मैं चाहता हूँ आप अपने खुद का बॉस बनें, खुद के मालिक बनें।

बॉस किसे कहते हैं ?

जो अपने फैसले खुद लेते हों।

जो खुद ये तय करते हैं कि अपनी ज़िन्दगी को कैसे जीना है।

जो समय का सम्मान करते हों।

जो लोगों को सम्मान करते हों।

जो आत्मविश्वास से परिपूर्ण हो।

जो अपने कार्य के प्रति समर्पित हो।

जो अपने परिवार को हमेशा खुश रखता हो।

जो हमेशा मुस्कुराता रहता हो।

जो आत्मनिर्भर हो।

जो दूसरों में बुराई नहीं देखता हो।

जो दूसरो की गलतियों को न देखकर खुद की गलतियों को स्वीकार करता हो।

हमारा देश तभी आगे बढ़ पायेगा जब सभी लोग आर्थिक रूप से मजबूत होंगे। सभी एक दूसरे के साथ हाथ में हाथ डाल कर चलेंगे और एक दूसरे की मदद करेंगे। इस पुस्तक के माध्यम से मैं पूरे भारतवासियों को ये सन्देश देना चाहता हूँ कि नेटवर्क मार्केटिंग से बेहतर और कुछ नहीं है। इसे समझिये, इसके ताकत को महसूस करिये। नौकर नहीं, मालिक बनिए।

ये पुस्तक उन लोगों के लिए है जिनके कुछ सपने हैं।

ये पुस्तक उन लोगों के लिए है जो लोग सपने नहीं देखते हैं।

ये पुस्तक उन लोगों के लिए है जो अपने जीवन में कुछ करना चाहते हों।

ये पुस्तक उन लोगों के लिए है जो अपने जीवन से हार मान चुके हैं।

ये पुस्तक उन लोगों के लिए है जो अपनी पहचान पाना चाहते हों।

ये पुस्तक उन लोगों के लिए है जिनका नाम लोग नहीं जानते हैं।

ये पुस्तक उन लोगों के लिए है जिन्होंने कर्म को प्रधान माना है।

ये पुस्तक उन लोगों के लिए है जो भाग्य के भरोसे बैठे हुए हैं।

ये पुस्तक उन लोगों के लिए है जो 60 के बाद भी काम कर रहे हैं।

ये पुस्तक उन लोगों के लिए है जो लोगों की मदद करना चाहते हों।

ये पुस्तक उन लोगों के लिए है जो मदद लेना चाहते हैं।

ये पुस्तक उन लोगों के लिए है जिनका जमीर अभी जिन्दा है।

ये पुस्तक उन लोगों के लिए है जिन्होंने अपने जमीर को बेच दिया है।

ये पुस्तक उन लोगों के लिए है जो नौकरी को ही सब कुछ मानते हैं।

ये पुस्तक उन लोगों के लिए है जो नौकरी से परेशान हो चुके हैं।

ये पुस्तक उन लोगों के लिए है जो नई दिशा ढूंढ रहे हैं।

ये पुस्तक उन लोगों के लिए है जो दिशाहीनता की तरफ जा रहे हैं।

ये पुस्तक उन लोगों के लिए है जो अंधरे में भी चलना जारी रखते हैं।

ये पुस्तक उन लोगों के लिए है जो गिरने से नहीं डरते हैं।

ये पुस्तक उन लोगों के लिए है जो परेशानियों से घबरा जाते हैं।

ये पुस्तक उन लोगों के लिए है जो हर परिस्तिथियों में डट कर खड़े रहते हैं।

मैं तहे दिल से आप सभी के लिए ईश्वर से प्रार्थना करता हूँ कि वे आपलोगों को सही राह दिखाए, अच्छा ज्ञान दें, सदबुद्धि दें और आपके अपार परिश्रम का मीठा फल दें। आप सभी सफलता के उच्चतम शिखर पर पहुंचे और भारत को फिर से सोने की चिड़िया बनने में योगदान दें। कोई भी परिवार नेटवर्क मार्केटिंग से अछूता न रहे, ये हम सभी की जिम्मेदारी है। आइये हम कसम खाएं कि इस बिज़नेस को हम इतना फैलाएं कि हर कोई इससे लाभान्वित हो सके और अपनी पहचान बना सके और हमारे भारत को फिर से नंबर 1 के स्थान पर ला सकें।

धन्यवाद,

शिव नाथ साव